소자본 · 소상공업을 중심으로 한

창업실무와 경영

박 영 수 저

학 문 사

머 리 말

고등학생의 82%(2006년 기준)가 대학에 진학하는 학력과잉시대로 갈수록 심해지는 청년실업난을 극복하기 위해서는 '묻지마 진학'이 아니라 다양한 진학목적과 졸업 후 진로를 분명히 하고 그에 맞는 준비를 해야한다는 것이 시대적 요청 사항이다.

대학 졸업과 동시에 취업희망자가 취업을 하지 못하고 취업재수생으로 고통을 당하는 젊은이들이 점차로 증가하고 있다. 또한 취업 후에도 기업체의 구조조정·자발적인 퇴사, 명예퇴직 등으로 직장을 그만두고 새로운 직장을 찾지만 손쉽지 않은 시대이다.

이러한 시대적 상황 속에 창업은 자기 자신을 실업에서 구제하고 다른 사람들에게도 일자리를 제공하는 훌륭한 대안이 되고 있다.

창업에 대한 꿈과 비전이 없이도 창업이 가능하지만 성공하는 창업은 창업에 대한 꿈과 비전을 품고 창업에 대한 절실한 욕구와 사명감 및 목표의식을 확립한 후 창업에 대한 기초지식을 습득하고 충분한 준비를 갖추어 창업을 할 때 성공할 가능성은 매우 높다고 할 것이다.

우리나라가 경험한 IMF 환란이후 벤처기업창업과 소자본창업이 보편화되고 있는 것은 매우 바람직한 현상이다.

이제 창업은 학력과 연령에 상관없이 이 시대를 살아가는 소득생활자들에게 필수적이고도 일상적인 경제활동으로 다가왔다.

본 교재는 고등학교 및 대학에서 창업교과목의 교재로 사용할 수 있을 뿐만 아니라 직장경험이 있는 예비창업자들까지 손쉽게 접할 수 있는 소자본창업을 위한 창업기초 이론 및 실무서로 사용할 수 있도록 편집하였다.

IMF 환란이후 10여년간 경상계열대학의 경영계열학과의 창업경영과목에서 강의한 내용을 토대로 최근 창업환경을 반영하고 창업관련개정된 법률 등을 충분히 반영하여 창업 기초이론은 물론 실무에도 많은 도움이 되도록 정성을 기울였다.

본서가 출간되기까지 수고하신 학문사 편집담당 직원들과 김장환부산지사장, 본사의 김귀환 사장님께 깊은 감사를 드리며, 항상 격려를 하며 옆에서 지켜본 아내와 아들

동진이에게도 감사를 드린다.
또한 건강과 지혜를 주신 하나님께 감사를 드립니다.

2007년 7월
잔메동산에서 저자

차 례

제Ⅱ부 소자본 독립점포형 창업

제4강 창업 예비절차 85

제Ⅲ부 창업 세무

제13강 법인세 351

제Ⅳ부 가맹점 창업실무

제1부
창업의 이해

제1장 창업의 기본개념

제1절 창업의 의의와 동기

1 창업의 의의

창업의 의의는 몇 가지의 관점에서 정의될 수 있다. 즉 좁은 의미의 관점, 넓은 의미의 관점, 법률적 관점 등이다.

1) 좁은 의미의 창업

좁은 의미로서의 창업이란, 제품 또는 용역을 생산하거나 판매하는 사업을 시작하기 위해서 이제까지 존재하지 않던 새로운 기업조직을 설립하는 행위를 말한다. 즉, 새롭게 제품이나 용역을 생산하거나 판매할 목적으로 건물과 설비 등을 갖추고, 필요한 인원을 배치하는 것을 말한다. 우리가 보통 흔하게 사용하는 창업이라는 용어는 바로 이와 같은 좁은 의미의 개념인 것이다.

2) 넓은 의미의 창업

넓은 의미로 창업을 정의할 때는 새로운 기업조직을 설립하는 것은 물론 기존의 기업이 이제까지와 전혀 다른 새로운 종류의 제품을 생산하거나 판매하는 일을 시작하는 것까지를 포함한다. 즉, 넓은 의미로는 기존의 기업이 이제까지와 다른 새로운 사업을 시작하는 것도 창업이라 본다는 것이다. 이렇게 보면 어떤 사업분야로의 진입유형을 다음과 같이 3가지로 분류한 스토리(D.J. Storey)의 정의는 모두가 넓은 의미의 창업에 해당된다.

① 이제까지 갑이라는 제품만을 생산하던 기업이 갑을 계속 생산하면서 을이라는 제품을 추가하여 생산하던 기업이 갑을 계속 생산하면서 을이라는 제품을 추가하여 생산하기 시작하는 경우로, 이러한 경우의 기업을 다각화된 기업(diversifier)이라 한다.

② 이제까지 병이라는 제품만을 생산하던 기업이 병의 생산을 완전히 중단하고 정이라는 제품을 신규로 생산하기 시작하는 경우로, 이러한 경우의 기업을 변신한 기업(switcher)이라 한다.

③ 이제까지 어떤 제품도 생산한 경험이 없는 개인이 기업을 설립하여 특정 제품을 생산하기 시작한 경우로, 이러한 경우가 좁은 의미의 창업에 해당한다.

3) 중소기업 창업지원법상의 창업

우리나라는 「중소기업창업지원법」 을 제정하여 제조업 등의 중소기업 설립을 촉진하고 중소기업 창업을 한 자가 성장·발전할 수 있도록 공장 설립의 간소화, 금융·세제 등을 지원하고 있다. 또한 농·어촌지역에서의 중소기업 설립을 유도함으로써 중소기업의 발전과 지역간의 균형있는 성장을 통해 건실한 산업구조 구축에 기여하고 있다.

「중소기업창업지원법」 상의 창업에 해당되면 중소기업창업지원과 관련한 각종 혜택을 받을 수 있다.

(1) 「중소기업창업지원법」 상의 창업의 정의

중소기업창업지원법(이하 "창업지원법")상의 창업이란 법 제2조 제1항 및 시행령 제2조에 의거하여 새로이 중소기업을 설립하는 것으로서 원시적(原始的)으로 사업을 개시하는 것을 의미한다.

> 원시적인 사업의 개념이란 기존의 사업이 변경이 아닌 새로운 사업이 창출되는 것으로서 새로운 사업주체(법인, 개인사업자)가 새로운 사업을 개시하는 것을 말한다.

(2) 「중소기업창업지원법」 상의 창업 대상업종

① 창업적용 대상업종

창업은 개인이 개인기업이나 법인기업을 신규 설립하는 경우를 말하며, 개인기업은 관할 세무서장으로부터 사업자등록증을 발급받은 날이 창업일이며 법인기업은 법인설립등기를 한 날이 창업일이다. 「중소기업창업지원법」 상 창업중소기업으로 인정될 수 있는 적법한 창업인지의 여부는 먼저 중소기업뿐만 아니라 벤처기업도 「중소기업창업지원법」 시행령 제2조의 규정에 따라서 다음과 같은 업종을 영위해야 한다.

> 〈창업지원법상 적용 대상업종의 범위〉
> √ · 제조업
> √ · 광업
> √ · 건축, 엔지니어링, 기타 기술서비스업
> √ · 정보처리, 기타 컴퓨터 운용관련업
> √ · 기계장비 임대업

② 창업제외업종(창업지원법 제3조, 동법시행령 제4조)

√숙박 및 음식점업, 금융 및 보험업, 부동산업, 무도장운영업, 골프장 및 스키장운영업, 도박장운영업, 미용·욕탕업 및 유사서비스업 등 기타 서비스업으로 규정하고 있다.

(3) 「중소기업창업지원법」 상의 창업의 유형(범위)

개인기업이나 법인기업을 설립했더라도 형식상의 절차만 있을 뿐 창업효과가 없는 경우에는 순수한 창업으로 간주하지 않아 창업지원법상의 각종 지원을 하지 않으면 창업으로 인정하지 않는 유형과 창업으로 인정받는 유형을 살펴보면 다음과 같다.

① 창업으로 인정하지 않는 유형

• 타인으로부터 사업을 승계하여 승계 전의 사업과 동종의 사업을 계속하는 경우(포괄승계)

다만, 사업의 일부를 분리하여 당해 기업의 임원·직원 또는 그 외의 자기 사업을 개시하는 경우로서 산업자원부령이 정하는 요건에 해당하는 경우는 제외한다.

상속이나 양도에 의해 사업체를 취득하여 동종사업을 계속하는 경우, 폐업한 타인의 공장을 인수하여 동일한 사업을 계속하는 경우 및 기존 공장을 임차하여 기존법인의 사업과 동종의 사업을 영위하는 경우와 같이 원시적으로 사업을 새로이 개시하지 않고 기존의 사업을 인수하여 동종사업을 계속 영위하는 경우는 중소기업을 신규로 창설하는 효과가 없으므로 창업의 범위에서 제외한다. 다만, 사업승계일지라도 다른 사업종목을 영위하는 법인으로부터 공장 등을 임차하여 이종의 사업을 개시하는 때에는 창업으로 인정한다.

• 개인사업자인 중소기업자가 법인으로 전환하거나 법인의 조직변경 등 기업형태를 변경하여 변경 전의 사업과 동종의 사업을 계속하는 경우(형태변경)

개인사업자가 법인으로 전환하여 동종사업을 계속하는 경우, 합명회사·합자회사·유한회사·주식회사로 상호간 법인형태를 변경하여 동종사업을 계속하는 경우 및 기업을 합병하여 동종사업을 영위하는 경우 등과 같이 단순히 조직을 변경함으로써 형식상의 창업절차만 있을 뿐 실질적으로는 중소기업의 창업효과가 없는 경우는 창업의 범위에서 제외한다. 다만, 조직변경 전후의 업종이 다른 경우는 변경 전의 사업을 폐지하고 변경 후의 사업을 창업으로 인정한다.

- 폐업 후 사업을 개시하여 폐업 전의 사업과 동종의 사업을 계속하는 경우 (폐업후 동종사업 계속)

사업의 일시적인 휴업이나 폐업 후에 다시 사업을 재개하는 경우 및 공장을 이전하기 위하여 이전 전의 장소에서 그 사업활동을 해지하고 새로운 장소에서 그 사업을 재개하는 경우와 같이 사업을 폐지한 후 동종사업을 재개하더라도 이는 창업으로 보지 않는다. 다만, 폐업을 한 후 사업을 재개하더라도 폐업 전의 사업과는 다른 종목의 사업을 새로이 개시하는 경우에는 창업으로 인정한다.

위의 세 가지 경우에 해당하는 동종의 사업을 하더라도 사업개시 전의 기존 업종에 세분류를 달리하는 업종을 추가하여 사업을 새로이 하는 경우에 산식에 의하여 산출한 비율이 50/100 이상인 경우는 동종사업으로 보지 아니한다.

$$\frac{\text{업종을 추가한 날부터 당해연도 말까지의 추가된 업종의 총 매출액}}{\text{업종을 추가한 날부터 당해연도 말까지의 총 매출액}} \times 100$$

여기서, 동종의 사업이란 통계청장이 작성·고시하는 표준분류와 동일한 세분류(4단위)에서 정하는 업종의 사업을 말한다.

② 창업으로 인정하는 유형
- A개인이 갑장소에 갑장소의 기존사업을 폐업하고 B법인을 설립하여 이종업종을 생산하는 경우와, 갑장소의 기존사업을 폐업하지 않고 B법인을 설립하여 이종업종을 생산하는 경우 창업으로 인정한다.
- A법인이 갑장소에서 갑장소의 기존사업을 폐업하고 B법인을 설립하

여 이종업종을 생산하는 경우와, 갑장소의 기존사업을 폐업하지 않고 B법인을 설립하여, 이종업종을 생산하는 경우 창업으로 인정한다.

- A개인이 을장소에서 갑장소의 기존사업을 폐업하지 않고 B법인을 설립하여 이종업종을 생산하는 경우와, 갑 장소의 기존사업을 폐업하지 않고 B법인을 설립하여 동종업종, 이종업종을 생산하는 경우 창업으로 인정한다.
- A법인이 을장소에서 갑장소의 기존사업을 폐업하고 B법인을 설립하여 이종업종을 생산하는 경우와, 갑장소의 기존사업을 폐업하지 않고 B법인을 설립하여 동종업종, 이종업종을 생산하는 경우 창업으로 인정한다.
- A개인이 을장소에서 갑장소의 기존사업을 폐업하고 다시 A명의로 이종업종을 생산하는 경우 창업으로 인정한다.

이상의 창업범위에 대한 정의는 주로 법률적 지원이 뒤따르는 일정규모

〈표 1-1〉 사례별 창업 인정여부

주 체	사 업 장 소	사 례		창 업 여 부
A 개인이	갑 장소에서	갑장소의 기존사업을 폐업하고	B법인을 설립하여 동종업종을 생산	조직변경
			B법인을 설립하여 이종업종을 생산	★창업
		갑장소의 기존사업을 폐업 않고	B법인을 설립하여 동종업종을 생산	형태변경
			B법인을 설립하여 이종업종을 생산	★창업
A 법인이	갑 장소에서	갑장소의 기존사업을 폐업하고	B법인을 설립하여 동종업종을 생산	위장창업
			B법인을 설립하여 이종업종을 생산	★창업
		갑장소의 기존사업을 폐업 않고	B법인을 설립하여 동종업종을 생산	형태변경
			B법인을 설립하여 이종업종을 생산	★창업

A 개인이	을 장소에서	갑장소의 기존사업을 폐업하고	B법인을 설립하여 동종업종을 생산	법인전환
			B법인을 설립하여 이종업종을 생산	★창업
		갑장소의 기존사업을 폐업 않고	B법인을 설립하여 동종업종을 생산	★창업
			B법인을 설립하여 이종업종을 생산	★창업
A 법인이	을 장소에서	갑장소의 기존사업을 폐업하고	B법인을 설립하여 동종업종을 생산	사업승계
			B법인을 설립하여 이종업종을 생산	★창업
		갑장소의 기존사업을 폐업 않고	B법인을 설립하여 동종업종을 생산	★창업
			B법인을 설립하여 이종업종을 생산	★창업
A 개인이	을 장소에서	갑장소의 기존사업을 폐업하고	다시 A명의로 동종업종을 생산	사업이전
			다시 A명의로 이종업종을 생산	★창업
		갑장소의 기존사업을 폐업 않고	A명의로 동종업종을 생산	사업확장
			A명의로 이종업종을 생산	업종추가

(주) - 이종업종은 표준산업분류의 세분류를 달리한 업종이 매출액의 50/100을 넘는 경우임.
    - "갑"장소는 기존의 사업장, "을"장소는 신규의 사업장
    - "갑"장소와 "을"장소는 사회통념과 창업지원법의 취지 등을 감안할 때 공장확장
      으로 인정할 수 없을 정도의 거리를 충분히 유지한 경우로서 동일 시·군·구내
      에 위치하지 않는 경우를 의미
    - "B"법인은 "A"가 출자한 법인임("A"법인의 출자자분51(%)이상)

 이상의 경우에 해당되는 것이며, 개인적으로 소수의 인원과 자금으로 새로이 사업을 개시하는 소자본창업과는 다르다. 소자본, 소규모 개인사업 창업에 따른 법률적 지원은 특수한 예외를 제외하고 거의 전무하였으나 최근 정부는 중소기업청 소기업과 산하에 소상공인 지원센터를 두어 소상공인의 창업을 육성지원하고 있다.

2   **창업의 동기**

   창업은 모험적이며 불확실한 속성을 본질적 특징으로 하고 있다. 이는 성공적인 창업이 그만큼 어렵다는 것을 의미한다. 이와 같이 성공적인 창업이 어려움에도 불구하고 왜 창업을 많은 개인이나 기업들에 의해 항상 선망 내지는 도전의 대상으로 되고 있는가? 이는 창업을 통해서 다양한 목적을 추구할 수 있다고 믿기 때문이다. 이렇게 창업은 다양한 목적을 추구하려는 동기에 의해서 추진된다.

   개인이든 기업이든 가장 기본적인 창업동기를 한 가지만 들라면 그것은 이윤동기, 즉 富를 증대하려는 것일 것이다. 달리 말해서 가장 보편적인 창업동기는 창업을 함으로써 현재 희생한 자원의 가치보다 미래에 회수하게 될 보상액의 현재가치가 훨씬 크게 되기를 기대하고 창업한다는 것이다. 예를 들어 현재의 화폐가치로 1,000이라는 자원을 사용하여 창업을 하는 경우라면, 미래에 예상되는 순보상액의 현재가치의 합계가 1,000보다 클 것이라는 매력을 확신하거나 이를 기대하기 때문이라는 것이다.

   이와 같이 창업의 가장 본질적인 동기는 富를 창조하려는 것이다. 그러나 창업은 부의 창조와 부분적으로 관련되거나 전혀 관련이 없는 많은 다른 동기들을 가지고 있다. 즉, 보다 큰 수입에 대한 욕망, 보다 만족스러운 경력에 대한 욕구, 자아성취에 대한 욕구, 기업소유자로서 얻게 되는 명성에 대한 욕망, 새로운 사고나 개념을 활용하고자 하는 욕망, 인류와 사회를 위해 공헌하겠다는 희망 등이 창업의 동기라 볼 수 있다. 한편, 캐세이와 왓슨(Keasey and Watson)은 다른 연구자들의 실증조사를 인용하여 불만족스러운 직장에서 떠나고 싶은 욕망, 자신의 기업을 독자적으로 경영해 보고 싶은 욕구, 자신의 특수 기능과 재능을 발휘하고 싶은 욕망 등 많은 비경제적인 요인도 창업의 주요 동기로 되고 있음을 제시하고 있다.

제 2 절   창업의 중요성과 시기

1

기업의 창업은 개인의 관점에서 보면 개인적인 부를 창출하기 위한 활동이지만, 그것은 개인의 차원을 넘어 사회적으로도 여러 가지로 중요성을 가진다. 기업의 창업이 갖는 공적 및 개인적 중요성을 정리하면 다음과 같다.

1) 부의 창출

기업창업의 가장 직접적인 목표는 부(wealth)를 창조하는 것이다. 창업에서 창출되는 부는 개인적으로 소중한 것일 뿐만 아니라 사회적으로도 유용한 것이다. 좀더 많은 사람들이 물질적인 풍요로움의 혜택을 받기 위해서는 먼저 사회 전체의 부의 크기가 증가해야 하는데, 창업은 이러한 결과를 위해 필요하고도 중요한 활동인 것이다.

2) 직장의 창출

기업의 창업은 일자리를 제공하게 된다. 이와 같은 일자리는 개인에게는 생활의 수단이며, 국가적으로는 경제활동인구를 늘리고, 실업문제를 해결하는데 있어서 가장 근본적인 방안인 것이다.

3) 자원의 활용

창업된 기업은 자원을 활용하여 가치가 좀더 큰 새로운 재화를 생산하게 된다. 만약 기업이 창업되지 않는다면, 천연자원이 아무리 풍부하더라도 그것을 활용하여 부를 창출하는 활동이 이루어지지 못하거나 저조할 것이다.

4) 국제수지의 개선

한국과 같이 국제통상이 국가경제에서 차지하는 비중이 큰 나라에서는 창업이 위에서 설명한 여러 가지 기능을 하는 외에 특별히 국제수지개선에도 많은 영향을 미칠 수 있는 경제활동인 것이다.

5) 생활공간의 창조

현대사회에서 직장생활이란 단순히 생계에 필요한 물질을 얻기 위한 활동이라는 차원을 넘어서 삶 그 자체의 매우 중요한 일부이다. 그러므로 기업에서 근무하는 동안 삶의 질은 종업원들의 삶의 질을 결정하는 중요한 요소가 되는 것이다. 이와 같은 관점에서 볼 때, 기업의 창업은 창업자 본인과 종업원에게 중요한 삶의 공간을 창출하는 행위인 것이다.

6) 환경의 개선

기업을 창업하여 생산활동이 전개되는 경우에 발생되는 폐기물은 자연환경에 영향을 미칠 수 있다. 그것은 오염일 수도 있고 그렇지 않은 경우도 있을 수 있다. 예를 들면, 오염물질을 많이 배출한 낡은 생산시스템을 대체하는 더 효율적인 새로운 기업은 오염을 감소시키는 결과를 가져오기도 한다.

7) 과학기술의 발달 촉진

기업의 창업은 기술을 활용하게 되는 경우가 많으며, 기업활동은 새로운 기술의 발달을 요구하게 된다. 그러므로 기업의 창업은 결과적으로 과학과 기술의 발달을 촉진하게 된다.

2 창업의 시기

1) 창업자의 적정연령

창업은 언제 시작하는 것이 최선일까? 라는 질문을 예비창업자들은 많이 할 수밖에 없을 것이다. 이런 질문에 대해서 대부분의 사람들은 사회경험과 자금, 인맥을 고루 갖추게 되는 40~50대에 창업하는 것이 바람직하다고 생각한다. 그러나 사업이라는 것은 완벽한 환경에서 시작한다고 해서 반드시 성공활률이 높은 것만은 아니다. 사업성이 충분히 고려되었다고 해도 현실에 부딪치게 되면 상황은 기대했던 방향과는 다른 쪽으로 흘러가는 경우가 많고 대부분 시행착오를 경험하기 마련이다.

따라서 결론부터 말하자면 창업의 절대적 적정연령은 없다는 것이다. 왜냐하면 창업 최적기는 창업자의 여건에 따라 달라질 수 있기 때문이다.

내적 동기에 의해서건 외적 동기에 의해서건 가장 적절한 창업의 시기는 창업에 대한 열정이 높고 이를 구체적으로 실현할 수 있는 각종 준비가 된 때이다. 흔히, 창업에 대한 열정은 높으나 치밀한 사전준비 없이 남의 말만 듣고 무작정 창업하는 경우가 있는데 이는 마치 남들이 춥지 않다고 해서 북극 여행을 떠나면서 반바지 차림으로 가는 것과 같다.

반대로, 너무 치밀하게 준비한다고 해서 창업의 성공이 반드시 보장되는 것은 아니다. 통계적으로 보면 우리 나라의 창업자의 연령은 80년대에는 40대 위주의 창업이 많았지만 90년대에는 30대 위주의 창업이 주류를 이루고 있어 점차 창업자 연령층이 낮아지고 있는 추세이다.

특히 1997년에 발생한 IMF관리체제로 인하여 사업이 사업가의 전유물이던 시대는 이제 지났다. 모든 사람이 사업이나 부업에 관심을 갖지 않으면 안될 상황이 초래된 것이기 때문이다. 그러므로 이제 창업자의 적정연령 개념은 파괴되고 있는 것이다. 연령대에 따른 창업의 유형을 살펴보면 다음과 같다.

(1) 안전창업

50세 이상의 연령층은 대개 인생의 경력이 결정되어 있고 완전히 새로운 경력을 개발하는 기회가 다양하지 못하다. 그러나 최근 인간수명의 연장과 의료기술의 발전, 건강상태의 개선 등으로 인해 이 연령층들도 왕성한 정력과 열정으로 새로운 일을 도모하는 경우도 적지 않으며 또 많은 성공사례들이 생겨나기도 한다.

대개 이 시기는 많은 사회적 관계를 가지고 가정에서의 자녀양육과 교육의 부담에서 벗어나게 되므로 정신적으로는 보다 홀가분한 상태일 수도 있다. 따라서 자아실현을 위해 또는 부부가 함께 하기 위한 수단으로 소규모 창업을 시도하는 경우가 많다.

비록 신체적·정신적으로는 다소 불리할 수 있지만 풍부한 경륜과 삶에 대한 지혜 그리고 연장자로서의 여유와 관대함을 창업과 적절히 접목시킬 경우 의외로 이들의 창업 성공가능성을 높을 수 있다.

(2) 전문창업

41세에서 50세까지의 연령층은 기존 업무분야에서 20여년 이상의 경험과 전문적 지식 또는 풍부하게 축적되어 있는 연령층으로 학력을 불문하고 자기 업무 분야에서는 최고의 실무 전문가라 할 수 있다. 따라서 자신의 전문분야 내에서 창업아이디어를 찾는 전문창업이 바람직하다.

이 연령층은 많은 사회적 관계와 회사내에서의 책임있는 지위로 여러모로 경륜과 경험이 많이 축적되어 있다. 특히, 전문기술을 바탕으로 하는 직종에서는 이들은 높은 평가를 받게 되고 이들의 역할도 증대된다. 하지만 어떤 분야에서는 상당히 부담스런 입장에 처할 수도 있게 된다.

예를 들면 이사로 승진 못한 40대 후반 부장의 경우 여러모로 조심스러울 수밖에 없고 달리 새로운 삶을 생각하게도 되며 회사에서도 어쩌면 그만 나가주었으면 할지도 모르는 시기이다. 따라서, 사회적으로나 가정적으로나 대단히 책임이 무거운 시기에 싫든 좋든 변화를 강요당하는 연령층이기도 하다. 이 연령층에서는 대략 20여년 동안 해오던 일의 연장선상에서 새로운 일을 찾아 창업하는 것이 비교적 용이할 것이다. 그러나 비록 다소 생소한 분야라고 하더라도 스스로 인적 특성이나 보유자원의 관점에 서 볼 때 적합한 것이라면 창업성공의 길은 반드시 멀지만은 않다. 따라 서, 과거 사무직에만 종사해오던 사람이 제과점을 낸다고 해서 창업성공이 불투명한 것은 결코 아니며 오히려 친절과 봉사로서 고객을 대함으로써 스스로도 알지 못했던 새로운 소질을 발견하고 제2의 삶을 사는 도전감을 맛볼 수도 있는 것이다. 다만 생소한 분야에 뛰어들 경우 개인의 적성에 적합한가의 여부를 신중히 판단하고 보다 치밀한 사전준비가 있어야 할 것이다.

(3) 기반창업

36세에서 40세까지의 연령층은 기반창업이 바람직하다. 즉 사회생활 및 일정분야에서 자기가 닦아 놓은 기반과 경험을 최대한 활용할 수 있어야 한다. 이 연령층은 사회적으로나 회사내의 경력상으로나 어느 정도 자신의 고유한 지위를 확보하게 되는 경우가 대부분이다. 그리고 가족이나 사회에 대한 책임도 다른 연령층보다 무겁게 주어지며 따라서 운신의 범위도 다소는 신중해질 수밖에 없을 것이다.

대개의 이 연령층은 사회 내지 회사내에서의 일이나 기타 활동을 통한 인간관계가 어느 정도 전문성을 중심으로 구축되어 있는 상태이다. 따라서 만일 이러한 인맥이나 개인적 경력을 충분히 활용할 수 있다면 창업에의 불확실성은 크게 줄일 수 있다.

(4) 선택창업

31세부터 35세까지의 연령층은 선택창업, 즉 자신의 적성에 맞는 분야를 찾아서 창업을 하는 게 좋다. 자기적성과 업무와의 상관관계를 고려하여 사업 아이템을 발굴해야 한다.

사실상 이 시기는 대개 사회적 책임이 발생하는 시기이다. 남성이라면 가정을 꾸려 자녀와 아내에 대한 책임이 생겨나고, 여성이라면 대개 육아

단계에서 초등교육 단계로 넘어가는 중요한 시기이다. 따라서 총각이나 처녀시절처럼 홀가분하게 몸을 움직일 수는 없을뿐더러 자신의 행동으로 가정이나 사회에 미치게 될 파급효과를 고려하지 않을 수 없다.

그러나 이 시기는 대개 회사생활 5~10년 이하의 기간이고, 자신의 경력 사다리의 틀이 완전히 고정화 된 것은 아니며, 특정분야에서 전문가의 자리를 굳히는 데도 다소 부족한 때이다. 회사로 볼 때는 얼마든지 다른 인력으로 대체할 수 있는 초보적 전문인력이다.

이 연령층에 속하는 이들의 창업은 내적으로 새로운 변화에의 강한 욕구 때문이요, 외적으로는 불리한 여건의 전개(예컨대, 정리해고 등) 때문에 이루어진다. 이 시기에는 회사생활 중 이루어 놓은 인간적 유대와 사업관계 등을 이용할 수 있다면 좋겠지만 그렇지 못한다면 자신이 즐겨할 수 있는 일을 찾아 창업하는 것이 좋다.

이들은 창업 후 짧게는 수년에서 길게는 수십 년을 독립적인 사업을 운영하게 될 것인데 내키지 않는 일을 단순히 생계를 위해서 하는 것은 그리 바람직하지도 않고 성공 가능성도 높지 않다.

(5) 모험창업

모험창업에 속하는 연령은 20대로서 이 연령층은 자기의 전공, 직업과 관계없이 어떤 분야를 선택하여 창업하더라도 좋다. 또 설령 실패하더라도 재기의 가능성이 높다. 다만, 이 시기에는 대개 창업의 열정은 높으나 개인적으로 가진 인적·물적 자원이 적고 사회적 경험과 충분치 못하므로 사전준비를 보다 철저하게 하려는 의식적인 노력이 필요하다. 지극히 예외적인 경우를 제외하고는 몸뚱이나 머리 하나만 믿고 창업했다가는 실패하기 쉽다. 자신이 가진 자원이 부족하면 원군을 확보하는 방안을 고려해야 한다. 인력, 자금 하다못해 경험담 등이라도 폭넓고 겸허하게 받아들일 자세가 필요하다.

하지만 자원이 다소 부족하더라도 강한 신념과 실천의지를 통해서 많은 문제를 인내하고 극복할 수도 있을 것이다. 왜냐하면 그들은 또다시 일어날 수 있기 때문이다.

2) 경기의 흐름에 따른 창업시기

사업은 호경기에 시작하는 것이 바람직하다고 생각하는 견해가 적지 않다. 그러나 사업을 장기적인 경제활동으로 보는 때는 오히려 불황기에 시작하는 것이 보다 적절한 경우도 적지 않다.

그에 대한 이유를 들어보면 다음과 같다.

첫째, 사업을 보다 철저하고 신중하게 추진할 수 있다.

불경기에는 기존사업도 시설투자를 자제하고 사업의 확장도 꺼리는 편이다. 따라서 안정적인 사업 시기보다 더욱 철저한 사업계획을 세우고, 사업추진도 신중할 수밖에 없다.

둘째, 경쟁자가 비교적 적은 상태에서 사업을 시작할 수 있다는 장점이 있다.

불경기에는 신규창업도 호경기에 비해 그 수가 적을 뿐만 아니라 기존사업의 경우에도 사업확장을 주저하고 있기 때문에 꾸준히 사업준비를 해 온 창업자에게는 오히려 불경기가 창업을 위한 적기가 될 수 있다.

셋째, 주변 여건이 오히려 창업자에게 유리할 수 있다.

먼저 제조업을 창업하려고 하는 경우에는 기존기업의 부도로 공장부지 및 시설을 활용할 수 있는 기회가 커지고, 법원의 경매나 성업공사 등을 통하여 호황기와는 비교할 수 없는 수준으로 입지나 시설을 선택할 수 있는 기회가 커진다. 도매업이나 소매업, 일반서비스업의 경우에도 입지조건의 선택이나 임대료를 포함한 여러 조건에서 우위를 차지할 수 있다.

넷째, 대부분의 업종에 있어서 경쟁자가 호경기에 비해 많지 않기 때문에 업종의 선택이 비교적 쉽고 종업원의 충원이 손쉬운 점도 불경기에 사업을 개시하는 데 따른 장점이 될 수 있다.

그러나 주의할 점은 사전에 면밀한 준비가 없었던 예비창업자가 단순히 불경기 때의 사업 성공률만을 믿고 실행에 옮겨서는 안 된다는 것이다. "불경기가 사업시작의 적기다"라고 하는 것은 이미 사전에 한 단계 철저한 창업준비자에게 적용될 수 있는 창업시기라는 점을 간과해서는 안될 것이다. 충분히 준비를 해 온 예비창업자에게만 적용되는 격언이다.

제3절 창업가의 기본자질과 측정방법

1 ▽ ────────── 창업가의 기본자질

창업가는 창업에 뛰어들기 전에 자신에게 충분한 기업경영능력 내지는 사업경영능력이 있는지를 냉철하게 판단해봐야 한다. 그리고 경영능력이 부족하다면 어떻게 경영능력을 확보할 것인지에 대한 충분한 검토를 해야만 한다.

흔히 훌륭한 창업가나 사장이 되기 위해서는 사장직에 대한 기본소양을 갖추고 경영능력을 키워가는 것도 필요하지만, 이에 앞서 타고난 성격상의 자질이 사업성공의 중요한 부분을 차지하고 있음을 성공한 기업가에게서 발견하는 경우도 많다.

일반적으로 창업가나 기업가는 IQ나 감성지수(EQ)보다 비즈니스 IQ, 즉 사업지수(Business Quotient : BQ)가 좋아야 성공할 가능성이 높다고 할 수 있다.

1) 선천적 자질

① 새로운 것에 도전하는 모험심이 유별난 사람
② 쉽게 좌절하지 않고 의지력이 강한 사람
③ 가능성에 대한 집념이 강한 사람
④ 사람을 잘 통제할 줄 이는 사람
⑤ 스케일이 크고 큰 일을 해내는 사람
⑥ 신용이 있는 사람 등이다.

첫째, 새로운 것에 도전하는 모험심이 강한 사람은 일반적으로 이론에 얽매이기를 싫어하는 행동파 창업자들이다. 이들 모험형 창업자는 최근 각국에서 New Business 또는 Venture Business의 창업자들로서 2천년대를 이끌어갈 경영그룹으로 자리잡아 가고 있는 것이다.

둘째, 쉽게 좌절하지 않고, 의지력 강한 사람은 험난한 창업의 과정 속에서도 어려움을 극복하고, 설령 실패를 접하더라도 다시 일어설 수 있는 불굴의 투지를 보유한 자들이다. 항상 실패의 위험이 상존하는 창업의 길 앞에 의지력이 강한 사람만이 그 험난한 길을 뚫고 나갈 수 있으며, 실패시에도 새롭게 재출발할 수 있는 용기와 의지를 갖게 되는 것이다. 그리고 이런 용기와 의지를 겸비한 창업사장만이 성공하는 사장이 될 수 있는 것이다.

셋째, 가능성에 대한 집념이 강한 사람은 한번 마음먹고 도전했다 하면 좌절을 거듭하면서도 성공할 때까지 끝장을 내고야마는 집념이 유별나게 강한 부류의 창업자의 그룹이다.

넷째, 사람을 잘 부릴 줄 아는 사람은 다분히 리더쉽과 사교성이 뛰어난 사람으로 종업원을 다루는 솜씨가 유별나고, 교섭력이 뛰어난 사람이다.

다섯째, 스케일이 크고 큰 일을 해내는 사람은 일반적으로 성격이 원만할 뿐만 아니라 외향적 성격의 소유자로서 창업기업 사장으로서는 적격이다. 창업과정에서 창업사장이 접해야 할 사업 관계자는 수없이 많으며, 해결해야 할 일 또한 한두 가지가 아니다.

창업절차상 관할시·군 구청에 수없이 왕래해야 하며, 사업자등록증 발급, 회사설립 신고 등을 위해 세무서와 접촉해야 하고, 자금조달을 위해 금융기관과 원만한 관계를 설정할 필요가 있다. 이런 일들을 원만하게 해결하기 위해서 사장은 스케일이 크고, 성격이 사교적이어야만 한다. 그래야만 짧은 기간에 효과적인 대외관계를 수행할 수 있기 때문이다.

여섯째, BQ가 높은 사람은 신용이 있다. 시간약속을 잘 지킨다. 특히 자기가 한 말을 책임을 진다. 허튼 말을 함부로 하지 않는다. 지혜가 많다. 그러면서도 유머가 있는 사람이다.

2) 후천적 자질

이미 살펴본 사장으로서 타고난 성격상의 기본자질 이외에 후천적으로 환경에 의해 가꿀 수 있는 창업사장의 자질도 있다. 창업기업의 사장으로서 창업을 성공적으로 이끌기 위한 능력이나 소질은 여러 가지 내적·외적 환경요인에 의해 새로이 개발할 수 있는데, 이는 창업예비자가 현재의 직장이나 자기계발 노력에 의해 기업경영에 필요한 소질을 새로이 발굴하여 키워 나가야겠다는 굳은 의지가 있을 때 가능한 것이다.

후천적인 창업자의 소질 요소는
① 본인의 성격, 체질, 체력적인 소질
② 지금까지 배워서 얻은 학문과 지식
③ 본인이 가지고 있는 자격, 사회적 지위, 전 직장에서의 신용
④ 본인이 지금까지 쌓아온 창업관련 분야에서의 경험
⑤ 창업환경을 둘러싼 원만한 인간관계
⑥ 지금까지 인간관계에 있어서의 교제인물의 폭과 깊이
⑦ 뚜렷한 목표와 사명의식의 소유 등이다.

이러한 요소는 창업자가 의식하든 의식하지 못하든 모든 창업사장들의 내부에 무의식적으로 쌓여서 오늘날 창업사장의 소질 내지는 사장의 능력으로 작용하게 되는 것이다.

창업가의 자질 측정방법

보통 행동지향적, 모험적, 창의적 그리고 성장지향적인 성격을 창업자 기질(entrepreneurship)이라고 한다. 창업자 기질에 관한 많은 연구결과를 요약하면 다음과 같은 특징들을 들 수 있다.

① 행동지향성 : 시간을 낭비하는 것을 싫어하고 행동으로 옮기는 것을 좋아한다.

② 모험심 : 위험이 뒤따르는 것을 마다하지 않는다.

③ 자신감 : 항상 자신감이 넘쳐 흐르고 주저없이 결정을 내린다.

④ 불확실성 인정 : 상황이 불투명할 때에도 참을성을 보인다.

⑤ 비숙명론 : 자기 운명은 스스로가 만든다고 믿는다.

⑥ 정 력 : 늘 정력적으로 일할 수 있으며, 끈기있게 일에 몰두할 수 있어야 한다.

⑦ 성취욕 : 어려운 일을 해내는 데서 성취감을 즐긴다.

창업자의 자질을 간단한 조사나 검사를 통해서 정확하게 파악하는 것은 사실상 용이하지 않다. 따라서 여기서는 간단한 몇 가지의 지표를 이용해서 개략적으로 창업가의 창업자질을 추정해 본다.

〈표 1-2〉 예비창업자의 자질측정 항목

자 질	-2	-1	0+	+1	+2
융통성	-	-	-	-	-
도전적임	-	-	-	-	-
박 력	-	-	-	-	-
리더쉽	-	-	-	-	-
남과 잘 어울릴 수 있음	-	-	-	-	-
다른 사람 의견에 관심을 가짐	-	-	-	-	-
비판적인 견해에 귀를 기울임	-	-	-	-	-
끈 기	-	-	-	-	-
자금동원 능력	-	-	-	-	-
성취욕구	-	-	-	-	-
주도적으로 일을 함	-	-	-	-	-
독립심	-	-	-	-	-
앞을 내다보는 능력	-	-	-	-	-
이익지향적	-	-	-	-	-
낙관적	-	-	-	-	-
다양한 재주	-	-	-	-	-

― 2	이러한 자질을 전혀 갖고 있지 않다.
― 1	이러한 자질을 갖고 있지 않다.
0	잘 모르겠다.
＋ 1	이러한 자질을 약간 갖고 있다.
＋ 2	이러한 자질을 대단히 많이 갖고 있다.

※ 합산한 총점수가 높을수록 창업자질이 많음.

자료 : Robert Max, Todd Jick, and Peter Frost, Management Live! The Video Book(Englewood Cliffs, H.J. : Prentice-Hall. 1991).

자기가 창업자의 자질을 얼마나 갖고 있는가를 판단하기 위해 사용할 수 있는 평가들의 하나로 아래의 질문을 체크하여 본 후 평가해 볼 수 있다.

최근에는 창업전문컨설팅회사에서 예비창업자의 창업자 자질에 관한 적성검사를 해주고 소정의 수수료를 받는 컨설팅회사가 생겨나고 있으므로 이들 회사에서 적성검사를 받아보는 것도 도움이 될 수 있다.

제 4 절   창업의 분류와 창업가 정신

창업은 기준에 따라 여러 가지로 분류할 수 있다. 산업분류에 따라 제조업. 도·소매업, 서비스업 창업으로 구분할 수 있다. 또한 사업을 분류할 수 있는 기준으로는 새로운 정도, 경영의 독립성, 소유자의 수 점포유무, 사업아이디어의 원천, 지금 규모에 따른 구분이 있다.

1) 업태에 따른 분류

산업분류에서 흔히 제조업, 음숙 및 서비스업, 유통업 등으로 사업을 대분류하고 있는데 창업과 이와 같은 기준에 따라 분류해 볼 수 있다. 제조업 창업은 원료를 투입하여 새로운 제품을 만드는 사업을 말한다.

서비스업이란 그 형태가 다양하여 간단히 정리하기는 어려우나 한 가지 특징은 제공된 서비스를 원래 상태대로 환원하기 어려운 업종이 이에 속한다고 할 수 있다. 예를 들면, 이발을 한 경우에 고객이 만족스럽지 않다고 해서 그것을 처음 상태로 되돌리기는 불가능하다. 서비스업 분야의 창업은 산업사회가 고도화됨에 따라 그 비중이 증가하고 있다.

한편, 우통업 창업이란 도매 및 소매점을 창업하는 것을 말한다.

창업이라 하면 먼저 공장을 연상하는 경우가 많으나 통계적으로는 제조업 창업보다는 생활과 밀접하게 관련된 서비스업 및 유통업 분야의 창업이 많다. 제조업 창업은 경제적 파급효과가 크기 때문에 그 중요성이 강조되고 각종 지원이 집중되고 있다. 그러나 인체내 각 기관이 조화를 이루고 있는 것과 같이 산업의 균형발전을 위해서는 제조업 창업과 서비스업과 유통업 분야의 창업이 상호균형을 이뤄야 한다.

2) 혁신성에 따른 분류

창업기업은 혁신성 정도에 따라 혁신적 창업기업과 모방창업기업으로 나누어 볼 수 있다. 혁신적 창업이란 기존의 사업과는 기술, 경영, 제품 등에 있어서 크게 다른 형태의 창업을 의미한다. 예를 들면, 발명품의 사업화는 혁신적 창업이라고 할 수 있다. 발명품은 아니더라도 새로운 정도가 큰 제품을 생산하고자 하는 창업은 혁신적 창업이라고 할 수 있다. 또, 경영방식에 있어서 혁신적인 방법을 이용하여 효율이 높은 새로운 기업을 창업한다면 혁신적 창업이라고 할 수 있다.

한편, 우리의 주변에는 기존의 기업과 거의 같거나 매우 유사한 형태의 기업이 창업되는 것을 흔히 볼 수 있다. 예를 들면, 프랜차이즈 가맹점사업을 시작하는 경우에 흔히 볼 수 있는 소매점, 서비스사업체, 음식점처럼 제품, 기술, 경영기법 등에 있어서 기존의 사업체와 크게 다르지 않은 창업을 모방창업이라고 할 수 있다.

3) 독립성 정도에 따른 분류

창업유형을 사업경영의 독립성 정도에 따라 구분하면 독립사업과 체인가맹사업으로 나누어 볼 수 있다.

체인가맹사업(Franchisee)이란 체인가맹사업본부(Franchisor)로부터 상품, 경영 등에 대한 전반적 지원을 받는 대신 전반적인 운영·관리 즉, 경영은 체결한 계약에 따라 제약을 받게 된다. 예를 들면, 맥도날드 햄버거 점은 "맥도날드"라는 상호의 사용, 원자재의 공급과 경영기술을 지도받는 대신 본부와 계약에 의해 약속한 경영원칙을 지켜야 한다. 즉, 햄버거의 종류·크기·가격·서비스 방법 등에 있어서 점포 주인의 자의로 결정하지 못하고 본부와 약속한대로 해야 한다.

한편, 음식을 제공하는 중화요리점을 보면 이들은 개별 점포마다 독자적인 상호를 사용하며 원자재 구입, 제공하는 음식과 서비스의 종류에 있어서 체인가맹사업과 달리 독립적인 의사결정을 하기 때문에 독립점이라고 한다. 최근에는 많은 소매업 및 서비스업에서 체인가맹점 형태의 사업이 확산되고 있으며 이러한 추세는 앞으로도 상당 기간 동안 지속될 전망이다.

4) 창업자 수에 따른 분류

창업자의 수에 의한 창업유형을 구분하면 개인중심 창업과 팀중심 창업으로 구분할 수 있다.

개인이 창업을 주도하여 제품의 결정, 자금조달, 경영 등을 주도하는 경우는 개인중심창업이라고 할 수 있다. 한편, 이와는 달리 2명 이상의 사람이 창업을 공동으로 주도하는 경우도 있다. 창업기업의 숫자로 본다면 개인중심창업이 팀중심창업보다 훨씬 많다. 개인중심창업은 책임과 권한의 소재가 분명하고, 의사결정이 신속하다는 장점을 가지지만 자본과 경영기술 등에 있어서 개인에게 의존함으로써 한계를 가질 수가 있다. 팀중심창업은 구성원들의 견해차가 생길 때 이로 인해 의사결정 속도가 느리고 책임소재가 애매하게 되는 단점이 있지만 신중성, 전문화 등의 장점을 가질 수 있다.

5) 점포의 유무에 따른 분류

창업을 하게 되는 경우에는 공장을 설립하거나 점포를 가지는 등 일정한 격식을 갖춘 공간을 중심으로 하는 경우가 많으나 이와는 달리 점포나 공장이 거의 없거나 거주지의 공간을 이용하여 격식을 갖춘 공간이 없어도 창업할 수 있는 경우가 있다. 이런 형태의 창업을 무점포창업이라고 한다.

무점포창업은 점포를 확보하는 데 자금이 소요되지 않으므로 자금면에서 매우 효율적인 창업이 될 수 있다. 예를 들면, 정보제공업, 번역사업, 소규모의 통신판매사업 등은 점포가 없이도 창업할 수 있는 사업들이다. 무점포사업은 사업자금 조달이 어려운 처지에 있는 사람들은 특별히 관심을 가지고 고려할 가치가 있는 창업형태이다.

6) 사업아이디어 원천에 따른 분류

창업의 출발점은 기술과 시장으로 크게 나누어 볼 수 있다. 사업아이디어와 관련된 전문적 기술이나 노하우를 기반으로 한 창업을 기술형 창업(Technology-driven Inauguration)이라고 할 수 있다. 이러한 기술형 창업의 대표적인 것으로 밴처창업을 들 수 있으며 쿠퍼(Cooper)에 의하면 벤처 비즈니스의 85%가 자신이 창업 이전에 종사했던 조직 즉, 배태조직에서 기술을 습득한 기술자나 연구자에 의한 창업이라고 한다.

기술형 창업은 제품이나 서비스 창출에 필요한 창업자의 전문적인 지식과 기술이 바탕이 된다.

기술형 창업의 경우에는 기존 기술은 물론 하이테크기술까지 습득해야 보다 안정적인 창업을 할 수 있다.

사업아이디어의 원천이 시장수요에 기반을 두고 있는 창업을 시장형 창업(Market-driven inauguration)이라 한다. 시장형 창업이란 기술과 많은 자본이 필요한 제조업 창업과는 달리 적은 자본으로 시장 및 사회 변화에 부응한 신선한 아이디어를 가지고 시장수요에 입각하여 창업에는 경우를 말한다. 시장형 창업의 예로서는 프랜차이즈 · 소호(SOHO : Small Office Home Office) 소점포 창업 등을 들 수 있다. 시장형 창업에 있어서는 전문적인 지식과 기술보다는 수요가 증명된 기존시장에 진출하거나 또는 기존시장이 가지지 못한 사각지대 즉, 틈새(Niche)시장 등 잠재적 시장수요를 탐색하여 이를 공략하는 것이 효과적이다.

7) 자금규모에 따른 구분

이상에서 살펴본 것 외에도 여러 가지 다른 분류기준이 있다. 예를 들면, 자본과 노동의 집약도에 따라 자본집약적 창업과 노동집약적 창업으로 나누어 볼 수 있고 규모에 따라 소규모창업과 중규모 및 대규모창업으로 나눌 수도 있다.

2   창업가 정신

창업은 정신으로 시작해서 정신으로 끝난다고 해도 과언이 아니다. 정신으로 시작한 창업은 결국 크게는 인류와 국가에 유용한 일을 하겠다는 이념과 사회에 공헌하겠다는 사명감으로 귀착될 수밖에 없다. 또한 작게는 한번뿐인 자기의 삶을 보다 풍요롭게 살아보겠다는 목표지향적인 정신이라 하겠다. 이러한 정신을 가지고 고생을 기업경영의 증거 또는 성공을 위한 영양분으로 수용하는 창업자만이 성공한 경영인으로서 자격이 있다. 지위나 명예를 위해, 또는 오로지 돈을 벌 목적으로 창업을 생각하는 사람은 창업자격이 없을 뿐만 아니라 십중팔구 실패하기 쉽다.

창업자는 독립운동가적 정신으로 자기자신을 샐러리맨으로부터 독립시키고 국가와 사회를 위한 공인으로서 사명감을 갖고 출발해야 한다. 그래야 말년에 초라하지 않고, 자기의 귀중한 인생을 돈버는 기계, 돈의 노예로 만들지 않게 된다. 인생의 초점이 달라지게 되는 것이다. 2천년대 기업경영은 저급의 기업목적보다 고급의 기업목적을 요구하는 시대이기 때문이다. 돈도 벌면서 국가와 사회에 기여하는 목적있는 기업경영이 요구되는 때인 것이다.

창업가의 정신은 창업자인 사장의 경영이념이라고 할 수 있으며 사회적 책임감과 경영윤리관으로 집약된다.

1) 사회적 책임감

창업자는 사회적 기관인 기업의 설립자로서 사업을 성장·발전시키는데 대한 일차적인 책임을 지고 있다. 이를 위해 창업자는 효율적인 경영활동을 전개해야 하고, 저렴한 가격으로 상품이나 서비스를 제공해야 하며, 안정된 고용의 기회를 제공해야 하고, 국가가 정한 법규를 준수하면서 사회적 책임을 다해야 한다.

그리고 창업가는 부차적으로 자신의 사업과 관계되는 많은 이해관계자 집단들에 대하여 다음과 같은 책임을 다해야 한다.

첫째, 주주에 대한 책임으로 부단히 주주의 부를 증대시키는 의사결정을 해야 한다.

둘째, 종업원들에 대한 책임으로 그들에게 만족스러운 급료의 복지, 후생 그리고 승진을 보장해 주어야 한다.

셋째, 고객에 대한 책임으로 양질의 상품과 서비스를 저렴한 가격으로 공급할 수 있도록 합리적이고 혁신적인 경영활동을 전개해야 한다.

넷째, 정부에 대한 책임으로 각종 법규를 준수하고 법인세나 소득세, 공과금 등을 사실대로 납부해야 한다.

다섯째, 은행등 채권자에 대한 책임으로 약속한 이자를 연체하지 말아야 하고, 원금을 약속한 기일에 상환해야 한다.

여섯째, 자재 공급업자에 대한 책임으로 합당한 가격으로 자재를 구매해야 하며, 구매대금은 가급적 빨리 결제해 주어야 한다.

일곱째, 판매업자에 대한 책임으로 충분한 이폭(마진)을 보장해 주고, 경영 합리화를 위한 각종 지도와 협조를 아끼지 말아야 한다. 마지막으로는 지역 사회에 대한 책임으로 소음·대기오염·하천오염·농작물피해·지반침하 등의 산업공해를 사전에 방지하도록 노력해야 하며, 발생된 피해에 대해서는 충분한 보상을 해야 한다.

2) 경영윤리관

인간의 행위에 대한 판단기준을 윤리 또는 도덕이라 하는데, 우리는 이를 통해서 인간행위의 옳고 그름을 판단할 수 있는 것이다. 인간행위와 마찬가지로 기업의 활동에 대해서도 옳고 그름으로 판단할 수 있는 기준 또는 규범이 필요하게 되는데, 이것이 경영윤리인 것이다. 즉, 경영윤리란 기업활동의 옳고 그름을 판단할 수 있는 기준이나 규범을 말한다. 따라서 경영윤리관이란 기업이 자신의 경영활동을 하는 데 있어서 도덕적으로나 윤리적으로 지켜야 할 최소한의 기준 또는 규범에 대한 믿음이라 볼 수 있다.

이렇게 모든 기업은 자신의 경영행위에 대해 옳고 그름을 판단할 수 있는 기준을 가지고 있다. 물론 이러한 기준 또는 규범은 반드시 도덕이나 윤리에 토대를 두어야 한다. 그런데 이러한 기준이나 규범의 내용 및 이의 실천의지는 기업의 리더가 가지고 있는 윤리관에 의해 전적으로 좌우된다. 따라서 기업가 내지는 창업가가 어떤 경영윤리관에 토대를 두고 있는가에 따라 기업의 행동이 윤리적인 것으로 될 수도 있고 비윤리적인 것으로 될 수도 있다. 기업이 사회에 미치는 영향은 크기 때문에 비윤리적인 기업행위에 대한 법의 규제가 필요하게 된다. 그래서 만약 기업의 행동이 비윤리적이거나 비도덕적인 것으로 판명된 경우에는 법에 의한 처벌이나 여론에 의한 공격을 피할 수 없게 된다.

이러한 관점에서 창업자는 바람직한 경영윤리관을 신조로 삼아 이를 실천함으로써 사회적 책임을 다하겠다고 확고한 철학을 가지고 있어야 한다. 도덕적으로 확고한 철학이 없는 기업가의 행동은 사회에 큰 해악을 미칠 것이며, 그러한 기업가에 의해 경영되는 기업은 성장·발전할 수 없게 된다.

핵 심 정 리 문 제

1 창업의 정의를 관점에 따라 기술하여 보시오.

2 우리 나라 중소기업창업지원법의 목적과 대상업종을 기술하시오.

3 중소기업창업지원법상 창업으로 인정하는 유형과 인정하지 않는 유형을 나열하여
   보시오.

4 중소기업창업지원법상 창업 인정여부에 관한 사례를 기술하여 보시오.

5 창업의 동기에는 어떤 것들이 있으며, 해당 내용을 기술하시오.

6 창업의 시기는 어떻게 분류할 수 있으며 연령에 따른 관점에서 절대적 시기가 있을
   수 있는지 없는지 자기의 관점에서 주장하여 보시오.

7 창업가의 기본자질을 분류하고 기술하시오.

8 창업자의 자질은 측정가능한 것인지 자기의 견해를 기술하여 보시오.

9 창업은 어떻게 분류할 수 있는가를 기술하시오.

10 창업가의 정신이란 무엇이며 현재 성공한 기업들의 창업자의 정신은 어떤 것이 있는지 사례를 들어(2기업 이상) 기술하여 보시오.

제2장 창업의 기본요소와 과정

기업을 창업하기 위해서는 여러 가지 요소가 필요하나 그 중에서 가장 대표적인 것들을 들면 기업목적, 창업자, 사업아이디어, 인적 자원과 물적 자원이다.

1 기업목적

기업목적은 창업 후 기업이 나아갈 방향을 설정해 주며 다른 창업요소 들을 통합하는 역할을 한다. 다른 요소들은 기업목적의 하부 시스템으로 서로 유기적인 상호작용을 하되 궁극적으로는 기업목적 달성을 지향한다.

현대기업은 다원화된 사회 속에서 다양한 이해집단과의 상호관계 속에 서 존립·유지되므로 이러한 관계를 적절히 고려한 기업목적의 정립이 매 우 중요하다.

2 창업자

창업자는 창업 아이디어의 확보, 사업성분석, 사업계획수립, 계획의 실행 등을 주도하고 책임지는 창업의 주도자이다. 창업자는 이러한 기능을 수행하기 위하여 기업설립에 필요한 유형·무형의 자원(resource)을 동원하고, 이들을 적절히 결합하여(organize) 기업이라는 시스템을 만들고, 설립된 기업이 의도한 대로 기능을 발휘하도록 관리하는(manage) 역할을 해야 한다. 따라서 창업자의 능력, 가치관 등은 창업기업의 성패와 효율에 지대한 영향을 미치게 되므로 창업자는 매우 중요한 요소이다. 그러므로 성공적인 창업을 위해서는 유능한 창업자가 되려는 노력이 필요하며, 그러한 창업자를 양성하려는 사회적 또는 국가적 노력은 그 사회의 국가의 경제적 발전을 위해 중요하다.

3 사업 아이디어

사업 아이디어란 설립되는 기업이 무엇을 생산할 것인가를 의미하는 것이다. 생산품은 구체적인 형태를 가진 재화일 수도 있고, 그 형태를 정의하기 어려운 서비스일 수도 있다. 사업 아이디어의 원천은 창업자 자신일 수도 있고, 창업팀의 일원으로부터 얻어지거나 제3자로부터 얻어진 것일 수도 있다. 사업 아이디어가 만족시켜야 할 조건은 사업 아이디어에 따른 생산활동을 수행하는 결과로 기업의 목적인 수익을 발생시킬 수 있어야 한다는 것이다.

사업 아이디어와 관련하여 티먼즈(J. A. Timmons) 교수는 사업기회(business opportunity)라는 개념을 중요시한다. 그는 사업 아이디어만으로는 기업이 성립될 수 없으며, 이익을 발생시킬 수 있는 여건이 만족되어야 기업이 성립될 수 없으며, 이익을 발생시킬 수 있는 여건이 만족되어야 기업이 성립될 수 있다고 하는데, 이와 같이 기업이 설립될 수 있는 여건이 만족되는 환경과 시점을 사업기회라고 하였다. 그래서 단순히 사업 아이디어를 탐색할 것이 아니라 사업기회를 탐색하여야 한다고 주장하였다. 창업이 이루어지도록 하려면 사업 아이디어를 티먼즈 교수가 제시한 사업기회로 발전시키는 노력이 있어야 할 것이다.

4   인적자원

창업을 하는 데 필요한 기본적 투입요소 중 가장 핵심적인 것은 인적 요소이다. 인적 요소는 창업의 주체인 창업자를 위시하여 생산, 판매, 일반관리 등 기업조직의 각 기능을 담당할 인적 자원을 지칭한다. 즉, 창업을 하는 데 있어서는 창업을 주도적으로 계획하고 추진하며, 창업에 수반되는 모든 재정적 부담과 위험을 책임지는 창업자가 있어야 한다. 그리고 창업자를 도와 제품이나 서비스를 생산하고 판매하며 기업의 일상업무를 담당할 종업원이 필요하게 된다. 종업원은 계약에 의해 창업자 또는 기업을 대신하여 일정한 업무를 수행하고 그에 따른 보상을 주기적으로 받게 된다. 종업원 중에는 생산과 관련된 업무를 담당하는 기사나 기술자 또는 숙련공이나 견습공 등이 있다. 그리고 판매와 일반업무를 담당할 관리자와 직원도 필요하게 된다.

기업은 결국 사람이 움직여야 하므로 인재를 적재적소에 배치하는 것은 경영성과 실현성에 매우 중요한 과제이다.

5   물적자원

창업을 위한 필수요소로서의 물적 자원은 기계, 설비, 건물, 원료 등의 확보를 말한다. 이들을 조달하기 위해서는 자본이 필요하다. 화폐경제 체제하에서는 자본의 조달은 재무활동에 의해 이루어지게 된다.

일반적으로 자본주의 체제하에서의 민간기업, 즉 사기업의 경우에는 이러한 자본의 조달은 개인이나 투자집단을 통해 조달되나, 공기업의 경우에는 공공단체, 또한 사회의 기업의 경우에는 생산자금의 형식으로 국가로부터 제공되기도 한다.

제2절 창업의 기본과정

예비창업자가 막상 실제 어떠한 사업을 하나 시작하려고 하면 처리해야 할 문제가 참으로 많음을 실감하게 된다. 무슨 사업을 할까, 사업자금은 얼마나 필요로 한가, 그 자금은 어떻게 조달할 것인지, 사업장 위치는 어디로 할까, 직원은 누구를 채용하는 것이 좋을까, 개인기업으로 할까, 법인으로 할까, 주식회사가 좋을까, 유한회사가 좋을까 등 결정해야 할 사항이 많다. 그런데 이렇게 많은 문제들에 대하여 창업자는 고독한 결단을 내려야 한다. 창업자의 이러한 의사결정은 성패에 대한 책임이 수반되는 일이므로 대부분의 경우 힘든 정신적 작업이다.

그래서, 창업이란 「종합예술」 또는 「종합과학」이라고 하기도 한다. 회사를 창업하기 위해서 무엇부터 시작해야 할까 하고 생각하면 아는 것 같은 데도 쉽게 떠오르지 않는다. 이때 필요한 내용이 창업의 기본절차이다. 사업을 하기 전에 최소한 창업의 기본절차에 포함된 사항 정도는 체크하는 것이 실패를 줄일 수 있다는 것이다.

기업의 창업은 창업을 위한 기본요소를 사업운영이 가능한 형태로 결합함으로써 이루어진다. 즉, 창업자가 기업목적과 사업아이디어를 검토하고 자본을 투자하여 인적·물적 자원을 조직화하며 실제 경영관리를 착수하

기 위한 다양한 의사결정을 수립·실행하는 과정을 거치게 된다. 제조업에
속하는 기업이 일반적으로 거치게 되는 기업창업 과정은 다음과 같다.

1 ▾ 창업의 사명과 목표의 설정

새로운 사업을 시작하는 데 있어서 가장 중요한 것은 왜 사업을 하며,
이를 위해 무엇을 어떻게 할 것인지에 대한 철학과 사명감 그리고 목표를
분명히 하는 일이다. 왜냐하면 창업의 큰 뜻이나 대체적인 방향이 설정되
어야 이를 실천하기 위한 하부계획을 세우는 것이 가능해지기 때문이다.
일반적으로 창업의 사명과 목표에는 다음과 같은 내용을 포함해야 한다.

> ✓ ·사업을 시작하는 이유
> ✓ ·사업의 형태와 목표
> ✓ ·사업의 윤리강령

오늘날 다원화된 사회 속에서 기업의 목적은 단순히 이윤극대화에만 있
지 않으며 여러 목적이 동시에 추구되거나 이윤이 수단화하는 경우도 많
기 때문이다. 이러한 기업목적이 창업자에게 있어서는 창업이념이 되며 그
에 따라 업종선택이나 기업활동의 내용이 달라질 수 있는 것이다.

2 ▾ 사업아이디어의 탐색과 선별

창업된 기업이 성공적으로 운영되는가의 여부는 사업아이디어가 얼마나
시장조건에 잘 들어맞는가에 따라 결정되는 정도가 크다. 사업아이디어의
창출에 있어 생산·판매할 제품과 타이밍에 관한 고려가 중요하다. 이를
위해 먼저 시장조사 특히, 소비자조사를 통하여 소비자 수용의 동향을 파

악하고 이를 충족할 수 있는 제품(상품)과 서비스는 어떠한 것이 있는가를
발견하게 된다.

탐색된 사업아이디어는 실현 가능한 아이디어로 선별, 축소되어야 하는
데 이러한 과정에서 기업가 자신이 그 아이디어의 장점에만 너무 몰두한
나머지 그 아이디어의 성공과 실패의 가능성을 객관적으로 평가하지 못하
게 될 우려가 있다. 특히, 잘못된 아이디어로 기업창업의 후속적 과정을
지속시키는 진행오류(go error)를 범함으로써 막대한 시간, 금전, 노력의 낭
비가 생기지 않도록 시장조건을 잘 파악하여 이에 맞추어 성공할 수 있는
아이디어를 찾아내야 한다.

그러나 모든 기업활동에는 불확실성과 위험이 따르므로 지나치게 수동
적인 태도로 생존 가능한 아이디어를 일찌감치 포기하는 탈락오류(drop
error) 역시 범하지 않도록 해야 한다. 이러한 사업아이디어의 탐색과 선별
과정에서 적절한 사업타이밍의 판단이 중요한데 시장여건보다 지나치게
빠르게 되면 시장의 미성숙으로 인한 자본흐름의 제약으로 실패하기 쉽다.
반면, 사업개시 시기가 너무 늦을 경우 시장을 선점 당해 열세를 벗어나기
어렵게 된다. 신설 기업이 살아남기 위해서는 시장에서 유리한 위치에서
경쟁할 수 있어야 하므로 사업아이디어를 탐색하는 과정에서 기업가나 산
업 개발전문가는 다음의 기준 중 하나를 만족시키는 제품을 찾도록 해야
한다.
① 현재 만족되지 않은 욕구를 만족시키는 제품
② 공급의 부족을 만족시키는 제품
③ 유리한 조건 때문에 기존 상품과 성공적으로 경쟁할 수 있는 상품
④ 부가가치가 높은 제품

따라서 사업아이디어의 개발 및 탐색은 소비자의 욕구에 미충족 부분을
발견함에서 이루어지며 구체적으로는 사회변동의 분석, 새로운 법률의 영
향연구, 기존 산업에 대한 조사 등을 이용할 수 있다.

특히 법률적 제약, 환경오염 등 사회적 해악, 국가정책과의 저촉여부에
대한 조사가 수반되어야 한다.

3 사업타당성 분석

　사업타당성 분석이란, 사업을 시행하기 이전에 특정 사업의 성공가능성에 대한 정보를 파악하기 위해 사업추진능력, 기술성, 시장성, 경제성, 위험정도 등을 분석하고 평가하는 총체적인 과정을 말한다. 즉, 사업타당성 분석은 특정 사업을 추진하는 내부주체 또는 그 사업의 투·융자와 관련되는 외부관계자가 사업주체의 사업추진능력, 제품의 생산과 판매에 따르는 제반의 기술적인 문제, 시장조사와 판매가능수요의 예측, 손익추정 및 경제성 등에 관한 정보를 입수하기 위해서 행하는 일련의 활동을 말한다.

　사업타당성 분석을 필요로 하는 집단은 다양하지만, 그것은 두 유형으로 나누어 볼 수 있다. 하나는 자신이 직접 사업의 주체가 되는 창업자 또는 새로운 사업을 계획하고 있는 기존사업자이며, 다른 하나는 사업의 주체는 아니지만 사업에 필요한 자본을 투·융자하거나 정부의 예산을 배분해야 할 입장에 있는 금융기관과 정부기관 등이다. 전자를 내적 사업성검토, 후자를 외적 사업성검토라 할 수 있는데, 이들 평가주체들은 모두 특정사업의 성공가능성에 대한 정보를 필요로 하기 때문에 사업타당성검토에 강한 필요성을 갖게 된다.

　두말할 필요 없이 내적 사업성검토는 창업자 또는 기존사업자의 입장에서 계획하고 있는 사업을 추진하는 데 있어서 제기되는 제반의 문제와 위험요소를 사전에 점검해 보고, 계획중인 사업의 수익성 있는 해볼 만한 사업임을 확인하려는 데 기본관심이 놓여진다. 반면에 외적 사업타당성검토는 계속 사업에 투·융자될 원금과 이자가 차질 없이 회수될 수 있을 만큼 충분히 경제적인 사업인지 또는 국가자원의 효율적인 배분에 기여할 수 있는 사업내용인지를 확인하려는 데 기본관심을 두게 된다.

　한편, 체계적인 사업타당성 분석이 창업과 그 이후의 기업경영에 기여하는 바는 다음과 같다.

　① 체계적인 사업타당성 분석은 구상하고 있는 기업의 형성요소를 정확하게 파

악하는 데 도움이 된다.

② 체계적인 사업타당성 분석은 기업의 설계역할을 한다.

③ 체계적인 사업타당성 분석에 참여하면 창업자는 기업의 경영능력을 향상시킬 수 있다.

또한 고려하고 있는 사업이 공익과 관계되는 경우에는 사업타당성 분석에서 이상의 3가지뿐만 아니라 공익성 분석을 추가하여 실시한다.

사업타당성 분석은 창업자가 직접하는 것이 바람직하지만 사업규모가 크거나 특수한 사업수행능력이 요구될 때에는 외부전문기관(컨설팅업체)에 의뢰하거나 제3자에게 부탁하여 최종적으로 검증하는 것이 바람직하다. 그러나 실제 소규모 사업에 있어서는 체계적인 사업타당성 분석을 실시하지 않는 경우도 적지 않다.

4 인적·물적 자원의 조달과 구성

사업타당성 분석에서 사업아이디어가 유망한 것으로 판단되면 이를 실행하기 위한 인적·물적 자원을 조달하여야 한다.

1) 창업멤버와 조직의 구성

우선, 인적 자원의 조달은 창업팀을 만드는 데서 시작된다. 창업팀이 형성되는 과정은 크게 두 가지로 나누어지는데, 그 중 하나는 한 사람의 사업아이디어 발안 및 주도 하에 동료를 규합하는 것이고 또 다른 하나는 여럿이 공통된 경험 및 친분을 바탕으로 팀을 형성하는 것이다.

이러한 과정에서 팀요원의 선발, 형성, 팀웍의 조성문제를 고려하여야 한다. 창업팀은 주로 활동목표 및 범위를 결정하고 제품(상품, 서비스)을 설계하여 기업규모와 입지선정, 공정, 설비, 건물의 선정, 소요자금액 및 자금조달계획 등과 같이 기업창업에 주요한 의사결정을 수립해야 한다.

기업경영의 제1의 요소는 사람이다. 자기 사업에 가장 적합한 인재를 선발하거나 외부로부터 인재를 스카웃하여 적재적소에 배치함으로써 경영의 효율을 높이는 것은 경영전략의 지본이다.

이런 의미에서 창업기업의 구성원, 즉 창업팀과 그에 따른 조직은 중요한 의미를 갖게 되며, 따라서 사업을 시작할 때 가장 먼저 결정해야 할 핵심요소가 된다.

특히 소기업 창업에 있어서 임직원 한 사람 한 사람은 전쟁터에서 최후의 사선을 지키는 보루나 다름이 없다. 따라서 직원 한 사람이 백 사람의 업무처리를 충실히 하고, 적어도 자기에게 할당된 일은 차질없이 해결할 수 있는 능력이 있어야 한다. 그런 능력이 없으면 조직에 치명적인 결함이 생길 수밖에 없다. 따라서 능동적인 사고와 창조적 업무 스타일은 소기업 창업자에게는 꼭 필요한 사람이다. 이처럼 유능한 창업팀의 구성과 효율적인 조직의 구성은 매우 중요하다.

창업멤버를 확보하고 사업을 위한 조직을 구성할 때 고려해야 할 사항은 다음과 같다.

첫째, 창업 초기의 창업멤버와 조직구조는 간단할수록 좋다.

어느 정도 사업 기반이 정비될 때까지는 혼자서 모든 일을 준비하고 처리하는 것이 옳은 경우가 있기 때문이다.

둘째, 경력직원의 스카웃이 필요한 경우에는 신중을 기한다.

스카웃 대상 직원이 가진 능력도 중요하다. 하지만 그가 지닌 성격과 협동심, 특히 창업 초기 사업에는 시장을 충실히 보좌해 줄 수 있는 사람이 더욱 가치를 지닌다.

셋째, 혼자서 사업을 운영할 수 없는 경우 흔히 동업의 형식으로 사업을 시작할 때는 특히 주의할 점이 많다.

가급적 동업은 피하되 어쩔 수 없는 때에는 상호조건을 명확히 제시하여 합의가 이루어진 뒤 창업해야 한다.

또한 일정기간 후 동업관계가 종료되는 시점에서 등장하게 될 이해관계에 대해서도 미리 분명히 합의를 해둘 필요가 있다.

넷째, 창업회사의 조직은 일반적인 기존회사의 조직을 고려하여 편성하되 창업

초기라는 사실을 고려하는 것이 중요하다.

기업경영은 조직으로부터 시작하여 조직으로 끝난다고 하여도 과언은 아니다. 조직관리의 효율화는 시장의 힘을 덜어주는 열쇠가 되며 이는 창업성공의 지름길이 된다.

2) 물적 자원의 조달

다음으로 물적 자원의 조달이 필요한데 여기서 가장 중요한 것은 소요자금의 조달문제이다.

기업창설에 필요한 자금은 자기자본에 의하거나 타인자본에 의해 조달할 수 있다. 자기자본을 조달하는 방법은 창설자의 소유자본, 자본참여자의 확보 등이 있다. 만일 기업창설에 필요한 자금을 충분히 확보하지 못할 경우 타인 자본에 의존하게 되는데, 이의 조달원천으로는 개인, 기업, 은행, 제2금융권, 정부, 공공단체 등이 있다. 유망한 사업아이디어의 경우 창업투자회사를 활용하는 것도 한 방법이다.

5 사업계획서의 작성과 조직구조의 설정

사업계획서는 창업자의 창업계획을 체계적으로 정리한 것으로서 소규모의 소매업이라도 창업자 및 업종의 특성에 맞는 사업계획서를 작성하여 실행해 나가야 한다. 사업타당성 분석을 바탕으로 작성하는 사업계획서를 작성하여 실행해 나가야 한다. 사업타당성 분석을 바탕으로 작성하는 사업계획서는 사업전략과 사업수익 목표를 구체적으로 제시하는 창업자 자신의 사업에 대한 청사진으로서 창업과정을 계획성 있고 차질없이 추진할 수 있게 하며 창업기간을 줄여줄 뿐만 아니라 창업성취율을 높여줄 수 있는 가장 중요한 교과서이다.

여기에는 제품계획, 시장성과 판매계획, 생산 및 설비계획, 일정계획 등이 구체적인 활동의 내역별로 포함되어야 한다. 나이가 기업의 주요 기능

에 따라 업무, 책임, 권한 등을 체계적으로 구분하고 이를 담당할 인력을
선발·배치 하여야 한다.

6   **사업개시**

이 단계에 이르게 되면 실제로 토지를 구매하고 공장건축을 시작하게
됨은 물론 설비를 구매하고 이를 배치하여 생산에 착수하게 된다. 또한 생
산품의 광고와 판매촉진 활동을 전개하며 제품의 생산되면 재고를 관리하
고 판매경로를 통해 판매를 한다.

이와 같은 여러 단계는 처음으로 기업을 창설하고자 하여 실제로 제품
을 생산·판매하게 되기까지의 과정을 제조기업을 중심으로 간단히 추려
본 것이다. 그러므로 모든 창업기업이 반드시 이러한 창업과정을 밟아야만
한다는 것은 아니다. 예컨대 기존 건물을 임대하여 상업활동을 주로 하려
는 기업을 창업할 경우 토지구매 및 건물건립 등의 과정을 거치지 않아도
된다.

제3절 창업을 위한 핵심 의사결정사항

기업의 창업을 위해서는 다양한 부문에 대한 의사결정이 이루어져야 하
나 그 중에서도 특히 어떤 기업을 어디에, 어떤 모양으로, 얼마만한 크기로
창설할 것인가 하는 것이 핵심이 된다. 이 경우 기업이 어떤 기업인가는
기업업태의 문제이며 어디에 설립되어야 하는가는 기업입지의 문제이며 어
떤 모양으로 시작되어야 하는가는 기업형태의 문제이다. 그리고, 얼마만큼
의 크기로 창설되어야 하는가는 기업규모의 문제로서 이러한 기업업태, 기

업입지, 기업형태, 기업규모의 네 가지가 기업창설의 4대 의사결정사항이
다.

기업업태의 선택

사업을 시작하려고 할 때 반드시 고려해야 할 사항 중 하나가 제조업,
도·소매업, 서비스업의 업태 선택문제이다. 어떤 특정한 제품이나 상품을
취급한다 하더라도 제조업을 경영하느냐, 단순한 판매업만 영위하느냐, 그
리고 각종지식, 경험정보 등을 제공하는 서비스업을 경영할 것이냐를 우선
결정하지 않으면 안된다.

제조업, 도·소매업, 서비스업의 선택 시에는 다음과 같은 판단기준에
의거, 결정하는 것이 좋다.

1) 창업자의 자금조달 능력을 고려

통상 도·소매업, 서비스업에 비해 제조업이 더 많은 자금을 필요로 한다.
또한 도·소매업의 경우에도 취급상품이나 점포규모 등에 따라 사업 자금
규모는 천차만별이다. 도매업과 소매업과의 차이도 있고 취급상품의 종류
에 따라서도 큰 차이가 난다. 그리고 상점 위치가 어디냐에 따라서 보증
금, 권리금등이 천차만별이기 때문에 도·소매업 경영시 평균 사업자금은
어느 정도가 소요되는지 정확한 통계를 낼 수 없는 상황이다. 그러나 도·
소매점 경영의 가장 큰 장점이 바로 사업자금 규모의 신축성에 있는 것이
기 때문에 창업자가 자기 실정에 맞춰 사업규모를 결정하여야 할 것이다.
서비스업의 경우에도 서비스업의 종류와 유형에 따라서 큰 자본이 필요없
는 경우가 있는가 하면 도·소매업에 비해서 훨씬 많은 자금이 소용되는
경우도 흔히 있다.

따라서, 창업자의 자기자본 규모와 금융기관 차입을 위한 담보, 신용 및
인맥 등 자금조달능력을 충분히 고려하여 결정하되, 5억원 이상의 자금조달

이 가능한 경우는 제조업을, 1억원 내지 5억원 정도의 자금조달이 가능한 경우는 도·소매점 또는 개인 중심의 서비스업을 하는 식으로 선택하는 것이 좋다.

2) 창업자의 동업계 경험 및 출신 계통을 고려

제조업은 도·소매업에 비해서 풍부한 경험을 필요로 하는 분야이며, 서비스업은 창업자의 능력 자체가 사업의 핵심요소가 되는 경우가 대부분이다.

따라서, 제조업체에 근무한 경험이 없는 창업예비자는 가급적 도·소매업 및 오퍼상을 먼저 경영한 뒤 단계적으로 제조업을 경영하는 지혜가 필요하다. 서비스업은 사부직 종사자 또는 지식산업 분야 종사자들에게 적합하며, 도·소매업은 제조업이나 서비스업에 비해서 비전문가가 접근하기 쉬운 분야라고 볼 수 있다.

반면, 제조업을 경영하고자 하는 창업예비자는 최소한 제조업체에 직접 근무한 경험이 있거나 간접적으로 깊은 관계가 있는 경우에 선택하여야 한다. 보다 사업 성공률을 높이기 위해서는 제조업체에 근무하는 동안 생산, 관리, 판매의 3대 분야 중 적어도 2개 이상의 분야에서 근무한 경험을 쌓아서 창업한다면 그만큼 성공가능성은 높다고 볼 수 있을 것이다.

3) 금융지원 등 각종 정부지원제도의 수혜 가능성 고려

우리 나라 금융지원제도는 제조업에 집중되어 있다. 또한 기업정책의 상당한 부분도 제조업에 편중되어 있다는 것이 사실이다. 다소 역설적인 표현일지 모르나 자기자본이 전혀 없는 창없예비자가 도·소매업이나 서비스업을 창업하는 것은 불가능하나 제조업을 창업하는 것은 가능하다.

도·소매업이나 서비스업은 금융지원이 한정되어 있기 때문에 상당한 액수의 자기자본이 없으면 창업이 불가능하지만, 제조업은 다양한 금융지원제도가 존재하기 때문에 여러 금융기관 창업이 가능한 경우가 있다. 이렇듯 금융기관을 활용할 수 있는 능력여부에 따라 제조업, 도·소매업, 서비스업을 선택할 수도 있다.

4) 창업자 개인의 인생목표와 취향의 고려

최근 경영환경상 제조업 경영이 어려운 현실을 고려하여 제조업 자체들 기피하는 창업예비자가 있는가 하면, 사업을 할 바에야 생산적인 제조업을 경영해야 하겠다는 확고한 경영철학을 갖고 있는 창업예비자도 있을 수 있다.

따라서, 이들 업종 선택 시에는 최종적으로 창업예정자의 인생목표와 경영철학, 취향 등도 하나의 변수로 작용하는 것이다.

2 기업입지

기업입지는 기업이 활동을 수행하기 위해 자리잡게 될 지리적 위치로 기업 활동의 내용은 물론 기업성패에도 큰 영향을 미치게 된다. 특히, 도·소매업이나 서비스업의 창업 시에는 양호한 입지의 선정이 더욱 중요해진다. 기업입지는 일단 한번 결정되어 자리를 잡게 되면 변경시 많은 비용부담이 발생하므로 다양한 요소를 복합적으로 고려하여 신중하게 결정해야 한다.

1) 제조업 창업의 경우

(1) 기업 외적 고려요인

① 역사적 요인(예 : 부산의 신발산업, 대구의 섬유산업)
② 입지정책적 요인(예 : 산업단지, 공단 등)
③ 사회·경제적 요인

(2) 기업 내적 고려요인

① 생산지향적 요인

② 판매지향적 요인
③ 노동지향적 요인
④ 수송지향적 요인
⑤ 기업가지향적 요인
⑥ 기타

2) 도 소매업 창업의 경우

(1) 기업의 외적요소 고려요인 : 제조기업과 비슷함

(2) 기업의 내적요소 고려요인 : 판매지향적 요인이 중요

첫째, 시장(현재·잠재고객의 크기, 소비의 빈도와 질, 소비 전통)
둘째, 교통(고객의 접근비용, 접근수단의 다양성)
셋째, 경쟁(동종 또는 대체품을 판매하는 경쟁업자의 수, 경쟁강도)
넷째, 공간(공간능력, 공간비용, 공간확대 가능성)

3 기업형태

기업형태의 선택도 창업을 위한 주요 의사결정사항이다. 왜냐하면 기업형태는 기업의 유지·성장에 큰 영향을 미칠 수 있기 때문이다. 창업기업이 취하게 되는 구체적 형태는 기업목적, 조달기능 자원의 제약, 법률적 사항 등에 따라 달라진다. 구체적으로 영업, 자금조달, 종업원 관리, 생산관리 등 기업전반에 걸쳐 만능 경영을 해야 할 개인기업 형태로 창업할 것인가, 아니면 조직의 모습을 갖추어 회사업무의 대부분을 능력있는 종업원에게 분담시켜 전체를 통괄할 수 있는 법인의 형태로 창업할 것인가의 결정은 창업기업의 기초 확립에도 매우 중요하다.

따라서 창업자는 기업환경과 경영능력, 그리고 개인기업과 법인기업간의 장점과 단점을 바로 평가하여 자신의 설정에 적합한 기업형태를 선택해야 한다.

기업형태란 일정한 기업체제 내에서 가지는 기업의 양식으로 주로 자본의 출자와 이에 따르는 책임부담의 관계에 의해 공기업, 사기업, 공사혼합기업, 협동조합으로 나뉘어지며, 보다 구체적인 구분은 <표 2-1>과 같다.

<표 2-1> 기업형태의 구분

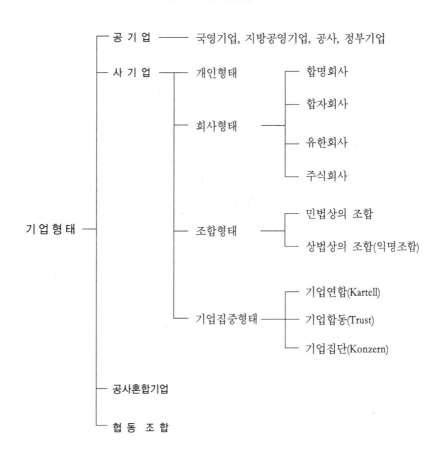

기업형태는 당연히 기업 및 창업자의 목적달성에 가장 효과적이라고 생각하는 것을 택하여야 하는데, 일반적으로 기업업종, 사업범위, 경쟁지배를 하려는 정도, 자금소요의 크기, 이익분배 관계, 세무상 이점 등을 복합적으로 고려하여 결정한다.

4 기업규모

기업규모란 창업기업이 얼마만한 크기로 운영될 것인가 하는 것으로 이는 소요자료, 조달할 물적·인적 자원의 크기 등에 영향을 미치게 된다. 창업기업이 경영성과를 극대화 하기 위한 규모의 결정에는 기업입지여건, 기업형태, 자본규모, 시장상황, 업종 등을 복합적으로 고려해야 한다. 물론 대기업은 규모의 이익에 의해 여러 가지 관리상의 이점이 발생하지만 비용증대 및 시장변화에 대한 탄력성 저하 등의 한계도 있으므로 적정 크기로 사업을 개시하여야 한다. 특히, 다음과 같은 경우는 중소규모가 보다 적절하다.

① 다품종 소량생산 방식을 취해야 하는 경우
② 기계화가 곤란한 업종
③ 유행의 변천이 심한 업종
④ 시장이 한정된 경우

핵 심 정 리 문 제

① 창업의 기본요소에는 어떤 것이 있으며 그 내용은 어떠한 것인지를 약술하시오.

② 예비창업자와 창업시, 창업을 위한 기본과정은 어떠하며 그 내용은 무엇인가?

③ 창업멤버를 확보하고 사업을 위한 조직을 구성할 때 고려해야 할 사항을 약술하시오.

④ 창업을 위한 핵심 의사결정사항은 무엇이며 그 내용은 어떠한 것인가?

⑤ 도·소매업이나 서비스업보다 경우에 따라서는 제조업 창업이 가능하고 성공할 수 있는 경우가 있다면 그 이유와 사례를 소개하시오.

⑥ 기업규모는 무엇을 의미하며 기업규모에 따른 장점과 단점에 대해 기술하시오.

제3장 업태별 창업의 기본절차

창업을 실제로 하기 위해서는 매우 다양한 종류의 사항들이 준비되어야 한다. 창업을 준비하며 창업을 위하여 필요한 절차를 효과적으로 수행하는 경우와 그렇지 못한 경우에는 창업수행을 위한 기간과 비용면에서 큰 차이가 발생한다. 즉, 창업에 필요한 절차를 효율적으로 수행하지 못하는 때에는 불필요한 고생을 해야 하며, 창업기간이 예상외로 연장됨은 물론 초과비용도 감수해야 한다.

반면 창업절차를 올바로 이해하며 이를 효율적으로 수행했을 때는 반대로 필요 이상의 고생을 회피할 수 있다. 또한 창업기간의 단축은 결국 창업비용의 절감을 기함으로 물론 사업궤도 진입을 앞당기고 사업을 위해 최선을 다할 수 있게 된다.

따라서 창업절차 사이의 상관관계와 과정, 그리고 그에 따른 절차를 충분히 이해하여 창업과정을 진행하면 계획한 창업절차를 원만히 수행할 수 있고, 이 과정에서 여러 절차 사이의 상호 절차를 이룰 때 창업기간도 자연히 단축 시킬 수 있다.

이들의 주요 과정은 크게 몇 가지 단계로 나뉘어질 수 있다. 흔히들 창업을 준비하면서도 구체적으로 무엇을, 언제, 어떻게 해야 할지를 몰라서

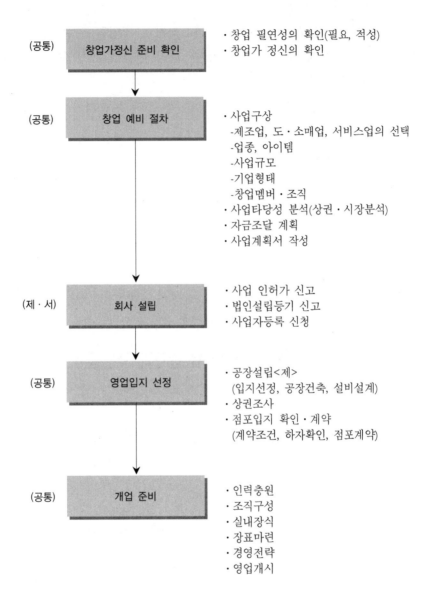

(공통)	창업가정신 준비 확인	·창업 필연성의 확인(필요, 적성) ·창업가 정신의 확인

(공통)	창업 예비 절차	·사업구상 -제조업, 도·소매업, 서비스업의 선택 -업종, 아이템 -사업규모 -기업형태 -창업멤버·조직 ·사업타당성 분석(상권·시장분석) ·자금조달 계획 ·사업계획서 작성

(제·서)	회사 설립	·사업 인허가 신고 ·법인설립등기 신고 ·사업자등록 신청

(공통)	영업입지 선정	·공장설립<제> (입지선정, 공장건축, 설비설계) ·상권조사 ·점포입지 확인·계약 (계약조건, 하자확인, 점포계약)

(공통)	개업 준비	·인력충원 ·조직구성 ·실내장식 ·장표마련 ·경영전략 ·영업개시

※ 단, 공통 - 제조업, 도·소매업, 서비스업에 공히 적용
   제 - 제조업에 적용
   도 - 도·소매업에 적용
   서 - 서비스업에 적용

[그림 3-1] 포괄적인 창업의 기본절차도

혼란을 느끼는 경우가 많다. 그러므로 창업을 위한 시간과 노력의 낭비를 하기 위해서는 시간의 흐름에 따라 전개되는 창업절차에 따라 하나 하나씩 준비를 하는 것이 좋다.

물론 창업절차나 준비과정은 꼭 정해진 순서가 있는 것은 아니다. 그러나 대개의 경우 업종별로 진행되는 일반적 절차를 따르는 것이 보기 편리할 것이다.

제Ⅱ부에서는 창업희망자가 자신의 원하는 업종에서 창업을 하기 위해 해야 할 일을 중심으로 자세한 창업절차를 소개한다. 다만, 구체적인 창업절차는 업종에 따라 다소 달라질 수 있다. 포괄적인 창업의 기본절차는 [그림 3-1]과 같다.

제1절   제조업 창업의 기본절차

제조업의 창업은 크게 보면 ① 창업예비절차, ② 회사설립절차, ③ 공장설립 및 자금조달절차, ④ 개업준비절차의 4단계 절차로 나누어 볼 수 있다.

1   창업예비절차

제조업의 창업은 많은 자금과 시간 및 노력이 투입되며, 실패에 따른 위험이 매우 크므로 보다 체계화되고 전문적인 준비과정이 필요하다. 상세히 구체화되지 못하고 실현 가능성이 검증되지 않은 사업구상은 망상에 불과할 수도 있다. 따라서 사업구상은 좀더 체계화되고 객관화되어야만 성공 가능하고, 이들 내용을 구체적으로 사업계획화 할 때 비로소 하나의 사업계획서 작성에 이르는 제 과정을 총칭하는 것이 된다.

　이런 관점에서 창업예비절차에서 결정되어져야 하거나 검토되어야 할 핵심요소는 크게 나누어 사업핵심요소의 결정, 사업타당성 분석, 사업계획서 작성이다.

　사업핵심요소라 함은 사업을 함에 있어서 미리 결정하여야 할 사업의 중요요소를 말한다. 이들 요소에는 업종 및 사업아이템 선정, 사업규모결정, 기업형태결정, 창업핵심멤버와 경영조직의 구성, 기타 부수요소의 결정문제 등이 있다.

　사업타당성 분석은 사업 성공가능성을 분석하기 위한 절차로서 주로 창업자의 경영능력, 제품의 기술성, 시장성 및 판매전망, 수익성 등이 분석된다. 사업계획을 체계화하기 위해서는 일정한 양식에 사업계획 내용을 알기 쉽게 표현할 필요가 있으며 이렇게 작성된 사업계획서는 주주·금융기관·동업자·거래처 등에 제출하거나 브리핑하는 자료로 활용된다.

　창업예비절차 수행시 사업타당성 분석과 사업계획서 작성은 매우 중요하며 이를 생략해서는 곤란하다. 창업과정에서 여러 가지 수단과 방법을 동원해서 분석하고 확인해야 될 창업타당성의 결정요인들을 간과할 경우 이것은 바로 사업실패로 이어지는 경우가 허다하다. 이 때문에 사업타당성 분석과 사업계획서 작성은 반드시 거쳐야 할 창업과정으로 보아야 한다.

　또한 사업계획은 창업자 자신의 머리 속에 있는 내용에 의존하여서는 창업자 이외의 제3자에게는 거의 설득력이 없다. 이 수준은 창업구상단계에 불과하기 때문이다. 따라서 창업자의 구상은 더 체계화하고 가시화하기 위해서는 반드시 사업계획서를 작성하여야 한다.

2 　회사설립절차

　회사설립은 창업이 실제로 모습을 갖추어 가는 첫 단계로 볼 수 있다. 창업 예비절차가 사업계획 단계라고 한다면 회사설립 단계는 법률적으로 정당하게 회사가 설립되는 과정이라고 볼 수 있다.

따라서, 회사설립절차에서 수행하여야 할 핵심요소에는 창업예정 업종에 대한 정부의 각종 인·허가 또는 신고의 이행, 상업을 수행사기 위해 세법에서 규정하고 있는 사업자 등록신청, 그리고 법인설립의 경우 법인설립등기와 법인설립신고의 이행 등이 포함된다.

또한, 창업예비절차에서 기업형태가 결정되어 법인(주식회사)을 설립하여야 하는 경우에는 자본규모의 결정, 주주구성 등을 결정한 후 상법 등에서 규정하는 절차에 따라서 법원에 법인설립등기를 하고, 법인설립등기 후 발급되는 법인등기부 등록신청을 함으로써 일단 법적으로는 회사가 성립하는 것이다. 물론 법인이 아닌 개인기업 설립시에는 법인설립등기와 법인설립시기가 필요없고, 사업인·허가와 사업자등록만으로 사업을 할 수 있게 된다. 회사설립절차 수행시 법인설립등기에는 법정등기사항이 있기 때문에 이들 사항이 누락되는 일이 없도록 하는 것이 중요하다.

법인설립신고시에는 향후 회사경영시 회계처리기준이 되는 고정자산 등의 감가상각방법을 사전에 신고하고 있으므로 향후 경영방침과 연관시켜서 신고하여야만 한다.

이렇듯 회사설립절차에서는 법적으로 회사가 설립되는 과정이기 때문에 법적 요건에 흠결이 없도록 세심한 주의가 필요하다.

▼3 공장설립과 자금조달절차

제조업 창업의 경우 회사설립절차가 일단 완료되면 다음 단계가 공장설립 단계이다. 공장설립은 제조업 창업 중에서 가장 절차가 복잡하고 창업지연이 잦은 단계이다. 공장설립시 공장입지 선정에서부터 가공 법적인·허가 절차를 밟아야 하며, 공사계약이 원만히 이루어져야만 개업이 순조롭게 진행될 수 있다.

공장설립시에는 공장건축공사 계약체결 이외에 공장건축 공사를 전후해서 소관 관청에 공장설립 승인신청, 그리고 건축허가신청, 착공신고 등 각종 신고를 하여야 하고, 공장준공과 더불어 공장건축물의 사용승인 신청과 공장설립 완료신고 등의 절차를 거쳐야 한다. 또한, 공장설립 단계에서는 공장건축과 병행하거나 공장준공 예정일에 맞춰 생산설비의 설계, 시설발주 등이 필요하게 되며, 생산설비절차 등에 따라 자기자금 이외에 금융기관을 통한 추가자금조달이 이루어져야 한다.

이러한 절차는 생각보다 훨씬 까다롭다. 따라서 창업자는 이러한 복잡한 절차 수행시 전문가의 조언도 받아볼 필요가 있으며, 창업자 스스로도 불필요한 창업기간 연장 내지는 무지에서 오는 헛된 시간의 낭비가 없도록 최선을 다해야 한다.

공장설립절차에 있어서는 사전에 공장입지와 관련해서 규제되고 있는 법의 내용을 깊이 있는 정도까지는 아니더라도 어느 정도 알고 접근해야 한다. 또한 공장입지를 선정할 때는 공장설립 기본계획을 사전에 수립하는 것이 무엇보다 필요하다. 이 기본계획에 따라 순차적으로 입지의 적합성 분석과 더불어 정부, 또는 지방자치단체 등에서 분양하는 계획입지의 선택 문제 등을 충분히 검토한 후, 공장입지를 내정하여야 한다. 또한 창업절차를 간소화하기 위한 창업사업계획 승인제도를 활용해야 할 것이다.

▼ 4 개업준비절차

개업준비절차에서는 우선 창업요원 이외에 본격적인 영업에 돌입하기 위해 필요한 관리, 영업, 생산직 직원을 충원하고 훈련하는 일에서부터 체계적인 조직의 구성으로 이어진다. 회사설정에 맞는 조직이 구성되면 각 분야별로 생산파트에서는 원·부자재 조달, 생산설비 시운전 및 시제품 생산과정을 거친 후 본격 생산에 돌입해야 한다. 그리고 이어서 공장등록, 공장설립 완료보고, 부동산 등기 등의 절차도 이해하여야 한다.

관리분야에서는 급여규정, 회계규정 등 각종 회사내규의 제정, 업무에 필요한 각정 장부와 서식 제정과 더불어 직원연수도 집중적으로 실시해야

한다. 그리고 대외기관에 신고해야 할 각종 사규, 즉 취업 규칙 신고, 사업
장 설치계획 신고, 산업재해 보험관계 성립신고, 그리고 기타 대외기관 신
고 등을 이행해야 한다.

반면 영업분야에서는 영업체계의 확립, 시장개척활동 및 시장조사 등을
병행하여 실시함으로써 본격 영업에 대비하여 자사제품을 홍보하고 소비
자 반응을 체크하여 제품의 성공가능성을 타진해보고, 보다 더 좋은 제품
으로 발전해 갈 수 있도록 다양한 측면에서 소비자 반응을 살피는 일이
중요하다. 그리고 영업사원에 대한 정신무장과 더불어 영업직에 대한 긍지
를 가질 수 있도록 영업직 직원에 대한 연수도 병행하여 실시한다.

개업준비절차 수행시 창업준비를 잘하여 여러 가지 절차를 원만히 수행
하여 왔다고 하더라도 창업의 마지막 단계인 개업준비를 철저히 하지 않으
면 많은 시행착오와 손실을 초래하게 된다. 이런 관점에서 창업자가 개업
준비절차에서 맨 먼저 고려해야 할 사항이 바로 사풍의 확립이다. 기업의
전통도 창업 초기에 수립되는 것이다.

그러므로 개업준비 단계에서는 각 부서나 분과별로 업무 협조가 순조롭
게 진행되도록 사장이 조정하고 종업원의 상호간에 일체감을 강조함과 아
울러 회사에 근무하는 한 그 기업의 경영방침을 전 구성원이 동감하고 실
천할 수 있도록 분위기 조성에 힘써야 한다. 또한, 각종 사규나 장부·서
식 등을 만들 때에도 초창기에 잘 만들어야 일의 능률도 오르고 경영의
생산성도 높아질 수 있기 때문에 사규나 장부·서식 등을 만들 때에도 초
창기에 잘 만들어야 일의 능률도 오르고 경영의 생산성도 높아질 수 있기
때문에 사규 및 제도의 도입시에는 전직언의 공감대 형성과 더불어 적극
적인 토론이 바람직하다. 제조업 창업을 위한 구체적인 절차는 〔그림 3-2〕
와 같다.

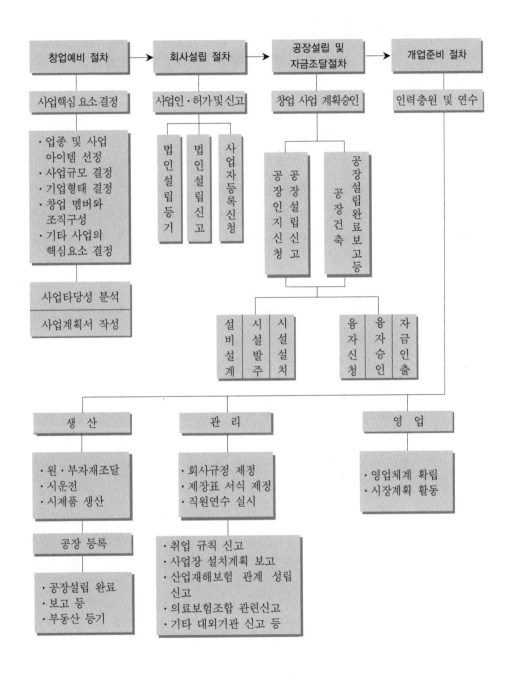

[그림 3-2] 제조업 창업의 기본절차도

제2절   도·소매업 창업의 기본절차

도·소매업은 제조업에 비해서 창업절차가 비교적 간단하다. 우선 공장설립에 따른 복잡한 절차가 필요 없으며 일반적으로 소규모 사업을 시작하기 때문에 법인설립 절차도 필요없는 경우가 많다. 또한 개업준비절차도 제조업에 비해서 비교적 간단하다. 그러나 여기서 간단하다는 것은 제조업에 비해서 그러하다는 의미이며 경영의 초보의 창업자에게는 쉬운 것만은 아니다.

도·소매업이라 하더라도 나름대로 사전준비가 철저하지 않으면 창업초기에 시행착오를 겪게 되고 착오가 거듭되면 경영을 제대로 해보지도 못하고 사업에 자신감을 잃게 되기 때문이다.

그러므로 도·소매업 창업을 준비함에 있어 점포의 입지선정, 취급할 품목선정, 자금조달능력 등이 종합적으로 검토되어야 할 뿐 아니라 이와 함께 상권분석 및 영업방법 등에 대한 충분하고 세밀한 연구가 반드시 필요하다. 도·소매업은 일반적으로 어떤 장소에서 판매하느냐에 따라 사업의 성패가 달려 있다고 할 정도로 품목에 따른 입지의 중요성이 강조되고 있다. 따라서 도·소매업의 창업절차도 사업품목을 선정할 때부터 자료조사와 현지조사를 함께 하지 않으면 안된다.

도·소매업의 창업절차를 순서별로 보면 사업아이템 선정 단계인 창업예비절차와 점포입지 선정절차 및 개업준비절차의 3단계로 나눌 수 있다.

1 창업예비절차

도·소매업 창업에 있어서도 사전준비 단계가 매우 중요하다. 여기서 고려되어야 할 사업핵심요소는 사업아이템과 취급 상품, 자본규모의 크기 및 조달방법, 사업형태 등이다. 나아가 상권 및 시장분석을 통해 판매가능성을 검토하고 공급원을 확보하는 방안을 강구해 두어야 한다. 특히, 유망업종으로는 시대추세에 맞고 시장수요가 크며, 수익성이 높은 것을 찾아야 하며 창업자 스스로의 적성과 능력에 맞는 업종과 사업아이템이면 더 좋다.

점포입지 선정절차

점포입지 선정단계는 도·소매업을 영위한 활동무대를 마련하는 일이다. 전쟁에 있어 지리적 우세의 선점이 매우 중요하듯이 도·소매업에 있어서는 좋은 점포입지의 확보가 사업성공에 결정적으로 중요한 요소가 된다. 흔히 "장사는 목이다"라고 말하는 것은 바로 점포입지의 중요성을 지적하는 것이다. 일반적으로 도·소매업에 있어서 좋은 입지조건이라 함은 다음과 같은 조건을 구비하고 있는 경우라 볼 수 있다.

① 상권 내에 소비대상 인구가 많고, 장래에도 인구가 증가할 것이 예상되는 곳
② 소득수준 및 소비수준이 높고, 구매력이 왕성한 연령층의 거주자, 즉 계획업종 및 업태에 적합한 소비자가 다수 존재하는 곳
③ 주변에 강력한 경쟁업체가 없는 곳
④ 다수 소비자를 유인할 수 있는 시설이 주변에 존재하는 곳
⑤ 도로, 지하철, 버스노선망 등 교통체계가 발달되어서 사람이 모이기 쉬운 곳 등을 말한다.

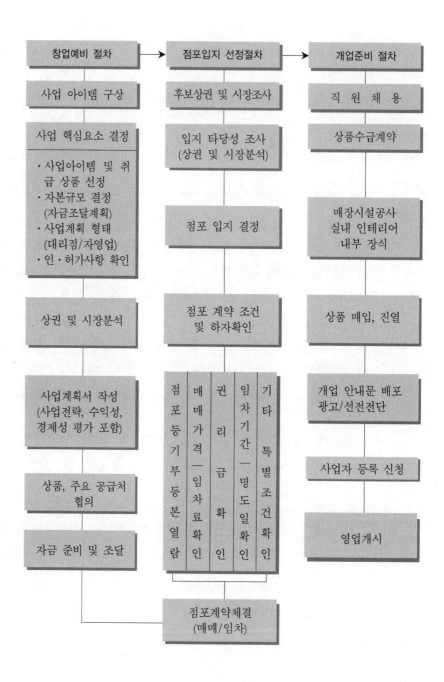

〔그림 3-3〕 도·소매업 창업의 기본절차도

3 ▽ 개업준비절차

　개업준비 단계는 직원을 채용하고 매장을 정리하여 상품을 매입, 배치하여 영업활동을 위한 준비를 하는 단계이다. 도·소매업의 창업에 있어서는 특히 고객을 어떻게 하면 잘 유인하고 봉사할 수 있는가 하는 관점에서 기획·진행되어야 성공의 가능성이 높아지게 된다. 부적절한 입지, 상품의 구색이나 지속성 부족, 접객요원의 불친절 등은 애써 준비한 창업을 실패로 몰아가고 만다. 이상의 각 절차별 세부 내용을 도표로 나타내면 〔그림 3-3〕 과 같다.

제3절　서비스업의 창업절차

　서비스업도 도·소매업과 마찬가지로 제조업에 비해서는 창업절차가 비교적 간단하다. 그러나 서비스업은 수리·수선, 숙박, 음식점, 운수, 창고, 통신, 금융·보험, 임대, 교육서비스, 보건, 사회복지, 사업서비스, 개인서비스업 등에 이르기까지 영역이 광범위하고 다양하여 어느 한 가지 모델을 정하여 창업절차를 설명하기가 용이하지 않다. 예를 들어 학교나 병원을 설립하려면 제조업의 설립절차나 공장건설, 직원채용보다 훨씬 더 복잡하고 까다로운 절차를 거쳐야 하는가 하면 음식점이나 여관, 창고업, 자동차 수리센터 등을 창업하려는 경우는 도·소매업에서 이미 설명한 점포선정을 비롯한 제반 설립절차와 거의 비슷한 순서로 이루어진다.

　또한 컨설팅사나 부동산 중개소, 개인서비스업의 경우는 관련법에 개업의 자격이 정해진 때는 유자격자가, 그렇지 않은 때는 전문적인 경험이나 아이디어를 갖고 있는 창업자가 사전준비과정은 있겠지만 건물내 사무실을 임차하여 비교적 쉽게 개업할 수 있다. 서비스업은 크게 나누어 개인서비스업과 사업서비스업으로 나누어진다. 개인서비스업이라 하면 개인을 그 고객으로 하여 각종 서비스 용역을 제공하는 것을 말하며, 부동산관련 서비스업, 여행알선업, 수리업, 음식점업 등이 여기에 해당된다.

이들 서비스 중 규모면에서는 개인서비스업보다 사업서비스업이 더 크며, 업무 자체도 전문적으로 복잡하다. 따라서, 사업서비스업은 법인형태로 설립되는 경우가 많기 때문에 제조업에서와 똑같이 법인설립절차가 필요하며, 고객왕래가 쉬운 곳 등 사무실 입지가 비교적 중요하다. 특히 서비스업은 정보화 사회가 도래함에 따라 상상할 수 없을 만큼 빠른 속도로 그 영역이 확대되고, 서비스가 다양해지고 있기 때문에 창업영역은 무궁무진하다고 볼 수 있다. 서비스업의 창업절차는 크게 나누어

① 창업예비절차   ② 회사설립절차
③ 사무실 입지선정절차   ④ 개업준비절차로 구분된다.

창업예비절차

창업준비 단계는 사업구상, 사업핵심요소에 대한 검토를 통해 사업타당성을 사전 분석하는 과정인데 만일 창업자가 남이 모방하기 어려운 독자적 아이디어나 기술 및 경험을 가지고 있을 경우 보다 유리한 지위에 있게 된다. 즉, 창업자의 지식, 경험, 노하우 등이 직접 사업에 적용되고, 이들 요소가 사업수익력의 원천이 된다. 따라서 서비스업 창업자는 해당분야에 대한 전문지식이 없이는 창업이 불가능하므로 자신의 경력에 맞는 사업아이템을 선택하는 것이 성공가능성을 높일 수 있다.

회사설립절차

회사설립 단계는 사업인·허가 및 법인설립 신고를 통해 법률적 자격을 취득하는 과정이다.

3 사무실 입지선정절차

　　사무실 입지선정의 단계는 고객에게 서비스를 제공하기에 가장 적절하다고 판단되는 장소를 찾는 과정인데, 고객이 쉽게 접근이 용이한 곳이 좋겠으나 비용 등을 고려하여 결정하여야 한다. 제공되는 서비스의 종류에 따라 고객이 직접 찾아오는 업종이라면 가급적 교통이 편리한 곳에, 고객은 통신수단을 주로 이용하고 서비스 제공자가 고객을 방문하는 업종이라면 공간비용이 싼 곳에 입지하는 것이 좋다.

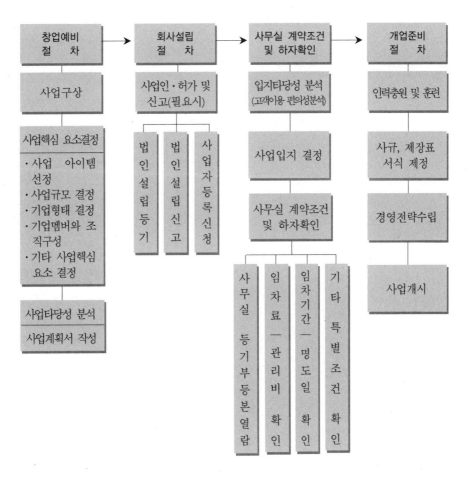

[그림 3-4] 서비스업 창업의 기본절차도

4 개업준비절차

개업준비 단계는 특정 서비스를 제공하는 데 필요한 인력을 충원하고 각종 요소를 마련함으로써 사업에 착수하는 과정이다. 서비스업은 그 특성상 고객에 대한 봉사가 경쟁자를 제압할 수 있는 핵심무기이므로 접객요원의 충분한 훈련과 교육이 선행되어야 한다. 서비스 창업의 기본절차는 〔그림 3-4〕와 같다.

핵 심 정 리 문 제

1 제조, 도매, 소매, 서비스를 포함하는 창업의 기본절차도와 항목을 나타내시오

2 제조업 창업의 기본절차를 기술하시오.

3 제조업 창업의 기본절차도를 작성해 보시오.

4 도·소매업 창업의 기본절차를 기술하시오.

5 도·소매업 창업의 기본절차도를 작성해 보시오.

6 서비스업의 창업절차를 약술하시오.

7 서비스업 창업의 기본절차도를 작성해 보시오.

제II부
소자본 독립점포형 창업

제4장 창업예비절차

제1절 사업구상

　누군가가 창업가 정신을 가지고 자금이나 노동력을 투자하여 창업을 위한 사업을 해야겠다고 생각하면 사업구상에 들어갔다고 할 수 있다. 창업의 시기에서 제시된 바와 같이 창업구상의 시점은 사람에 따라 각기 다를 수밖에 없다. 대학에 진학하는 것도 포기한 채 창업을 희망하는 사람도 있고, 직장에서 정년퇴직을 한 다음 창업을 꿈꾸는 사람도 있다. IMF 관리체제 시대가 닥쳤을 때는 실직자나 명예퇴직자들이 대개 창업 전선으로 몰려들기도 했다. 학교를 졸업하자마자 학창시절의 꿈을 창업으로 연결하려는 사람도 있고, 다니던 직장을 그만두고 창업에 나서는 사람도 부지기수다. 주부가 가게에 도움이 되기 위해 혹은 학비를 벌기 위해 창업을 생각하는 경우는 가능하다. 또 졸업 후에 마땅한 직장을 구하지 못해 창업을 구상하는 사람도 있을 것이다.

　어쨌든 언제 어떤 조건에서 창업구상을 하느냐 하는 문제는 중요한 것이 아니다. 오히려 창업구상과 함께 창업의 의지를 가다듬고 창업의 방법을 심사숙고하는 것이 중요하다. 창업구상은 구체적으로 하는 것이 좋다. 일단 여러 정보 채널을 통해 어떤 사업이 내 적성에 맞을 것인지 꼬박꼬박 메모를 해가면서 따져봐야 한다. 남들이 한다고 해서 똑같이 할 수는 없기 때문이다. 개인 창업을 할 것인지, 프랜차이즈 창업을 할 것인지 결정하는 것도 창업구상 단계에서 해야 할 일이다. 또 개인창업을 한다면 어떤형태로 할 것인지 웬만큼 윤곽을 잡아두어야 한다.

1 소자본 점포사업의 역할

자신의 점포를 얻어 그곳에서 영업활동을 하는 점포사업의 경우, 먼저 점포라는 고정된 공간에서 이루어지는 제반 기능요소와 점포사업이 어떠한 사회적·경제적 역할을 수행하는지를 아는 것이 필요하다.

자신이 하는 사업이 사회에 얼마나 기여하고 있고 그 효과가 무엇인가를 아는 것은 점포경영을 해나가는 데에 있어서 생활에 필요 이상으로 보다 중요한 가치를 부여할 수 있기 때문이다. 이러한 기능요소를 가지고 점포경영은 도·소매업으로서의 사회·경제적인 역할을 수행하는 데 소비자의 대한 역할과 공급부문에 대한 역할의 2가지로 나누어 설명할 수 있다.

(1) 소비자에 대한 역할

① 올바른 상품과 서비스를 제공하는 역할

생산부문에서 공급되는 많은 상품 가운데 소비자에게 추천할 수 있는 우수한 품질과 적정한 가격의 상품을 선별하여 소비자가 안심하고 선택할 수 있도록 준비하는 것이다.

② 적정한 품목으로 구색을 갖추어 소비자의 요구에 맞추어 다양한 상품의 구색을 갖추어 공급하는 역할

③ 필요한 재고를 유지하는 역할

도·소매업은 사회·경제적 기능의 하나로서 개개인의 소비욕구에 기민하

게 대응할 수 있는 자세가 필요하며, 적절한 재고의 확보·유지가 요구된다.

④ 상품정보, 유행정보 및 생활정보를 제공하는 역할

상품진열, 각종광고, 판매원의 접객, 행사활동 등을 통해 도·소매업에서 소비자에게 제공한다.

⑤ 쇼핑 장소를 제공하는 역할

따라서 점포의 위치 조건은 소비 주민들이 이용하기에 편리한 장소여야 한다.

⑥ 쇼핑의 즐거움을 제공하는 역할

소비자는 각종 상품과 신뢰할 수 있는 정보제공을 요구하며, 접근하기 쉬운 위치 조건과 점포 내외의 즐거운 분위기를 기대하므로 그러한 환경을 조성하여 제공하여야 한다.

⑦ 친절한 해당사업의 서비스를 통해 소비자의 욕구를 충족시켜 주는 역할

⑧ 쇼핑의 편의를 제공하는 역할

배달, 애프터서비스, 신용제공, 반품허용, 주차시설 등의 서비스를 고객에게 제공하는 역할이다.

(2) 공급부문에 대한 역할

소비자의 상품에 대한 각종의 요구, 예컨대 품질, 디자인, 용기와 포장 그리고 가격에 대한 최신 정보를 일상 판매과정을 통하여 신속하고 기동적으로 파악하고, 이를 다음의 매입이나 그 밖의 거래처와의 접촉을 통하여 상품유통의 방향과는 반대방향으로 유통시키는 역할을 수행하며, 또한 제조단계의 경제활동을 소매업의 판매활동이라는 과정을 통하여 지원하는 역할을 담당하고 있다.

따라서 점포경영자는 자신의 점포사업을 경영하는 데 있어서 위의 점포경영의 기능요소와 사회·경제적인 역할을 분명히 인식하고, 이를 어떻게 최대한으로 또한 효과적으로 달성하는가 하는 분명한 사고방식과 태도를 갖추어야 한다.

점포사업의 기능

점포라는 공간 안에서 이루어지는 일반적인 점포경영의 기능요소는 다음과
같다.

① 정보 수집 기능 : 효과적으로 상품을 주문하기 위하여 손님들이 많이
    찾는 상품, 잘 팔리는 상품, 새로 나온 상품 등의 정보를 재빨리 수
    집하여 파악하는 기능

② 발주 기능 : 잘 팔리는 상품과 신상품에 대해서 물건이 떨어지지 않
    도록 정확한 매상을 예측하고 상품을 주문하는 기능

③ 상품 구색 기능 : 손님들의 욕구에 부합하는 상품을 취급하는 기능

④ 진열 관리 기능 : 손님들이 찾는 상품을 보다 찾기 쉽도록 진열하는 기능

⑤ 고객 서비스 기능 : 청결하고 쾌적한 공간에서 신속하고 친절한 서비
    스를 제공하는 기능

⑥ 점포 환경 기능 : 손님들이 쇼핑하기에 또한 종업원들이 근무하기에
    안전하고 쾌적한 장소를 만드는 기능

⑦ 손익 관리 기능 : 자신의 사업을 통하여 얻고자 하는 이익목표를 설정
    하고 그것을 달성하기 위하여 비용관리, 판매촉진 등을 하는 기능

⑧ 인력 관리 기능 : 종업원을 효과적으로 모집, 고용, 교육, 개발하는 기능

⑨ 의무 준수 기능 : 정부 규정 등의 각종 의무사항을 준수하고, 체인점
    의 경우에는 가맹 계약을 준수하는 기능 등이다.

점포사업의 10계명[1]

(1) 제1계명 : 허세를 부리지 말라.

·사장실을 최소한 검소하게 꾸며라.

---

1) 박주관, 창업소프트 성공경영학, 21세기북스, 1996, pp.63~66.

· 종업원은 최소정예주의를 원칙으로 하라.

· 비싼 사무실을 얻지 말라.

· 소박한 차를 타라.

(2) 제2계명 : 현재까지의 인맥을 사업에 최대한 활용하라.

· 직장에서 다툼으로 인하여 퇴직하지 말라.

· 부하직원이라도 인격을 무시하지 말라.

· 독립 전에 근무하던 회사와 사업상 끈을 연결하라.

· 현재의 인맥을 최대한 활용하고 인맥을 사업에 최대한 활용하라.

(3) 제3계명 : 1원을 무시하지 말라.

· 1원을 무시하면 큰 코 다친다. 1억원도 1원이 모자라면 1억원이 아니다.

(4) 제4계명 : 6개월 이내에는 수입이 없다고 생각하고 자금을 아껴 써라.

· 자금은 젖줄이다. 젖줄이 끊기면 생명에 지장이 있다.

· 창업 후 6개월은 자금 투입기이다. 생각지도 않은 자금이 여기저기서 필요하다. 6개월 이내에는 수입이 없다고 생각하고 자금을 아끼고 또 아껴라.

(5) 제5계명 : 금융기관을 적극 활용하라.

· 금융기관의 신용과 관계유지를 위해 항상 노력하라.

· 사업에 필요한 중요한 정보도 최대한 입수하라.

· 금융기관의 인맥을 적극 활용하라.

· 필요할 때 금융기관의 도움을 즉시 받기 위해서는 상부상조하는 정신으로 자신도 금융기관에 도움을 주어라.

(6) 제6계명 : 창업자와 궁합이 맞는 아이템을 선택하라.

· 경험이 전혀 없는 사업분야에는 실패하기 쉽다.

· 자기의 경험을 살릴 수 있고 적성에 맞는 업종이어야만 즐거운 마음으로

· 일할 수 있고, 위기에 처했을 때 응급처치가 가능하다.

(7) 제7계명 : 사업규모를 처음부터 너무 크게 하지 말라.

- 사업은 키워가는 맛이 있어야 한다.
- 한 계단 한 계단 차근차근 점령하는 게 철칙이다.
- 무리한 사업확장은 과중한 자금부담을 가져오고, 과중한 자금부담은 결국 도산의 계기가 된다.

(8) 제8계명 : 사업은 신중하게 접근하고, 과감하게 추진하라.

- 사업시작은 신중할수록 좋다.
- 사업준비는 장기에 걸쳐 철저하게 하라.
- 그러나, 일단 착수한 후에는 과감하게 추진하라.
- 사업성공을 위해 전력투구하라. 곁눈질할 겨를이 없다. 사업에만 전념하라.

(9) 제9계명 : 창업멤버는 마음까지 확인하고 채용하라.

- 창업멤버는 회사의 기둥이며, 회사 전통의 창시자다.
- 창업멤버가 흔들리면 회사가 흔들린다.
- 창업멤버의 선발은 신중할수록 좋다.
- 업무능력뿐만 아니라 성실성, 융화력, 그리고 믿음직한 마음까지 확인하고 채용하지 않으면 안 된다.

(10) 제10계명 : 고객에 헌신하고, 가정에 충실하라.

- 고객이 주인이다.
- 고객의 입장이 되어 마음으로 서비스하라.
- 가게 문밖까지 나와 배웅하라.
- 가정이 화목해야 사업도 번성한다.
- 가정에 충실하고, 사업에 가족의 도움을 요청하라.

제2절 사업아이템 및 업종 선정

 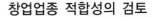
창업업종 적합성의 검토

1) 창업업종 적합성의 의의

예비창업자가 창업을 시작할 때 아무리 경영자원이 풍부하더라도 자신에게 적합하지 않은 업종이라면 성공하기가 어렵고 또 일시적으로 성공한다고 하더라도 그것이 오래 지속되지 못하는 법이다. 물론, 어느 정도는 교육훈련이나 자기 인내를 통해 극복할 수 있는 여지가 있기는 하지만 자신의 적성이나 자질과 완전히 동떨어진 분야에서 살아남기란 매우 어렵다.

따라서 창업희망자는 가급적 본인에게 맞는 업종을 찾아서 사업을 시작해야 한다. 그저 "누구는 성공했다", "앞으로 유망할 것 같다"는 식의 일반적인 견해에 의해 새로운 사업을 시작하는 것은 섶을 지고 불속에 뛰어드는 무모한 일이다. 예컨대, 요즘 항간에 "IP 소호사업이 유망하다"는 이야기가 많다고 해서 컴맹인 사람이 준비없이 뛰어든다면 결코 성공할 수 없다.

회사를 다니는 대개의 사람들은 자신의 급여보다 더 많은 일을 한다고 생각하거나 봉급 받는 것이 쉬운 일이 아니라는 사실을 인정할 것이다. 자신의 사업을 독자적으로 시작해서 고객으로부터 돈을 얻어내는 일은 회사에서 봉급 받는 일보다 훨씬 어렵고 많은 노력을 요구한다.

따라서 자신에게 맞지도 않은 분야에서 개운치 못한 기분으로 일을 시작한다면 이미 절반 이상은 실패의 위험이 잠복되어 있는 것이다.

2) 적합업종의 기준

창업희망자에게 있어 정작 문제는 과연 어떤 방식으로 자신에게 맞는 업종을 찾아내는가 하는 점이다. 창업에 선천적으로 맞지 않은 이는 없다. 다만 자신에게 맞는 업종을 찾지 못할 뿐인 것이다. 적합업종을 찾을 때는 흔히 자신의 적성, 경력, 주변관계 및 경영자원 등을 복합적으로 고려한다. 나아가 자신의 꿈 또는 이상에 맞는 분야라면 그것이 곧 자신의 적합업종일 것이다.

물론 경우에 따라서는 위의 여러 요소가 동시에 충족되지 않더라도 자신의 적합업종이 될 수 있다. 예컨대 가르치는 일밖에 모르던 선생님이 자신의 경력과는 전혀 다른 음식점 창업으로 크게 성공하는 경우도 있는 것이다. 그러나 대개는 여러 요소가 함께 갖추어질 때 아무래도 업종적합성이 높고 그만큼 성공할 가능성도 크다고 볼 수 있다.

현재 일반적으로 많이 이용되는 업종적합성은 대개 한두 가지 요소들의 기준에서 개인에게 적합하리라고 기대되는 업종을 제시한다. 예컨대, 「성격별로 본 업종적합성」 내지 「경력에 맞는 업종」 등이 그것이다. 이러한 업종적합성 분석은 나름대로는 의의가 있다. 즉, 자신에게 비교적 어울릴 수 있는 넓은 업종영역을 구분해 주는 효과는 있는 것이다. 예컨대, 사교적인 성격의 사람은 영업활동이 많이 요구되는 업종을, 반면 내성적이고 소극적인 사람은 주로 손님이 스스로 찾아오는 업종을 추천하는 것 등이 그것이다.

그러나 이러한 식의 업종적합성 분석은 넓은 업종영역 중에서 구체적으로 어떤 업종을 선택해야 할 것인가 하는 문제에는 제대로 답을 해주지 못한다. 따라서 이러한 구체적인 업종적합성 판정을 위해서는 보다 다차원적이고 체계적인 분석이 요구된다. 그것이 곧 뒤이어 소개되는 창업성공 판정체계가 해결하려는 과제이다.

3) 적합업종의 선택요령

창업희망자가 자신에게 맞는 창업업종을 선택함에 있어 실패율을 낮출 수 있는 몇 가지 요령은 다음과 같다.

첫째, 자신의 성격을 먼저 파악하고 그에 맞는 업종이 좋다.

둘째, 자신의 경력, 특히 전문지식이나 인맥을 활용할 수 있는 업종이 좋다.

셋째, 경영자원(예컨대, 자금ㆍ기술 등)의 관점에서 이상적인 기준과 너무 큰 차이가 없는 업종이 좋다.

넷째, 자신의 꿈 내지 이상과 관련 있는 업종이 좋다.

다섯째, 시대 변화를 반영하되 자신이 따라잡을 수 있는 업종이 좋다.

여섯째, 다단계적 과정(예컨대, 성격적합도 → 경력적합도 → 경영자원적합도 등)을 통과한 업종이 좋다.

4) 창업적성 점수의 추정

예비창업자에게 적합한 창업업종을 찾아내기 위해서는 가급적 다양한 차원의 요소를 복합 고려하는 것이 좋다. 그리고 창업자 자질, 경영자원상태 뿐만 아니라 창업적성 역시 파악하여야 한다.

〈표 4-1〉 창업적합성 검사

평 가 사 항	평 가		
1. 자신의 성격과 고려업종이 일치하는가? (〈표 4-2〉의 A항과 B1, B2항을 비교해 볼 때)	(예)	(보통)	(아니오)
2. 고려업종은 자신의 경력을 활용할 수 있는가?	(예)	(보통)	(아니오)
3. 고려업종 개업을 위해 자신이 가진 경영자원이 이상적 기준과 큰 차이가 나지 않는가?	(예)	(보통)	(아니오)
4. 고려업종은 자신의 꿈(이상)과 관련 있는가?	(예)	(보통)	(아니오)
5. 고려업종은 시대변화를 반영하고 자신이 따라 잡을 수 있는가?	(예)	(보통)	(아니오)

> 판정방법 : 각 항목에 대해 (예)라고 답한 경우 20점~16점,
> (보통)이라고 답한 경우 15점~12점
> (아니오)라고 답한 경우 11점 이하
> 예컨대, 사진의 성격과 고려업종이 꼭 일치할 경우 20점,
> 비교적 일치할 경우 16점을 부여함.
> 이상과 같은 테스트에 의한 현재 고려업종에서의 창업적성 점수가
> 80점 이상일 경우 창업적성이 양호,
> 60점 이상일 경우 창업적성이 보통,
> 40점 이하일 경우 창업적성이 불량한 것으로 평가할 수 있다.

자료 : 이신모, 밀레니엄 시대를 여는 창업학, 대학문화, 1998, P.347.

창업적성을 정확히 안다는 것은 결코 쉽지 않은 일이지만 <표4-1>과 같은 간단한 테스트를 통해 현재 고려업종에서의 창업적성 수준에 대한 개략적인 파악은 가능하리라 생각된다.

이러한 창업적성 검사는 단순히 창업자의 자질, 경력 등을 조사함으로써 얻어지는 단일차원에 의한 분석이 아니라 이들을 종합적으로 고려하여 이루어지는 다단계 검사라는 데 그 특징이 있다. 따라서 창업희망자의 여러 측면을 동시에 반영하므로 보다 정확하고 객관적인 측정이 가능하며 적합업종을 선택하는 데 있어 더욱 현실적일 것으로 생각된다.

나아가 단순기준에 의한 창업시도보다 창업의 실패율이 크게 줄여줄 것으로 기대된다.

여기서 창업적성 점수가 최소한 보통수준을 초과하지 못하는 업종·아이템은 자신에게 덜 적합되는 업종으로 판단할 수 있다. 따라서, 창업희망자는 새로운 업종을 탐색하거나 창업적성 검사의 일부 차원, 예컨대, 경영자원의 크기(조달자금규모 등) 등을 보완함으로써 업종적합성 정도를 높이는 것이 필요하다.

2   업종선택의 원칙

1) 성격에 맞는 업종선택

앞에서 이야기 했듯이 흔히 이용되는 성격에 맞는 업종선택방식도 때로는 필요하다. 참고로 이러한 방식에 의한 적합업종 선택의 예를 제시하면 <표 4-2>와 같다.

〈표 4-2〉 나의 성격에 맞는 업종 · 아이템

성격유형(A)	맞는 아이템범주(B1)	성격에 맞는 업종 · 아이템 사례(B2)
외향 · 사교형	유통판매업 · 세일즈사업 등 대인접촉이 비교적 많은 업종	· 외판업 (자동차 · 보험 등) · 창업이벤트업 · 웨딩이벤트업 · 광고업 · 인력공급 및 고용알선업 · 여행알선 및 여행보조업
내향 · 소극형	큰 영업활동 없이도 고객이 일상적으로 찾아오는 생활용품 및 신변잡화 관련 업종과 문화 · 예술 · 취미 산업분야	· 아동의류 · 신발할인판매업 · 완구 · 팬시전문점 · 여성의류판매점 · 꽃가게 · 신변잡화 · 생활용품판매업 · 전통찻집 · 실내인테리어장식업 · 홈패션점 · 숙박업 · 정보제공업 (IP사업)
침착 · 연구형	아동 및 교육사업 · 컨설팅사업 등 지식산업분야	· 체인학원업 · 독서실 · 도서 · CD학습교재 대여점 · 어린이놀이방 · 컴퓨터학습방 · 컴퓨터 시스템 자문 · 창업 및 경영컨설팅업
우직 · 인내형	외식업 · 사회 · 가사 및 개인서비스업	· IMF형 전문음식점 · 단체급식전문업 · 음식출장조달서비스업 · 채소과일택배업 · 자료전산처리업
고지식 · 원칙 주의형	개인을 위한 사채금융 · 전기전자제품 및 주택관련 수리업 등 공급자 중심형 사업	· 소규모할부금융 · 렌탈업 · 중고컴퓨터 가전제품 수리업 · 청소용역업 · 주택수리 개보수 · 가구리프레사업 (refresh) · 통신판매업 · 무역오퍼업
탐구 · 아이디어형	발명사업가 · 벤처사업가 등 모험성이 다소 높은 미래지향적인 벤처사업분야	· 정보통신 · 부가통신업 · 과학모형기기전문점 · 소프트웨어 개발 및 공급
저돌 · 추진력형	건강 및 레포츠사업 · 건설업 · 주점업 · 이삿짐센터 등 종업원 컨트롤에 다소 노하우가 필요한 업종	· 레포츠센터 · 레저 · 오락이벤트업 · 주점업 · 이삿짐센터 · 실내사격연습장 · 운동 및 경기용품 판매업 · 전문건설업

자료 : 박주관 컨설팅, 중앙일보전게.

2) 경력에 맞는 업종선택

자신에게 맞는 창업업종을 제대로 선택하기 위해서는 자신의 경력과의 관련성을 고려하는 것도 필요하다. 앞에서도 언급했듯이 창업희망자의 경력을 살릴 수 있는 업종은 해당분야의 시장지식이나 애로점 등을 알고 있으므로 그만큼 실패할 위험도 적고 인맥을 잘 활용할 경우 성공을 이끌어 낼 수 있는 가능성이 크다는 점에서 우선적으로 고려되어야 한다. 이러한 방식에 의한 적합업종 선택의 예를 제시하면 <표 4-3>과 같다.[2]

〈표 4-3〉 나의 경력에 맞는 업종선택

경력/학력	추천아이템	경력/학력	추천아이템
경매사/청과물시장	·과일배달 홈쇼핑	경영컨설턴트	·특화컨설팅
호텔근무자	·전세계호텔예약서비스업 ·룸메이드용역업	마케팅·방송	·온라인 마케팅 ·지역마케팅 ·700이벤트업
건설·건축	·입찰공고서비스 ·건축자재중개업	학원강사	·학원강사 ·개인지도복덕방
유선통신업체	·800전화관매업	보험	·교통사고컨설팅 ·범칙금납부대행업
무역·철강	·중고설비중개업	유통	·무빙마켓 상품중개업 ·세계 토산품 구매대행업
자동차	·스포츠카정보 ·중고차중개업	교회	·행사상품 지원서비스업
무역·인터넷	·보따리장사 무역중개업	네트워크·컴퓨터	·소호설계사
은행·금융계	·심사부·재테크정보 ·공매정보 ·카드분실신고대행업	도서관	·맞춤정보제공업 ·희귀서적 구매대행업 ·논문자료
관광·여행사	·홈스테이 중개업	인테리어	·Shop 인테리어 컨설팅
제약·병원관계사	·의료전문정보제공업	이동통신	·단문(短文) 정보제공업

---

[2] 이형석, "경력 살리면 성공이 보인다," ROI, 1998.5.13 일자.

기획사 · 광고회사	· 초상권 관리 대행업 · 이벤트인력 중개업	외국어능통자	· 국제행정비서사무소
CAD · 3D	CAD · 3D 인력 중개업	노래방	· 노래방 신곡서비스업
식품 · 생필품 유통	· 루트세일컨설팅 · 지역마케팅대행업	기술계	· 특허공동출원서비스업 · 아이디어 중개업
PD	· 협찬중개업 · 비디오카탈로그 · 해외기획물판매업	농어촌	· 식자재배달업 · 특산물 중개업
부동산 · 건설	· 생가보존업 · 나대지운영업 · 사이버타운	인맥	· 강사파견업 · 교육프로그램 개발업

3) 성장성이 있는 업종을 선택

흔히 유행업종을 선택하는 경우가 많다. 모든 사업은 그 나름대로 사업수명주기(Business Life Cycle, BLC)가 있게 마련이다. 최소한 1년에서 5년 이상 주기로 업종의 라이프사이클이 변하고 있다. 현재 잘 된다는 업종을 선택하였으나 사회적으로 사업관련물의 등으로 인하여 대량 급매되는 사양업종도 의외로 많다. 업종이 사라지는 이유는 사회적 발전과 변화에 따라 소비자의 욕구가 변했기 때문이다.

일반적으로 일반업종은 사업수명주기가 최소 5년 이상이고 업종이 쇠퇴기에 들어가도 스스로의 업종전환과 기술변화로 새로운 유망업종으로 변신할 수 있다. 반면에 히트상품에 크게 의존하는 유행업종은 그 주기가 불과 1~2년에 불과하며 업종의 변신이 타 업종에 비하여 어려운 경우가 보통이다. 즉, 유망업종과 유행업종(또는 반짝 업종)은 다르다는 점을 주의하고, 높은 권리금과 엄청난 시설비를 투자하고도 값싸게 받고 처분하는 유행사업전문가를 조심해야 한다.

업종선택에는 고객들의 경제적 · 사회적 추세, 사회적 도덕성, 기술의 변화, 시장의 규모 등을 긴 안목으로 종합적으로 검토할 필요가 있다. 따라서 관심있는 업종의 관련 경험자들로부터 정보를 수집하여 판단하는 것이 바람직하다.

전망있고 성장성이 있다고 해서 서둘러 사업에 진출하는 것도 바람직하지 않다. 선진국에서 기술혁신여부 정도를 "약간 있다", "중간 정도이다", "아주 높다"는 3가지 영역으로 나눠 실제로 성공여부 및 수익성 크기를 살폈다. 그 결과 기술혁신 정도가 "약간 있다"와 "아주 높다"는 영역에서만 현실에서 성공 및 수익성여부가 높은 것으로 밝혀졌다. 때문에 안전업종을 보다 기술 및 경영혁신하는 편이 유망업종을 서둘러 시장개척하는 것보다 현명하다.

오늘날 우리 주변의 사회여건들은 매우 빠르게 변하고 있다. 기업들은 미래의 변화된 모습을 얼마나 제대로 예측하고 그러한 변화에 얼마나 적응하느냐에 따라 기업의 흥망이 좌우된다는 것을 알고 정보의 수집 등을 통해서 미래의 사회모습을 예측하는 데 모든 힘을 쏟고 있는 실정이다.

점포사업 또한 결코 예외는 아니다. 현재의 입지에서 현재의 업종으로 현재 장사가 잘 되고 있다고 해서 내년에도 잘 되리라는 보장은 결코 없으며, 언제 어느 때 상권이 변할지, 경쟁점이 치고 들어올지 경기변동이 어떻게 될지 모르는 것이다.

대기업들처럼 5년, 10년 후의 장기적인 변화를 예측하리라는 것은 아니다. 점포경영을 하는 사람들은 최소한 우리 주변사회의 변화 흐름 정도는 항상 예의주시하면서 그 속에서 자신의 업종이, 자신의 입지가 과연 어떻게 될 것인가에 대하여 심사숙고하고 그러한 변화 추세에 적응하려는 노력을 끊임없이 해야 한다.

21세기에는 우리 사회가 매우 빠르고 복잡한 변화를 겪고 있는데, 점포 창업 환경과 관련하여 몇 가지 중요한 현상을 보면 다음과 같다.

첫째, 경제성장을 통해 물질적으로 안정되면 소비자들은 다양한 욕구를 가지게 되었는데, 없던 시절과는 달리 먹고 싶은 것을 먹고 건강을 추구하며 자기만의 시간을 즐겁게 즐기려는 경향이 높아졌다. 이러한 경향으로 외식업종, 건강관련 업종 등이 성장하고 있다. 또한 물질적 풍요로 인해 귀찮고 번거로운 일을 싫어하는 경향이 생겨서 각종 대행업, 배달업, 대여

업 등도 성장추세에 있다고 할 수 있다.

둘째, 주 5일 근무, 재택근무 등의 현상으로 여가시간의 확대가 이루어져서 이를 효과적으로 이용할 수 있는 취미업종, 레저업종, 여행업종 등이 성장하고 있다.

셋째, 맞벌이 부부의 증가로 여성들의 사회참여가 날이 갈수록 높아져서 가사노동을 줄여 주는 업종이나 자질구레한 일들을 대행해 주는 업종이 성장하고 있다.

넷째, 핵가족 시대가 되면서 한 집에 한 자녀만 있는 경우가 허다하다. 이럴수록 부모의 자녀 사랑은 매우 지극할 수밖에 없어서 장난감, 아동복, 학원 등 유아·아동 관련 업종이 지속적으로 성장할 것으로 예상된다.

다섯째, 의학의 발전, 경제적인 풍요로움 등으로 우리 나라도 선진국과 마찬가지로 노인층의 인구가 높아질 것으로 예상되고 또한 이들의 구매력도 상당한 수준이 될 것으로 기대되면서 노인 대상의 업종이 장기적으로 많이 개발되고 성장할 것으로 기대된다.

여섯째, 컴맹이라는 말을 만들 정도로 요즈음 컴퓨터를 다루지 못하면 얘기가 되지 않을 정도이다. 앞으로도 이러한 컴퓨터 문화의 발전과 정보화 경향은 우리 사회를 주도할 것으로 예상되어 상상치도 못했던 새로운 업종들이 생겨날 것이다. 이제까지 일반적으로 점포사업 환경의 변화 내용을 언급했는데 추가적으로 신세층의 소비양식을 이용한 업종, 환경문제에 관련한 업종들 또한 성장이 예상되는 업종들이다.

4) 유망업종의 선정

(1) 유망업종

유망업종이란 성장성과 장래전망이 있으면서 수익률이 높은 업종으로서 안정적인 매출실현이 가능할 뿐만 아니라 자금회전율이 높은 업종을 말한다. 그러나 현실적으로 이를 찾기란 거의 불가능하다. 왜냐하면 유망업종인 경우 사업진출이 많아지게 마련이므로 자연히 경쟁이 치열하게 되어 실패할 확률이 높다. 따라서 유망창업, 아이템의 발굴보다는 성장성, 수익성, 안정성의 요소 중의 하나라도 갖춘 사업이 성공확률이 비교적 높다. 따라서 유망업종이란 돈벌이가 확실한 업종이라기보다는 실패율이 낮은 업종으로서 어느 정도의 부가가치가 있고, 기본시장이 존재하여 향후 수요확대의 여지가 큰 업종 정도로 해석하는 것이 창업자에게 적절하다고 보여진다. 왜냐하면 창업이란 너무 낙관적이면 방심하게 되고, 사업을 통해 일확천금을 노리다 보면 곧 실패의 문턱에 이를 수 있기 때문이다.

이런 의미에서 유망 창업업종은 누구나 도전해도 성공할 수 있는 사업 아이템이란 의미는 아니며, 산업구조, 발전과정 및 사회여건 변화로 보아 비교적 성공확률이 높은 업종이라는 의미인 것이다. 더욱 중요한 것은 아무리 유망한 사업아이템이라 하더라도 창업자가 경험해 보지 않고, 평소 관심이 없는 업종이라면 그 창업자에게는 아무 쓸모 없는 업종일 수밖에 없다는 것이다.

구체적으로는 기업가 자신이 동원할 수 있는 제자원(금전적 자원, 정보적 자원, 인적 자원, 물적자원 등)과 외부 환경분석을 한 후, 여기에 자신의 의지 자원, 인적 자원, 물적자원 등)과 외부 환경분석을 한 후, 여기에 자신의 의지를 반영하여 업종분야를 최종적으로 선정한다. 점포사업의 분야를

음식·외식업종, 건강·오락업종, 의류업종, 아동·유아업종, 기타 서비스/
유통업종의 6개 분야로 대별하여, 비교적 전문적 기술이 없이도 쉽게 개업
할 수 있고 장래성이 있다고 창업컨설턴트에 의해 판단되는 업종을 소개
하면 <표 4-4>와 같다.

〈표 4-4〉6개 사업분야별 유망업종

업 종	종 목
음식·외식업종	피자 전문점, 제과점, 가격파괴 삼겹살 전문점, 생맥주 전문점, 김밥 전문점, 신세대 요리주점, 핫도그 전문점, 꼬치구이점, 치킨 전문점, 도시락 전문점. 스탠드 우동점, 일식 우동 전문점, 커피 전문점, 즉석 소시지 전문점, 생과일 쥬스 전문점, 아이스크림 전문점, 라면요리 전문점, 돈까스 전문점, 종합분식점, 만두 전문점, 멀티스낵숍, 보쌈 전문점, 닭갈비점, 음식배달 체인점, 길거리 간식사업, 버섯 요리 전문점, 참치요리 전문점, 패스트푸드점, 칼국수 전문점, 스파게티 전문점, 칵테일 전문점
건강·오락업종	사이버 오락실, 컴퓨터 게임장, 포켓볼/당구장, 스포츠용품점, 자연성 화장품 전문점, 코인 골프장
아동·유아업종	이유식, 건강식 전문점, 엔젤 캐릭터 전문점, 컵교실 공부방, 어린이 전용 사진관, 어린이집, 어린이 영어 교재 대여점, 어린이 놀이방, 방문 미술 교육업, 영어교육 프로그램 판매업, 가정방문 컴퓨터 공부방
의류업종	캐주얼 웨어 전문점, 내의 전문점, 우리옷 전문점, 반주문 신사복 전문점, 여성 패션용품점, 아동복 전문점, 양말 전문점, 골프 웨어점, 의류 할인 매장, 청바지 대리점
대여업종	비디오/CD롬 대여점, 장난감 대여점, 만화 대여업, 각종 용품 대여업, 게임기·게임팩 대여점, 학습비디오 대여점
기타 서비스/유통업종	업무대행 서비스, 백세로 원적외선 체험업, 청소대행업, 팬시전문점, 목욕용품 전문점, 화장품 할인점, 스티커 사진점, 인쇄 사무 편의점, 중고 컴퓨터업, 주방용품 체인점 농협식품 전문 체인점, 축협 전문 체인점, 향기 관리 전문점, 생활용품 체인점, 가방 전문점, 자동차 흠집 제거업, 패션신발 전문점, 액세서리 전문점, 남성 전문 헤어숍, 가구리폼업, 구두수선 체인점, 컴퓨터 사진 합성점, 신발편의점, 위탁 편의점, 메이크업 도우미, 웨딩사인 제작업, 빈병 인테리어 체인점, 유제품 전문점, 패션명함 대리점, 세탁편의점, 도깨비 문고 사업, 미니 수족관, 풍선 전문점

자료 : 김규태·이강원, 점포 이 업종 선택하면 확실하게 성공한다. 청림출판, 2000, pp.40~41.

(2) 유망업종과 유행업종의 구분

요즘처럼 새로운 사업아이템이 날마다 쏟아져 나오는 상황에서 유망업종과 유행업종을 명확하게 구분한다는 것은 그렇게 쉬운 일이 아니다. 그러나 유망업종을 구분하여 골라잡는다면 성공가능성은 상대적으로 높아진다.

유행업종은 표현 그대로 유행으로 끝나고 마는 업종을 말한다. 업종의 라이프사이클인 도입기, 성장기, 성숙기, 쇠퇴기라는 과정을 거치지 않고 도입과 동시에 쇠퇴기로 이어지는 특성을 갖고 있다.

유행업종은 어느 날 반짝 유행을 타다가 갑자기 이슬처럼 사라지는 것들이다. 우리 주위에서도 종종 볼 수 있는 조개구이전문점, 쇠고기뷔페, 경품오락실, 즉석 탕수육점 등이 그것이다.

따라서 실패하지 않기 위해서는 이들의 차이점을 명확하게 구분할 필요가 있다. 유망업종의 특징은 검증 절차가 이미 끝나서 정착된 상태의 아이템이라는 것이다. 구매에 있어서도 비수기와 성수기가 따로 구분되지 않고, 구매행위가 지소적으로 이어지며, 시장의 요구에 부응하는 업종이다.

반면 유행업종의 특징은 도입기에 접어들면서 바람을 일으키는 업종이다. 이 업종은 계절적으로 비수기가 있고, 구매자가 지속적이고 반복적으로 구매하지 않는다는 특징을 갖고 있다. 즉 라이프사이클이 짧은 업종이다.

이러한 특징을 바탕으로 유망업종을 선정해야 하는데, 다음과 같은 기준으로 판단하는 것이 바람직하다.

첫째, 성장성을 보아야 한다. 지속적으로 발전할 수 있는 성장성을 갖고 있어야 한다. 그리고 시장의 요구와 일치하는가를 보아야 한다. 또한 잠재시장의 규모가 커야 하고, 라이프 사이클상 성장기를 접어든 종목이라야 안전하다.

둘째, 수익성을 평가해야 한다. 투입되는 자금의 규모대비 수익률이 적정한가를 계산해야 한다. 아이템에 따라서는 투자규모도 크고 외형도 그럴듯한데 수익성이 떨어지는 경우가 종종 있다. 외형의 규모보다 중요한 것은 수익성이다.

셋째, 환금성을 계산해야 한다. 현금 장사인지, 자금회전의 기간이 길지는 않은지를 점검해야 한다. 또한 만약의 경우 실패했을 때 투자금액을 얼마나 회수할 수 있는가도 매우 중요한 문제다.

보편적인 시장원리는 위험이 크면 수익이 크고, 위험이 작으면 수익도 작다. 위험이 작으면서 수익이 높은 모든 조건을 완벽하게 만족시키는 아이템은 시장원리상 존재할 수 없다. 그러나 창업자의 노력에 따라서는 위험을 줄이고 수익성을 높일 수 있는 유망업종을 만날 수도 있음을 기억해야 한다.

(3) 유망업종과 유행업종의 특징

가) 유망업종의 특징
① 특별한 수요가 있는 업종
② 검증절차가 끝난 업종
③ 음식업의 경우 세끼를 먹을 수 있는 주식용 아이템
④ 비수기가 없거나 짧은 업종
⑤ 구매행위가 빈번하고 계속적으로 발생하는 업종
⑥ 창업 후 관리하기가 편한 업종
⑦ 야간 매출이 높은 업종
⑧ 지속적으로 신상품 공급이 가능한 업종
⑨ 시대상황에 부응하는 업종

나) 유행업종의 특징
① 검증을 받지 않은 도입기 업종
② 음식업의 경우 간식용 아이템
③ 새로운 프로그램이나 신상품 개발이 쉽지 않은 업종
④ 4계절 장사가 아닌 업종이나 방학을 타는 업종
⑤ 수요의 반복성과 지속성이 없는 업종
⑥ 창업 후 경상비용 지출이 많은 업종

⑦ 가동시간이 짧고 테이블 회전율이 낮은 업종

⑧ 라이프 사이클이 짧은 업종

⑨ 국민적 정서나 문화적인 환경에 맞지 않는 업종

⑩ 국내 법규에 저촉되는 업종

⑪ 문화·경제적 발전에 부응하지 못하는 업종

5) 위험부담이 적은 업종

우리가 흔히 'High Risk, High Return'이라는 것은 위험이 큰 사업일수록 사업의 성공시에 이득이 많다는 것이다. 그러나 이와 같은 업종은 실패율이 성공률 보다 훨씬 높기 때문에 창업의 한계가 있다.

따라서 이익이 적어서 큰 돈을 벌 수 없는 사업이라도 성공만 확실하면 그 사업을 선택하는 것이 안정적인 사업을 착수할 수 있는 하나의 방법이 되기도 한다.

위험부담이 적은 업종이란 상품 구입의 경우 외상거래가 어느 정도 가능하고, 공급과 반품이 원활하며, 재고 부담이 그렇게 높지 않은 상품이다. 특히 도·소매업에 있어서 적정 수준의 재고 관리는 효율적인 도·소매업 경영의 지름길이라 해도 과언은 아니다.

6) 자본규모에 적정한 업종 선택

(조달 가능 자금이 전제된 업종 선택)

어떤 사업이든지 사업을 시작할 때는 기본적으로 자본이 투입되기 마련이다. 도·소매업 및 서비스업이라면 점포 또는 사무실 임차료 외에 시설비, 상품 구입비와 더불어 권리금이라고 하는 영업권도 계상해 주어야 한다. 이와같이 소점포 경영의 경우에도 몇 천만원 심지어는 1억원에 가까운 자본이 소요된다.

제조업의 경우는 그 규모가 더욱 커서 최근 제조업 창업에 소요되는 평균자본은 5억원을 넘어 10억원에 육박하고 있다. 물론 모두가 자기 자본에 의존하는 것은 아니지만, 결국 창업자의 신용과 자금 조달 능력에 의존할 수밖에 없다.

아무리 좋은 업종이라도 자금이 뒷받침되지 않은 사업 구상은 허구에 불과하고 결국 실패로 이어질 수 밖에 없는 것이다. 따라서 업종선택은 조달 가능한 자본규모와 연결하여 검토하는 것이 필수적이다.

다음 표는 소요자금별 업종 정보이다.

5,000 ～ 1억원 미만	가카페형 요리주점, 부분스포츠마사지방, 가방전문점(이스트팩), 어린이집운영업, 밀코마트
1억원 이상	참치회전문점, 유명 미용실체인점, S/F식 인테리어노래방, 피자전분점, 박정희대통령 테마음식점, 맥주편의방, PCS/핸드폰대리점, 골프패션웨어판매전문점, 24시간편의점, 첨단멀티미디어컴퓨터게임방, 원룸텔 임대사업, 야외열차카페, 영상독서실체인점, 토탈이사서비스업, 영상실 장소제공업, 부엌가구전문점, 청바지전문점, 여성전용헬스클럽, 외국인전용 주택임대업, 주택임대사업, 미니골프연습장

자료 : 노재건외 4인, "창업·경영론", 무역경영사, 2003, P.50~52.

7) 인·허가에 결격사유가 없는 업종의 선정

예비창업자가 선정한 업종이 개별법에 의한 인·허가 업종에 해당하면 회사설립 절차에 들어가기 이전에 해당 관청으로부터 인·허가를 받아야 한다. 일부사항은 시·군·구청에 신고 없이도 할 수 있지만 대부분의 사업은 정부나 지방자치단체에 신고나 등록을 하여 인·허가를 받아야만 사업을 시작할 수 있다. 이러한 인·허가 방식은 크게 허가업종, 신고업종, 등록업종, 면허업종, 지정업종 등으로 나뉘어진다.

(1) 허가업종

허가업종이란 사업자가 정부에 사업 시작을 신고하면 정부는 일정한 요건을 사업자가 갖추었다고 판단되면 허가를 내주는 업종을 말한다.

〈표 4-5〉도·소매업 및 서비스업의 허가업종

사 업 명	관련법령	처리기관	비고
군복 및 군용장구 판매업	군복 및 군용장구의 단속에 관한 법 제4조	국방부	도소매업
문화재 매매업	문화재보호법 제61조	시·군·구	
석유판매업	석유사업법 제12조	시·도	
의약품 도매업	약사법 제35조	시·군·구	
중고자동차 매매업	자동차관리법 제49조	시·군·구	
부동산중개업	부동산중개업법 제4조	시·군·구	서비스업
숙박업	공중위생법 제4조	시·군·구	
식품접객업	식품위생법 제22조	시·군·구	
용역경비업	용역·경비업법 제4조	지방경찰청	
유기장업	공중위생법 제4조	시·군·구	
유료노인복지시설	노인복지법 제19조	시·군·구	
유료직업소개사업	직업안정법 제19조	시·군·구	
유선방송사업	유선방송관리법 제5조	정보통신부	
전당포업	전당포영업법 제2조	경찰서	
폐기물처리업	폐기물관리법 제26조	시·도, 지방 환경청	

허가를 받아야 하는 업종인 음식업, 숙박업, 이·미용실, 목욕탕 등은 구청 위생과에서, 음반 및 비디오물 유통은 구청 문화공보과에서 탁구장, 포켓볼장등은 교육구청 사회체육계에서 허가를 내준다. 컴퓨터학원이나 미술학원 등 교육 관련 사업의 허가를 받으려면 교육구청 사회교육계로 찾아가야 한다.

구청에서 허가를 받으려면 해당부처에서 서류를 교부받아 작성한 뒤 민원실에 접수시키면 업종에 따라 최고 30일 경과 후에 민원창구에서 허가증을 발급 받을 수 있다. 소요되는 시일은 허가기준이 얼마나 까다로우냐에 따라 달라지는데, 구청에서는 현장조사를 나가기도 하고, 경찰서나 세무서의 도움을 받기도 하면서 여러 가지 기준으로 심의를 한다.

음식점의 경우 현장답사를 통해 건물구조, 조리장, 급수, 환기시설, 조명시설, 화장실 등을 일일이 체크한다. 학원의 경우 건물의 면적뿐만 아니라,

정교사 자격증이 있는 교사를 채용했는지, 주변에 유흥시설이 있는지까지 심의기준에 들어간다.

유흥업을 하려는 사람이 임대하고자 하는 건물에 학원이 있는 경우, 그 건물의 용도가 근린생활시설인지 아닌지 확인해 보아야 한다. 근린생활시설일 경우에는 유흥업 허가가 나지 않는다. 반대로 학원을 내려는 사람은 건물이 판매시설로 등록되어 있는 경우 학원의 허가가 나지 않는 점에 유의해야 한다. 이러한 경우, 건물의 용도변경이 가능한지를 확인하여 용도변경이 불가능 하다면 다른 점포를 물색해야 한다.

이는 학교주변의 학교환경위생 정화구역에도 해당되는 사항이다. 정화구역은 '절대정화구역'과 '상대정화구역'으로 나뉜다. 절대정화구역은 학교 출입문으로부터 직선거리로 50m 이내의 구역으로, 이곳에서는 전문음식점, 유흥음식점, 간이주점, 호텔, 여관, 여인숙, 공중 목욕탕, 휴게시설, 사행행위장, 당구장, 경마장, 전자유기장, 만화가게, 무도학원, 무도장, 노래연습장, 담배 자동판매기는 들어설 수 없다.

<표 4-6> 허가업종별 해당관청 및 부서

구청 위생과	음식점, 주점, 레스토랑 등 식품 판매업·제조업, 용기포장류 제조업, 정육점, 목욕탕, 이·미용실, 숙박업소 등
구청 문화공보과	출판사, 인쇄소, 음반 및 비디오물 유통, 관광사업 등
구청 지역경제과	농수산물 판매, 전통 식품, 주유소, 고압가스 체인사업, 방문 판매업, 담배 판매업, 동물의료 용구 및 약품, 가축인공수정소, 부화업 등
구청 의약과	의약품 도매업, 한약업사, 약국, 위생용품 판매 등
구청 사회교육과	컴퓨터·미술·음악학원 등 각종 학원
교육구청 사회체육계	당구장, 탁구장, 포켓볼장, 볼링장 등
전화국	전화카드 판매
우체국	우표 판매

상대정화구역은 학교 경계선으로부터 직선거리로 200m까지의 지역 중 절대정화구역을 제외한 지역으로, 전문음식점, 간이주점, 호텔, 여관, 여인숙, 공중목욕탕 중 휴게시설, 사행행위장, 당구장, 경마장, 증기탕, 무도학원, 무도장 등은 사전심의를 받아야 한다.

이상의 심의업종들은 교육청에 구비서류를 제출하여 사전심의를 받아야 한다.

또한 편의점이나 슈퍼마켓 등 다양한 품목을 동시에 취급하는 각각의 품목에 대해 따로 영업허가를 받아야 한다. 예를 들어 담배는 구청 지역경제과에서, 우표는 우체국에서, 전화는 전화국에서 허가를 내준다.

(2) 신고업종

허가업종이 이처럼 까다로운 절차를 밟는 데 반하여, 신고업종은 관할 세무서에 사업자등록 신청을 하면 바로 사업을 시작할 수 있다.

〈표 4-7〉 도·소매업 및 서비스업의 신고업종

사 업 명	관련법정	처리기관	비고
건강보조식품 판매점	식품위생법 제22조	시·군·구	도소매업
건설기계 매매업	건설기계관리법 제21조	시·도	
무역대리업	대외무역법 제10조	한국무역대리점협회 한국수출구매업협회	
양곡매매업	양곡관리법 제18조	시·군·구	
종묘 판매업	종묘관리법 제3조	시·군·구	서비스업
건설기계대여업	건설기계관리법 제21조	시·군·구	
건축엔지니어링 및 기술관련 서비스업	엔지니어링 기술진흥법 제4조	한진엔지니어링 진흥협회	
결혼상담업	가정의례에 관한 법 제5조	시·군·구	
교습소	학원의 설립·운영에 관한 법 제14조	지방교육청	
노래연습장업	풍속영업의 규제에 관한 법 제5조	경찰서	
동물병원	수의사법 제17조	시·군·구	
만화대여점	풍속영업의 규제에 관한 법 제5조	경찰서	
목욕장법	공중위생법 제4조	시·군·구	

세탁업	공중위생법 제4조	시·군·구	
옥외광고업	옥외광고물등 관리법 제11조	시·군·구	
위생관리용역업	공중위생법 제4조	시·군·구	
의료기관	의료법 제30조	시·군·구	
이·미용업	공중위생법 제4조	시·군·구	
장례식장업	가정의례에 관한 법 제21조	시·군·구	
체육시설업	체육시설의 설치이용에 관한 법 제21조	시·군·구	
혼인예식장업	가정의례에 관한 법 제5조	시·군·구	

• 신고업종 : 구청이나 교육청에서 담당하지 않는 여타 업종들, 도소매업 및 소비자용품 수리업이 대표적이다.

(3) 등록업종

〈표 4-8〉 도·소매업 및 서비스업의 등록업종

사 업 명	관련법령	처리기관	비고
농약수입업	농약관리법 제7조	시·도	도소매업
농약판매업	농약관리법 제7조	시·군·구	
다단계판매업	방문판매등에 관한 법 제 28조	시·도	
무역업	대외무역법 제7조	한국무역협회	
비료판매업	비료관리법 13조	시·군·구	
음반판매업	음반 및 비디오물에 관한 법 제6조	시·군·구	
외국간행물 수입업	외국간행물 수입배포에 관한 법 제3조	문화체육부	
제조담배 판매업	담배사업법 제13조	재정경제원, 시·도	
비디오물 감상실업	음반 및 비디오물에 관한 법 제7조	시·군·구	서비스업
비디오물 대여업	음반 및 비디오물에 관한 법 제7조	시·군·구	
안경업소	의료기사등에 관한 법 제12조	시·군·구	
약국	약사법 제16조	시·군·구	
여행업	관광진흥업법 시행령 제32조	시·군·구 문화체육부	
자동차운송알선사업	자동차운수사업법 제49조	시·도	
전문서비스업	행정사업법 제8조 등	대한행정사회 등	
중소기업상담회사	중소기업창업지원법 제12조	중소기업청 시·군·구	
창고업	화물유통촉진법 제39조	지방해운항만청	
학원	학원의 설립·운영에 관한 법 제6조	지방교육청	

3   피해야 할 업종

아무리 좋은 아이템이라 하더라도 최근의 사회적 분위기나 종업원 구직 등을 고려하여 피해야 할 업종이 있다. 사업이란 사장 혼자서만 하는 것이 아니고, 종업원을 비롯한 각종 경영요소의 결합을 통해 실현된다. 기술도 필요하고 자본도 필요하다. 이런 제요소를 감안하되 다음과 같은 사항에 유의하여 가급적 문제가 많은 업종은 사업아이템으로 피하는게 좋다.

첫째, 종업원 구득이 어려운 업종은 피하는 게 좋다. 최근 3D 업종이라고 하여 종업원이 근무를 기피하는 업종이 있는데 이런 업종은 피하는 것이 좋다.

둘째, 이윤폭이 적은 업종이다. 사업이란 근본적으로 수익실현이 목적이기 때문에 가능하면 이윤폭이 높은 업종을 선택하는 것이 좋다. 이윤폭이 적은 업종은 일반적으로 경쟁자가 많은 업종이기 때문에 가급적 신규창업은 피하는 것이 좋다.

셋째, 대기업 또는 수입상품과 경쟁이 예상되는 업종이다. 대기업과 경쟁이 되는 업종은 근본적으로 중소기업에 불리할 수밖에 없기 때문이다. 또 수입상품과 경쟁이 되는 제품은 일반적으로 가격 경쟁력면에서 불리하므로 성능이 우수한 제품이 아니고서는 경쟁에서 이기기가 힘든 경우가 많다. 따라서 대기업 또는 수입상품과 경쟁이 예상되는 업종은 피하는 것이 좋다.

넷째, 제품의 라이프 싸이클이 짧은 업종은 피하는 것이 좋다. 제품의 라이프 싸이클이 짧은 업종은 신제품 개발이 수시로 이루어져야 하고, 이로 인해 신제품 개발 비용이 많이 들기 때문에 자금력이 없으면 실패하기 쉽다. 따라서 기술개발력이 취약한 창업기업이 이런 유형의 사업에 뛰어드는 것은 위험한 일이다.

다섯째, 제작비 등의 투자비가 많은 대신 거래처로부터 대금 화수시 푼돈으로 수금이 되는 사업은 피하는 것이 좋다. 제작비 등에 고액이 투입되고, 반대로 수금은 여의치 않으면 자금경색의 주원인이 되기 때문에 이런 업종은 사업아이템 선정 단계부터 기각하는 것이 좋다고 본다.

4 업종 및 사업아이템 선정 단계별 준비 및 종합 검토사항

업종 및 아이템 선정의 기본 순서가 정해지면 예비창업자는 좀더 구체적으로 업종 및 사업아이템 선정 단계별로 순서에 따라 각 항목별 접근방법을 강구할 필요가 있다. 이들 단계별 준비 및 검토사항을 살펴보면 <표 4-9>와 같다.

〈표 4-9〉 업종 및 사업아이템 선정 단계별 준비 및 검토사항

순서	기본순서	준비 및 검토사항
1	창업희망업종 정보수집	· 창업자의 경험 및 지식, 특히 동업계 및 관련업계 근무 경력 등 · 친구·지인·전문가로부터 습득한 정보 · 각종 관련서적, 업종별 전문잡지, 신문스크랩 등으로부터의 정보
2	이용체험자 및 종사자 면담	· 해당 업종 경영회사(가게)의 고객이 되어 직접 구매활동 경험 · 해당 업종 근무 종업원과의 면담을 통해 업계 전반적 분위기 및 전망 파악
3	후보사업아이템의 구체적 정보수집	· 각종 상담기관(창업상담회사, 업종별 전문컨설팅회사, 시·군·구 창업 민원실, 중소기업진흥공단 창업상담실 등) · 업계 단체(업종별 협회 및 협동조합 등), 업계에 정통한 전문가(경영지도사, 동업계 다녀간 근무 경력자)로부터 정보 수집
4	후보아이템에 대한 정밀분석·검토	· 성장성 및 창업자의 적성 부합여부 등에 대한 가족·지인·전문가의 의견 청취 · 2~3종에 대한 예비선별 및 순위결정 · 예비선별 제품(상품)에 대한 예비(간이) 사업성 분석
5	사업타당성 분석	· 사업아이템의 적합도 분석 · 기술성 분석 · 시장성 및 판매전망 분석 · 기타 사업타당성 분석
6	업종 및 아이템 선정	· 최적 업종 및 사업아이템 선정

제3절 독립점포 창업과 가맹점 창업의 선택

1 독립점포 창업의 개요

업종 선택과 동시에 독립점포로 운영할 것인지 체인점의 형태로 운영할 것인지에 대한 결정을 내려야 한다. 독립점 창업이냐 체인점 창업이냐 하는 점포운영 형태를 결정하는 것은 업종을 선택하는 일과 떨어져 생각할 수 없는데, 그것은 구체적인 업종마다 유리한 운영형태가 대략 정해져 있기 때문이다.

창업은 자신이 원하는 지역에서 원하는 아이템을 독자적인 운영형태로 생각한 대로 시작하면 그것이 곧 개인창업이다. 즉 독립점포 창업이란 체인점 본사나 대리점을 통하지 않고 창업자가 독자적으로 상호나 브랜드를 개발하여 창업자 자신이 원하는 장소에서 창업하는 것을 말한다. 이때 공동 브랜드의 사용이 가능한 경우도 있다. 예를 들면 생활용품 브랜드인 "키친나라"는 가맹비 없이도 브랜드를 사용하도록 허용하고 있다.

거리에 간판을 내건 가게들이나 빌딩에 입주해 있는 무수한 사무실들이 대부분 독립점포 창업의 경우라고 생각하면 된다. 지금 우리 나라에서는 개인 창업이 90퍼센트 이상을 차지하기 때문이다. 특별한 프랜차이즈 아이템을 정하지 못한 예비창업자라면 대부분 개인창업으로 사업을 시작한다고 보면 틀림없을 것이다.

2 가맹점 창업의 개요

프랜차이즈 비즈니스는 프랜차이저(체인본부)와 프랜차이지(체인점)라는 두 주제가 법률적인 계약에 의해 서로 의무를 충실히 이행하는 가운데 공동의 협력으로 운영되는 사업시스템이다.

체인본부로 표현되는 프랜차이저는 상호, 상표, 영업 노하우, 공급할 상품이나 서비스, 일정지역 내의 영업권 등을 제공하고 이에 대해 대가로 프랜차이지(체인점주)에게서 가맹비나 로열티를 받는 사업체다.

프랜차이지는 가맹비나 로열티를 제공하는 대가로 상품의 제조 및 판매의 노하우를 습득하여 지리적으로 제한된 시장영역에 진입하는 사업체다. 따라서 어느 한쪽이 부실하거나 존재하지 않는다면 프랜차이즈 비즈니스 시스템은 의미가 없게 된다.

아래 그림은 이러한 두 경제주체의 상호 관계를 나타낸 것이다.

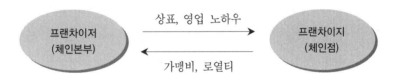

프랜차이즈의 영업에 대한 원리를 이해한다면 나중에 일어날 수도 있는 갈등이나 법적 분쟁을 해결하는 데도 큰 도움이 될 것이다. 법적 분쟁이나 갈등의 소지가 있다는 것을 설명했듯이 프랜차이저와 프랜차이지가 각각 권리와 의무를 가진 프랜차이즈의 주체들이고 이 둘의 관계는 바로 계약에 의해서 성립되기 때문이다.

3 독립점 창업과 프랜차이즈(가맹점) 창업의 장단점

1) 독립점 창업의 장점과 단점

창업비용을 최대한 줄일 수 있다는 것이 독립점창업의 가장 큰 장점이다. 업종에 따라 다소 차이는 있지만, 프랜차이즈 형태의 창업을 할 때 체인본부에 지불해야 할 가맹비, 보증비, 로열티, 인테리어 비용 등 부대비용을

<표 4-10> 독립점의 장·단점

장 점	단 점
·상품 구매 등 경영의 모든 일을 독자적으로 수행한다. ·이익률에 대해 결정권을 갖고 있다. ·독자적 경영으로 시장변화 대처가 민첩하다.	·체인점과 같이 체인본부로부터 경영지원을 받지 못하고 모든 것을 경영자 스스로 알아서 처리해야 하므로, 초보자의 경우 점포경영이 매우 어렵다.

절감할 수 있으므로 500만원에서 3,000만원 정도까지는 줄일 수 있다.

자신이 원하는 지역에서 창업할 수 있고 시범 점포가 잘될 경우 자기 브랜드로 다른 지역에 분점 개설이 가능하다는 장점도 있다. 다품종을 취급하고 독자적인 경영판단이 가능하기 때문에 시장변화에 빨리 대처할 수 있고, 비교적 마진폭이 커서 가격경쟁력을 갖출 수 있다는 것도 장점이다. 창의적인 경영노하우를 빨리 배울 수 있는 재능을 갖춘다면 유능한 사업가로 변신할 수 있는 기회가 되기도 한다.

독립점창업은 상품구입처에 대한 정보가 부족하거나 경영노하우가 필요한 패스트푸드 업종이나 기계설비를 필요로 하는 업종은 창업이 불가능하며, 창업에 필요한 경험을 쌓아야 하고 정보도 수집해야 하기 때문에 시간이 오래 걸린다는 것도 장점이다.

2) 가맹점 사업의 장점

(1) 실패 위험이 자영점포보다 낮다.

체인본부가 이미 검증한 사업아이템을 가지고 체인점을 모집하여 사업을 지원하기 때문에 사업에 대한 경험이 부족한 사람이라도 체인본부의 매뉴얼에 따라 사업을 전개하며 실패 위험을 상당히 줄일 수 있다. 미국의 경우 자영 점포 형태로 사업을 시작했을 때 일년 이내에 실패할 확률은 40퍼센트에 육박하지만, 프랜차이즈 체인점은 실패율이 3퍼센트밖에 되지 않는다는 통계가 나와 있는 만큼 안전한 사업이라는 얘기다. 물론 국내의 경우는 아직까지 실패율이 좀 높은 편이다.

(2) 저렴한 광고비로 브랜드 인지도를 높일 수 있다.

가맹점은 본사와 수많은 가맹점이 존재하므로 십시일반(十匙一飯)으로 모금하면 적은 비용으로도 효과적으로 브랜드를 알릴 수 있다. 꼭 돈을 들이는 광고가 아니더라도 여러 곳에 산재해 있는 체인점상호가 바로 광고효과를 발휘하기도 한다. 이에 비해 혼자서 운영해야 하는 자영점포는 단일 상호로 운영되기 때문에 당연히 브랜드 파워가 약하고 광고를 하려고 해도 혼자서 해야 하기 때문에 돈이 많이 든다.

(3) 비교적 소자본으로 창업이 가능하다.

독립점창업과 비교할 수는 없겠지만, 프랜차이즈 체인점도 비교적 소자본으로 창업이 가능하다. 체인본부가 확보해 놓은 인테리어나 간판, 홍보전단 등을 비교적 저렴한 가격으로 공급받을 수 있기 때문이다. 체인본부는 동일한 인테리어와 간판, 홍보 전단 등을 수많은 체인점에 적용하기 때문에 대량 공급을 조건으로 가격을 인하하여 이런 서비스를 제공할 수 있는 것이다. 물론 가맹비나 보증금 등 체인본부에 묶이는 돈도 만만치는 않다.

(4) 시장변화에 빠르게 대처할 수 있다.

하루가 다르게 변화하는 소비자의 취향이나 구매패턴에 재빨리 대처하지 못하면 사업은 퇴보하고 실패하게 마련이다. 혼자서 운영하는 자영점포의 경우 점주가 이런 경제상황까지 일일이 체크하면서 대처하기에는 다소 힘든 점이 있다. 그러나 프랜차이즈 체인점은 본부가 본사차원에서 팀을 꾸려 이런 상황에 즉각 대처할 수 있는 체제를 갖추기 때문에 체인점주가 혼자서 이런 일을 할 필요가 없다. 본부가 제시하는 신제품이나 새로운 서비스 등을 성실하고 정확하게 실천하기만 하면 되는 셈이다.

(5) 원자재 공급이 용이하다.

혼자서 운영하는 자영점포에서는 판매할 상품을 도매상이나 제조업체에서 직접 사와야 하는 수고가 뒤따르고 어디에 더 좋은 상품이 있는지도 항상 예의주시하고 있어야 한다. 그러나 프랜차이즈의 경우 본사가 자체 공급하는 상품이나 하청받는 상품을 수시로 점포에서 공급받을 수 있기 때문에 이런 점에 대해 고민할 필요가 없다. 길거리에서 흔히 볼 수 있는 체인업체의 물류 차량은 바로 체인점주에게 이런 편의를 제공하기 위해 만들어진 것이다. 따라서 체인점주는 상품 사업에 대해 고민하기보다는 판매 등 다른 분야에 더 힘을 쏟을 수 있는 여력이 생긴다.

이 밖에도 프랜차이즈 체인점은 본사가 제공하는 자금지원 제도이용, 영업 매뉴얼 활용, 경쟁업체의 출현에 대한 공동 대응, 본사의 새로운 영업 노하우 입수, 체인점 네트워크를 이용한 상호 협력 등이 가능하다.

3) 프랜차이즈 사업의 단점

모든 일이 그렇듯이 프랜차이즈 사업도 장점만 있는 것이 아니다. 개인창업에 의한 자영점포와 비교해볼 때 한쪽이 유리하면 다른 쪽은 상대적으로 불리할 것은 자명하기 때문이다. 최근에 체인점과 관련하여 일어나고 있는 각종 분쟁만 보더라도 단점 역시 무시할 수 없는 형편이다. 따라서 이런 단점이 싫고 프랜차이즈의 장점을 스스로 살릴 수 있다면 개인창업이 더 좋을 수도 있다. 흔히 나타나는 프랜차이즈 사업의 단점은 다음과 같다.

(1) 운영의 묘를 살릴 사업의 독립성과 독자성 부족

프랜차이즈 가맹점사업은 본사의 영업정책에 순응하기로 하고 계약을 맺기 때문에 본사가 승인하지 않은 독자적인 사업아이템이나 상품, 서비스 방식등을 임의적으로 도입하는 것은 거의 불가능하다. 수많은 체인점을 통제해야 하는 본사 입장에서는 당연히 전체 체인점이 하나의 매뉴얼에 따라 일사불란하게 움직이는 것을 원하게 마련이기 때문이다. 따라서 자신이 속한 지역상권의 민감한 변화에 신속하게 대처하지 못할 수도 있다. 자율성과 창의성이 강한 사람은 프랜차이즈 체인의 통제나 강제성에 쉽게 동의하기 힘든 점이 있으므로 영업 노하우를 익혀 자영점포를 창업하는 것이 좋다.

(2) 체인본사에 비해 상대적인 약자

프랜차이즈 가맹점사업은 체인본사가 주도하는 사업아이템에 도입하는 형태를 취하기 때문에 체인점은 상대적으로 약자가 되기 싶고 계약에 의해 보호받는 정도가 고작이다. 거래처 제한이나 독자적인 영업시스템 도입 등이 상대적으로 제한을 받는 것도 이 때문이다. 당연히 본사가 정한 정책이 내키지 않더라도 따라야 하는 경우도 생기게 마련이다. 상대적으로 약자인 체인점이 피해를 보거나 이를 감수해야 하는 경우는 부실하거나 부도덕한 본사가 운영중일 때 더욱 심각하다. 그러나 정상적인 매뉴얼에 따라 운영되는 프랜차이즈라면 이런 문제는 크게 걱정할 게 없다.

(3) 본사의 해체나 도산은 사업실패의 치명적인 요인

사업성을 확신하고 잘 운영되던 본사도 재무상태나 시장변화 등으로 뜻하지 않게 해체되거나 도산하는 경우가 있다. 이는 체인점 입장에서는 치명적일 수밖에 없다. 더 이상 프랜차이즈시스템이 의미가 없어지는 데다 그간 의존하던 상품이나 서비스 공급, 영업 노하우전수 등이 모두 사라지기 때문이다. 말하자면 그 순간 자영점이나 마찬가지가 되고 심지어는 고객에게 망한 브랜드라는 인상까지 심어주게 되어 결정적인 타격을 받는 경우가 많다.

(4) 지속적인 추가지출

프랜차이즈 체인점은 초기 계약 당시 약정한 로열티를 지속적으로 지불하는 동시에 광고비나 체인점 개보수 비용으로 추가적인 비용발생 요인이 생길 수 있다. 전국적인 방송이나 신문광고를 위해 십시일반으로 비용을 각출하기도 한다. 본사의 부당한 지출요구가 문제가 되기도 하고 처음 약속과는 달리 체인점주가 로열티 지불을 거부하는 경우도 있다. 어쨌든 지속적인 추가지출 요인은 본부와 체인점 사이의 갈등요인이 될 가능성이 높다.

이밖에도 프랜차이즈 가맹점사업은 본사가 지정하는 거래처와의 공급루트제한, 부실하고 부도덕한 본사로 인한 피해 가능성, 일부 체인점의 문제가 전체에 영향을 끼칠 수 있는 점 등이 단점으로 지적된다.

이러한 경향은 날이 갈수록 확산될 것으로 예상되는데 점포창업 분야에서 점차 독립점 고유의 영역은 줄어들고 체인점이 활성화되고 있으므로, 예비창업자들은 이러한 현상을 감안하여 독립점보다는 체인점의 영업형태로 창업을 고려해 보는 것이 유리할 것으로 판단된다.

〈표 4-11〉 체인점의 장·단점

장 점	단 점
·체인본부가 상권분석, 인테리어 상품공급, 영업기법, 광고 선전 등 모든 일을 처리해 주므로 초보자는 쉽게 창업을 할 수 있다. ·전국적으로 동일한 브랜드, 인테리어 등의 이미지에서 영업을 하기 때문에 소비자의 신뢰성을 쉽게 확보할 수 있다.	·마진율에서 독립점보다 떨어진다. ·체인본부의 영업지침을 준수해야 하므로 독자적 영업전략을 펼 수 없다. ·체인본부의 파산, 도산 체인점의 폐점 등으로 피해를 입을 수 있다. ·정기적으로 일정한 로열티를 본부에 내야 하므로 적정한 매출이 보장되지 않으면 경영이 어렵다.

〈표 4-12〉 개인창업과 프랜차이즈 창업에 유리한 업종

개인창업		프랜차이즈창업
신발할인매장	액세서리 전문점	피자 전문점
만화 대여점	지갑, 벨트 핸드백 전문점	아이스크림 전문점
치킨 전문점	라면 요리 전문점	햄버거 전문점
PC게임방	판촉물 전문점	치킨 전문점
최신 노래방	공예품, 원목소품, 스탠드 전문점	제과점
의류 할인매장	곱창 전문점	편의점
문구 전문점	커피 전문점	농협식품 전문점
완구 할인매장	주류 전문점과 캔디 전문점	도시락 전문점
보쌈 전문점	튀김 전문점	세탁편의점

화장품 할인매장	24시 편의점	결혼준비 대행업
우동전문점	중화요리 전문점	인쇄사무 편의점
탕요리 전문점	생활용품 할인점	활어회 전문점
과일 전문점	주방용품 할인점	보쌈 전문점
비디오서적대여점	순두부 전문점	안경 전문점
떡볶이 전문점	만두 전문점	생활용품 할인점
생맥주 전문점	배달 전문점	헤어숍
속옷 전문점	건강제품 전문점	간판관리 전문점
김밥 전문점	생갈비 전문점	약국 체인점
손칼국수 전문점	실내 포장마차	
꽃배달 전문점	안경 전문점	
팬시 전문점	보따리 창업	

자료 : 최세규, 이렇게 창업하면 반드시 성공한다. 새로운 사람들, 2000, p. 62.

그러나 독립점과 체인점의 영업형태는 각자 장·단점을 가지고 있기 때문에 예비창업자들은 자기자신의 여건과 상황을 잘 고려하여 가장 적합한 영업형태를 선정하여야 할 것이다.

제 4 절   사업규모의 결정

사업규모의 결정은 사업자의 자금조달 능력이나 업종의 특성 등과 맞물려있는 사안이므로 매운 신중한 판단이 필요하다.

사업규모의 결정문제는 창업성패와 직결된다고 해도 과언이 아니다.

지금까지 숱한 창업실패자들의 경험을 심층 분석해 보면 매출부진, 경영능력부진, 자금부족 등의 외관상 요인 이외에 과다한 사업규모에 기인하는 바가 크다. 그만큼 적정 사업규모의 결정은 창업성공의 주요 요소가 된다.

1

사업규모의 결정요소

창업자가 창업단계에서 사업규모를 결정하는 데 있어서 중요한 역할을 하는 사업규모 결정요소는 크게 나누어 기업적 요소와 경영자적 요소로 나누어 볼 수 있다.

기업적 요소라 하면 기업자체의 성격, 특성 때문에 사업규모 결정상 상당한 제약이 수반되는 요소, 다시 말하면 경쟁사와의 경쟁력제고 측면에서 기본적으로 갖추어야 할 제반 기본 시설요건에 부응하기 위해 일정규모 이상의 투자를 요구받게 되는 경우를 말한다. 이와 같은 기업적 요소에는 ① 여위하고자 하는 업종 및 제품 ② 사업 수행에 필요한 기본 인력 ③ 업계 평균 시설규모 등이 있으며, 이들 요소에 의해 사업규모가 일반적으로 결정된다.

반면 경영자적 요소라 하면 기업적 요소에 비해 다소 사업규모 결정상 신축성이 부여되는 창업자의 능력요소로서 ① 조직 운영능력 및 자질 ② 자금 조달 능력 ③ 기업 환경 적응도 등의 요소를 말한다. 경쟁력이 있는 회사냐, 없는 회사냐의 문제는 바로 이 경영자적 요소에 의해 결정된다고 볼 수 있는 것이다.

이 두 가지 요소의 상회관계를 살펴볼 때 기업적 요소는 어떤 창업기업이든 기존 설립회사와의 경쟁에서 뒤지지 않기 위해 적어도 같은 업종의 기존 회사보다는 더 좋은 시설과 인력을 확보하지 않으면 안 되며, 한 걸음 더 나아가 이들과 경쟁하여 이기기 위해서는 경영자적 능력을 최대한 발휘하지 않으면 안 된다. 경쟁회사와 비교하여 색다른 경영비법을 갖고 경영에 임해야만 경쟁에서 승리할 수 있으며, 경쟁에서 이겨야만 창업을 성공적으로 이끌 수 있는 것이다.

2 사업규모 결정의 과정별 고려사항

사업규모 결정 과정에서 간과해서는 안 될 점은 실제 창업 단계에서 사업규모를 결정하는 과정과 방법을 어떻게 하느냐 하는 점과 제과정별로 고려해야 할 사항에는 어떤 점이 있는지를 알아보는 일이다.

1) 업종에 따른 사업규모

창업과 관련된 사업분야는 산업분류표상 크게 나누어 제조업, 광업, 건설, 운수, 창고, 통신업, 도·소매업, 서비스업 등으로 분류해 볼 수 있다. 이들 업종 중 일반적으로 제조업이 가장 큰 규모를 요구하고 있으며, 소매업과 서비스업은 적은 규모로도 시작할 수 있는 업종이다.

소자본 창업의 경우 주로 소매업이나 서비스 분야의 창업이 많은데 업종에 따라 점포의 면적이나 점포의 입지, 시설 등이 사업의 성패에 중요한 요인이 될 수 있다. 그러므로 업종의 특성을 잘 파악하여 그 업종에 필수적으로 갖추어야 할 조건들의 체크하고 그 규모에 맞는 창업이 필요하다.

이 경우 갖추어야 할 시설규모나 입지 등이 본인의 자금능력으로서 감당할 수 없는 경우에는 무리한 창업을 진행하기보다는 오히려 업종의 변경을 검토하는 것이 유리할 수도 있다.

2) 동업계의 평균 자본규모 파악

경쟁업체를 정확히 분석하여 사업규모를 결정하는 것이 좋다. 창업 후 경쟁력에서 우위를 가지기 위해서는 동업계의 설비현황과 기술력을 평가하여 그에 걸맞는 사업규모의 확정이 필요하다.

창업시 창업자금을 적게 투자하기 위하여 너무 영세한 규모의 사업을 시작하게 된다면 경쟁력에서 열세를 면치 못하게 된다. 그리고 창업 후 이러한 문제를 해결하기 위하여 다시 확장을 하게 된다면 영업에 많은 지장을 초래하게 되고 기존의 영업장 및 설비를 버리고 증개출함으로써 불필요한 지출 요인을 발생시킬 수도 있다.

그러므로 창업준비 과정에서부터 동업계의 규모에 걸맞는 사업규모의 결정이 필요하다.

3) 시설투자 규모 고려

일반적으로 소자본 창업의 경우 자금예산 중에서 시설투자 부문이 차지하는 비중이 절대적으로 크다.

그러므로 사업규모의 결정시 시설투자 규모의 고려가 필요하다. 점포 창업의 경우 시설투자 자금은 시설장치비, 인테리어공사비, 간판설치비, 임차보증금, 점포권리금 등으로 구성되는데 이에 대한 소요자금 계산과 조달능력의 분석이 필요하다. 그리고 유의할 점은 이러한 고정자금은 유동성이 없기 때문에 당초 자금조달 과정에서부터 장기적 운용이 가능한 자기자본이나 장기차입금에 의한 조달이 필요하다.

4) 자금조달 능력고려

사업의 규모는 일반적으로 자금규모와 맞물려 있기 때문에 사업규모의 결정시 우선적으로 창업자의 자금문제를 검토하여야 한다. 한편 사업에 필요한 자금은 시설자금과 운전자금으로 구분이 된다.

시설자금은 사업장을 확보하는 비용과 필요한 시설·집기비품 등의 구입비용이며 운전자금은 사업을 개시한 후 물건을 팔아서 현금이 들어올 때까지 사업 운영에 필요한 비용으로서 초도 상품구입비, 인건비, 제반경비 등이다. 일반적으로 창업자들은 시설자금에 대해서는 어느 정도 근접하게 예상액을 계산한다. 여러 곳에 가격도 알아보고 견적서도 받아서 비교함으로써 적정한 가격으로 시설 리스트를 작성한다. 그러나 운전자금에 대해서는 소요 예산을 소홀히 하는 경우가 많다. 사업을 시자한다고 해서 곧바로 정상매출에 의한 자금회전이 되는 것이 아니다. 창업초기에는 판매시장도 개척해야 되고 상호도 알려야 되며 단골고객도 확보해야 되는 등 정상적인 영업활동이 이루어지기까지 적지 않는 시간이 소요된다. 더구나 고정고객을 확보하기 위하여 외상거래를 하게 되므로 초기에는 자금회전이 더욱 어렵게 된다.

이렇게 영업활동으로 인하여 정상적인 자금유입이 이루어지기까지의 기간 즉, 1회전 운전자금의 기간을 일반적으로 제조업은 3개월, 유통·서비스업등은 1~2개월로 보고 있으나 여러 가지 요인으로 인하여 그 기간이 더 길어질 수도 있다. 그럼에도 불구하고 창업자들은 운전자금 소요기간을 짧게 잡거나 아니면 대충 얼마 정도 필요하리라는 비계획적인 자금계획을 수립하는 경우가 많다.

이 경우 계획에 없는 자금지출은 창업자를 당황하게 만들고 경영에 많은 차질을 가져오게 된다. 그러므로 사업규모의 결정시 투자 및 비용항목을 세부적으로 분석한 자금계획의 수립이 필요하다.

만약 자금여력이 되지 않으면 투자규모를 줄여야 하며, 이러한 방법도 불가능할 경우에는 새로운 아이템을 찾는 방법을 강구하여야 한다.

자금조달규모가 결국은 사업규모를 결정하는 핵심요소이다. 일반적으로 창업 초기에는 계획된 자금소요 보다 초과된 예상치 못한 지출이 따르기 마련이다. 그러므로 현명한 창업자라면 사업규모를 자기자금 조달능력의 1.5분의 1내지 2분의 1 규모로 낮추어 책정하는 요령이 필요하다.

주변의 창업자들을 살펴보면 빠듯한 창업자금, 오히려 적정규모에 모자라는 창업자금으로 사업을 시작하여 고생하는 창업자들을 흔히 볼 수 있다. 창업 초기에는 생각보다 매출이 오르지 않거나, 판매대금의 결제가 지체되어 자금압박이 가속되는 경우가 많다. 이때 자금의 부족현상은 더욱 악화되어 사업에 치명적인 영향을 끼쳐 도산을 가져올 수도 있다. 따라서 성공적인 창업이 되기 위해서는 자기의 자금여력에 맞는 사업규모의 결정이 무엇보다도 중요하다.

3   자본규모별 업종 선택순서

자본규모별 업종 선택 순서는 다음과 같다.

첫째, 자금 조달 능력을 산정한다. 자금조달 능력은 ① 자기자본 ② 가까운 인간관계를 통한 조달 가능액(일종의 소액 사채) ③ 금융기관차입 가능액(담보력, 신용 등을 감안하여 은행과 제2금융기관을 구분 산정)으로 구분하여 산정한다.

둘째, 적정자금 투입범위를 결정한다. 적정자금 투입범위는 사업실패시에 안게 될 부채 부담능력을 기준으로 전술한 자금 조달 능력에 의거 포트폴리오를 구성해 본다. 즉, ① 가계에 전혀 지장을 주지 않는 범위(저축 및 주거용 이외 부동산의 담보) ② 가계에 영향을 주는 범위(주거용 주택의 담보) ③ 타인에 영향을 주는 범위(사채 및 제3자 주거용 이외 부동산 담보 활용) ④ 창업자와 조력자의 공멸을 가져오는 범위(제3자 주거용 담보 활용) 등으로 구별하여 실패할 경우를 대비하여 스스로 책임질 수 있고, 피해를 최소화할 수 있는 선에서 욕심부리지 말고 적정자금 투입규모를 결정한다.

셋째, 적정자금 투입규모가 산정되면, 자본규모(타인자본 포함)에 적합한 업종으로서 자기 경험과 적성에 합당한 업종을 다수 선정한다.

넷째, 예비 선정된 다수의 업종은 업종 선택의 기본순서에서 진술한 바와 같이 각 업종별로 구체적인 정보수집, 검토와 사업타당성 분석을 통해 창업 업종으로 선정하는 것이 바람직하다.

좁은 공간에서도 영위할 수 있는 사업도 있다는 것을 알아야 한다.

제 5 절 기업형태의 결정

개인기업과 법인기업의 비교

예비창업자는 기업을 개인기업으로 창업할 것인지 법인기업으로 창업할 것인지를 먼저 결정해야 한다.

법인기업에는 주식회사, 유한회사, 합자회사, 합명회사 등이 있으나 주식회사가 대부분을 차지하고 있다. 창업자는 개인기업과 법인기업의 장·단점을 비교 평가하여 자기 실정에 맞는 기업형태를 선택해야 하며, 두 유형 간의 차이점과 장·단점을 요약하면 다음과 같다.

1) 개인기업과 법인기업(주식회사)의 차이점

구 분	개인기업	법인기업(주식회사)
적정규모	소·중 규모	중·대 규모
법적근거	업종별 관계법(인·허가)	상법 및 업종별 관계법
성 격	개인	법인
사원(대표자)책임	무한책임	유한책임(출자자본 범위내)
법정출자인원(발기인수)	대표자	발기인 3인 이상
출자금액	금액제한 없음	5천만원 이상
기관	대표자 개인	·의결기관 : 주주총회 ·대표기관 : 대표이사 ·업무집행 : 이사회
법적성립요건	해당업종 관계법에 의한 인·허가 사업자 등록	정관인증 및 창립총회, 법인설립등기, 법인설립신고 및 사업자등록
조직변경	주식회사, 유한회사 등으로 법인 전환 가능	유한회사로 변경가능
기업의 계속성	대표자가 바뀌면 폐업으로 기업의 계속성이 단절됨	주식양도에 의해 기업주가 바뀌어도 계속성이 유지됨

2) 개인기업과 법인기업(주식회사)**의 장·단점**

국내 법인기업 중 주식회사가 전체 법인기업수의 대부분을 차지하므로 여기서는 주식회사와 개인기업 위주로 장·단점을 설명한다.

(1) 개인기업

① 장점

· 창업비용과 창업자금이 비교적 적게 소요되어 소자본을 가진 창업자도 창업이 가능하다.
· 법적 절차가 비교적 간단하여 기업설립이 용이하다.
· 기업이윤 전부를 기업주가 독점할 수 있다.
· 개인기업은 긴밀한 인적조직체이므로 경영방침, 판매정책, 자금운용상의 비밀유지가 가능하다.
· 개인기업의 기업주는 고객 및 종업원과 직접 접할 경우가 많으므로 상호이해하기가 쉽고 효과적인 경영을 할 수 있다.
· 기업활동의 제 정책수립, 집행 등을 자유롭고 신속하게 결정할 수 있다.

② 단점

· 투자 및 차입규모가 클 경우 자본조달 능력상 한계가 있다.
· 기업주의 개인신상에 사고가 발생한 경우 폐업 또는 기업운영상 직접적인 영향을 미쳐 영속성이 결여된다.
· 기업주가 기업경영상 발생하는 모든 부채와 손실을 전액 부담해야 할 무한한 책임이 있다.
· 기업규모가 커지면 법인전환 등의 부수적인 절차가 필요하다.
· 기업주가 경영상의 제 문제, 생산, 판매, 자금조달, 인사관리 등 경영전반에 걸쳐 만능일 수 없기 때문에 이로 인한 경영능력의 한계가 있다.
· 법인담세율은 16~28%이나 개인은 10~40%로 납세상 불리한 점이 있다.

(2) 법인기법(주식회사)

① 장점

- 발기인 3명 이상의 출자로 회사가 설립되므로 설립시 자본조달이 용이하고 대자본 형성이 쉽다.
- 설립 후에도 일반대중으로부터 소액자금을 모집하여 대자본을 형성할 수 있다.
- 주주의 재산과 회사의 재산이 명백히 구분되므로 회사 도산시에도 출자금액 범위내에서 법적 책임을 진다.
- 전문경영인에 의한 전문경영이 가능하므로 소유와 경영의 분리가 가능하다.
- 주식의 양도가 가능하여 추가 주식매입 및 매각에 의해 출자액을 증감시킬 수 있다.
- 법인에 대한 공신력이 높아 매출, 직원채용 등 영업상 유리한 점이 많다.
- 증권거래소 상장 등 기업의 대중화 및 거대화가 가능하다.

② 단점

- 기업이윤이 주주의 출자자본에 따라 배당되므로 대표자의 이윤이 줄어든다.
- 경영의사결정체계가 주주총회-이사회-대표이사로 복잡하여 신속한 의사결정이 어렵다.
- 정관작성, 발기인구성, 창립총회, 법인설립신고 등 설립절차가 복잡하다.
- 대표이사의 무한책임 경영이 여타 주주에 큰 피해를 줄 수 있다.
- 주주상호간의 이해관계 대립시 마찰의 소지가 있고 경영공백이 우려된다.

2 개인기업과 법인기업의 선택기준

　기업형태를 결정하기 위해서 창업자는 여러 가지 기업환경과 경영능력 그리고 개인기업과 법인기업의 장·단점을 비교·평가하여 자기 실정에 맞는 기업형태의 선택이 필요할 것이다. 특히, 창업자는 자기가 경영하려고 하는 사업의 소득규모가 어느 정도 될지, 얼마 후에 누적결손을 보전하고 이익실현이 가능한지를 판단하여 기업형태의 결정기준으로 삼아야 할 것이다. 따라서 회사설립 당시부터 이런 점이 종합적으로 검토되어 기업형태를 결정하는 것이 현명하다.

　특수한 사정이 없는 경우에는 양 제도를 비교·평가하여 이득이 큰 쪽을 선택하는 것이 바람직할 것이다. 즉, 창업자의 입장에서 어느 쪽이 절세효과가 더 큰지를 비교·평가함으로써 개인기업과 법인기업 선택의 기준을 삼는 것이 타당하다.

　도·소매업의 소규모 창업은 대개 개인기업의 형태이나 참고적으로 최근의 기업설립형태를 보면 법인설립이 점차 늘어나고 있는 추세이다. 요즈음의 기업수준을 보아 아무리 영세산 소규모 도·소매업이라 하더라도 연간소득이 3~4천만원 이하인 경우는 드물기 때문에 법인, 즉 주식회사 형태가 절세 효과가 높다. 또한 창업시 개인기업으로 설립하였다 하더라도 규모가 조금 커지면 법인전환 등의 복잡한 절차를 밟음으로써 새삼스럽게 복잡한 절차가 필요할 뿐만 아니라, 비용도 추가로 들기 때문에 처음부터 법인으로 출발하는 것이 유행처럼 되어가고 있는 것이다.

제6절 상권분석

　상권(trading area)이란 대부분의 고객이 흡입되는 지리적 범위를 말한다. 즉 상권이란 당해 점포를 이용하는 고객과 잠재고객이 존재하는 지리적 영역을 말한다. 한 점포가 고객을 유인할 수 있는 지역범위로서 당 점포에 주로 오는 손님이 어느 지리적 범위에 거주하고(일하고)있느냐 하는 것이다. 예를 들어, 동네 식료품의 상권은 그 식료품점을 이용하는 고객들의 거주지역이다. 한편 서울 시내에 있는 대형 백화점을 이용하는 고객이 서울시 전역과 인근도시에서 온다고 볼 때 이 백화점의 상권은 서울시 및 인근도시이다. 또 특정상업집단(상점가나 쇼핑센터 등)의 상업세력이 미치는 범위를 상세권이라고 한다.

　한편 입지(location)란 점포가 위치한 곳이 장사하기에 어떤 여건이냐 하는 것으로 입지는 고정적인 개념으로 유동적인 개념의 상권과 구별된다.

　가끔 용어의 의미를 혼동하기도 하는 상권과 입지는 밀접한 관계를 가지고 있다. 상권이 숲에 비유되는 거시적인 뜻이라면 입지는 나무를 나타내는 미시적 개념이라 할 수 있다.

　상권이란 잠재고객이 어느 지역범위에 거주 또는 분포되어 있느냐 하는 개념으로 유동적인 반면, 입지는 사업장의 위치 선정(location)의 문제로서 사업장의 위치한 곳이 사업을 영위함에 있어 어떤 여건에 있느냐 하는 것을 의미한다. 입지는 한번 정해지면 일정기간 동안 고정되는 성격이 있기 때문에 신중을 기해야 한다. 입지선정이란 실제영업장소를 선정하는 행위를 말한다.

일반적으로 업종선정과 입지선정에 대한 우선순위를 논하는 것과 같이 상권과 입지는 밀접한 관계가 있으며 그만큼 상권이나 입지는 소비자와의 직접적 대면성이 강한 시장형 창업에 있어 중요한 것이다.

상권은 판촉활동이나 판매된 상품의 배송문제 등을 고려하여 결정되며 그렇게 결정된 상권이 그 점포의 판매 대상지역이 되는 것이다. 상권에 대한 정확한 분석의 필요성은 다음과 같다.

① 매출이 상권의 크기와 세력에 따라 직접적인 영향을 받기 때문이다.
② 상권의 크기에 따라 판매예상액 추정을 할 수 있기 때문이다.
③ 구체적인 영업전략 전개시 상권분석 결과가 필요하기 때문이다. 예를 들어, 광고 전단의 배포범위를 어디까지로 할 것인가 등이다.
④ 상권이 인식되어야 구체적인 입지전략을 전개할 수 있으며 입지선정 이전에 해당 상권이 어떤가를 이해해야 구체적인 경영전략을 수립할 수 있기 때문이다.
⑤ 상권의 규모정도와 변화는 권리금 형성에 커다란 영향을 준다. 따라서 점포의 입지선정을 하기 전에 목표상권을 제대로 잡는 것은 사업의 요체라 할 수 있는 것이다. 즉 준비단계에서부터 정확한 상권분석 후 입지선정을 해야 실패확률을 줄일 수 있다. 특히 소자본 사업분야에서 점포위치는 사업성패를 좌우할 정도로 중요한 몫을 차지한다.

3 상권의 분류(유형)

1) 지리적 구분에 의한 상권

점포의 상권의 지리적 구분에 따라 1차상권(primary trading area), 2차상권(secondary trading area), 한계상권(fringe trading area)으로 구성된다([그림 4-1] 참조).

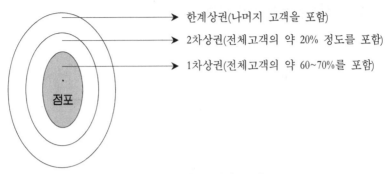

한계상권(나머지 고객을 포함)

2차상권(전체고객의 약 20% 정도를 포함)

1차상권(전체고객의 약 60~70%를 포함)

점포

〔그림 4-1〕 상권의 구성요소

1차상권은 전체 점포이용고객의 60~70%를 흡인하는 지역범위이다. 1차상권은 점포에서 가장 가까운 지역들을 포함하며, 전체상권 내에서 자사점포 이용고객들이 가장 밀집되어 있기 때문에 고객 1인당 매출액이 가장 높다. 2차상권은 1차상권의 외곽에 위치하며, 전체 점포이용고객의 20~25%를 흡인(포함)하는 지역범위이다. 2차상권 내의 고객은 1차상권의 고객들과 비교할 때 지역적으로 넓게 분산되어 있다. 한계상권은 2차상권 외곽을 둘러싼 지역범위를 말하며, 1차상권 및 2차상권과 비교할 때 고객의 수와 이들의 구매빈도가 적기 때문에 점포매출에서 차지하는 비중이 낮다.

2) 계층적 구분에 의한 상권

계층적 구분에 의한 상권은 그 구성밀도에 따라 지역상권, 지구상권으로 구분되고 있다. 즉, 넓은 범위의 지역상권(General trading area)과 이보다 소규모 지역을 의미하는 지구상권(District trading area) 그리고 점포의 입지상권으로 구분된다.

지역상권은 도시의 행정구역과 일치하는 개념으로 하나의 지역상권은 여러 개의 지구상권을 포함하고 있다. 그리고 지구상권은 개별점포들이 위치하는 점포 입지상권으로 구성되어 있다. 그리고 지구상권내에 있는 특정 점포가 입지하고 있는 주변은 점포 입지상권이 되는 것이다.

3) 편의품과 선매품의 상권

경험적으로 편의품 취급점포의 1차상권은 걸어서 올 수 있는 거리고 약 500m 이내, 2차상권은 1,000m 이내, 그 이외의 곳은 3차상권으로 보고 있다.

이에 대해 선매품 취급점포의 경우는 버스, 택시 또는 지하철 등으로 30분 거리 이내의 범위를 1차상권, 30분~1시간 거리를 2차상권, 그 이상을 3차상권으로 보는 경우가 많다.

그러나 이러한 기준은 어디까지나 경험에 의한 평균적인 것으로 가령 편의품 취급점포의 상권인 경우 거리는 711m~800m 밖에 되지 않더라도 그 안에 철도, 하천, 간선도로 또는 거대한 건물 등이 있는 곳이라면 상권은 거기서 차단되고 말기 때문에 단순히 500m 이내라던가 1,000m 이내라고 해서 상권을 설정하는 것은 위험하다.

그와 마찬가지로 선매품 취급점포의 상권에 관해서도 가령 버스로 30분 거리밖에 안되는 곳이지만 버스의 운행횟수가 하루에 3~4회 밖에 안되는 경우는, 그보다 거리가 멀더라도 버스 운행횟수가 많아 교통편이 좋은 곳의 상점으로 고객이 유출되기 때문에 이런 요소들을 자세히 살펴서 상권을 결정해야 한다.

4) 고객지지율에 의한 상권

소매업의 상권은 고객의 지지율에 의해서 1차상권, 2차상권, 3차상권으로 구분하는 방법도 있다. 이 구분도 명확한 기준이 있는 것은 아니며 대체로 자기점포의 매출액 또는 고객수의 60~70%를 점하는 고객이 거주하는 범위를 1차상권, 그 외곽지역으로 자기점포 매출액 또는 고객수의 20~25%를 점하는 고객이 거주하는 범위를 2차상권, 그 이외의 곳을 3차상권으로 설정하는 경우가 많다.

또, 상가 등의 상세권을 파악할 때에는 1차상권을 당해 지구의 소비수요의 30% 이상을 흡인하고 있는 지역으로, 2차상권은 5% 이상을 흡인하고 있는 지역, 3차상권은 5% 미만을 흡인하고 있는 지역을 말하는 때도 있다.

5) 지구특성별 구분에 따른 상권

일반적으로 도시의 성격을 공업도시 또는 소비도시 등으로 구분하지만, 그러한 도시적 특성이 있다 하더라도 도시내에서는 번화가, 주택가, 학교 주변가 등의 지구특성별로 상권이 나눠지고 있다.

이와 같이 지구특성별 구분에 따른 상권은 다음과 같이 구분할 수 있으며 아울러 적합한 업종을 열거해 본다.

(1) 아파트단지 상권

아파트단지의 상권은 기본적으로 주택가와 동일하다고 보면 된다. 따라서 생활필수품을 비롯해서 일상생활과 밀착된 업종을 선택하는 것이 좋다. 한우전문점, 비디오 편의점, 제과점, 세탁방 등이 그렇다.

통상 아파트 규모는 2천 세대가 넘으면 최고의 조건으로 꼽으며, 500세대 이상이면 생활편의점 등을 할 수 있다.

그러나 주의할 점은 아파트단지 상가의 경우, 대형 쇼핑센터에서도 줄곧 눈독을 들이는 상권이니 만큼, 주변에 백화점이나 대형 쇼핑센터가 있는지, 혹은 위협이 될 만한 상가가 인접해 있지는 않은지 확인해야 한다. 다만, 비디오 대여점이나 쌀가게, 한우 전문점 구태여 멀리 나가서 사지 않아도 될 품목을 다루는 업종은 비교적 안전하다.

(2) 역세상권

역세권이란 지하철역이나 기차역 등이 상권에 지대한 영향을 미치는 지역을 말한다. 일반적으로 교통의 요지인 탓에 통행인구수가 많아서 입지적으로 유리하다.

물론 역의 성격에 따라 다르기는 하지만, 대체로 역세상권은 장사가 잘 되는 편이다. 간편한 음식점이나 판매점 등이 어울린다. 특히 신세대가 많이 유입되는 상권의 역세권이라면 팬시점, 스티커 전문점, 미니 구두점 등 다양한 업종을 할 수 있을 것이다. 역세상권 중에서도 가장 좋은 곳은 사거리나 삼거리가 옆에 있는 주통행지이다. 그러면서 역으로부터 손님을 유입할 수 있는 다른 조건이 마련되어 있으면 더할 나위 없이 좋다. 즉, 주택가로 들어서는 진입지라든가 백화점으로 가는 길목 등지가 그러한 조건에 해당된다.

(3) 재래시장

재래시장의 이용층은 주변에 거주하는 인구이다. 생필품의 공급과 수요가 기본적으로 거주지를 중심으로 300m 이내에서 가장 활발하게 이루어지기 때문이다. 한국 사람의 90% 이상은 거주지 주변의 재래시장을 통해 생필품을 공급받고 있다고 한다. 따라서 재래시장은 유동인구가 구매와 연결되는 정도가 매우 높다.

▶ 적합업종

음식관련	중저가 횟집 \ 족발 전문점 \ 치킨점 \ 분식점 \ 만두 전문점 \ 베이커리 \ 떡집 \ 호프집
도소매 관련	유기농산물 전문점 \ 즉석식품 전문점 \ 정육점 \ 냉장과일 전문점
서비스 관련	생선 전문점 \ 유제품 전문점 \ 반찬 전문점 \ 생활용품 \ 할인매장 \ 지물포 \ 문구점 \ 서점 \ 화장품 \ 귀금속 전문점 \ 꽃가게 \ 편의점 \ 노브랜드 의류점 \ 언더웨어점 \ 중고용품전문점 \ 사진관
기 타	클리닝 센터 \ 부동산 \ 약국 \ 미용실 \ 비디오 대여점 \ 컴퓨터 게임장 \ 만화 대여점

외국의 경우에는 대형 수퍼마켓이 우리 나라의 시장기능을 대신하고 있으나 우리는 오래 전부터 자연스럽게 형성된 지역생필품 시장인 소규모의 지역 중심 시장이 전국 곳곳에 수를 헤아릴 수 없을 만큼 많이 분포되어 있다.

(4) 초중고교 앞 상권

10대를 대상으로 하는 장사는 불황을 타지 않는다는 말이 있다. 그들은 대체로 부모로부터 용돈을 타서 쓰기 때문에, 불황에도 소비위축 현상이 가장 낮게 나타난다. 어른들은 소득감소나 실직 등으로 아무래도 소비심리가 위축되게 마련이지만, 그렇다고 해서 아이들의 용돈까지 줄이는 부모는 많지 않기 때문이다.

학교 앞 상권은 판매대상이 고정되어 있고 구매단위 역시 일정하기 때문에 학생들의 소비성향과 취향을 고려한 마케팅이 필요하다. 학생들의 소비성향에 있어서 가장 큰 특징은 구매반복성이 강하다는 점이다. 마음에 드는 상품이 있을 경우 처음에는 호기심에 한 번 구매하지만 나중에는 비슷한 종류의 상품들을 수집하는 반복적인 구매로 이어지게 된다. 또한 친구가 사면 나도 산다는 식의 동반심리가 강하므로, 한 개의 매출이 몇 곱의 매출을 불러들일 수도 있다. 감각적으로 예민한 청소년들은 연예인에 약하므로 이를 이용한 마케팅도 큰 효과를 거둘 수 있다.

▶ 적합업종

음식 관련	라면 전문점 \ 떡볶이 전문점 \ 종합분식점 \ 김밥 전문점 \ 와플 전문점
도소매 관련	문구점 \ 멀티팬시점 \ 교복 전문점 \ 서점 \ 편의점 \ 안경점
서비스 관련	학원 \ 미용실(여중고) \ 사진관 \ 독서실
기 타	인터넷PC방 \ 만화 대여점 \ 컴퓨터 게임장 \ 당구장 \ 포켓볼 \ 스티커 포토샵

(5) 오피스 상권의 특성

사무실 밀집지역은 주로 직장인을 대상으로 하기 때문에 직장인들의 점심 및 저녁 술자리를 제공하는 외식업종이 60% 이상을 점유한다. 대체로 중식에 의존하는 형태와 석식과 함께 술을 파는 형태, 2~3차까지 가는 손님을 위한 서비스 업종으로 나누어 볼 수 있다.

주로 직장단위의 회식 손님이 많고 각박한 도시생활에 시달리다 보니

시골의 정감을 불러일으키는 외식 아이템을 선호하는 추세가 강하다.

오피스 상권은 직장인의 특성에 맞는 업종선택이 중요하다. 예를 들어 아침식사를 못한 직장인들을 대상으로 하는 토스트 전문점 등이 각광을 받고 있으며, 도시락 전문점이나, 부대찌개 전문점 등이 각광을 받고 있으며, 도시락 전문점이나, 부대찌개 전문점 등도 유망하다.

예전에는 가격보다도 독특한 맛과 친절한 서비스가 단골확보의 포인트였으나 현 상황에서는 가격의 비중도 매우 크다는 사실을 잊지 말아야 한다. 주말과 휴일에는 매상이 거의 없다는 사실도 인지해야 한다.

▶ **적합업종**

음식 관련	골뱅이 전문 호프집\순댓국 전문점\설렁탕 전문점\보신탕 전문점\삼계탕집\생고기 전문점\삼겹살집\캐주얼 횟집\김밥 전문점\도시락 전문점\쌈밥 전문점\라면 전문점\부대찌개 전문점\일식집\도시락 이동판매\중국집\치킨 호프집\종합분식점\막걸리 전문점\빈대떡 전문점
도소매 관련	문구점\꽃가게\화장품\안경점
서비스관련	사우나\사설 우체부\카센터\찻집
기 타	당구장\월셋방 임대사업\소호족을 위한 미니 사무실

(6) 대학 상권

대학은 여름과 겨울방학이 길기 때문에 여타 상권에 비해 비수기가 길다는 것이 가장 큰 특징이다. 이 시기에는 거의 매출이 일어나지 않으므로 대학상권에서 창업을 하려면 인건비가 많이 투입되는 업종은 피하는 것이 좋다.

성수기는 3월과 9월로 새학기가 시작될 때이다. 요즈음 신세대들은 기념일 지키는 것을 중요시하므로 특별한 날, 즉 발렌타인 데이나 화이트 데이, 크리스마스, 입학과 졸업식 등의 날에 많은 매출을 올릴 수 있는 업종이라면 성공지수가 높다.

사업방식은 저가의 박리다매 형식이어야 한다. 또 외상을 요구하는 경우가 많은데 관리를 잘못하면 단골 손님마저도 놓치는 결과를 가져올 수 있으므로 현명하게 대처해야 한다.

학교 앞 상권은 판매대상이 고정되어 있고 구매단위 역시 일정하기 때문에 학생들의 소비성향과 취향을 고려한 업종선택과 마케팅이 필요하다.

▶ **적합업종**

음식 관련	치킨호프 \ 소주방 \ 베이커리방 \ 직영편의점 \ 김밥 전문점 \ 호프집 \ 종합분식점 \ 중국집 \ 막걸리 전문점 \ 라면전문점 \ 주점
도소매 관련	서점 \ 문구점 \ 멀티팬시점 \ 편의점 \ 꽃가게 \ 안경점
서비스 관련	클리닝 센터 \ 복사 전문점 \ 워드 대행업 \ 미용실 \ 사진관 \ 월세방 임대사업 \ 포켓볼 \ 당구장 \ 사격장 \ 인터넷PC방
기 타	스티커 포토샵 \ 화상미팅 커피점 \ 사주관상 커피점 \ 노래방 \ 비디오방 \ 사이버 만화텔 \ 소호족을 위한 미니 오피스텔 사업

(7) 학원가 상권

학원가에서 가장 잘 되는 업종은 뭐니뭐니 해도 먹는 장사다. 그 중에서도 분식점, 패스트푸드점, 제과점, 치킨점 등이 호황을 누리고 있다. 이밖에 재수생들이나 학원생들이 잠시 휴식을 취할 수 있는 신세대 만화방, 인터넷 게임방 등도 인기업종이며, 서점, 문구점, 복사집, 헌책방 등도 무난한 업종이다.

(8) 건물 지하상가 상권

건물 지하상가는 건물 자체의 상주인구에 대한 의존도가 매우 높다. 분명한 목적이 있는 사람 외에는 이곳을 찾지 않기 때문이다. 유동인구가 들어오는 것도 쉽지 않으며, 옆 건물의 고객이 찾아오는 비율 역시 낮다고 보아야 한다.

▶ 적합업종

음식 관련	순대국 전문점\배달전문점 김밥집\배달전문 종합분식\쌈밥 전문점\삼계탕\중국집\골뱅이 호프집\치킨호프
도소매 관련	슈퍼형 문구점\화장품 할인점
서비스 관련	세탁소\단란주점\당구장
기　　타	노래방\비디오 대여점

따라서 업종이 극히 제한적일 수밖에 없으므로 건물의 성격을 잘 파악하여 업종과 사업방식을 정해야 한다.

(9) 도심권 상권

도심권은 근처의 직장인뿐만 아니라 도처에서 젊은이들이 모여들어 다양한 연령층을 이루고 있다. 다양한 만큼 타깃을 정해서 전문점을 하면 성공한다. 또한 분식점이나 전문음식점도 가능하며, 단가가 높은 고급품도 괜찮다. 약속장소로 이용되는 커피숍도 무난하다. 특히 이곳은 어떤 업종이든 가능하지만 투자비 차이가 두드러지므로 투자대비 수익률을 따져서 정하는 것이 좋다.

(10) 기타 상권

▶ 기타 상권지구별특성

구　분	상 권 특 성
쇼핑타운형 상권	인위적인 고객유인 노력필요, 저가 전략 구사와 다양한 상품 구색 필수
교 외 형 상권	자유 입지로서 경쟁 없고 임대료 저렴, 승용차 고객 유인이 관건
휴게소형 및 휴양지형 상권	휴게소 또는 레저 휴양시설이 있는 지역, 특색있는 상품 제공이 중요
특수형 상권	열차내, 선박내, 골프장내, 박람회장, 전시장내 등

자료 : 조규호, 작은 부자들, 1997, 재가공.

상권분석기법

상권분석은 입지조건 분석 이전에 그 상권 전체가 죽은 상권인지 번성하는 상권인지 등을 파악하는 것이다. 즉 상권분석이란 상권을 구성하는 요소들을 하나하나 대상 지역에 적용시켜 어느 정도의 구매력과 특성을 가진 상권인지 즉, 상권규모를 분석하는 것이다.

신규점포의 상권규모를 측정하는 데 이용될 수 있는 여러 가지 이론적 방법들은 크게 기술적 방법(descriptive method), 규범적 모형(normative model) 그리고 공간적 상호작용모형으로 나눌 수 있다.[3]

그러나 이러한 이론적 상권분석기법은 전문가가 아니면 어려운 작업이나 일반인들도 쉽게 활용하기 쉬운 약식 상권분석 단계도에 의한 실무적 분석 방법도 있으며[4], 업종과 규모에 따라 필요한 실제 자료를 활용해서 상권을 설정하고 상권을 조사하는 각종 실무적 방법이 활용되고 있다.[5]

1) 기술적 방법(descriptive method)에 의한 상권분석

신규점포의 상권분석은 체크리스트(checklist)방법이나 유추법(analog method)과 같은 기술적 조사방법에 의해 추정될 수 있다.

(1) 체크리스트(Checklist) 방법

Checklist 방법은 상권의 규모에 영향을 미치는 요인들을 수집하여 이들에 대한 평가를 통해 시장잠재력을 측정한다. 상권의 범위에 영향을 미치는 요인들은 매우 많으나 크게 상권내의 제반 입지특성, 상권고객특성, 상권경쟁구조로 나누어진다. 기업은 이들에 관한 정보를 수집하여 상권의 시장잠재력을 평가한다.

첫째, 상권내의 제반 입지특성에 대한 평가가 이루어져야 한다.

---

3) 안광호·조재운, 유통관리원론, 학현사, 2000, p.120
4) 신용하외2인, 창업벤처 입문, 남양문화사, 2000, p.184
5) 박주관, 실전상권분속, 21세기 북스, 2000, p.67

수집·분석되어야 할 주요 입지특성들의 일부를 요약하면 다음과 같다.
· 상권내의 행정구역 상황 및 행정구역별 인구통계특성
· 상권내 지역경계특성(강, 하천, 산, 구름 등)
· 상권내 도로 및 교통특성(도로, 대중교통노선, 통행량, 주차시설, 상권
  으로의 접근용이성 등)
· 상권내 도시계획 및 법·행정적 특기사항
· 상권내 산업구조 및 소매시설현황 및 변화패턴
· 상권내 대형건축물, 인구 및 교통유발 시설

이러한 제반 입지특성들은 기회요인과 위협요인으로 구분하여 분석되어
야하며, 분석결과는 추후 마케팅전략수립의 기초자료가 된다. 이러한 입지
특성 분석결과를 토대로 전체목표상권은 다시 몇 개의 세분상권으로 분할
될 필요가 있다.

둘째, 상권내의 입지특성에 대한 분석과 함께 상권내 고객들의 특성에 대한 분
석도 이루어져야 한다.
점포이용고객은 크게 세 가지 유형으로 분류되는데 세 가지 고객유형의
비율이 어떠하며 각 유형별 특성은 어떠한지를 분석해야 한다.
· 배후상권고객 : 목표상권의 지역경계내에 주거하는 가구
· 직장(학교)고객 : 점포주변에 근무하는 직장인(학생)고객
· 유동고객 : 기타의 목적으로 점포 주변을 왕래하는 유동인구 중에서
  흡인되는 고객

일반적으로 번화가에 위치한 점포일수록 직장고객 및 유동고객의 매출
공헌도가 높으며 외곽지역에 위치한 점포일수록 배후상권 고객비율이 높
다.
서울지역 도심백화점의 경우 직장고객 및 유동고객의 비율이 25~40%
정도나 되며 지역백화점의 경우는 그 비율이 대략 15~30% 정도이다. 중요
한 것은 이러한 세 가지 고객유형별로 제반 쇼핑패턴이 크게 달라지므로

전략수립시 유의하여 분석해야 한다.

 더구나 이러한 고객 특성분석은 우리점포의 상권고객만을 대상으로 이루어져서는 안되며 타상권 고객과의 상대적인 비교분석이 가능해야 한다. 즉 우리 상권고객이 그 도시전체 주민의 평균적인 특성과 어떤 차이가 있는지를 분석해야 한다. 그러한 상대적인 비교분석이 이루어져야 비로소 우리점포의 효과적인 차별화전략을 수립할 수 있기 때문이다.

 셋째, 상권입지특성 및 상권고객특성에 대한 분석과 함께 상권경쟁구조에 대한 분석도 하여야 한다. 기업은 특정지역에 위치할 점포의 상권경쟁구조를 분석할 때, 단순히 주변의 경쟁점포들을 분석하는 것으로 그치는 것이 일반적이다. 그러나 경쟁은 관점에 따라 다양하게 정의될 수 있기 때문에 점포의 경쟁분석시 다음과 같은 여러 측면의 경쟁분석이 이루어져야 한다.
 · 위계별 경쟁구조 분석
 · 업태별/업태내 경쟁구조 분석
 · 잠재 경쟁구조 분석
 · 경쟁/보완관계 분석

 점포의 경쟁분석시 상권의 계층적 구조를 파악하여 동일위계상에 위치한 점포들만을 경쟁자로 파악할 것이 아니라 다른 위계상의 점포들도 잠재경쟁자로 고려하는 시장경쟁분석을 해야 할 것이다.

 동종업태내 점포들뿐만 아니라 다른 업태의 점포들도 경쟁분석에 고려하여야 한다. 예를 들어 백화점간에 서로 경쟁하는 것은 당연하지만, 서로 다른 소매업태간의 경쟁도 분석되어야 한다. 즉 해당 백화점의 경쟁분석시 주변 백화점과의 경쟁관계도 분석되어야 하나 (업태나 경쟁) 타업태인 GMS, 할인점, 슈퍼마켓, 대형전문점 등과의 경쟁관계도 분석되어야 한다 (업태별 경쟁).

 한편 예비창업자는 기존의 경쟁업체들은 물론 앞으로 그 상권내에 진입가능한 잠재경쟁자들에 대한 분석도 이루어져야 한다. 마지막으로 경쟁분석에서 고려해야 하는 것은 경쟁/보완관계 분석이다. 서로 주변에 위치한 동종 소매점들간에는 주로 경쟁관계만을 의식하는 것이 일반적이나 최소한 도보거리에 서로 근접한 동종 점포간에는 경쟁관계와 보완관계가 공존한다. 이 경우 특히 상대적 소형점의 관리자는 상대적 대형점과의 경쟁대비 보완관계의 구조가 어떠한가를 면밀히 분석하고 이를 통한 전략을 강구할 수 있다.

(2) 유추법(Analog Method)

새로운 점포가 위치할 지역의 상권규모를 예측하는 데 많은 활용되는 방법들 중의 하나가 Applebaum이 개발한 유추법(analog method)이다. 유추법은 자사의 신규점포와 특성이 비슷한 유사점포를 선정하여 그 점포의 상권범위를 추정한 결과를 자사점포의 신규입지에서의 매출액(상권규모)을 측정하는데 이용하는 방법이다.

유추법에 의한 상권규모의 측정은 CTS(customer spotting) map의 기법을 이용하여 이루어진다. CTS기법은 자사점포를 이용하는 고객들의 거주지를 지도상에 표시한 후 자사점포를 중심으로 서로 다른 거리의 동심원을 그림으로써 자사점포의 상권규모를 시각적으로 파악할 수 있는 방법이다.

Applebaum의 유추법은 신규점포에 대한 상권분석뿐만 아니라 기존점포의 상권분석에도 적용될 수 있다는 점에서 상권분석에 자주 활용되는 분석기법이다.

Applebaum의 유추법에서는 다음 절차에 따라 상권분석이 이루어진다.

a. 자사점포와 점포특성, 고객의 쇼핑패턴, 고객의 사회경제적 및 인구통계적 특성에서 유사한 기존점포(analog store)를 선정한다.

b. 기존의 유사점포의 상권범위(trade area boundary)를 결정한다. 상권범위는 점포가 유인할 수 있는 전체고객의 75% 내지 80%를 포함하는 구역을 말한다. 유사점포의 상권규모는 유사점포를 이용하는 소비자와의 편접이나 실사(survey)를 통하여 수집된 자료(거주지주소, 인구통계적 특성, 소비관습 등)를 토대로 CTS(customer spotting) map을 통하여 추정된다.

c. 전체상권을 단위거리(예를 들어 반경 2km내, 4km내 등)에 따라 소규모zone들로 나누고, 각zone내에서 유사점포가 벌어들이는 매출액을 그 zone내의 인구수로 나누어 각zone에서의 1인당 매출액을 구한다.

d. 자사점포가 입지하려는 지역의 상권크기 및 특성이 유사점포의 상권과 동일하다고 가정하고, 예정상권입지내 각 zone의 인구수에다 c번에서 계산된 그 zone에서의 예상매출액을 합하여 얻어진다.

e. 구해진 예측치는 신규점포가 위치할 상권의 입지특성 및 경쟁수준을 고려하여 조정된다.

유추법은 실제의 소비자 쇼핑패턴을 반영하여 적용하기 쉽다는 이점이 있다. 이 방법은 조사자의 계량적 경험과 주관적 판단을 함께 필요로 한다. 유사점포의 선정 및 유사점포와 신규점포간의 매출액 차이를 추정매출액에 반영하는 과정에 조사자의 상당한 판단이 요구된다. 분석자는 하나 이상의 유사점포를 매출액 추정에 이용함으로써 이러한 문제점을 극복할 수 있다. 즉, 각 유사점포로부터 얻어진 자료를 토대로 신규점포의 예상매

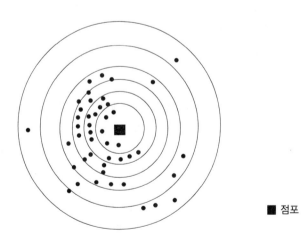

■ 점포

[그림 4-2] CST(customer spotting) map의 예

출액을 추정한 다음, 추정된 매출액들의 평균값을 신규점포의 예상매출액
으로 할 수 있을 것이다.

2) 규범적 모형(Normative Model)

많은 연구자들이 특정 지역시장내에서 가장 많은 고객을 끌어들일 수
있는 이상적인 점포입지를 결정하기 위한 규범적 모형을 개발하였으며, 초
기의 상권분석모형은 규범적 모형이 주류를 이루었다. 많은 규범적 모형들
중에 Christaller의 중심지이론(central place theory)과 Reilly의 소매중력법칙(law
of retail gravitation)이 대표적인 모형이다.

(1) 중심지이론(Central Place Theory)

중심지이론의 창시자는 독일의 Christaller로서 1930년대에 개발된 그의
중심지이론은 그후 한 지역내에서의 취락들간의 공간구조 및 상권구조를
연구하는 데 있어 기초이론을 제공하였다. Christaller의 중심지이론에 의하
면 상업중심지(점포)로부터 중심기능 또는 상업서비스 기능을 제공받을 수
있는 가장 이상적인 배후상권의 모양은 정육각형이며, 정육각형의 형상을
가진 상권은 중심지기능의 최대도달거리(range)와 최소수요 충족거리(threshold
size)가 일치하는 공간구조이다.

Christaller는 상업중심지(점포)의 최대도달거리가 최소한의 이익을 보장하
는 최소수요 충족거리보다 커야 한 지역내에 상업시설이 입지할 수 있닥
주장하였다. 만약 상권중심지가 한 지역내에서 단 하나 존재한다면 가장
이상적인 배후상권의 형상은 원형일 것이며, 원형의 상권은 최소수요 충족
거리와 최대도달거리를 모두 만족시키는 형상일 것이다. 만약 중심지의 상
권 규모가 최소수요 충족거리보다 크다면 중심지의 상업시설은 이윤을 얻
게 되는데, 이 경우 상업중심지의 최대도달거리에서 최소한의 수요를 충족
시키는 거리를 뺀 부분이 초과이윤을 실현시키는 배후지공간이 될 것이다.
그러나 한 지역내에 초과이윤이 발생되는 배후상권지역이 존재하게 되면
새로운 상업중심지가 추가로 지역공간상에 입지함으로써 초과이윤지역을

잠식할 것이다. 이 경우 동일 상권범위내에서 서로 다른 중심지들간에 고객확보를 위한 시장경쟁이 발생하게 된다. 이 때 각 상업중심지로부터도 상업서비스를 제공받지 못하는 지역이 존재하거나 혹은 이 지역을 확보하기 위한 경쟁이 발생되어 배후지가 부분적으로 중첩되는 매우 불안정한 상권이 형성될 것이다.

(2) Reilly의 소매인력법칙(Law of Retail Gravitation)

소비자의 쇼핑행동을 고려한 Reilly의 소매인력법칙은 개별 점포의 상권경계보다는 이웃 도시(지역)들 간의 상권경계를 결정하는 데 주로 이용된다. 즉 도시 (지역)간의 구매선택에 관한 상권 경계선 산출에 유용한 분석모델이다.

라일리의 소매인력이론은 소비자들의 구매이동 행위가 점포까지의 거리보다는 점포가 보유하는 흡인력(retailing gravity)에 의해 결정된다는 것이다. 서로 어느 정도 거리가 떨어진 경합 도시나 점포 중에서 소비자가 구매를 위해 어느 도시를 선택한다면 지리적으로 두 도시 사이에 무차별적인 경합지점이 있고, 이곳이 소비자들의 구매이동 행위의 분기점이 된다는 것이다. 소매인력법칙에 의하면 두 경쟁도시가 그 중간에 위치한 소도시로부터 끌어들일 수 있는 상권규모는 그들의 인구에 비례하고, 각 도시와 중간(위성)도시간의 거리자승에 반비례한다. 라일리 이론의 공식은 다음과 같다.

$$\frac{Ba}{Bb} = \left(\frac{Pa}{Pb}\right)\left(\frac{Db}{Da}\right)^2$$

Ba = A시의 상권영역(중간도시로부터 도시 A가 흡인하는 소매흡인량)
Bb = B시의 상권영역(중간도시로부터 도시 B가 흡인하는 소매흡인량)
Pa = A시의 인구(거주)
Pb = B시의 인구(거주)
Da = A시로부터 분기점까지의 거리
Db = B시로부터 분기점까지의 거리

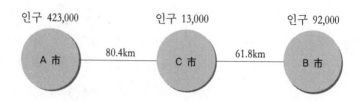

[그림 4-3] 라일리법칙에 의한 상권

[그림 4-3]을 실례로 하여 계산해 보면

$$\frac{Ba}{Bb} = \frac{Pa/D_a^2}{Pb/D_b^2} = \frac{42.3/80.4^2}{9.2/61.8^2} = \frac{6,544}{2,409} = \frac{73.1}{26.9} = \frac{2.7}{1}$$

3) 공간적 상호작용모델(Spatial_Interaction Models)

도시내 각 상업집적(지구)을 단위로 하는 상세권의 설정모델에 유용한 방법으로 최근에 들어 신규점포의 매출액 및 상권범위를 예측하고, 점포성과 (매출액)와 이에 영향을 미치는 소매환경변수간의 관계를 평가하는 데에 있어 공간적 상호작용모델(spatial-interaction models)의 이용이 증가하고 있다. 공간적 상호작용모델은 목표상권 내에서 구매를 하는 소비자의 쇼핑행(spatial behavior)패턴을 실증 분석하는 데 이용된다. 즉 공간적 상호작용모델은 해당상권내의 경쟁점포들에 대한 소비자의 지출패턴이나 소비자의 쇼핑여행패턴을 반영함으로써 특정점포의 매출액과 상권규모의 보다 정확한 예측을 가능하게 한다. 공간적 상호작용모델의 출발점은 한 상권 내에서 특정 점포소비가 끌어들일 수 있는 소비자점유율은 점포까지 방문거리에 반비례하고 해당점포의 매력도에 비례한다는 가정이다. 즉 점포까지의 방문거리가 짧을수록 그리고 점포특성에 의해 형성된 그 점포의 매력도가 클수록 매출규모가 커진다는 것이다.

공간적 상호작용 모델에서는 특정 점포의 효용(utility) 또는 매력도(attraction)가 다른 경쟁점포보다 높을수록 그 점포가 선택될 확률이 높다고 가정하고 있다. 그러므로 서로 다른 거주지역에 사는 소비자들의 특정점포에 대한 효용(매력도)이 경쟁점포보다 클수록 그 점포를 방문할 확률, 나아가 상권의 규모가 커짐을 의미한다.

(1) 허프의 확률모델

허프는 도시내 소비자의 공간적 수요이동과 각 상업 중심지가 포괄하는 상권의 크기를 측정하기 위해 거리변수 대신에, 거주지에서 점포까지의 교통시간을 이용하여 모델을 전개하였다. 허프는 소비자는 구매장소를 지역 내의 후보인 여러 상업집적이 자신에게 제공하는 효용이 상대적으로 큰 것을 비교하는 것에 대한 확률적 선별에 대해 '효용의 상대적 크기를 상업집적의 면적 규모와 소비자의 거주지로부터의 시간거리에 따라 결정되는 것'으로 전제하여 모델을 작성하였다. 다시 말하면 시간거리가 가깝고 매장면적이 큰 점포가 큰 효용을 준다는 것이다.

허프의 확률모델 공식은 다음과 같다.

$$P_{ij} = \frac{U_{ij}}{\sum_{j=1}^{n}} = \frac{\dfrac{S_j}{T_{ij}\lambda}}{\sum_{j=1}^{n} \dfrac{S_j}{T_{ij\lambda}}}$$

U_{ij} : 점포 j가 i지구에 있는 소비자에 대해 갖는 흡인력

P_{ij} : 거주지구 i에 있는 소비자가 점포 j에 구매하러 가는 확률

S_j : 점포 j의 규모 또는 특정의 상품계열에 충당되는 매장면적

T_{ij}: 소비자의 거주지구 i로부터 점포 j까지의 시간거리

n : 점포의 수

λ : (특정상품 구입에 대해) 점포를 방문하는 데 요하는 시간거리가 쇼핑(shopping)에 어느 정도의 영향을 주는가를 나타내는 매개변수(parameter), 종류별구매출향(고객이 타 지역에서 물품을 구입하는 경향)에 대한 이동시간의 효과를 반영하는 경험적 확정 매개변수(parameter).

(※ 매개변수 λ는 실제 표본에서 조사하여 그 실태 결과에 따라 경험적으로 적합한 것을 정하나 계산이 복잡하여 컴퓨터를 사용하여야 한다.)

[허프 모델식의 의미]

i지구의 소비자가 점포 j를 선택하는 확률은 이용가능한 점포 각각의 매력도 총합중에 점하는 매력도의 비율로 나타난다.

① i지구의 소비자에 대해서 갖는 점포 j의 매력도 U_{ij}는 j의 규모와 ij간의 시간거리의 2개의 변수에 의해 결정된다.

② U_{ij}는 비율 $\dfrac{S_j}{T_{ij}\lambda}$ 에 정비례하는 것으로 된다.

③ 매개변수 λ는 상품별 구매행동 실태조사 결과에 따라 더욱 적합하게 추정된다.

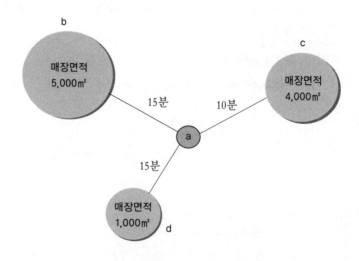

[그림 4-4] 허프모델의 예

[b로 가는 확률]

$$P_{ab} = \frac{\dfrac{S_b}{T_{ab}}}{\dfrac{S_b}{T_{ab}} + \dfrac{S_c}{T_{ac}} + \dfrac{S_d}{T_{ad}}} = \frac{\dfrac{5}{15}}{\dfrac{5}{15} + \dfrac{4}{10} + \dfrac{1}{15}} = 0.417$$

[c로 가는 확률]

$$P_{ac} = \cfrac{\cfrac{S_c}{T_{ac}}}{\cfrac{S_b}{T_{ab}} + \cfrac{S_c}{T_{ac}} + \cfrac{S_d}{T_{ad}}} = \cfrac{\cfrac{4}{10}}{\cfrac{5}{15} + \cfrac{4}{10} + \cfrac{1}{15}} = 0.500$$

[d로 가는 확률]

$$P_{ad} = \cfrac{\cfrac{S_d}{T_{ad}}}{\cfrac{S_b}{T_{ab}} + \cfrac{S_c}{T_{ac}} + \cfrac{S_d}{T_{ad}}} = \cfrac{\cfrac{1}{15}}{\cfrac{5}{15} + \cfrac{4}{10} + \cfrac{1}{15}} = 0.08$$

이와 같이 하여 b로 가는 확률은 42%, c로 가는 확률은 50%, d로 가는 확률은 8%가 되는 것을 알 수 있다. 이렇게 하여 b, c, d에 나타난 확률을 그 지점에 거주하는 인구에 곱하면 당해 점포에 올 예상 고객수를 알 수 있다. 가령 a지점의 인구가 1,200명이고 c매장의 고객흡인 확률이 50%라면 c매장에서 흡인할 수 있는 고객 수는 600명이 된다.

또한 가계소비지출 등을 분석하여 상품별 소비지출액을 파악하여 거기에 예상고객수를 곱하여 월간 또는 연간 매출가능액을 산출할 수 있다. 가계소비 지출을 상품별로 파악하면 상품별 판매계획을 세울 수도 있게 된다.

(2) 수정 허프모델

허프모델은 복수의 상업시설의 고객흡인율을 계산할 수 있으므로 실용성이 크다. 특히 기존 상가 근처에 대규모 상업시설을 계획할 때 고객흡인 가능성을 예측하는 데 유용하다. 그러나 허프모델은 매우 어려워 그대로 이용하기 힘들다. 그중에서도 파라미터 λ는 일일이 시장조사를 하지 않으면 산출되지 않는다. 이를 실용성있게 고친 것이 수정 허프모델인데 여기서는

$T\lambda$ 대신에 라일리법칙의 '거리의 제곱에 반비례한다'를 대입한 것이다.

이 수정 허프모델은 일본의 통산성이 고안하여 상업조정에 실제로 이용되고 있는데, 이는 '소비자가 어느 상업지에서 구매하는 확률은 그 상업집적의 매장면적에 비례하고 그곳에 도달하는 거리의 제곱에 반비례한다'는 것을 공식화한 것이다.

$$P_{ij} = \frac{\dfrac{S_j}{D^2 ij}}{\sum\limits_{j=1}^{n} \dfrac{S_j}{D^2 ij}}$$

P_{ij} : i지점의 소비자가 j상업집적에 가는 확률
S_j : j상업집적의 매장면적
D_{ij} : i지점에서 j까지의 거리

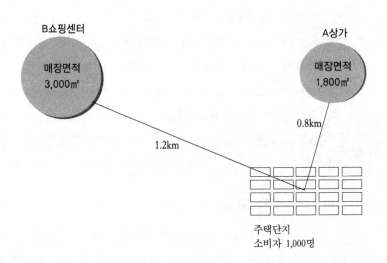

[그림 4-5] 수정 허프모델의 사례

어느 상가 A 부근에 매장면적 3,000㎡의 대규모 소매점이 진출한다고 가정할 때 주택단지의 소비자가 A상가 또는 B쇼핑센터로 갈 비율은 얼마인가?

[A상가로 가는 확률]

$$P_{ij} = \frac{\dfrac{1,800}{0.8^2}}{\dfrac{1,800}{0.8^2} + \dfrac{3,000}{1.2^2}} = \frac{2,813}{4,896} = 0.575$$

[B쇼핑센터로 가는 확률]

$$P_{ij} = \frac{\dfrac{3,000}{1.2^2}}{\dfrac{1,800}{0.8^2} + \dfrac{3,000}{1.2^2}} = \frac{2,083}{4,896} = 0.425$$

즉, A상가로 가는 확률은 57.5%, B쇼핑센터에 가는 확률은 42.5%가 된다.

4) 실무적 방법에 의한 상권분석 절차

(1) 상권의 분석요소 파악

상권이 좋으냐 나쁘냐 하는 것은 상권을 구성하는 요소별로 판매량 증대에 어떠한 영향을 미쳤느냐를 평가하는 말이다. 상권분석에는 다양한 요소에 대한 검토가 필요하다. 상권은 일정한 지역적 범위를 뜻하는 지역 공간적 특성을 가지고 있기 때문에 상권의 크기뿐만 아니라, 특정지역이 갖는 공간적 특성부터 분석해야 한다.

상권의 공간적 요소는 몇 가지로 나뉘어져 있다. 첫째, 시장의 지역적 거점으로서 점(點)적인 성격을 가지고 있는데 이는 점포의 위치에 대한 평

〈표 4-13〉 상권분석요소 파악

구 분		내 용
상 권 의 지역 특성	상권 분류상 특성	· 상권의 공간적 특성(점 · 면 · 공간) · 상권 경계상 상권구조(지역 · 지구 · 개별입지) · 지역 도시 특성상 상권분류 (주거 · 상업 · 공업지역 등) · 도시 구조상 구분(도심 · 부도심 등)
	현재 시장성(수요크기) 과 성장 가능성	· 인구, 연령, 직업, 가구수, 가족, 구성원수 · 소득 및 소비수준, 주거유형 도시계획 등
	경제, 행정, 교통여건 등	· 산업구조, 문화 공공시설 유무, 도로 및 교통체계와 교통량, 통행인구 등
	기타요인	· 자연조건, 지형 · 지세 등
상권내 고객특성		· 유동성 정도(차량 소유 정도) · 상권지역내 상주인구와 직장인구, 유동인구의 비중 과 구매패턴 비교 · 잠재고객의 구매성향 · 해당상품에 대한 호응도
상권의 경쟁구조		· 상권범위 · 경계상 경쟁구조 · 업태별 · 업태내 경쟁구조 · 경쟁 · 보완관계 분석 · 대형점 또는 경쟁 도 · 소매점 분포현황 및 활동현황

가이다. 둘째, 선(線)적인 특성으로서 상권지역은 연쇄적인 상호 의존관계를 형성하고 있다. 이는 큰 도로변 옆을 끼고 있는 특정 블록에서 일렬로 늘어서 있는 점포들의 상호 관련성과 특성이 어떠하냐를 뜻하는 것이다. 이것은 상권의 골격을 이루는 것으로 선(線)적인 특성분석을 통해 고객유인의 중심 특성이 어떠하냐를 파악할 수 있다. 셋째, 면(面)적인 특성이다. 이는 영업 흡인력이 미치는 범위이며 시장으로서 기능을 발휘하는 범위를 의미하는데 실제의 시장력 범위, 즉 상권의 크기를 말한다.

상권의 현황이 설명해 주는 또 다른 중요 요소는 상권이라는 지역범위 내에서 동질적인 구매특성을 가진 고객들이 분산되어 있는 정도를 나타내는 구조이다. 즉, 상권은 다시 광범위한 지역을 포괄하는 지역상권과 그 지역상권내 여러 개의 부분적 상권범위를 의미하는 지구상권 그리고 점포의 입지라고 할 수 있는 개별 점포상권으로 구분할 수 있다.

이와 같이 상권분석을 위해서는 대상지역에 대한 현지조사를 통해 2차 자료를 입수하여 분석의 보조자료로 활용해야 보다 정확한 분석이 이루어 질 수 있다. 또한 상권분석이란 상권을 구성하는 요소들을 하나하나 대상 지역에 적용시켜 어느 정도의 구매력과 특성을 가진 상권인지, 즉 상권규 모를 분석하는 것이다.

(2) 약식 상권분석의 단계

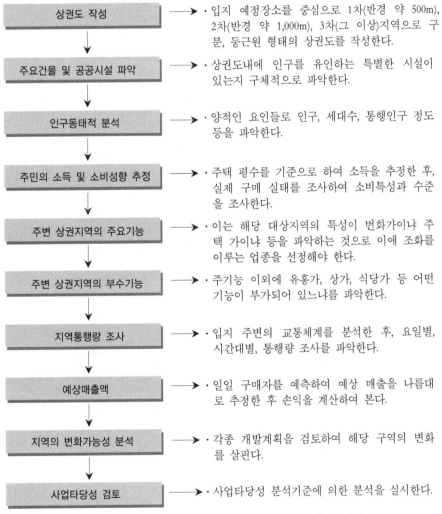

상권도 작성	· 입지 예정장소를 중심으로 1차(반경 약 500m), 2차(반경 약 1,000m), 3차(그 이상)지역으로 구분, 둥근원 형태의 상권도를 작성한다.
주요건물 및 공공시설 파악	· 상권도내에 인구를 유인하는 특별한 시설이 있는지 구체적으로 파악한다.
인구동태적 분석	· 양적인 요인들로 인구, 세대수, 통행인구 정도 등을 파악한다.
주민의 소득 및 소비성향 추정	· 주택 평수를 기준으로 하여 소득을 추정한 후, 실제 구매 실태를 조사하여 소비특성과 수준을 조사한다.
주변 상권지역의 주요기능	· 이는 해당 대상지역의 특성이 번화가이냐 주택 가이냐 등을 파악하는 것으로 이에 조화를 이루는 업종을 선정해야 한다.
주변 상권지역의 부수기능	· 주기능 이외에 유흥가, 상가, 식당가 등 어떤 기능이 부가되어 있느냐를 파악한다.
지역통행량 조사	· 입지 주변의 교통체계를 분석한 후, 요일별, 시간대별, 통행량 조사를 파악한다.
예상매출액	· 일일 구매자를 예측하여 예상 매출을 나름대로 추정한 후 손익을 계산하여 본다.
지역의 변화가능성 분석	· 각종 개발계획을 검토하여 해당 구역의 변화를 살핀다.
사업타당성 검토	· 사업타당성 분석기준에 의한 분석을 실시한다.

자료 : 신용하 외 2인, 창업·벤처입문(극동기술경영연구원), 남양문화사, 2000, p.184

(3) 상권조사

〈표 4-14〉 상권조사표(견본)

항 목	목 적	내 용
경쟁업소 현황	경쟁력	·대형( )개 30평 이상 ·중형( )개 30평 이상 ·소형( )개 10평 이상
요일별	주말상권인지 여부	·월~금 ( )명 ·토요일 ( )명 ·일요일 ( )명
시간별	업종선택(1일 기준)	·오 전 ( )명 ·오 후 ( )명 ·야 간 ( )명
남녀비율	업종선택(1일 기준)	·남 자 ( )% ·여 자 ( )%
인구특성	업종선택(1일 기준)	·청소년 중심 상권 ·회사원 중심 상권 ·가정주부 중심 상권
나이별 유동인구	업종선택(1일 기준)	·10~20세 ( )명 ·20~30세 ( )명 ·30~40세 ( )명 ·40세 이상 ( )명
인구집중시설유무	경쟁력	·백화점 ( )개 ·할인점 ( )개 ·기 타 ( )개
배후지 특성	주된 고객대상 파악	·APT, 단지, 주택가 ·대학가, 학원가
지구내 점포 숫자	상권규모 파악	·도·소매 ( )개 ·음식관련 ( )개 ·서 비 스 ( )개 ·기 타 ( )개

(4) 상권분석 참고자료의 원천

가) 기관과 참고자료

기 관	참 고 자 료
통계청	· 도 · 소매업체 통계조사 보고사 · 도시가계연보 · 인구통계연보 · 한국의 사회지표
관할시 · 군 · 구청	· 해당 시 · 군 통계연보
구청 · 동사무소	· 주민분포 현황
상 공 회 의 소	· 상업통계자료, 주민의 Life Style 조사서
관 할 세 무 소	· 국세 · 지방세 통계
조 사 기 관	· 분석에 필요한 조사 보고서 또는 통계자료
기 존 업 체	· 업체의 매출정도, 지역 소비자의 소비형태에 대한 개요

나) 조사의 종류와 참고자료

조사의 종류	내 용	참고자료
상권조사	상권내 입지 · 상권조사 및 상권범위 설정을 위해 지도필요	『광역지도』 『지번도』
상권 인구 거주자 특성조사	상권인구(총수 \ 남녀별 \ 연령별), 세대수 (총수 \ 인수별), 주택(보급률, 아파트비율), 학생수 등	『각행정통계연보』 『인구통태조사』 『주택통계조사』
구매력 소비성향 조사	가구별 소득 및 항목별 가계지출	『도시가계연보』
교통 통행량조사	도로상황, 교통기관 운행상황, 주요역의 승객 객수	『교통 연감』
상 점 경합점조사	상권의 점포수, 매상, 면적, 종업원 수, 대형점위치, 주차장면적, 영업시간 등	『유통업체연감』 『각행정통계연보』
각종 지역정보 조사	시가지의 형성, 도시계획상황, 도시개발상황, 각종 행정지도의 내용, 도시계획상의 규제의 내용 등	『도시기본계획』 『행정백서』
법령조사	건축법, 소방법, 위생법 등의 내용	각종 법령집

한편 박주관 창업컨설팅(주)에선 실제 자료 등을 활용해서 '상권설정법'에 관해 설명하고 있다. 상권설정법은 일반적으로 실무(컨설팅사나 분석주체)에서 많이 쓰이는 4가지 방법의 상권설정법을 소개하고 있다.

① 단순원형 상권설정법
② 실사 상권설정법
③ 앙케이트를 이용한 상권설정법
④ 고객 리스트를 통한 상권설정법

5) 좋은 상권의 조건

좋은 상권이라 소비자의 높은 구매력이 존재하거나 또는 예상되는 판매대상지역을 말한다. 이는 위에서 언급한 상건의 특성을 구성하는 요소들에 비추어 볼 때 다른 지역보다 우수한 판매조건을 가지는 지역을 의미하며 구체적인 입지선정에 앞서 알아야 할 사항인 것이다. 좋은 상권을 선정한 후 구체적으로 점포의 입지를 선정하는 것이 순서이므로 상권에 대한 분석은 매우 중요한 과정이라고 할 수 있다.

또한 좋은 상권이란 수요면에서 충분한 수요(잠재고객)가 있고 공급면에서는 경쟁점포가 적은 지역을 말한다. 즉, 수요적은 측면에서는 다음 요건을 충족하는 지역을 의미한다.

· 양적으로 상권내에 소비인구가 많고 장래에도 잠재고객의 증가가 예상되는 지역.
· 소득 및 소비의 질적 수준이 높고 구매력이 왕성한 지역.
· 다수의 소비자를 유인할 수 있는 시설이 주변에 존재하고 교통체계가 발달되어 사람이 쉽게 모이는 곳.
· 기타 개별 점포 내부적 매력(내부 인테리어, 가격 차별화 등)에 의한 고객유인 효과 또는 광고활동 효과가 잘 나타날 수 있는 지역 등

자연적 지형조건의 측면에서는 지형·지세가 해당지역내에서 평지에 해당하고 주위환경이 편안한 느낌을 주는 지역으로 해당지역에 공급자, 즉

경쟁점포가 적을수록 사업여건이 좋은 만큼 기존점포가 너무 많이 들어선 곳은 양립성 원칙에 따라 고객유인 효과가 크기 때문에 좋은 상권에 포함되기도 한다.

6) 개별점포 상권의 특성

개별점포 상권이 가지고 있는 특성을 살펴보면 다음과 같다.
① 점포규모가 클수록 그 상권은 크다.
② 교통편이 좋은 곳이나 일류상가에 위치한 점포일수록 상권이 크다.
③ 선매품, 전문품을 취급하는 점포의 상권이 편의품을 취급하는 점포의 상권보다 크다.
④ 지명도가 높은 상점일수록, 개성이 강한 상품을 취급하는 점포일수록 상권이 크다.

자가점포의 상권이 어디까지 미치고 있는가, 또는 지역별 내점률은 어떤가, 그릭 자기점포 상권내의 소비자의 특성은 어떤가 등을 조사·파악하는 것은 어떤 상품구색을 갖추어야 하는가 광고전단을 어떤 범위에 배포할 것인가 등을 결정하는 데 아주 중요한 역할을 하게 된다.

제7절 입지분석 및 선정

1 점포입지의 중요성

소매점 성공에 영향을 미치는 여러 가지 요인 중에서 가장 중요한 것은 점포의 입지, 즉 위치이다. 점포의 위치가 좋으면 비효율적인 경영으로 인하여 발생하는 문제점들을 극복할 수 있지만 위치가 나쁘면 사업가가 유능하다 할지라도 그 능력을 충분히 발휘할 수 없다. 소매점 사업에 있어서 점포의 위치가 중요한 이유를 세분하여 살펴보면 다음과 같다.

① 점포의 위치는 고객을 유인하는 중요한 수단이다.

소매점 사업은 고객이 점포에 직접 와서 거래가 이루어지는 것이므로, 소매점사업에 있어서의 점포의 위치란 그 사업의 성패를 판가름 할 만큼의 중요한 요인이라 하겠다.

점포는 거리, 교통 등의 면에서 고객과 가까워야 한다. 점포가 고객과 가까워야 한다는 말은 점포는 사람이 많이 사는 곳, 또는 많이 다니는 곳에 위치해야 한다는 뜻이다.

② 점포의 위치는 경쟁의 주요 수단이다.

경쟁자는 경쟁하기 위하여 상품의 종류, 가격, 광고 등에 있어서 유사하거나 우월한 방법을 도입할 수 있으나 점포의 위치는 모방하기 어렵다.

③ 점포의 선정은 장기적인 결정이다.

점포는 일단 결정되어 개점하게 되면 그 곳에서 영업을 하는 동안 내내 사업에 영향을 미친다. 또, 사업을 그만 두고 다른 곳으로 점포를 옮기는 경우에라도 기존의 고객들이 다시 찾아 올 수 있으므로 점포는 소매점사업에 장기적인 영향을 미치는 요인이다.

전형적으로 상점은 3가지 단계의 수명주기—상승, 절정, 쇠퇴—를 갖고 있다. 상승과 쇠퇴 단계는 매우 가파르거나 혹은 완만하게 되고, 절정의 단계는 길게 혹은 짧게 지속될 수도 있다. 그러므로 소매업자들은 항상 입지의 문제에 부딪치게 된다.

2 입지분석

입지분석은 입지조건분석이라고도 하며 한 상권 안에서 출점예상 개개 점포의 성패 여부를 파악하는 것이다.

1) 입지분석절차

대상 상권이 설정되면 다음 단계는 입지분석을 하게 되며, 입지분석은 (1) 지리적 위치조사, (2) 기능적 위치조사로 나누어서 한다.

(1) 지리적 위치조사

① 입지적 유리성

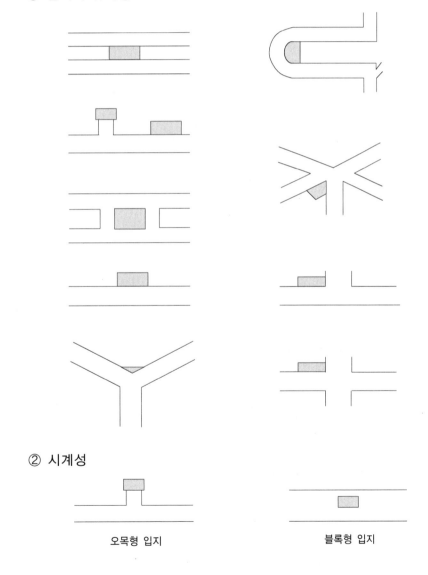

② 시계성

오목형 입지   블록형 입지

・시계성 장애요인 : 주변간판 장애, 전면 가로수 장애, 주변건물 장애 등

③ 지형 · 지세

후보점포가 위치한 지형·지세가 긍정적·부정적 영향을 미치므로 지형
·지세를 면밀히 파악하여야 한다. 철도와 도로여부, 아파트단지의 경계담
장 등 대형담장이 있어 부정적 영향을 끼치는지, 언덕에 연결되는지 평지
인지 등이다.

④ 교통접근성

점포에 연결되는 접근성을 살펴본다.

・도로여건…도로가 넓다고 무조건 좋은 것은 아니다. 보행자도로가 있
　을수록 유리, 좌회전·U턴 여부를 파악한다.
・지하철여건…지하철역세권은 가장 양호한 입지여건을 갖추고 있다. 상
　업지역이면서 1차 역세권인 곳이 좋다.
・도보접근성…통행객이 많은 번화가형 입지에서 도보접근성이 매우 중
　요하다.
・자가용접근성…목적형입지, 외곽입지에서 자가용접근성이 중요하다.
・각종 교통시설…정류장, 횡단보도(지하도, 육교), 신호 등의 유무를 확
　인한다.

⑤ 홍보성

간판위치 및 크기, 점포위치, 유동인구 규모, 전면길이, 건물전체규모, 건
물의 집객력을 확인한다.

⑥ 상권(지역인구)의 구매형태 파악

지역내 주 구매처의 위치를 파악한다.

⑦ 상권의 생활동선 파악

주요 외부유출입동선(출퇴근, 통학통로, 구매동선)을 파악한다.

⑧ 지리적 입지의 발전전망 파악

도로신설, 전철역신설, 횡단보도신설, 교량신설, 터널신설 등의 계획을 확인한다.

(2) 기능적 위치조사(주변 발전상황) : **광역적, 협역적)**

① 주변지역의 주기능 파악 : 주거지역, 상업지역, 공장지역, 공원지역, 오피스밀집지역의 기능을 파악한다.
② 주변지역의 부속기능 파악 : 유흥가, 근린상가밀집지, 시장, 숙박시설밀집지, 대형 상가, 식당가, 대형병원, 호텔, 학교, 관공서 등을 확인한다.
③ 기능별 집적도, 활성도
④ 야간인구 유발기능 체크 : 유흥가, 호텔 등의 숙박기능, 경찰서 등 장시간 영업 또는 업무를 하여 야간 인구를 유발하는 기능들의 규모 및 위치를 파악한다.
⑤ 대형집객 시설 기능(유동인구 유발기능) : 학교, 호텔, 관공서, 대형빌딩, 극장, 경찰서, 공원, 전철역 등이 있는지 파악한다.
⑥ 인접지 상가현황 파악(상가업종 파악)
⑦ 기능적 입지의 발전 전망

2) 입지선정절차

입지를 선정하는 절차는 다음과 같이 정리된다. 첫째, 주민과 기존 유통업체와의 관련성을 고려하여 대체적인 상권을 평가한다. 둘째, 그 상권내에서 어떠한 유형의 입지에 출점할 것인지를 결정한다. 셋째, 특정의 출점입지를 선정한다. 이때 유통집적시설은 당연히 단독입지가 아닌 집합입지이다.

입지선정은 위에서 기술한 입지 및 부지평가요소에 의해 다음과 같은 세 가지 방법에 의거한다. 첫째, 주먹구구식 방법(rules of thumb)으로 이는 경영자의 주관적인 경험에 의존하는 방법이다. 둘째, 체크리스트 방법이다.

이는 특정한 장소에 위치할 때 매출과 비용에 영향을 주는 요인들을 살펴 보는 것이다. 셋째, 판매 잠재력이 변이를 모델화하여 살펴보는 방법이다. 이것은 보통 역사적 성과, 그 점포의 상권특성, 지역내에서의 경쟁수준 등 을 분석하여 평가하는 것이다.

입지선정의 8원칙은 다음과 같다.

입지선정 8원칙

(1) 현재의 상권력 ··· 배후기본구매력
(2) 상권 접근성
　① 고객창출형 ··· 입지력이 떨어지지만 규모, 시설MIX, 판촉·광고 등을 통해 목적 객의
　　유인
　② 주변점포 의존형 ··· 특정점포에 왔다가 연관구매 할 수 있는 입지
　③ 통행객 의존형 ··· 통행객이 주고객이 될 수 있는 변화가 입지
(3) 상권성장 가능성 ··· 가구, 인구, 주택, 집객시설, 도시 계획변경 등
(4) 중간저지성 ··· 기존 점포의 동선을 차단하는 입지
(5) 누적적 흡인력 ··· 동종상품 취급 점포가 집적되어 있을수록 유리
(6) 양립성·보완성 입지 ··· 보완관계에 있는 점포가 근접할 수 있는 입지
(7) 경쟁점 고려 ··· 직저경쟁과 간접경쟁 고려
(8) 입지의 경제성 ··· 투자대비 수익성

▶ 업종별 입지의 적합 가능성

입지의 가능성

· 주거형 입지 · 오피스입지 · 유흥가입지 · 도심형입지 · 학교 · 학원입지 · 유원지입지

구 분	주거형 입지	오피스입지	도시상권 입지	유흥가 입지	학교 · 학원입지	유원지 입지
식 품 점	O					
건강용품점	O	O				
패션잡화점			O			
패션의류점			O			
실용의류점	O		O			
실용잡화점		O	O			
문화용품점		O	O		O	
아동용품점	△		O			
스포츠용품점		△	O			
주방용품점	O		△			
가 정 용 품	O		△			
한 식 점	O	O	O	△		O
양 식 점		△	O		O	
일 식 점		O	O	△		
분 식 점	△	O	O	O	O	
커 피 숍	△	O	O	O	O	O
주 점		△	O	O	O	
오 락 업		△	O	O	O	
보 습 학 원	O				O	
교 육 학 원	O	O	△		O	
사 진 서 비 스	O	O	△			
근 린 서 비 스	O	△			△	

주) O : 우수, △ : 보통, 빈칸은 가능한 한 회피

핵 심 정 리 문 제

1 소매상의 기능과 역할에 대해서 설명하시오.

2 창업업종 적합성의 의의와 기준은 어떠한가?

3 적합업종의 선택요령을 설명하시오.

4 업종선택의 원칙을 간단히 설명하시오.

5 향후 몇 년간 성장성이 있을 것으로 추측되는 업종을 2가지 이상을 나열하고 그 이유를 설명하시오.

6 유망업종이란 무엇이며 본인이 생각하는 유망업종과 해당아이템을 각각 세 가지 이상 나열하고 그 이유를 설명하시오.

7 개인창업과 가맹점창업의 장단점을 설명하시오.

8 사업규모결정시 고려할 사항은 무엇인가?

9 자금규모별 창업기능업종을 나열해 보시오.

10 개인기업과 법인기업(주)의 장단점을 비교하시오.

11 상권과 입지의 관계는 어떠한가?

12 상권은 어떻게 분류하는가?

13 지구특성별 구분에 따른 상권이 분류와 적합업종을 나열하시오.

14 이론적 상권분석기법은 어떤 것이 있으며 그 핵심내용을 요약하시오.

15 좋은 상권의 조건을 기술하시오.

16 개별점포상권의 특성을 기술하시오.

17 실무적 방법에 의한 상권분석절차에 대해 기술하시오.

18 점포입지의 중요성을 설명하시오.

19 점포입지선정시 지리적 위치조사 체크사항에는 어떤 것이 있는가?

20 아이템별 입지의 적합성을 요약해보시오(20아이템 이상).

제5장 점포의 물색과 선정절차

제1절 후보점포 선정절차

이론적 방법과 같이 상권분석을 위한 상권조사와 입지분석을 위한 입지조사가 끝난 지역에서 점포를 물색하는 경우도 있지만 현실적으로는 점포에 대한 물건정보를 수집한 후 후보점포에 대한 상권분석과 입지조사를 하며 적합한 점포를 결정하는 경우가 많다.

1 물건 정보수집방법

1) 정보루트 활용방법

① 신문, 잡지 등 대중광고 수단에 의해 정보를 수집한다.

② 대형 전문 부동산중개소에 의뢰하여 정보를 수집한다.

③ 이해관계자들에 의해 정보를 수집한다. 즉, 가족, 친지, 회사동료, 선후배 등을 통해 정보를 수집한다.

2) MAN TO MAN개발(사업주 자구 노력)

① 지역 부동산중개소를 순회방문하여 매물정보를 수집한다.

② 신축현장 사무실을 방문하여 정보를 수집한다.

③ 건물에 부착된 임대광고를 보고 정보를 수집한다.

④ 상가 건물관리인 방문 수집 등을 통해 정보를 수집한다.

⑤ 인터넷을 통해 정보를 수집한다.

2   출점의 전제조건 체크

점포물건 조사 전에 다음과 같이 일부 필수불가결한 전제조건을 미리 설정하여 정리해 놓으면 자기의 출점 전제조건의 기본사항에 맞지 않는 물건을 조사하기 위한 시간과 노력 및 비용을 낭비하지 않을 수 있다.

이러한 전제조건들은 사업주 개인사정 또는 하고자 하는 업종에 따라 좌우되는 것이므로 각각의 개인마다 전제조건들이 상이하게 나타날 수 있다.

1) 출점지역 전제

① 사업자의 주거지와 가까운 지역을 선정한다.

② 가맹점의 경우 본부에서 지정하는 지역을 선정하는 경우가 있다. 전문상가의 경우 업종 특성상 한정되어 있는 경우가 있다.

(1) 점포의 층별위치 전제조건

① 업종특성상 층별위치가 고정인 경우가 있다.

② 임대료 과다에 의한 1층 위치가 곤란한 경우가 있다.

(2) 점포확보 비용 관계 전제조건

① 사업자금 계획상 시설비, 운영비를 제외한 점포확보 비용에 소요되는

최대 자금확보 한계가 전제되어야 한다.

② 보증금을 100%로 하는 경우가 있다.

③ 일부는 보증금, 일부는 월세로 하는 경우가 있다.

(3) 업종에 맞는 점포규모(면적) 전제조건

하고자 하는 업종에 따라 점포면적이 달라지는데 점포비용과도 밀접한 관계가 있고 전용면적 비율 등도 고려되어야 한다.

① 점포면적의 조건이 필수적인 경우 … 가맹점 가입, 대리점 개설

② 서비스업종은 판매업종에 비해 점포규모가 상대적으로 크다.

(4) 업종에 맞는 점포형태 전제조건

점포의 소유형태를 어떻게 해서 시작할 것인지도 사전에 결정해 놓을 필요가 있다.

① 기소유 건물에 출점하는 방법

② 점포임대로 출점하는 방법

③ 점포를 매입해서 출점하는 방법 등이다.

후보점포 조사

3

1) 점포 현장조사 항목

① 점포의 전면길이

② 점포의 형태(모양)

③ 전용면적

④ 기둥위치 및 크기

⑤ 천정높이(층고)

⑥ 영업시설 장비 반입구

⑦ 전기용량 체크(용량증설 가능성 타진)

⑧ 층별위치(지하층, 반지하층, 1층, 2층)

⑨ 점포방향

⑩ 환기시설

⑪ 주차장

⑫ 상품배송차량의 진입 및 일시정차 가능 여부

⑬ 출입구 위치 및 출입계단 등의 장애요인 조사

⑭ 전체적인 건물 및 영업시설 노후상태 확인(시설투자 증감 요인)

⑮ 건물 자체의 업종구성 및 건물전체 규모

⑯ 신축건물인 경우는 건축도면 확인 및 건축주 면담

⑰ 설계도면이 있는 경우는 복사자료 입수

⑱ 간판위치

⑲ 건물소유주

2) 공부서류 조사

(1) 토지 및 건물에 관한 등기부등본 조사

가장 먼저 확인해야 할 문서는 예정 점포에 대한 등기부등본이다. 등기부등본은 예정 점포가 위치해 있는 행정구역의 관할등기소에서 확인할 수 있다.

등기부등본은 표제부, 갑구, 을구의 세 부분으로 구성되어 있다. 표제부에는 지번이나 지목, 면적, 구조, 용도 등이 기재되어 있다. 특히 예정 점포의 번지, 용도, 면적 등이 등기부등본의 내용과 일치하는지 확인해야 한다.

갑구에는 소유자, 가등기, 가처분, 압류, 가압류 등 부동산 소유에 관한 내용이 기재되어 있다. 소유자와 계약자가 일치하는지, 압류나 등기가 되어 있는 경우 임대차계약 전에 말소될 수 있는지를 확인해야 한다.

을구에는 저당권, 지상권, 전세권 등 소유권 이외의 권리에 대해 기록되어 있다. 근저당이 건물시세에 비해 과다하게 설정되어 있을 때는 계약에 신중해야 한다.

(2) 토지건물대장

토지건물대장은 관할 구청이나 시청, 군청에서 발급한다. 땅소유주와 건물소유주가 같은지, 가건물은 아닌지, 땅이 도로나 공공용지 등에 포함되어 있는지를 확인할 수 있다. 만약에 가건물일 경우는 허가업종의 경우 영업을 할 수 없다. 건축물 노후 연한조사, 주차장 용도확인, 건물 전체의 용도확인 및 후보점포의 용도확인이 가능하다.

이와 함께 재산세 납부자와 건물소유주가 동일인인지를 구청 세무과에 가서 확인하면, 건물의 재산권 상태를 완전히 파악할 수 있다.

(3) 도시계획확인원

마지막으로는 관할 시·군·구청에서 도시계획확인원을 떼어, 개발지역인지 여부와 구획정리, 도로확장 등의 도시계획이 있는지를 확인해야 한다. 예를 들어, 도로확장 구역에 포함되어 있다면, 공사기간에 문을 닫아야 함은 물론 권리금 문제 등의 불이익을 당할 수 있다.

(4) 건축허가서

신축건물을 분양하거나 임차하여 개업하고자 할 때는 반드시 건축허가서를 관할 시·군·구청에서 떼어 용도에 적합한 건물인지를 확인하여야 한다.

제 2 절 사업타당성 분석

1 사업타당성의 의의 및 필요성

사업타당성 분석(feasibility analysis)이란 창업 후 경영활동의 결과, 목표 이윤의 달성가능 여부를 사전에 객관적으로 조사·검토하는 과정을 말한다.

사업타당성 분석은 창업을 실패로부터 지켜 줄 수 있는 좋은 보조장치라고 할 수 있다. 그러므로 중소기업 창업은 물론 아무리 작은 소규모 창업, 심지어 구멍가게의 창업일지라도 필수적으로 꼭 작성해 볼 필요가 있다.

흔히 창업자들이 사업타당성 검토와 사업계획서를 동일시하는 경우는 있는데 엄격하게는 서로 다르다. 사업계획서란 사업타당성 검토 후 사업타당성이 인정된 경우에 작성하는 것으로서 사업의 내용, 경영방침, 기술성, 시장성 및 판매전망, 수익성, 소요자금 조달운영계획, 인력 충원계획 등을 일목요연에 의뢰하거나 제3자에게 최종 검토하게 하는 것이 합리적이며, 사업계획서는 사업타당성 검토서에 근거하여 창업사장이 직접 작성하는 것이 가장 이상적이다.

사업타당성 분석은 최종적인 결과뿐만 아니라 그 과정에서 얻어지는 지식도 경영에 여러 가지로 도움이 된다. 사업성 분석이 창업과 그 이후의 기업경영에 기여하는 바는 다음과 같다.

① 체계적인 사업성 분석은 구상하고 있는 기업의 제 형성요소를 정확하게 파악하는 데 도움이 된다.
② 체계적인 사업성 분석은 기업의 적정설계에 도움이 된다.
③ 체계적인 사업성 분석에 참여하면 창업자는 기업의 경영능력을 향상시킬 수 있으며 계획사업의 균형있는 지식습득과 보완해야 할 사항을 미리 확인하여 조치를 취할 수 있게 된다.
④ 창업자 자신의 주관적인 사업구상이 아닌, 객관적이고 체계적인 사업타당성 검토는 계획사업 자체의 타당성 분석을 통해 창업회사의 성공률을 높일 수 있다는 장점이 있다.

사업타당성 분석은 될 수 있으며 창업자 본인이 주도적으로 실시하는 것이 좋으며, 타인에게 의뢰하는 경우에도 창업자가 많이 참여하도록 하여야 한다. 도·소매 서비스와 같은 시장형 점포형 창업은 점포의 입지, 주차장의 유무, 상품계열의 특성 등이 성공에 큰 영향을 미치는 등 기술형 창업과는 그 유형이나 특성이 매우 다르다.

따라서 본 장에서는 시장형 점포형 창업의 사업타당성 분석과 관련된 내용으로 범위를 제한하여 설명하였다.

2 ▽ 사업타당성 분석과정

사업타당성 분석은 크게 나누어 제1단계 사업성 분석과 제2단계 사업성 분석, 즉 예비 사업성 분석과 본 사업성 분석으로 대별해 볼 수 있다.

예비 사업성 분석은 소수의 특정 프로젝트 선정 전에 다수의 예비 프로젝트를 선별해 가는 과정이라 볼 수 있다. 이 예비 사업성 분석은 후보사업 아이디어 발견을 위해 사업가능 아이디어의 나열, 예비사업 아이디어의 발견, 예비 사업성 분석 및 후보사업 아이디어의 1차적 선정으로 이어진다.

제2단계 사업타당성 분석은 예비 사업상 분석에서 1차적으로 선정된 후보사업 아이디어의 상세한 분석, 수익성 및 경제성 분석, 국민경제적 공익성 분석 등을 통해 사업 성공가능성을 확인하는 과정이라 볼 수 있다.

[그림 5-1]은 시장형 창업의 보편적인 사업타당성 분석과정을 나타낸 것이다.

창업을 하기 위해서는 창업자의 적성·사업수행능력 평가를 통하여 창업자로서의 자질을 충분하게 평가하고, 창업자가 고려하고 있는 여러 개의 후보 아이템을 대상으로 상품·용역의 상품성검토, 대상상품·용역의 시장성을 분석하고 고려하고 있는 점포·입지후보지가 후보아이템에 적합한가 하는 점포·입지의 분석, 사업수익성 및 경제성 분석 사업을 추진함에 있어서 내재된 위험요소 및 성장성 분석 등 5가지 항목의 분석 틀을 이용하여 가장 최적의 사업아이템이 도출될 때까지 반복적으로 검토·분석해야 함을 나타내고 있다.

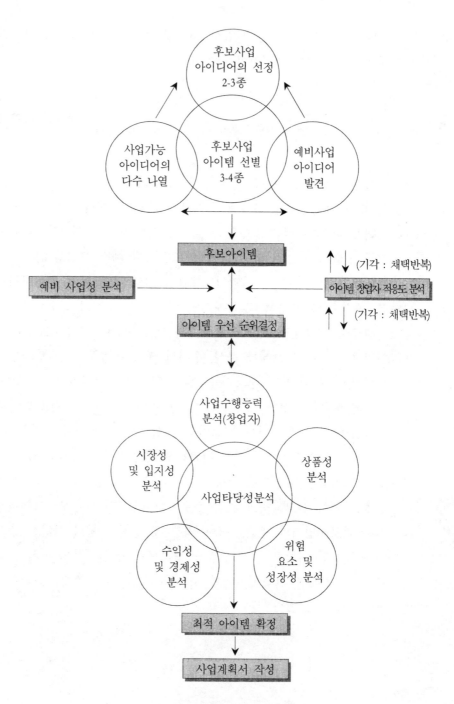

[그림 5-1] 사업타당성 분석과정

사업타당성 평가요소

사업타당성 평가요소란 사업타당성 검토를 위해 분석해 보아야 할 항목을 말하며, 이는 사업타당성 검토 목적에 따라 해당 항목에 약간의 차이가 있다. 엄격하게 말하면 어떤 목적으로 사업타당성 분석을 하느냐에 따라 사업성 평가요소의 가중치가 달라질 수 있음을 의미한다. 즉, 창업자 자신이 계획사업을 본격적으로 착수하기 전에 사업의 성공확률을 높이기 위해 검토하고 분석해 보아야 할 평가항목과 창업전문 컨설턴트 등이 제3자의 입장에서 객관성과 전문성을 가미하여 창업계획 사업의 성공가능성을 타진해볼 때의 주요 평가항목상에는 약간의 차이가 있다. 그러나 근본적으로 사업의 성공가능성을 분석한다는 목적은 같은 것이며, 결국 이 평가항목의 차이란 사업상 평가 각 요소의 차이라기보다는 어느 정도 심층적인 사업성 분석이 강능한가에 있다고 보아야 할 것이다.

계획사업의 성공가능성을 체계적이고 합리적으로 분석·평가하기 위한 사업타당성을 평가하기 위해서는

① 계획사업과 창업자의 적성, 사업수행능력 평가를 통하여 창업자로서의 자질을 충분하게 평가하고
② 창업자가 고려하고 있는 여러 개의 후보아이템을 대상으로 상품 및 용역의 시장성 및 입지의 적합성 분석
③ 상품과 수익률 확보를 위한 시장성 분석
④ 적정 수익률 확보를 위한 수익성 분석
⑤ 사업을 추진함에 있어서 내재된 위험요소 및 성장성 분석
⑥ 영업 및 서비스 운영전략 분석 등 6가지 분석항목으로 대별해 볼 수 있다.

1) 창업자의 적성과 사업수행능력 분석

창업자의 적성과 사업수행능력 분석(Founder's ability analysis)은 창업 자가 기업가로서의 적성과 자질, 창업자의 계획사업 수행능력 및 해당업종에 대한 적성 등을 분석하는 것이다. 창업의 성공과 실패는 창업자 또는 참여인

력의 인적요인에 의해 좌우되기 때문이다. 특히, 신규창업의 경우에는 창업자의 새로운 계획사업 수행능력과 앞으로 경영하고자 하는 업종에 대한 경험·지식 및 관련성이 필요 불가결한 요소가 아닐 수 없다. 따라서 사업

〈표 5-1〉 계획사업 수행능력 및 적합성 평가요소

평가요소	세 부 평 가 항 목
적성 및 자질 (선천적 능력)	① 모험심 ②가능성에 대한 집념 ③ 스케일 ④ 리더십 ⑤ 의지력 ⑥ 기타 창업자의 성격·체질·체력적인 소질
경험 및 지식 (후천적 능력)	① 창업관련 분야에서의 경험 ② 학문과 지식 ③ 창업자의 자격, 사회적 지위 및 신용 ④ 교제 인물의 폭과 깊이 ⑤ 창업환경을 둘러싸고 있는 인과관계
업무수행 능력 (경영능력)	① 가정유지 능력 ② 창업멤버의 구성 및 통제 능력 ③ 서비스 및 기술혁신 능력 ④ 경영·경제적 환경적응 능력 및 경영분석 판단 능력

타당성을 검토할 때는 먼저 창업자의 계획사업 수행능력과 창업자의 해당 업종과의 적합성을 분석해 보아야 한다.

그러나 문제는 창업자의 적성과 능력을 누가 평가할 것인가 하는 점이다.

창업자 자신을 가장 잘 아는 사람은 창업자이기는 하나 객관적으로 평가할 수 없기 때문에 창업자 자신은 물론 현재 자기를 가장 잘 알고 있는 직장의 동료나 상사 등의 의견, 또는 전문 컨설턴트 등과 충분한 검토를 거쳐 평가하는 것이 가장 합리적인 평가방법일 것이다.

2) 시장성 및 입지성 분석

(1) 시장성 분석

시장성 분석(Market analysis)이란 생산 또는 공급할 제품(용역·서비스 포함)이 시장에서 어느 정도 팔릴 수 있겠는가를 분석하는 것이다. 납품계약 등을 통해 수요가 확정된 경우에는 특별한 시장조사가 필요하지 않으나 일반 시장을 통해 판매·공급하는 상품 또는 서비스인 경우에 수요를 예측한다는 것은 용이하지 않다.

사업에 있어서 시장성 분석은 사업성패의 갈림길이며, 사업타당성 분석의 핵심요소가 되는 것이다. 따라서 체계적인 시장성 분석은 창업예정자, 업종전환자뿐만 아니라 금융기관 종사자, 컨설턴트 모두에게 시장성 분석에 대한 기본적 지식과 더불어 보다 체계적인 연구가 뒤따르지 않으면 안 될 분야로 보여진다.

특히 창업을 계획하고 있는 창업예정자에게는 사업성패와 직결되는 만큼 상품의 시장성 분석을 추상적으로, 객관적 근거나 실제조사에 의하지 않고 막연하게 "잘 팔릴 것이다", "잘 팔리겠지" 하는 안이한 생각으로 사업을 시작한다면 십중팔구 그 사업은 실패하기 마련이다. 따라서 다소 귀찮고, 복잡한 절차가 뒤따르겠지만 최소한의 시장성 검토는 창업자 스스로가 해보아야 하고, 좀더 여유가 있다면 전문 조사기관·컨설팅 회사 또는 전문컨설턴트와 상담하는 것도 잊어서는 안 될 사항으로 생각된다. 도·소매 서비스와 같은 시장형 창업은 제조업과 같은 기술형 창업에 비하여 상권 분석 및 점포 또는 사무실 입지의 선정이 더 중요한 분석요인이 된다.

(2) 입지선정과 상권분석

① 입지선정과 상권분석 : 입지선정이란 점포가 위치할 곳을 정하는 일이며 상권분석이라 하면 고객이 분포된 지리적 범위를 파악하고 그 특성을 조사하는 일이다. 입지가 선정되면 상권이 개략적으로나마 결정된다. 따라서 점포의 입지는 점포를 중심으로 형성될 상권을 고려하여 선정되어야 한다. 그러므로 입지선정과 상권분석은 동전의 양면과도 같은 불가분의 관

계에 있는 것이다.

   ② 점포계획과 소요자본 추정 : 점포계획에는 점포의 임대(또는 매입, 신축)와 내부·외부 설비에 대한 계획이 포함되며, 이 점포계획의 결과에 따라 소요자본을 추정하게 된다.

3) 상품성 분석

   도·소매 서비스업에서 상품성 분석이란 사업 취급 예정의 상품이나 서비스가 소비자들에게 호감이 있을 것인지 여부와 제공할 상품의 품질, 상품가격의 만족성, 상품조달 및 보관관리의 편리성, 상품의 구성 및 구색에 대한 분석등을 말한다.

4) 수익성 및 경제성 분석

   수익성 및 경제적 타당성 분석은 수익성과 투자의 효율성에 대한 사업 타당성 분석 항목이다. 아무리 계획상품이 품질이 좋고, 시장성이 뛰어나서 성공적으로 판매되더라도 수익이 제대로 창출되지 못한다든지 투자의 경제성, 즉 사업참여의 가치가 희박하다면 그 계획사업은 근본적으로 사업의 실익이 없는 것으로 판단할 수 있다.

   수익성 및 경제적 타당성 분석은 이와 같이 사업타당성 분석의 최종 단계일 수도 있으며, 나아가서 창업 후 경영전략을 수립하기 위한 사전 준비과정일 수도 있다. 왜냐하면 계획상품이 그 특성상 수익성이 낮다면 영업 외적요소, 즉, 인건비나 경비를 줄일 수밖에 없는 상황에서 경영전략 수립이 요구되며, 경제성이 없다면 새로운 사업분야의 탐색도 필요하기 때문이다.

   이런 관점에서 수익성 및 경제적 타당성 분석의 평가항목은 크게 나누어 수익전망, 손익분기점 분석, 투자수익 및 계획사업의 경제성 분석 등으로 분류할 수 있다.

   첫째, 수익전망은 창업 후 1년 내내 3년간의 추정 손익계산서, 추정 대차대조표 및 자금수지 예상표를 작성한 후, 이를 근거로 기준시점 이후 1년 내지 3년간의 추정 손익계산서, 추정 대차대조표 및 자금수지 예상표를 작성한 후, 이를 근거로 기준시점 이후 1년 내지 3년간의 수익전망과 흑자실현 가능시점 등을 검토해 보아야 한다. 제 아무리 계획상품이 성공적으로 생산되어 적정량이 판매되더라도 소요자금이 적기에 조달되지 못한다면 결국 그 사업은 그 성공가능성이 없는 것으로 판정할 수밖에 없는 것이다.

둘째, 손익분기점 분석은 손익분기점 매출액, 즉 기업이 영업활동에서 발생하는 수익과 비용이 일치한느 매출액과 비용은 어느 정도이며, 어느 시점에 실현 가능한지를 중심적으로 분석해 보아야 한다. 또한 부수적으로 손익분기점 산출 수 판매수량, 금액, 고정비, 변동비 등이 균형을 이룰 수 있는지도 함께 검토되어야 한다.

셋째, 투자수익 및 계획사업의 경제성 분석은 각종 투자수익률 산출방식에 의한 투자수익률을 산출함과 동시에 계획사업을 통해 최소한 목표수익률 이상의 수익실현이 가능하며, 나아가서 계획사업의 경제성은 있는지를 분석하게 된다.

5) 위험요소 및 성장성 분석

소자본 도·소매 서비스업의 창업인 경우 예상되는 위험요소로서는 각종 계약관련 분쟁가능성과 식품조달 위험성, 경쟁점포외의 분쟁가능성, 고객에 대한 인기감소 가능성, 종업원과 종업원간의 갈등 및 문제발생 등이다.

또한 장기적 관점에서 지속적인 성장발전이 가능한지를 분석하는 성장성 분석이 필요하나 창업초기부터 장기경영계획수립이 불가능하기 때문에 최소한 상품의 수명과 신제품의 등장전망을 예측해 보아야 한다.

6) 영업 및 서비스운영 전략

도·소매 서비스와 같은 시장형 점포형 창업은 어떠한 영업조직으로 독특한 판매전략이 있으며, 고객유치행사는 지속적으로 가능한지와 독특한 판매 전략의 기획력 및 창의성과 서비스 제공에 대한 자신감 정도를 분석해 보아야 한다.

〈표 5-2〉 사업타당성 분석 · 평가항목

핵 심 요 소		세부평가항목
창업자의 적성과 사업수행능력		·사업적성 및 자질(적성 또는 흥미, 추진력, 건강 등) ·경험과 지식(창업분야) ·사업수행능력(아이디어, 기획력, 영업력, 상황판단 능력, 친절도)
시장성 및 입지성 분석	시장성 분석	·사업아이템의 국내·외 동향, 잠재수요 ·업계 현황 및 실적 분석(유사상품 포함) ·시장규모 추정 및 특성분석 ·유통구조 및 특성분석 ·동업계 판매조직 및 판매전략 ·잠재고객의 특성분석(소득수준, 구매패턴 변화추세, 고객의 상품수요 가능성 등)
	입지성 분석 〈상권·입지 조건분석〉	·상권분석(수요예측, 통행인구, 소비형태, 점포분포 현황, 교통조건, 경쟁점포수, 공공기관, 잠재고객, 도시계획 등) ·점포 및 입지여건(건물상태, 주변환경, 주거환경, 지형·지세 등) ·판매전망
상품성분석		·취급 예정 상품에 대한 소비자들의 호감 여부 ·제공할 상품의 품질 ·상품가격의 만족성 ·상품조달 및 보관관리의 편리성 ·상품의 구성 및 구색
수익성 및 경제성 분석		·수익전망 ·수익분기점 분석 ·투자수익성 분석 ·계획사업의 경제성 분석
위험요소 분석 및 성장성 분석		·각종 계약관련 분쟁 가능성 ·성장가능성 ·종업원 갈등 및 문제 발생 ·성장의 정도측정 ·상품조달 위험성 ·고객(인기) 감소 가능성 ·경쟁점포와의 분쟁 가능성
영업 및 서비스운영 전략		·영업조직 및 독특한 판매전략 유무 ·독특한 고객유치 행사개최 및 그 지속성 ·서비스제공 및 경영전략 ·판매전략, 기획력 및 창의력/고객에 대한 최상의 서비스 발휘

자료 : 신용하 외 2인, 창업·벤처입문, 남양문화사, p.79 재가공.

위 <표 5-2>는 사업타당성 분석·평가의 중요항목이다.

4 사업타당성 종합평가

최근에는 전문컨설턴트들에 의하여 사업타당성 분석의 종합평가를 사업타당성 분석·평가항목에 따라 명확하고 치밀하게 평가항목을 점수화하여 평가하고 있으나 일반인에게는 쉬운 과정이 아니다.

그러나 여기에서 가장 신중하게 평가해야 하고, 중요한 의미를 부여해야 할 것은 예비사업자 본인의 사업적성과 사업수행능력은 정확한 시장성 점토·분석의 기반이 될 뿐만 아니라 마케팅 측면에서도 최대한의 능력을 발휘할 수 있도록 함으로써 사업을 성공으로 이끌 수 있다는 점이다. 이러한 관점에서 볼 때 창업의 3요소 중 가장 중요한 것은 창업자의 자질·적성이라 할 수 있다.

〈표 5-3〉 사업타당성 분석 보고서의 내용

보고서 순서		내 용	보고서순서		내 용
1	표지	·조사 대상 사업명	7	일반관리 계 획	·일반관리계획, 인력계획, 집기 및 사무기기 ·감가상각계획
2	요약문	·사업의 목적 등에 대하여 간결하게 설명			
3	목차	·조사내용에 대한 목차			
4	회사, 창업자	·회사 : 명칭, 위치, 설립일자 ·창업자 : 성명, 이력사항	8	재무분석	·소요자금 추정, 자금조달계획, 추정손익계산서, 추정대차대조표, 추정현금흐름표, 수익성 분석
5	계획사업 (상품·서비스)	·계획사업(제품)의 내용		재무분석	·소요자금 추정, 자금조달계획 추정손익계산서, 추정대차대조표, 추정현금흐름표. 수익성 분석
6	시장성, 판매계획	·시장경쟁상황을 고려한 수요예측 ·마케팅 계획 ·판매계획 및 판매비 추정	9	위험·문제점	·예상되는 위험성과 개선점 기재
			10	참고자료	·분석에 활용한 참고자료 등

사업타당성 분석 결과가 부정적이든 긍정적이든 간에 영위하려는 사업에 대한 사업타당성 분석 보고서를 작성해야 한다. 그러나 긍정적 결과가 도출 되었을 때에는 사업타당성 분석 보고서를 토대로 하여 구체적인 세부 사업계획서를 작성해야 한다. 사업타당성 분석 보고서의 내용은 표지, 요약, 차례, 본문, 첨부자료로 구성되며 표지에는 사업의 명칭, 작성자 또는 명칭, 작성일 등을 기입한다.

요약문은 사업의 목적, 제품과 서비스에 대한 설명, 시장성, 생산방식, 소요자금, 수익성 등을 간결하게 설명하는 것이 좋다. 본문에서는 회사의 창업자, 주주와 경영진, 계획사업과 상품, 시장성과 판매계획, 생산 및 설비계획, 일반관리계획, 재무계획, 위험과 문제점, 일정계획 등을 상세하게 기입하며 끝으로 첨부자료에는 참고자료, 증빙자료, 기타 보조자료를 포함시킨다.

제3절   사업계획서 작성

사업계획서 의의 및 작성의 필요성

1) 사업계획서의 의의

창업은 창업자의 운명을 가름할 수 있는 실로 중차대한 일이므로 사전에 충분한 계획과 검토과정을 거치지 않는 한 시작하기 어려운 일이다. 그러므로 이러한 필요성에 의해 사업계획서는 사업을 검토하는 데 타당성이 인정되는 경우에 한하여 작성하는 것으로서 사업의 내용, 경영방침, 기술문제, 제조업의 경우 시장성 및 판매전망, 수익성, 소요자금 조달 및 운영계획, 인력 충원 계획 등을 일목요연하게 정리한 일체의 서류이다.

2) 사업계획서 작성의 필요성

(1) 계획사업의 타당성 검토기회가 된다.

사업계획서를 작성해야 하는 가장 중요한 이유는 자기가 계획하고 있는 사업의 과연 타당성 있는 사업인지 아닌지를 스스로 검토하기 위한 기회를 가지는 데 있다.

사업을 하는 일차적 목적은 자기가 성공하는 데 있다. 바로 그 성공을 사전에 점처 볼 수 있는 유일한 방법은 합리적인 자료와 평가기준을 가지고 자기가 구상하고 있는 사업이 타당성을 지니고 있는지 없는지 최대한 따져 보는 것이다.

물론 사업을 무턱대고 시작할 사람은 없다. 그러나 개략적인 머릿속의 구상만을 가지고 창업을 하거나 자기의 일방적인 생각만으로 짜여진 사업계획으로 창업을 할 경우 창업한 이후 미처 생각지 못했던 문제점에 봉착할 수도 있다. 이런 문제점들을 최소화하기 위해서도 객관적인 사업계획양식에 의존하여 자신의 사업구상을 정리해 볼 필요가 있다.

이와 같이 사업계획의 일차적 목적은 사업의 타당성 여부, 성공가능성 여부 등을 스스로 검토해 보는 데 목적이 있으므로 가능한 한 구체적이고 현실적인 계획이 되도록 해야 한다.

(2) 사업계획서는 창업의 시행착오를 줄여 준다.

사업계획서의 작성과정에서 그 동안 미처 깨닫지 못한 사업의 결점을 발견하게 되고 흩어져 있던 사업구상들이 한곳으로 모이면서 세부 내용상 상호 불일치점이나 좀더 보완해야 할 부분들을 발견할 수도 있다. 또한 전체적인 사업계획의 모습이 드러나면서 계획사업의 전반적인 강점과 약점을 알게 되고, 이에 대한 효과적인 대처방안을 다시 한번 강구할 수 있어서 창업의 시행착오를 줄여준다.

(3) 창업초기에 사업의 치침서가 된다.

사업계획서는 창업초기의 업무 추진계획서와도 같은 것이다. 사업의 일단 시작되면 처리해야 할 업무가 많고 시간이 부족하여 여러 가지 시안들을 검토하고 세부적인 계획을 수립하는 일에 많은 시간을 할애할 수 없다. 이때 사업계획서는 사업의 기본방향에 대한 유용한 지침서가 될 수 있다.

여행을 하기 전 여행시 가지고 가야 할 준비물들을 사전에 하나하나 상세히 기록해 두지 않고 출발 당시 생각나는 대로 이것저것 그냥 챙겨 넣는다면 미리 작성해 둔 기록을 보고 하나하나 챙겨 넣을 때 보다 하나라도 빠뜨릴 가능성이 많은 것처럼 여러 사람들이 오랫동안 사용해 온 공식적인 양식을 이용하여 사업계획을 작성하게 되면 검토해야 할 항목을 빠짐없이 체크하는 데 큰 도움이 된다.

(4) 동업자, 후원자를 찾기 위한 자료이다.

만일 자기가 계획하고 있는 사업이 자기 혼자만의 힘으로는 추진하기 어렵다고 판단될 경우 동업자 혹은 후원자를 찾아야 하는데 동업자나 후원자를 찾기 위해서는 단순히 말로만 설명하기보다는 구체적인 사업계획서를 놓고 이야기하는 것이 훨씬 효과적이고 설득력이 있다.

백문(白聞)이 불여일견(不如一見)이라는 말이 있듯 사업에 있어서는 백마디 말보다 한 가지의 증빙서류가 더 중요함을 창업해 본 사람이라면 누구나 느낄 것이다. 단적으로 말해 말보다 문서를 더 믿을 수 있는 세계가 바로 사업의 세계이며 그렇기 때문에 문서로 된 사업계획서 한 장이 백 마디 말보다 남을 설득하는 데 더 효과가 있다.

(5) 외부자금조달에 필요한 자료이다.

사업을 시작하는 과정에서 겪는 가장 곤란한 문제 중의 하나가 자금부족문제이다. 이 자금부족을 해소하기 위해서는 먼저 직접금융에 의한 방법으로 투자자를 모집하는 방법이 있는데, 이 경우 투자자를 유치할 때 막연히 말로서 설명하는 것보다는 논리정연하고 설득력 있는 사업계획서를 작성하여 제시하는 것이 투자자의 마음을 보다 쉽게 움직일 수 있을 것이다. 다음으로 간접금융의 방법으로 금융기관 등으로부터 대출을 받게 되는데,

이 경우에도 대출자가 기업을 종합적으로 평가하여 의사결정을 할 수 있는 근거자료로서 사업계획서가 필요한 것이다.

그러므로 체계적으로 잘 작성된 사업계획서는 투자자를 유치하거나 금융기관 등으로부터 원하는 자금을 대출받는 데 큰 역할을 할 수도 있다. 특히 제조업 등 기술형 창업시 현재 우리 나라에는 중소기업창업지원법, 지방중소기업육성법, 중소기업진흥법 등 여러 법률에 의해 창업기업에 대한 금융지원이 이루어지고 있는데 이러한 자원금융을 활용하기 위해서도 사업계획서는 필수적으로 수반되어야 한다.

(6) 인 · 허가기관에 대한 제출서류로서의 필요성이다.

창업자가 사업특성상 관계기관으로부터 인 · 허가를 받는 사업을 해야 할 경우에는 사업계획서의 작성이 필요한 경우가 대부분이다. 예를 들어서 공장 설치를 위하여 중소기업창업지원법에 의해 창업사업계획승인을 받는 경우 등이 있다. 이 경우 요구되는 사업계획서의 양식은 대부분 각 기관에 따라 정해진 양식이 다르나 창업자가 미리 작성해둔 사업계획서를 가지고 활용한다면 무리가 없다.

(7) 사업계획서로 유능한 인재를 영입할 수 있다.

사업을 시작함에 있어서 유능한 사람을 영입한다는 것은 매우 중요한 일이다. 좋은 사람을 구할 때 높은 임금이나 작업환경 등도 중요하지만 회사의 장래성은 더욱 중요한 직장선택의 요인이 될 수 있다. 그러므로 사업계획서를 통한 발전적인 회사비전의 제시는 도전정신과 창의성을 가진 유능한 인재를 영입할 수 있는 계기가 될 것이다.

(8) 사업과 관련된 모든 이해관계자에게 활용도가 높다.

사업계획서는 기타 창업자에게 도움을 줄 수 있는 모든 이해관계자에게 활용도가 높다. 즉 사업과 관련된 매출처나 매입처, 더 나아가서 일반 고객이나 제3자에 이르기까지 사업에 대한 관심유도와 설득자료로서 그 활용범위가 넓다.

1) 사업계획서의 작성

　사업의 창업을 위한 전반적인 검토가 있는 다음에는 모든 자료를 기초로 하여 세부실행 계획서를 작성한다.

　사업계획서는 ① 창업을 위한 내부실행계획서와 ② 관공서, 금융기관, 출자자를 위한 외부용 사업계획서가 있는데, 어느 경우에나 작성내용과 절차는 큰 차이가 없다. 사업계획서의 작성시 유의할 사항들이다.

　① 사업계획서는 그 내용이 구체적이어야 하며, 예상이나 조건 등은 숫자로 표시하도록 한다.

　② 사업의 형태나 내용은 그 특색이 명백하게 드러나도록 할 것이며, 관심을 끌 수 있도록 작성한다.

　③ 사업주체인 경영주의 경영능력과 의지, 정열 등을 표현하여야 한다.

2) 사업계획서의 내용

〈표 5-4〉 사업계획서의 내용

항　목	내　용
사업자 인적사항	· 사업자의 이력사항 · 개업할 사업과 관련된 경력사항
사업의 개요	· 사업하고자 하는 사업의 업종\업태 및 운영계획에 대한 개요 · 상권의 특성과 경쟁상대의 특징 · 자기업소의 개업 타당성 및 강점
사업장 사항	· 사업장의 입지, 점포확보 계획
사업형태	· 사업형태(개인, 회사의 종류) · 회사인 경우 출자자와 출자비율
판매계획	· 판매예상액, 판매방식 등
매입계획	· 매입할 상품의 종류 및 매입액 · 매입처 일람표, 매입방법 및 조건
개업자금계획	· 개업자금의 소요·조달·운용에 관한 계획
운전자금수지 계획	· 운전자금의 조달과 운영계획
손익계획	· 수익과 비용 계산에 관한 사항 · 추정손익계산서

관공서나 금융기관 제출을 위한 사업계획서의 내용을 예시하면 다음과 같다.

3) 사업계획서의 이용

사업계획서는 개업을 위한 기본자료로서 뿐만 아니라 여러 면으로 활용된다.

① 관청에의 인·허가 신청서를 작성하는 경우
② 금융기관으로부터 대출금을 받을 경우
③ 출자자, 또는 개인으로부터 창업하는 경우
④ 매입처, 외주처, 기타 개업에 관한 협조나 지원을 받고자 하는 경우

3 ▽ 사업계획서의 작성요령

사업계획서의 내용은 창업형태, 사업의 규모, 사업계획서의 작성용도 등에 따라 다르지만 일반적으로 다음과 같은 내용이 포함된다. 또한 무엇보다도 중요한 것은 독자로 하여금 계속 읽어보고 싶게 해야 하며 최대한 간결하게 하되 알릴 것은 다 알려야 한다. 현재의 추세는 짧은 쪽을 선호하며, 짧은 계획서는 중요한 사항만을 언급해도 무방하므로 유리한 점이 많다. 그러나 세부적인 것은 따로 준비해 두었다가 차후 추가적인 요청이 있으면 제출한다.

1) 표지

표지는 제목, 회사명칭, 작성자 성명, 작성일지, 기타 특기사항 등을 기재한다. 간단한 것 같지만 종종 간과되거나 제대로 주의를 못받는 중요한 항목이다.

2) 목차

흔히 독자들은 어떤 것이 다루어져 있는지 알기 위해 목차부터 훑어 본

후에 자기들이 원하는 것을 찾아 읽는다. 그러므로 짧은 항목이지만 신경을 써서 잘 만들어야 한다.

3) 창업자 인적사항

창업자의 이력사항을 소개하며 창업자의 주소, 생년월일, 창업할 사업과 관련된 경력사항을 소개한다.

4) 계획사업의 개요

점포형 사업계획서는 대개 다음에 전개되는 내용을 간추린 개요서로 시작한다.
- 사업하고자 하는 사업의 동기 및 업종 선택의 이유·업태 및 운영계획에 대한 개요
- 상권의 특성과 경쟁상대의 특징
- 자기업소의 개업 타당성 및 강점
- 취급하는 상품, 제공되는 서비스의 종류 및 제공방법
- 향후 전망
- 창업아이템의 내용과 그 특성, 사업장 위치, 소요자본, 수익성 등을 간단하게 작성한다.

5) 기업형태

- 기업형태(개인, 회사의 종류)
- 회사인 경우 출자자와 출자비율 등을 기술한다.

6) 시장성 분석

- 사업아이템의 국내·외 동향, 잠재수요 등을 기술한다.
- 시장규모를 추정한다(업계현황 및 실적 분석).
- 잠재고객의 특성을 분석한다(소득수준, 구매패턴, 변화추세 등).]

7) 입지 · 상권분석

- 점포입지 : 주소, 위치, 주변환경을 설명한다.
- 상권의 규모와 추이 : 상권 내의 인구, 소득정도, 성별 구매특성과 앞으로의 전망 등을 기술한다.
- 경쟁점포(회사)분석
- 예상되는 경쟁분석
- 예상매출액
- 향후 전망 등을 기술한다.

8) 점포계획

점포의 면적, 실내외 인테리어, 설비 및 집기 계획을 기술한다.

9) 판매계획

- 사업을 할 때, 판매의 방법이나 제공의 조건은 가장 중요한 요소가 된다.
- 소매업, 외식업, 기타 서비스업 등 어느 업종을 막론하고 수익을 증대시키는 방법을 강구하는 것은 기본이다.

다음은 판매계획에 대한 중요 사항이다.

항 목	검 토 내 용
판 매 원	· 사업주 및 가족, 종업원의 고용
대상고객	· 상권의 범위, 사업체, 개인, 남·여·노·소, 소득계층 등 · 중심고객층을 어디에다 설정할 것인가?
판매상품	· 취급상품의 종류와 비중, 서비스의 내용과 수준에 대한 검토
점포·매장	· 점포의 확보방법 및 조건, 점포규모 · 점포 내외부 설계와 인테리어, 간판 및 각종 표식물 · 기기와 비품, 쇼윈도우 등

판매조건	·가격설정, 원가에 대한 이익금 ·현금판매, 외상판매, 병행판매 ·신용카드 취급 및 할부시 조건 ·정찰판매, 에누리판매, 할인판매일 때는 어떤 때 어느 정도로 하나 등
판매기법	·접객판매기법, 고객서비스의 내용과 수준 ·접객판매 및 서비스에 대한 교육과 훈련
영업시간	·영업시간(개점시간·폐점시간) ·정기휴무일, 명절때의 휴점여부

10) 매입계획

또 무엇을 얼마만큼 매입하고, 어떻게 보관할 것인가가 대단히 중요하다.

항 목	검 토 내 용
매입상품	·매입이 필요한 원재료·부재료의 종류와 수량의 결정
매입처	·공판장, 도매시장, 도매상, 수집상, 제조업장, 대리점 등
매입조건	·매입가격, 매입량에 따른 매입가격의 차 ·지불수단, 지불조건에 따른 가격차, 거래보증금의 유무 등
매입시기	·개점 초도상품의 매입시간, 매입량 ·발주에서 납품까지의 기간 검토

매입처 선정시의 유의사항은 다음과 같다.
① 경영자의 성실성 여부
② 매입처의 활기성 여부
③ 종업원의 자질과 서비스성 여부
④ 거래보증금의 타당성
⑤ 소단위 매입의 가능여부
⑥ 매입가격의 적정성
⑦ 지불조건의 타당성
⑧ 배달가능 여부

⑨ 판매지도, 경영지도의 가능 여부

11) 개업자금계획

자영사업을 할 때, 가장 기본이 되는 것이 자금이다. 사업자금에는 개업 전의 창업자금과 개업 후의 운전자금이 있다.

(1) 개업 전의 소요자금

항 목	검 토 내 용
점포 확보자금	·점포구입비, 취득세, 등록세 ·임대보증금, 권리금, 선급임대료, 부동산 중개수수료 등
설계 및 공사비	·설계비, 감리비, 내외장공사비, 설비비, 공사잡비 등
집기·비품비	·주방설비비, 조리기구, 식기류, 탁자·의자세트, 기타 영업용 비품비 등
사무용비품	·금전등록기, 사무용집기류, 사무용품류 등
포장용품비	·포장용품, 소모품
상품매입비	·개업전 상품 또는 원·부자재의 현금매입비
광고선전비	·전단 등의 제작 및 배포비
인 건 비	·개업준비기간 중의 종업원 인건비
지 급 이 자	·차입금에 대한 지급이자
기 타 비 용	

(2) 소요자금의 조달

자영사업의 개업자금은 자기자금이 중심이 되어야 한다. 부득이한 경우에는 타인자금을 이용한다.

구 분	내 용
자기자금	·보유현금과 예금, 적립금, 퇴직금, 유가증권의 매각대금, 부동산 매각대금, 현물출자(차량 등)등 ·출자자(동업자, 친지 등)
타인자금	·금융기관 차입금, 개인차입금

보통 타인자금은 금융기관의 대출이나 개인적으로 아는 사람을 통한 사채가 일반적인데, 차입처에 따라 돈을 빌려주는 조건이 모두 다르다. 타인자금에 대해 구체적인 타인자금조달 내역서를 만들면 차입금상환계획을 수립할 때 기준이 되는 자료로 활용할 수 있으며, 차입금별로 구체적인 차입조건을 명기하는 것이 좋다.

▶ **타인자금조달 내역서**

구 분		금 액	비 고
타 인 자 금	정책자금		창업지원자금
	은 행		시중은행, 지방은행
	보험회사		
	신용금고		
	신탁회사		시설대여
	리 스 사		친·인척, 동료, 사금융
	사 채		조합, 계, 현물대여
	기타자금		
소 계			

(3) 소요자금계획

적 요	금 액	내 역

1. 시설자금
  1) 임차보증금
  2) 내장시설비
  3) 진 열 기 구
  4) 판매용비품
  5) 사무용비품
  6) 전화가입권
  7) 차량운반구
  8) 기 타		

2. 운전자금
  1) 상품매입비
  2) 포장비 등			

3. 개발비
  1) 광고선전비
  2) 개점준비비
  3) 조사연구비
  4) 개점전관리비			

4. 합 계			

항목별 내역이 많을 시 항목별 내역서를 작성하면 편리하다.

① 내장시설비 내역   ② 진열기구 내역

③ 판매용비품 내역   ④ 사무용비품 내역

⑤ 상품매입비 내역   ⑥ 광고선전비 내역

⑦ 기 타

12) 손익계획

(1) 개요

손익계획은 매출액, 매출원가, 제비용 등을 예측하여 월간계획, 연간계획을 수립하게 된다. 즉, 계획단계의 손익을 월 단위로 세우고, 12개월분의 합계도 산정한다.

손익계획을 작성하는 순서를 예시하면 다음과 같다.

① 매출액을 추산한다.

② 매출원가를 추산한다.

　- 매출원가는 매출액의 30% 등과 같이 계산하여 계상한다.

③ 제 경비를 추산한다.

　- 인건비, 광고비, 소모품비 등으로 항목별로 계상한다.

④ 차입금에 대한 지급이자를 추산한다.

⑤ 감가상각비를 추산한다.

- 개장비, 설비비를 기초로 하여 계산한다.
⑥ 총수익과 총지출에 의해서 손익을 추정한다.

(2) 손익계산서 작성

〈표 5-5〉 추정손익계산서

구 분	금 액		내 역
Ⅰ. 매출액			
Ⅱ. 매출원가			
Ⅲ. 매출이익			
Ⅳ. 판매관리비 1) 인 건 비 2) 상 여 금 3) 임 차 료 4) 관 리 비 5) 수도광열비 6) 포 장 비 7) 광고선전비 8) 차량관리비 9) 소 모 품 비 10) 교통·통신비 11) 세금과 공과 12) 접대비			
Ⅴ. 영업이익(Ⅲ-Ⅳ)			
Ⅵ. 영업외 수익 1) 이자수익 2) 임대료 3) 유가증권처분이익			
Ⅶ. 영업외 비용 1) 기부금 2) 재고손실 3) 이자비용			
Ⅷ. 경상이익(Ⅴ+Ⅵ+Ⅶ)			

아래와 같은 중요항목의 내역에 대해서는 보충내역서를 작성하면 편리하다.

① 매출목표(월별, 연차별)   ② 매출원가 내역

③ 인건비 내역   ④ 광고선전비 내역

⑤ 감가사각비 내역   ⑥ 연차별 추정 손익계산서 작성

제 4 절 창업자금준비 및 조달

1 창업자금의 기본설계

투자비용이 많다고 100% 성공하는 것이 아님은 누구나 알고 있다. 사업 실패를 줄이는 지름길인 창업자금 운용계획을 세워야 한다.

〈표 5-6〉 필요자금 내역표

항 목		금 액	내 역
설비자금(A)	임차보증금, 권리금		계약금, 중도금, KSRMA
	판 매 장 비		
	전 기 공 사		
	집기, 비품		
	개 업 비		
운전자금(B)	상품 매입 대금		
	일 반 경 비		임차료, 통신비, 수도 광열비
	인 건 비		
	세 금		
	차입금 상환		
예비자금(C)	시설, 운전자금의 10%정도 예산		
총계(A+B+C)			

창업자금의 적정한 자기자본비율이 최소 80%임을 감안해 총 소요자금 규모에 따른 자금계획을 세워야 한다. 창업단계에서 총 소요자금을 계산하는 것은 여러 측면에서 정확한 산정이 어려운 것이 사실이다. 부정확한 견적서, 점포구입의 소요자금 차이 등 예측하지 못한 상황으로 추가자금이 소요되는 경우가 허다하다. 따라서 자금계획을 세울 땐 총 소요자금의 1.5배 정도를 미리 확보한 후 시작하는 것이 좋다.

2 ▽ 창업자금의 조달

총 소요자금의 계획이 잡혔다면 다음은 필요한 자금조달 능력 검토이다. 100% 전액 자기자본으로 한다면 아무런 문제가 없겠지만 창업자금이 부족하다면 정부가 지원하는 값싼 자금을 시중 은행보다 낮은 금리로 대출받는 것도 좋다. 초보자가 알아두면 편리한 창업자금 이용법을 알아본다.

1) 시중 은행을 통한 방법

시중 은행의 종합통장 대출, 적금대출, 보험회사의 부동산 담보 대출, 새마을금고와 상호신용금고의 대출. 마이너스 통장 대출, 신용카드 회사의 카드론 등을 통해 자금을 조달할 수 있는데 가장 일반적인 방법은 은행의 마이너스 통장 대출이다. 이는 대부분의 은행에서 3~6개월 이상의 급여이체 실적만 있으면 가능하며 여기에 공과금 납부실적과 신용카드 결제실적, 본인 명의 예금 평균 잔액, 환전 실적 등을 감안해 대출금 액수를 조정할 수 있다. 대부분 5백만~1천만원 선이며 대출기간은 1년이다. 좀더 원활한 융자를 얻으려면 주거래 은행을 정해 놓고 예금 자동이체나 신용카드 환전 등의 거래를 한곳에 집중시키는 것이 좋다.

예비창업자라면 적금대출 제도를 이용하는 것이 좋다. 대부분 시중 은행들은 고객으로부터 적금을 가입받고 일정 회차 이상 월불입금을 입금한 경우 계약한 범위 내에서 담보 또는 신용으로 자금을 지원해 주고 있다.

이러한 적금 대출을 이용해 보다 큰 금액을 대출하려면 가입할 적금 또는 규모가 큰 것이어야 한다.

2) 정부 정책자금과 지원 프로그램을 통한 조달

IMF 이후 중산층과 서민층, 여성 가장, 실직자의 창업을 도와주기 위해 각종 지원책과 저리의 정책자금을 대출해 주고 있는데, 이러한 제도를 잘 활용하는 것도 효과적인 자금마련 대책이 될 것이다. 어떤 종류의 자금이 나에게 알맞은 자금인지 매스컴이나 인터넷 검색을 통해 평소 정보를 수집하는 것이 바람직하다. 정부 돈이라고 공짜는 아님을 명심해야 한다.

중소기업청이 운영하는 소상공인지원센터의 창원지원자금도 고려해볼 수 있다.

제5절 점포매매 및 임대차 계약

1. 계약 전 확인사항

1) 주인의 의도파악

점포를 계약하기 전 건물주가 무슨 이유에서 매도 또는 임대하려 하는지 주인의 의도를 파악해 보아야 한다.
① 권리금액의 타당성
② 영세, 불량상권 관계여부
③ 향후 도시계획의 변화여부 및 예측
④ 상권 자체의 문제성
⑤ 법규상의 하자 및 법률적 문제
⑥ 주인의 인근 동종업종의 재개 여부

2) 영업용도 적절성 파악

계약기간내의 영업보장을 위한 건물노후 여부
- 건물이 많이 노후되었다면 당장 무너지거나 헐려지진 않더라도 어떤
  업종의 영업도 막대한 손실이 야기될 수 있다.

· 습기 발생의 유무   · 누수유무   · 급수시설
· 배수시설   · 환기시설   · 전기시설
· 소방시설   · 수도시설   · 가스시설
· 화장실

(※ 모든 시설에 대한 완벽함을 기대하기 어려울 때는 하고자 하는 업종에 대해 면밀히
   비교, 검토를 해야 한다.)

3) 법률상 문제파악

법적으로 자기재산을 보호받을 수 있는 가장 중요한 무형적 수단을 강구
하여야 한다. 근저당 설정이 되었거나 압류 등의 법적 하자가 있는 점포를
임대하면 중요한 손실을 초래하게 된다. 따라서 법률적인 권리관계의 확인
은 등기부등본, 도시계획 확인원 등을 관계기관(등기소, 구청)에서 열람해 보
면 되나, 계약금, 중도금, 잔금 등을 치룰 때도 모두 확인 열람하는 것이 바
람직하다. 도시계획이나 업종제한 구역이 표시되어 있어 점포가 도로와 같
은 공공용지나 재개발지역으로 지정되어 헐리게 되는 지역이 아닌지 확인
할 수 있다. 그러나 도시계획 확인원을 열람하는 것은 꼭 법적 문제 대비
뿐만 아니라 도시계획, 재개발 여부 등을 확인과 함께 상권변화 등을 예측
하여 대응가능한 긍정적 측면도 있으므로 반드시 열람해볼 필요가 있다.

4) 대리점 계약의 경우

프랜차이즈 형식의 대리점 계약시 보통 패키지형식의 OPTION이 붙는
다. 이때 상품선택, 광고, 인테리어, 경영기술 등을 모두 지원해 주기 때문
에 편하고 쉽게 할 수 있다고 생각되겠지만 보다 주도면밀하게 고려해야
할 사항들이 있다.

① 계약조건과 비교해서 관리비나 인테리어비, 시설설비비가 적정한 수준인가?

② 인테리어나 시설설비를 하고 난 후, 영업중에 시설하자가 발생할 경우의 조치는?

③ 계절상품 및 식품류 등 재고상품의 처리문제는?

④ 다른 매장을 운영하는 대리점주를 직접 만나 본사와의 계약이행이 순조로운지의 여부는?

⑤ 대리점 마진 및 이윤이 적정한가? 등이다.

2 ▽ 점포확정시 확인사항

계약은 법적인 권리와 의무를 발생케 하는 결정적 사건이므로 점포확정시 다시 한번 아래와 같은 사항을 확인하여야 한다.

① 건물주나 점포 임대자의 임대의도

② 영업목적의 적정점포 판단

③ 시설 및 설비의 하자유무

④ 법률상의 하자유무

⑤ 대리점계약시 유념사항

⑥ 계약서 작성시

  - 계약기간중 중도해약시 불이익 조사

  - 권리금 양도 여부(타인에게 점포양도시 건물주와의 관계)

  - 건물하자 보수조건(하자시 책임소재, 배상방법)

  - 건물사용 범위(인테리어 변경범위, 건물 내·외부구조 변경)

  - 계약만료 후 계약갱신 조건(계약갱신시 보증금 인상 및 타인양도 여부)

3 ▽ 계약시 유의사항

① 점포임대 계약을 할 때 계약하기 전에 미심쩍은 것을 확인했다고 하더

라도 계약서에 도장을 찍기 전에 다시 한번 검토를 해보아야 한다(점
포 주위에 형성된 보편적 점포세, 권리금, 보증금 등에 대한 채산성).

② 계약하는 당사자가 실제의 건물주인인가 하는 점을 알아보아야 한다
(실소유주가 아니면 계약이 사실상 무의미하며, 부득이 실소유주가
아니면 그 대리인과 계약을 할 때는 대리인의 주민등록증과 실소유
주와의 관계를 확인해 둔다. 또 실소유자의 인감도장이 찍힌 위임장
을 받아 두어야 한다.)

③ 계약서에 기재되어 있는 계약내용을 확인해야 한다.

- 계약기간 만료 전의 중도해약을 했을 때 받을 불이익 : 중도해지시 3개
  월 전 통보, 계약기간 전 중도해지시 계약기간까지의 임대료 요구,
  중도해지시 계약기간 만료 때까지 임대보증금 보관의 예도 있음.

- 권리금의 양도 여부 : 일정액의 권리금을 지불했다고 해서 다음 세
  입자에게 그 권리금을 받아서 나오는 것은 아니며 점포주가 그 권
  리금을 인정하지 않을 수도 있다.

- 건물 하자보수 조건 : 점포를 사용하는 중에 시설, 설비에 대한 하자
  보수에 대한 책임을 명확히 해두어야 한다.

- 건물 사용의 한계 : 영업의 성격 및 형태에 따른 건물의 개조를 반
  대하거나 사용을 제한하여 영업에 꼭 필요한 인테리어나 설비를
  제대로 갖추지 못하는 경우를 미연에 방지한다.

- 계약 갱신조건 : 계약기간 동안 영업을 하다보면 단골확보와 고객신
  뢰, 구전적 홍보 등으로 무형적 자산가치가 늘어난다. 이럴 때 계약
  기간 만료와 더불어 주인이 보증금, 월세 등을 대폭 올려 재계약을
  포기하게 하고 타인에게 유리한 조건으로 양도하려는 경우가 있다.

④ 임대 보증금의 계약 계약금, 중도금, 잔금 등으로 세 번 나누어 지불
  하는 것이 통상적이다.

- 계약금은 통상적으로 10%로 하고 있으나 법적으로 특별한 규정은
  없다 (중도금까지 치른 계약은 해지할 수 없으나 계약금만 지불하
  고 나서 계약을 해지할 경우에 임차인이 계약의 해지를 요구할 때

는 계약금을 찾지 못한다. 반대로 임대인이 해지할 경우는 계약금의 두배를 돌려주어야 한다.)

- 계약금 지불시 상대방이 건물이나 점포의 실소유자인지를 확인한다(실소유자는 등기부등본상에 기재되어 있는 소유주를 말하며 주민등록증 등으로 확인한다. 가끔 주민등록등본을 가지고 소유주임을 주장하는 사람이 있는데 그것은 동사무소, 면사무소에서 간단히 발급이 가능한 증명서이기 때문에 믿을 수가 없다).
- 계약금 지불 후 등기부를 확인했더라도 다시 한번 등기부등본을 확인하여 법적 권리의 변동이 없었는지를 확인한다.
- 현재 영업을 하고 있는 점포의 경우 비워줄 시기 및 비웠을 시 점포의 원상복구 등을 확인한다.
- 재차 지불 및 확인을 하고 아무런 문제가 없으면 공증사무소에서 공증을 받든가 하여 법적 권리를 확보한다.

▼4 계약체결

(1) 계약서 작성의 목적

① 계약당사자의 채무 불이행시 강제이행의 근거자료 확보
② 계약의 내용에 관한 분쟁의 사전예방

(2) 계약서 작성요령

① 계약서상의 문언은 다른 해석이 나올 수 있는 애매한 것은 삼가며, 구체적이고 상세하며, 명쾌한 것이어야 한다.

② 계약서 작성중 오탈자 또는 불필요한 부분이 발생할 수 있다. 이에 대하여 삭제, 추가, 정정 등의 수정을 하게 되어 깨끗하고 알기 쉽게 해당부분을 수정한 후 그 뜻을 기재하고 당사자 쌍방의 정정인을 압날(押捺)한다.

삭제방법은 두 줄로 지우고, 추가기입은 해당부분에 알기 쉽도록 병기하든가 또는 삽입기호를 사용하면 된다. 그리고 정정은 불필요한 부분을 삭

제하고 새로이 기재하는 것이다. 이와 덧붙여 해당 부분이 있는 행의 앞 여백에 삭○자, 가(첨)○자, 정정○자 등으로 표시한다.

③ 계약시 본인(법인의 경우 대표자) 자신이 직접 서명한 후 신고된 인 감으로 날인하되 유효기간 내의 인감증명서를 징구하여 그 계약서와 함께 보관하는 것이 가장 바람직하다. 부득이한 사유로 인감증명서의 징구를 생 략하고자 할 때에는 그 계약서상에 무인을 찍게 함으로써 계약서의 진성 성립에 관한 입증자료의 확보를 보완할 수 있다.

④ 거래계약은 본인(법인은 대표자)과 직접 체결하는 것을 원칙으로 하 나 부득이 대리인과 체결하여야 할 경우에는 반드시 위임장 등을 징구하 여 그 대리권의 존재와 범위를 확인하여야 한다.

5 점포의 안전한 임차 방법

다음은 2003년에 일선 세무서가 간부 일간지에 기고한 안전한 점포 임 차 방법이다.

(1) 임대인의 신용상태 파악

점포의 임대차는 주택임대차보호법에 적용되지 않는다 주택이 아니기 때문에 주택임대차보호법에 의해 보호를 받을 수 없으므로 나중에 임대차 계약이 끝났을 때 보증금을 돌려 받지 못하는 경우가 종종 생긴다.

그래서 상가를 임차할 때에는 등기부등본의 권리분석과 함께 상가소유주가 빚이 많은지, 재산은 충분한지, 재정과 신용상태 등의 조사가 선행되어야 한다.

조사를 위한 가장 확실한 방법은 현재 임차하고 있는 기존의 임차인들 에게(건물주의 신용에 대해) 물어 보면 임대차계약 여부를 판단하는 데 큰 도움이 된다. 필요하다면 인접한 상가건물 임차인에게 물어보는 것도 좋은 방법일 것이다.

(2) 임대인이 위약시의 책임을 명시

임대차계약을 체결해 놓았으나 집주인의 마음이 바뀌어 계약을 일방적으로 취소하려고 한다면 주인이야 계약금의 배액을 상환하고 임대차계약을 해제하면 그만이지만 임차인의 입장에서는 그 점포에 입주할 생각으로 다른 계획들이나 일정을 취소한 상태이어서 그 회복이 불가능하다면 계약금의 배액을 돌려 받는다 해도 사실상 또는 정신상의 손해는 만회할 수 없을 것이다.

따라서 이러한 임대인의 신의에 어긋나는 행동을 방지하기 위해 처음 계약서를 작성시 위약금에 대한 내용을 특약사항으로 약정해 놓는 것이 좋다. 일반적으로 계약해제로 인한 손해배상의 약정이 별도로 없으면 계약금을 위약금으로 보아 그 범위 내에서 정산한다. 그러나 특약으로 별도의 손해배상액을 정해 놓으면 이를 주장할 수 있다.

(3) 계약해제에 대한 조건을 명시

보증금을 보호받기 위해서는 '계약기간 중에 가압류, 가처분, 가등기 등이 경료된 경우 임차인은 언제든지 계약을 해제하고 임대차 보증금을 반환 청구할 수 있다.'라는 조항을 계약해제조항에 기재한다.

이 경우 해당 점포에 가압류, 가처분, 가등기 등이 들어온 것으로 밝혀지면 곧바로 임차인도 계약해제를 통보하고 임대차반환청구권을 근거로 가압류 등기와 보증금반환청구소송을 제기할 수 있다. 소송에 들어가면 임차인은 보증금을 반환받을 가능성이 매우 높아지게 된다.

(4) 충분한 임차기간을 명시

일반적으로 점포 임대차계약은 그 기간을 1년으로 하고 매 1년마다 계약을 갱신하게 된다. 그러나 꼭 1년을 장사하기 위해 점포에서 시설을 하고 인테리어 하는 사람은 없기 때문에 임대인이 순순히 재계약을 해주고 임차료도 적정선에서 올려달라고 한다면 아무런 문제가 없게 된다.

그런데 문제는 임차인 입장에서 보면 터무니없는 임차료인상을 요구하고, 더 나아가 재계약을 거절하고 점포를 명도하여 줄 것까지 요구하는 경우가 생긴다는 것이다. 따라서 이때에는 아예 충분한 임대기간과 적정한 차임증가분을 명시하고, 나아가 거듭 재계약을 해준다는 점도 명시해 둔다면 차후에 서로간에 분쟁이 없을 것이다.

(5) 권리금보상에 대한 특약을 명시

권리금은 일종의 영업권으로 그 건물이 가지고 있는 지리적인 조건이 좋아서 재산적 가치가 있는 경우 나중에 입주하는 사람이 먼저 영업을 했던 사람에게 지급하는 일종의 프리미엄이다.

그러나 권리금은 법적으로 보장받지 못하고 임차인 사이에 관행으로 거래되고 있기 때문에 건물 소유주와는 아무런 관계가 없고 소유주에게 권리금 반환을 청구할 수도 없다.

건물주가 계약 만료 후 계속 임대를 하지 않을 경우에는 권리금을 회수할 방법이 없게 된다. 따라서 만일의 분쟁을 예방하기 위해 소유주에게도 알리고 다음의 임차인에게 최대한 권리금을 보장받을 수 있도록 계약서에 명시하는 것이 좋다. 임대인이 쓸 목적으로 상가임대차 계약기간이 종료시 재계약을 해주지 않을 경우를 대비한다면 계약서상에 그 당시의 통상 인근 점포의 상가 권리금에 해당하는 돈을 임대인이 보상해 준다거나 '계약기간 종료 후 건물주가 상가의 인테리어를 이용해 다른 사람에게 세를 놓아 권리금을 받게 될 경우 현 임차인이 전 임차인에게 지급한 권리금에 상당하는 금액을 주인이 현 임차인에게 지급한다.'는 내용을 명시한다.

(6) 전세권등기 협조의 특약을 넣을 것

점포임대차는 전세권이나 저당권 설정등기를 하지 않으면 점포가 매매되더라도 바뀐 새 주인에게 임대차계약이 승계되지 않는다. 그래서 임대인이 점포를 매각하면서 보증금 승계조항을 넣지 않거나 점포가 경매에서 경락된 경우 새로이 취득한 자는 점포 임차인에게 보증금을 반환하지 않고 명도 청구를 할 수 있다.

따라서 가능하면 임대차계약서 작성시 임대인으로부터 잔금일에 전세권 설정에 필요한 서류를 구비해 준다는 특약을 하는 것이 좋다.

다음은 점포 임대차 계약서(전세및월세)와 권리양도계약서 견본이다.

점포 임대차 계약서(전세)

부동산의 표시 :

제 1 조 위 대상물건의 전세에 있어 전세입자는 아래와 같이 전세 보증금을 지불하기로 한다.

매 매 대 금	金 :	
계 약 금	金 :	은 계약시 임대인에게 지불하고
중 도 금 1차	金 :	은 년 월 일 지불하고
중 도 금 2차	金 :	은 년 월 일 지불하고
잔 금	金 :	은 년 월 일 지불한다.

제 2 조 위 대상물건의 인도는   년   월   일 자로 한다.

제 3 조 대상물건의 전세기간은 인도일로부터   개월로 한다.

제 4 조 위 대상물건은 기본시설 상태에서 전세이며, 전세입자가 입주후 변경 또는 훼손한 때에는 대상
물건의 반환시까지 원상복원하기로 한다.

제 5 조 임대인이 임차인에게 중도금을 지불할 때 까지는 임대인은 계약금의 배액을 상환하고, 임차인
은 계약금을 포기하고 이 계약을 해제할 수 있다.

제 6 조 관리비 및 통합공과금 등 제세공과금은 잔금일 기준으로 정산한다.

 단,

본 계약을 준수, 이행하기 위하여 계약당사자는 이의없음을 확인하고 서명 날인한다.

작성일자   년   월   일

양 도 인	주 소				
	주민등록번호		전화		성명	
양 차 인	주 소				
	주민등록번호		전화		성명	
중 개 업 자	사 무 소 소 재				
	사 무 소 명 칭		대 표		
	허 가 번 호		사업자등록		
	사 무 소 소 재				
	사 무 소 명 칭		대 표		
	허 가 번 호		사업자등록		

점포 임대차 계약서(월세)

부동산의 표시 :

제 1 조 위 대상물건의 임차함에 있어 임차인은 임대인에게 아래와 같이 임대보증금과 월임료를
          지불하기로 한다.

보 증 금	金:	원정	월 임 료	金:	원정
계 약 금	金:		은 계약시 임대인에게 지불하고		
중 도 금 1차	金:		은 년 월 일 지불하고		
중 도 금 2차	金:		은 년 월 일 지불하고		
잔 금	金:		은 년 월 일 지불한다.		

제 2 조 위 대상물건의 인도는   년   월   일 자로 한다.
제 3 조 대상물건의 임차기간은 인도일로부터   개월로 한다.
제 4 조 월임료는 매월 (   ) 일에 지불하기로 한다.
제 5 조 위 대상물건은 기본시설 상태에서 임대이며, 임차인이 입주후 변경 또는 훼손한 때에는 대상
          물건의 반환시까지 원상복원하기로 한다.
제 6 조 임차인이 임대인에게 중도금을 지불할 때 까지는 임대인은 계약금의 배액을 상환하고, 임차인
          은 계약금을 포기하고 이 계약을 해제할 수 있다.
제 7 조 관리비 및 통합공과금 등 제세공과금은 잔금일 기준으로 정산한다.

          단,

          본 계약을 준수, 이행하기 위하여 계약당사자는 이의없음을 확인하고 서명 날인한다.
                                                작성일자   년   월   일

양 도 인	주 소				
	주민등록번호		전화	성명	
양 차 인	주 소				
	주민등록번호		전화	성명	
중 개 업 자	사 무 소 소 재				
	사 무 소 명 칭			대 표	
	허 가 번 호			사업자등록	
	사 무 소 소 재				
	사 무 소 명 칭			대 표	
	허 가 번 호			사업자등록	

권 리 양 도 계 약 서

목적물의 표시

소 재 지			
상 호		면 적	
임대보증금		임 대 료	

제 1 조 상기 임차권에 관한 시설 및 영업권 일체에 대하여 아래와 같이 양도한다.

양 도 금 액	총 액(金 : 원정)
	양도금액(金 : 원정) + 권리금(金 : 원정)
계 약 금	金 : 은 계약시 양도인에게 지급하고
중 도 금	金 : 은 년 월 일 지불하고
잔 금	金 : 은 년 월 일 지불한다.

제 2 조 양도인은 그의 정당한 권한을 기 임대차계약서의 제시 등으로 증명한다.

제 3 조 양수인에의 기 임대차계약의 승계 또는 갱신에 대하여는 양도인과 양수인 상관행에 따라 협조하여야 한다.

제 4 조 잔금지급시까지 제3조의 이행이 아니 되었을 경우, 양도인은 양수인으로부터 수령받은 금액을 반환하고 본 계액을 무효로 한다.

제 5 조 양도인은 명도기일까지의 제세공과금등을 자기부담으로 청산하고, 처안이 불가능한 것은 잔금에서 공제키로 한다.

제 6 조 기 설치되어 있는 시설에 대하여는 '시설내역서' 를 별첨하여 확정한다.

단,

본 계약을 준수, 이행하기 위하여 계약당사자는 이의없음을 확인하고 서명 날인한다.

작성일자   년   월   일

양 도 인	주 소					
	주민등록번호		전화		성명	
양 수 인	주 소					
	주민등록번호		전화		성명	
중 개 업 자	사무소소재					
	사무소명칭			대 표		
	허 가 번 호			사업자등록		
	사무소소재					
	사무소명칭			대 표		
	허 가 번 호			사업자등록		

핵 심 정 리 문 제

1 후보점포들의 물건 수집방법에는 어떤 것이 있는가?

2 출점의 전제조건이 있다면 어떠한 사항인가?

3 후보점포들에서는 어떠한 사항들을 체크할 것인가?

4 후보점포의 공부서류조사에는 어떠한 것들이 있는가?

5 사업타당성의 의의와 필요성을 약술하시오.

6 시장형 창업시 보편적인 사업타당성 분석과정을 도표로 나타내보시오.

7 시장형 창업시 사업타당성 분석·평가항목을 체계적으로 나타내보시오.

8 사업계획서의 의의와 작성의 필요성을 설명하시오.

9 점포형 창업아이템을 하나 선정하여 예비창업자의 입장에서 구체적인 사업계획서를 작성하여 제출하시오.

10 후보점포의 매매나 임대차 계약 전 확인할 사항을 기술하시오.

11 점포 계약체결시 계약서 작성요령을 기술하시오.

제6장 개업준비절차

점포계약 체결을 마치면 창업의 마지막 단계인 개업준비를 하는 절차가 남아 있다. 그러나 개업준비가 창업의 마지막 단계이지만 이 시점은 사업을 개시하기 위한 첫걸음이며 완벽한 개업준비야말로 이후 전개하게 될 점포사업의 토대의 이미지를 구축하는 첫 출발이기 때문에 철저한 준비를 해야 한다.

개업준비절차는 대개 ① 직원채용, ② 실내의 인테리어·내부장식, ③ 영업신고 및 허가신청과 사업자등록신청, ④ 상품수금계약, ⑤ 상품·집기 매입 및 진열, ⑥ 개업안내문배포, ⑦ 개업의 순서로 진행시킨다.

제1절 직원채용과 교육

소자본 점포창업을 위해 인력을 채용할 때는 가급적 최소인원으로 시작하는 것이 좋다. 인력충원과 관련해서는 다음과 같은 절차에 의한 사항을 고려하여야 한다.

1 필요한 인적자원의 파악

창업자 자신에 대한 분석과 창업하고자 하는 업종의 특성에 대한 분석 결과를 서로 비교하여 필요한 업무에 대하여 우선 창업자가 감당할 수 없 는 것이 무엇인가를 파악하여야 한다. 만약 창업자 또는 창업팀이 사업에 필요한 재능과 특징을 갖추고 있지 못하면 그러한 재능을 갖춘 사람을 확 보해야 한다. 그러한 재능이 없거나 확보할 수 없다면 사업을 아예 포기해 버리는 것이 나을 수도 있다.

창업자가 감당할 수 없는 업무가 있다고 판단되면, 팀을 형성할 필요가 있다. 이때 창업자 또는 사업의 책임자는 사업을 철저히 이해하고, 사업에 필요한 인재는 어떤 재능과 특성을 갖춘 사람인가를 파악하여야 한다. 이 때 팀의 요원 또는 창업자는 자신이 잘하는 분야를 계속 키워나가는 것이 분야를 바꾸는 것보다 좋다. 예를 들어 창업자가 기술이 없는 경우에 과다 한 시간과 노력을 투자하여 기술을 익히기보다는 기술을 갖춘 사람을 고 용하는 대안을 적극적으로 고려하여야 한다.

2 가족 노동력 이용시 고려사항

가족 노동력만으로 점포사업을 시작할 때는 다음과 같은 사항을 주의하 여야 한다.

① 점포 ·사무실과 자택과의 거리가 멀지 않아야 한다. 개업을 하면 낮 동 안을 열심히 일하고 밤에는 그날 일의 마감과 장부작성, 다음날 준비를 해 야 하기 때문에 대개 장시간 노동을 하게 된다. 따라서, 집과 점포 사이의 거리가 1시간 이상 걸리는 경우에는 머지않은 장래에 가까운 곳으로 이사 하는 것이 좋다. 남편이 부인의 협력을 구할 때는 가사와의 균형문제가 있 으므로 특별히 점포와 집과의 거리가 가까운 것이 중요한 조건으로 된다.

이것은 출근시 교통체증 등에 따라 그 날의 업무시작 시간에 대지 못하게
될 사태를 방지하는데도 유효하다.

② 가까운 장소에 친한 사람을 두어야 한다. 빠듯한 인원으로 일을 하다보
면 돌발사고가 일어나서 곤란해지는 수도 종종 있는데 그때 가까운 곳에
친한 사람이 있으면 큰 도움이 된다. 이것은 점포나 사무실의 경우는 물론
자택의 경우도 마찬가지이다. 사업과 가정의 경제를 확실히 구분지어 둘
수 있다면 점포가 딸린 주택에서의 개업이나 자택개업도 그 나름대로 장
점이 많은 형태라 할 수 있다.

③ 배우자에게 협력을 받을 때에는 사전에 필요한 지식을 배우자에게도 익히게
하는 것이 좋다. 개업에 관해서 배우자가 충분히 납득하고 있어야 하며 일
과 가사를 함께 하지 않으면 안되는 주부의 경우는 남편의 충분한 이해가
절실하다.

3 ▼ 인력확보 방식 검토

창업자가 할 수 없는 업무가 밝혀지면, 그것을 위해 구체적으로 어떤 기
술과 Knowhow를 갖춘 인적 자원이 필요한가를 파악하여야 한다. 그리고
파악한 기술과 Knowhow, 인적 자원의 필요시기, 빈도 등을 측정하여 전일
제 또는 시간제의 종업원을 확보하여야 한다.

법률·세무문제처럼 일상적이 아닌 특별한 문제에 대한 기술에 대하여
는 외부전문가에게 의뢰하는 것이 저렴한 경우가 많다. 한편 기업에 필수
적인 기술을 위해서는 반드시 상근인력을 확보해 놓아야 한다.

4 ▼ 직원채용방법

유능한 사원이 기업을 발전시키듯 친절한 점원이 점포를 발전시킬 수
있는 원동력이다. 점포는 모두 서비스 업종이라고 보아도 과언이 아니다.

그리고 서비스 업종의 생명은 친절하다. 그리고 각 업종에 따라 요구하는 종업원의 특성이 있다. 예를 들면 양복점 등의 점원들은 패션감각이 있어야 하며, 주차관리를 하는 사람은 운전면허증이 필히 있어야 한다든가 각 점포에 따른 점원의 이미지가 있는 것이다. 따라서 창업주가 필요로 하는 특성에 맞는 점원을 채용해야 하겠다.

1) 채용기준

창업팀 또는 간부급의 인력이 확보되면 실무직원을 채용하여야 한다. 직원채용에 있어서 기준으로 하여야 할 사항은 능력, 화합, 발전 가능성이라고 할 수 있다.

(1) 업무수행 능력

채용하는 직원은 업무를 수행할 수 있는 사람이어야 한다. 그렇게 되기 위해서는 먼저 채용하는 직원에게 맡겨질 업무가 무엇이 될 것인가를 확실히 파악하고 있어야 한다. 그리고 간부 또는 중간관리자들은 필요한 인력의 자격요건을 정확하게 파악하여야 한다.

(2) 화합

채용하는 사람은 상하 동료들과 화합할 수 있는 사람이어야 한다. 아무리 능력이 있어도 기업 풍토에 적응하지 못하면 주어진 업무를 원만히 수행하기 어렵다. 특히 창업기업인 경우에는 기업 내에 전통이 확립되지 않은 상태인데 다양한 배경을 가진 사람들이 비교적 짧은 기간 동안에 모이게 되면 여러 가지 문제가 발생한다. 그러므로 채용 시에는 기업의 방침에 순응하지 않는 직원을 해고하는 방안도 고려하여야 한다.

(3) 잠재력

잠재력이 있는 사람을 채용해야 한다. 즉, 시간이 경과함에 따라 잠재력이 향상될 수 있는 사람이어야 한다. 그렇게 하기 위하여 필요한 사항 중에 하나는 오랫 동안 근무할 수 있는 사람을 채용하여야 한다. 직원에게 업무를 익히게 하려면 많은 시간과 비용이 투자되기 마련이다. 그런데 충분히 오랫 동안 근무하지 않으면 기업은 투자의 대가를 얻지 못하므로 기업으로서는 많은 손실을 입게 된다. 실제에 있어서 발전 가능성이 큰 사람은 어려움이 많은 창업 기업에 쉽게 취업을 원하지 않는 경우가 많다. 그러므로 현실적으로 창업기업에 있어서 만족스럽다고 할 만한 직원을 채용하기란 참으로 어렵다. 그러나 업무의 성격에 따라 다소의 약점이 있는 사람이더라도 채용을 하여 잘 관리를 해나가는 방안이 필요하다.

2) 모집방법

직원을 채용하려고 하면 먼저 채용비용을 고려하여야 한다. 채용비용의 범위 내에서 모집방법, 선발절차, 선발도구 등을 결정해야 한다. 일반적으로 널리 제공되는 모집방법 및 모집원은 다음과 같다.

(1) 광고

이 방법은 적격자가 접할 수 있는 곳에 광고를 내어서 모집하는 방법이다.

광고의 방법은 여러 가지이므로 비용이 저렴하고 효과적인 방법을 선택하면 된다. 광고의 유형은 주요 일간신문, 경제신문, 업종별 전문신문과 잡지, 라디오와 텔레비전 방송 등이 있겠으나 최근에는 광고비용이 저렴하고 사업장과 가까운 거리에 거주하는 사람을 구할 수 있는 지역 생활정보지 광고를 많이 활용하고 있다.

(2) 교육·훈련기관

이 방법은 고등학교, 전문대학, 4년제 대학교, 사설학원, 직업훈련원 등을 통하여 모집하는 방법이다. 즉, 각급 학교나 직업훈련기관을 통하여 구인을 의뢰하여 적격자를 선발하는 방법이다. 비교적 공신력을 가지고 전문성을 검증할 수 있는 방법이므로 많은 활용되는 방법이다.

(3) 친인척

비교적 소기업의 경우 친족, 친척들은 창업기업에 주요한 인적구성원이 될수 있다. 특히 충성심이 많이 필요한 업무의 경우 적합할 수 있다. 일반적으로 친족을 채용할 경우 창업초기의 어려움을 혈연 등의 인간관계로 극복할 수 있는 장점이 있다. 그러나 장기적인 관점에서는 업무 이외의 사적인 인간관계에서 갈등의 요인이 될 수도 있으므로 채용시 냉정한 판단이 필요하다.

그리고 직원 채용시 유의하여야 할 사항은 다음과 같다.

① 업무가 요구하는 능력을 갖추지 못한 사람을 채용하는 경우

② 능력을 고려하지 않고 친한 사람을 채용하는 경우

③ 능력과 적성을 고려하지 않고 아는 사람의 소개로 채용하는 경우

④ 필요 이상의 고학력자를 채용하는 경우

⑤ 학력은 높으나 적성에 맞지 않거나 능력이 부족한 사람을 채용하는 경우

⑥ 외모만을 보고 채용하는 경

⑦ 구체적인 능력 검정을 하지 않고 채용하는 경우

⑧ 말솜씨만 보고 채용하는 경우

---

5 **창업조직 구성시 고려사항**

창업멤버와 조직을 구성할 때 고려해야 할 사항은

첫째, 창업초기의 창업멤버와 회사조직은 단순(simple)할수록 좋다. 어느 정도 기반이 잡힐 때까지는 창업주 혼자서 모든 일을 처리하고 준비하는 것이 좋다.

둘째, 경력직원의 스카웃이 필요한 경우에는 신중을 기해야 한다. 수카웃 직원의 능력도 중요하지만 성격이 원만하고 협동심이 강하며, 창업주를 충실히 보좌해 줄 수 있는 사람이어야 한다.

셋째, 창업주 혼자서 단독으로 사업을 영위할 수 없는 경우 흔히 동업형식으로 사업을 시작하게 되는데 이때 주의할 점도 많이 있다. 가급적이며 동업을 피하되 동업이 꼭 필요한 경우에는 상호조건을 정확히 제시하여 합의가 된 후에 창업준비에 착수해야 한다. 또한 일정기간 후 동업관계가 끝난다는 전제하에서 동업관계가 종료되는 시점에서의 정리방법과 이해관계 조정방법 등도 미리 합의해 두어야 한다.

넷째, 창업회사의 조직은 일반적인 회사조직을 중심으로 편성하되 해당 업종에 맞는 특색있는 조직이 필요하다. 기업경영은 인력조직으로부터 시작해서 조직으로 끝난다고도 볼 수 있다. 조직관리의 효율화 여부가 바로 창업주의 부담을 덜어주는 열쇠가 되며, 창업성공의 지름길이 되는 것이다.

6 ▽ 종업원의 교육훈련

이렇게 창업점포의 조직이 갖추어진 이후에는 점포 전체적으로, 그리고 각 업무분야 및 부서별로 업무수행에 필요한 교육훈련을 실시하여야 한다.

이 시기에 철저한 교육훈련을 실시하지 않으면 개업 이후에도 업무의 통일이 이루어지지 않고, 조직의 체계도 제대로 갖추어지지 않는다. 물론 창업점포의 경영효율이 떨어질 가능성도 그만큼 높다. 이런 관점에서 창업자가 개업 준비절차에 맨 먼저 교육해야 할 사항이 바로 점풍의 확립이다. 기업의 전통도 창업 초기에 수립되는 것이다.

따라서 점포의 기본적인 경영방침과 목표에서부터 그 목표를 효율적으로 달성할 수 있는 수단과 방법, 즉 각종 규정의 숙지, 고객응대와 서비스 훈련, 업무처리체계도의 구축, 사무자동화에 따른 필수 전산교육의 실시 등 다양한 교육이 체계적으로 이루어질 수 있도록 각별한 신경을 기울여야만 한다.

제2절 상호, 간판, 실내외 인테리어·내부장식

1 상호짓기

상호는 가장 짧은 시간에 손님에게 제품이나 서비스를 각인시킬 수 있는 수단이다. 상호는 중요한 광고수단으로서 매출액과 직결되며 이것과 마케팅 전략이 연계되면 강력한 마케팅수단이 된다. 이처럼 상호가 중요한데도 그냥 느낌으로 짓다보니 나중에 잘못 지은 이름 때문에 고생하는 사람이 많다.

그러므로 실수하지 않으려면 어떤 물건을, 누구에게, 어떻게 팔 것인가에 대해 명확히 정의를 내린 다음 이에 맞춰 상호를 지어야 한다.

① 상호를 지을 때는 기존 인기있는 브랜드의 이름을 살펴보고 참고한다.

② 상권과 업종에 알맞은 상호를 짓는다.

③ 사업의 장·단기 계속여부에 따른 상호를 짓는다.

④ 주변 사람들의 자문에 따른 상호를 고려한다.

2 간 판

간판은 사람으로 치면 이름과 같은 것으로 가장 짧은 시간에 제품과 서비스를 손님의 머릿속에 새길 수 있는 수단이다. 그저 점포의 상호만 내다걸어서는 안된다. 간판은 점포를 대표한다. 게다가 이름은 그 자체로도 중요한 광고수단이다.

전체적인 조화를 염두에 두고 간판의 디자인과 색깔, 글씨체를 정한다. 특히 간판의 크기는 점포크기 등과 조화를 이루어야 더욱 빛을 발한다. 간판 형태는 간단 명료하고, 눈에 잘 띄며 보는 사람들에게 호감을 주어야 효과적이다. 전면간판과 돌출간판, 그리고 입간판 등을 최대한 활용한다. 다른 부분의 비용은 최소화하되 간판만은 아낌없이 투자해야 함은 너무도 당연하다.

또한 간판의 난립과 무질서한 설치를 방지하기 위해서는 광고주 자신의 자율규제 외에도 옥외광고물법, 도로교통법, 건축법, 소방법, 도시계획법 등에서 제한하고 있다.

따라서, 창업후 간판을 설치할 때에는 구청 혹은 동사무소에 문의하는 것이 좋을 것이다. 즉 간판에는 설치를 받아야 하는 것과 신고만 하면 되는 것으로 구분되기 때문이다.

3 ▽ 실내외 인테리어 · 내부장식

장식은 비싸다고 무조건 좋은 것은 아니며, 업종의 성격이나 주고객의 취향, 분위기 등을 종합적으로 판단하여 실내장식을 하여야 한다. 인테리어를 하지 않으면 안될 정도로 점포시설이 마음에 들지 않는다면 잔금을 치르기 전에 일정을 잡아서 계획을 세우고 여러 인테리어 업체를 비교, 검토한 뒤에 계약한다.

특히 인테리어 견적과 계약은 매우 꼼꼼하게 검토해야 한다. 인테리어를 하다보면 크고 작은 충돌이 생긴다. 이때 중심 없이 흔들리다보면 돈은 돈대로, 시설은 시설대로 손해를 입는다. 정작 신경써야 할 계약은 적당히 하고서 막상 시공 때 간섭을 하는 식으로 거꾸로 일을 하기 때문이다. 당연한 말이지만 견적서의 내용은 반드시 확인해야 한다. 견적내용은 대체로 인테리어 설계비, 자재비, 공사비로 되어 있다.

설계에서 빠진 곳이 있는지 꼼꼼히 확인한다. 착오는 여기에서 생긴다. 벽이나 천장, 주방, 바닥, 조명뿐만 아니라 화장실, 간판, 계단, 기둥 등을 차례차례 점검하라. 자재를 무엇으로 할 것인가도 명확히 해두는 것이 좋다. 이것을 소홀히 하면 나중에 추가비용의 원흉이 된다. 인테리어 계약에서 간판은 대체로 별도 견적을 뽑으므로 확인해야 한다.

공사중의 사고와 하자보수에 대한 책임문제를 명시해야 한다. 공사기간 중에 생긴 사고는 시공업자의 책임임을 명확히 해두어야 한다.

공사일정을 명확히 해야 한다. 공사일정이 지연되어 입는 손해는 의외로 막대하다. 이에 대해 책임소재를 명확히 해야 한다.

1) 출입문

자연스럽게 들어가고 나올 수 있도록 하는 것이 좋다. 지나치게 고급스러운 재질로 화려하게 해놓아도 부담스럽고, 창고형 출입문처럼 촌스럽게 해놓아도 제 얼굴을 깎아먹는다. 물론 취급하는 품목과 전체 분위기에 맞게 시설을 해야 한다.

2) 쇼윈도

지나가는 사람의 시선을 붙들어매는 구실을 한다. 그만큼 시각적인 자극을 주어 구매욕구를 충동질하도록 꾸며야 한다. 형태는 취급업종에 따라서 차이가 많으며, 완전 속이 들여다보이는 개방형, 반개방형, 완전폐쇄형이 있다.

완전개방형은 슈퍼마켓 등 가격이 저렴하고 편의품을 주로 취급하는 업종에 적합하다. 언제든지 마음 편히 들어가고 나갈 수 있는 분위기를 풍기기 때문에 부담없이 업종에 적합하다.

반개방형은 주로 고객이 쇼핑의 목적을 어느 정도 정해 놓은 업종에 적합하다. 의류점, 문구점, 완구점, 전자제품, 기타 일반음식점 등이 이에 속한다.

완전폐쇄형은 고급품점에 어울린다. 특별한 디스플레이보다는 화려하고 고급스러운 분위기를 내어 손님이 점포에 들어서는 것 자체로도 우월감을 느끼도록 해주어야 한다. 하지만 이러한 구분이 최근에는 점차 사라져가고 있다. 자유와 개성을 추구하는 시대의 흐름에 따라서 점차 쇼윈도의 형태도 개방형으로 바뀌고 있다.

또한 쇼윈도 조명과 진열에 각별한 정성을 쏟아야 한다. 쇼윈도에 진열될 상품이나 디스플레이도 중요하지만 이에 걸맞는 조명은 더욱 중요하다. 예를 들어 주력상품에는 강렬한 스포트라이트를 비추는 등의 연출이 필요하다. 쇼윈도의 진열은 한 번에 메시지가 전달될 수 있도록 단순하며 파격적이어야 좋다. 또한 항상 청결을 유지해야 한다. 주력상품이나 베스트상품을 진열하는 것이 좋고, 계절행사나 특별행사 때에는 그에 맞게 민감한 진열을 하라. 1년 내내 변화 없는 쇼윈도는 죽은 점포의 상징이다.

3) 실내인테리어 및 내부장식

인테리어 시설시 다음과 같은 사항을 우선적으로 고려한다.

① 상권과 업종의 특성에 맞춘다.

인테리어는 점포의 분위기를 좌우하는 중요한 요소이므로 상권과 업종의 특성에 맞추어서 해야 한다. 또한 연령층에 따라 선호하는 디자인과 색상을 고려하고 특히 주고객이 선호하는 것을 선택하며 실내를 꾸미는 것이 중요하다.

② 조명을 업종과 품목에 맞게 조화시킨다.

③ 가구나 집기는 인테리어와 조화시킨다.

계산대의 위치와 진열장의 위치는 중요한 사항이다. 계산대는 손님의 통행에 불편을 주지 않아야 하고 안정성도 고려하여 설치해야 한다. 업종이나 점포크기에 따라서 출입구의 앞이나 옆 또는 뒤에 설치한다. 하지만 불가피한 경우가 아니라면 안쪽에 설치하는 것은 피해야 한다.

계산대는 손님에게 부담이 되는 곳이므로 없는 듯한 인상을 주도록 연구해야 한다. 손님과 정면으로 마주 보이는 곳은 계산대로서 부적합하다. 이 점을 소홀히 해서 고객을 잃는 점포가 수없이 많다는 것을 유념해야 한다. 한편으로는 손님의 동향을 살필 수 있는 곳이어야 한다는 것도 염두에 두어야 한다.

진열장은 단순히 상품을 나열해 놓는 곳이 아니다. 손님들이 진열장의 상품을 보고 사거나 먹고 싶다는 구매욕구를 느낄 수 있도록 한다. 탁자와

의자 등은 특히 업종에 따라 신경을 써야 하는 부분이다. 단순히 물건을 놓거나 앉기만 하면 되는 시대는 갔다. 그만큼 디자인과 색상, 그리고 안락함과 함께 인체공학적인 면까지도 감안해야 한다는 뜻이다. 또한 호화스럽다고 좋은 것은 아니며, 청결하고 쾌적하여야 한다.

제 3 절 상품매입과 진열

1 상품매입

매입이란 고객을 만족시킬 수 있는 상품을 구매하는 활동이다. 상점이 성공 여부는 매입기능에 달려 있다고도 할 수 있는데, 비효율적인 매입은 상품의 품절을 가져와 모처럼 찾아온 고객을 실망시켜 고정고객 확보를 어렵게 하기 때문이다. 그렇다고 정해진 공간에 모든 상품을 다 취급할 수 없으므로 자기 상점을 찾아오는 고객들이 원하는 상품 위주로 구색을 갖추고 그에 맞춰 상품을 매입해야 한다.

구매담당자에게는 마케팅 센스가 필요하다. 구매담당자가 마케팅 센스를 지니고 있는가의 여부가 기업경영의 초석이 될 것이다. 잘 팔리는 상품이나 싼 원자재를 타 경쟁사보다도 빨리 찾아내어 그 상품이나 원자재를 확보할 수 있다면 이익은 커진다. 그렇기 때문에 도매상이나 소매상의 경우에도 시장의 흐름을 민감하게 파악할 수 있는 센스의 유무로 구매담당자의 성과도 결정된다.

구매담당자의 마케팅 센스는 먼저 태어나면서부터 지닌 재능에도 기인한다. 장사의 기질이나 탁월한 감각 등은 이에 해당한다. 그러나 천부의 재능만으로는 반드시 한계가 있다. 다음으로, 현장에서의 지식을 갈고 닦는 노력이 필요하다. 그 노력은 시장의 움직임을 자신의 눈과 발로 확인하는 것이다. 자기가 움직여서 얻은 정보는 제일선의 현장과 밀착된 정보이기 때문에 그만큼 정확도가 높은 정보라고 해도 좋다. 그러한 일은 반복하여 경험함으로써 시장을 보는 눈이 훈련되는 것이다.

처음에는 한 곳으로 치우친 정보를 전체적인 동향으로 잘못 판단하는 경우도 있을 것이다. 그러나 시행착오를 반복하면서 시장의 구석구석까지 볼 수 있는 힘이 생긴다. 구매처의 장단점을 파악하는 능력, 상품의 흐름을 충분히 파악하기 위해 필요한 시간, 잘 팔리는 상품을 꿰뚫어 볼 수 있는 감각과 같은 것은 상당수가 경험에 의해 배양된다. 구매담당자는 구매처를 반드시 시찰하여 상황을 자신의 눈으로 확인할 필요가 있다. 특히, 구매처가 작은 회사일 경우 경영이 안정되어 있지 않은 경우가 많기 때문에 반드시 현장을 보고 만일의 경우에 대비해야 한다.

도매상이나 소매상은 구매처로부터의 물품납기가 중요하다. 판매는 타이밍이 중요하기 때문에 잘 팔릴 때 상품이 얼마나 순조롭게 입하하는가가 포인트가 된다. 이때 구매처의 공급능력이 문제가 된다. 그러므로 구매처의 공급 능력을 직접 자기 자신의 눈으로 확인하는 것이 필요하다.

2 ▼ 상품진열

1) 상품진열 원칙

상품진열의 목적을 손님이 쉽게 상품을 인지하고 그 상품을 사게 만드는 데에 있다. 따라서 상품의 진열은 보기 쉽고, 사기 쉽게 진열해야 하는데 그 원칙은 다음과 같다.

(1) 잘 팔리는 상품(주력상품)은 잘 보이는 곳에 진열한다.

상품을 벽면이나 진열장을 이용하여 진열하는 경우, 고객이 보기 쉽고 손이 가기 쉬운 부분은 매장의 바닥면적에서 60mm 이상 170cm까지를 일컫는데, 특히 85~125cm를 골든 스페이스에 주력상품을 진열하는 것이 매출을 극대화시킨다.

(2) 너무 높거나 너무 낮은 곳에 상품을 진열하지 않는다.

이런 진열은 손님이 쇼핑의 즐거움을 느끼지 못하기 때문에 다른 점포에 고객을 빼앗기는 결과를 초래한다.

(3) 관련상품을 같이 진열한다.

상하좌우로 서로 관련된 상품을 배치하면 쇼핑이 편리하기 때문에 매출이 높아진다. 예를 들어 신사복과 와이셔츠, 주류와 안주류 등이다.
① 점포의 이동공간을 넓게 해서 상품이 잘 보이도록 한다.
② 상품의 브랜드와 가격이 잘 보이도록 진열한다.
③ 상품의 수량과 색상을 풍부하게 진열한다.
④ 저회전상품이나 고가상품은 최소한의 양만 진열한다.

2) 상품진열 방법

효과적인 진열이란 고객이 상품을 쉽게 찾을 수 있게 하는 것인데 그러기 위해서는 상품을 어떻게 분류하는가가 매우 중요하다. 이 분류기준은 결국 손님이 상품을 선택할 때 요구하는 것이 무엇인가를 파악하는 것이 기본이다. 그 진열방법은 다음과 같다.

(1) 용도별 진열

용도별 진열이란 상품을 품종별·용도별로 분류해 손님이 쉽게 구매할 수 있도록 하는 진열방법이다. 실제로 대형점의 상품진열 방식이 소재별에서 용도별로 변화하고 있다. 예를 들어 가정용품 매장의 경우에 주방용품, 식탁용품, 세탁용품, 목욕용품 등으로 용도별로 구분하고 있다.

(2) 가격별 진열

선물용품, 특가품 진열에 효과적이다. 선물용이나 특가품을 고를 때에는 가격이 우선이다. 대형 선물코너나 특설매장에는 가격별 진열이 눈에 띈다.

(3) 사이즈별 · 디자인별 진열

사이즈별 분류에 다시 디자인별 분류가 가능하고, 반대로 디자인별 분류에 다시 사이즈별 분류도 가능하다. 신사용 양복은 디자인별 · 색상별 분류를 기본으로 진열하고 다시 사이즈별 · 가격별로 진열하면 매우 잘 보인다.

(4) 색상별 진열

의복이나 액세서리 및 가정용품 등에 이르기까지 폭넓게 행해지고 있다.

(5) 대상별 진열

상품을 사용하는 대상에 따라서 분류하는 방법으로 베이비 코너, 유아 코너, 하이틴 코너 등의 분류가 대형점에서 눈에 띄는데 바로 이러한 진열방법이다.

이와 같은 상품진열은 무엇을 진열할 것인지, 언제 진열할 것인지, 어느 위치에 진열할 것인지, 누구를 위해 진열할 것인지, 어떻게 진열할 것인지 등을 항상 염두에 두고 진열에 임해야 한다. 즉 상품진열은 진열하는 품목에 따라 다르지만 결국은 쉽게 사도록 하는 데에 목적이 있는 만큼, 쇼윈도의 진열로 손님을 점포 안으로 유도하여 동선에 따라 한눈에 띄는 진열로 구매를 쉽게 하는 데에 있다.

제4절 사업자등록신청 및 신고사항

1 사업자등록신청

개업하고자 하는 업종이 인 · 허가 업종이면 개업하기 전 해당기관에 인 · 허가 신청을 하여 인 · 허가를 받아야 하며 부가가치세법에 의거 사업개시일로부터 20일 이내에 사업장 관할세무서에 사업자등록신청을 하여, 사업자등록증을 교부받아야 한다. 이때 사업개시 전이라도 사업자등록을 할 수 있다. 이에 관해서는 제3부에서 상세히 기술하고 있다. 또한 사업자등록후 소자본 창업자가 신고하여야 할 중요항목은 아래와 같다.

관할 지방 세무서장은 사업자등록 신청일로부터 7일 이내에 사업자등록번호가 기재된 사업자등록증을 교부한다.

사업자등록신청시 구비서류

가. 사업자등록 신청서 1부
나. 사업인 · 허가증 사본(법령에 의한 인 · 허가 업종에 한함) 1부
　※ 신규사업인 경우 사업인 · 허가증 사본(발행전) 대신 사업인 · 허가 신청서 사본이나
　　사업계획서도 가능
다. 주민등록등본 1부

▽2 사업자등록후 신고사항

사업자등록후 신고사항

가. 근로자 명부와 임금대장의 작성 · 비치
　(근로기준법 제32조. 제40조, 상시근로자 1인 이상 사업장 해당)
나. 고용보험신고
　(고용보험법 제7조. 모든 사업장 해당)
다. 국민연금 의무가입
　(국민연금법 시행령 제19조. 상시근로자 5인 이상 사업장 해당)
라. 건강보험 의무가입
　(의료보험법 시행령 제19조. 상시근로자 5인 이상 사업장 해당)
마. 산업재해보상보험 신고
　(산업재해보상보험법 제12조. 상시근로자 5인 이상 사업장 해당)
바. 취업규칙 작성 · 신고
　(근로기준법 제96조. 상시근로자 10인 이상 사업장 해당)

1) **사업자등록후 신고사항**

(1) 근로자 명부와 임금대장 작성 · 비치

근로기준법 제40조 및 제 47조의 규정에 의하여 상시근로자가 1인 이상인 경우 근로자명부와 임금대장을 작성하여야 한다. 사업자는 근로기준법 시행규칙 제19조에서 정하는 서식에 각 사업장별로 근로자의 성명, 생년월일, 이력 등을 기재한 근로자 명부와 임금과 가족수당 계산의 기초가 되는 사항, 임금액 등을 기재한 임금대장을 작성하여 보존하여야 한다.

(2) 고용보험신고

고용보험은 실업의 예방, 고용의 촉진 및 근로자의 직업능력의 개발 · 향상을 도모하기 위하여 실시하는 것으로서, 고용보험 적용대상 사업장이 98년 10월 1일부터 4인이하 영세사업장을 포함한 모든 사업장으로 확대됨에 따라 사업주는 당해 보험관계가 성립한 날로부터 14일 이내에 관할 지방노동청(사무소)에 신고하여야 한다. 고용보험은 의료보험 · 국민연금 · 산업재해보상보험과 함께 4대 사회보장제도의 하나로, 1995년 7월 1일부터 시행되었다. 이에 따라 사업주와 근로자는 각각 월정급여액의 일정비율(0.3%)을 보험료로 납부해야 하며, 전국적인 고용보험 전산망 구축에 따라 지방노동 사무소와 시 · 군 · 구에서 구인 · 구직 정보를 제공받게 된다.

(3) 국민연금 의무가입

대표이사 등 상근임원과 종업원을 합해서 5인 이상인 회사(법인)를 설립한 때에는 당연적용사업장이 되어 국민연금법 시행령 제19조의 규정에 의하여 국민연금에 의무적으로 가입하여야 한다. 그러나 임원 · 종업원이 4인이하의 사업장 근로자 및 농 · 어민, 자영업자, 일용근로자, 주부 등은 신청에 의하여 가입할 수 있다. 국민연금에 가입하려면 '당연적용사업장해당신고서', '사업장가입자 자격취득신고서'를 법인의 사업소 소재지 관할 국민연금관리공단에 제출하여야 한다.

(4) 건강보험 의무가입

건강보험은 피보험자 또는 피부양자의 질병, 부상, 분만 및 사망 등에 대하여 보험급여를 실시함으로써 국민건강을 향상시키고 사회보장의 증진을 그 목적으로 하고 있다. 또한 건강보험은 상병이라고 하는 생활상의 사고와 분만 또는 사망이라고 하는 가계지출상의 기복으로 인하여 통상적 가계지출 외에 일시에 많은 가계지출을 하게됨에 따라 가계가 파탄되는 것을 방지하기 위하여 보험이라는 조직기술을 통하여 가계지출의 위험을 분산함으로서 국민생활의 안정을 도모하기 위한 제도이다. 의료보험법 시행령 제19조에 의거 상시근로자 5인 이상 사업장은 당연 적용 사업장에 해당한다.

(5) 산업재해 보상보험 신고

산재보험제도란 근로자가 사업장에서 업무상으로 부상, 질병 또는 사망한 경우에 사업주의 보상책임을 대신하고 정부에서 신속하고 공정하게 보상해 줌으로써 근로자와 그 가족들을 보호해 주는 사회보장제도이다. 사업주는 산재보험에 가입하고 소정의 보험료만 납부하면 근로기준법상 보상책임을 면하게 되므로 안심하고 기업경영을 할 수가 있다.

산재보험은 당해 사업개시한 날로부터 14일 이내에 사업장 관할 근로복지공단에 보험관계성립신고서를 제출하여야 한다. 또한 사업의 폐지·종료로 인하여 보험관계가 소멸한 때에는 소멸로부터 14일 이내에 사업장 관할 근로복지공단에 보험관계소멸신고서를 제출하여야 한다.

산업재해보상보험 법 제12조에 의거 상시 근로자 5인이상 사업장에 해당된다.

(6) 취업규칙 작성·신고

상시 10인 이상의 근로자를 사용하는 사용자는 취업규칙을 작성하여 노동부장관에게 신고하여야 하며, 이를 변경하는 경우에 있어서도 또한 같다. 만약 사업장에 근로자의 과반수로 조직된 노동조합이 있는 경우에는 노동조합, 노동자의 과반수로 된 노동조합이 없는 경우에는 근로자 과반수의 의견서를 첨부하여 노동부 지방사무소에 제출한다. 이러한 취업규칙은 사업장의 모든 근로자에게 적용되므로 상용직을 대상으로 한 취업규칙만 작성하고 임시직에 관한 별도규칙을 마련하지 않는다면 임시직 역시 이미 작성·시행되고 있는 취업규칙의 적용을 받게 된다. 근로기준법 제96조에 의거 취업규칙에 포함되어야 할 주요 사항은 다음과 같다(부산광역시, 2004).

① 사업·종업의 시각, 휴식시간, 휴일, 휴가 및 교대근고에 관한 사항
② 임금의 결정·계산·지급방법, 임금의 산정기간·지급시기 및 승급에 관한 사항
③ 가족수당의 계산·지급방법에 관한 사항
④ 퇴직에 관한 사항
⑤ 퇴직금, 상여 및 최저임금에 관한 사항
⑥ 근로자의 식비, 작업용품 등 부담에 관한 사항
⑦ 근로자를 위한 교육시설에 관한 사항
⑧ 안전과 보건에 관한 사항
⑨ 업무상과 업무 외에 재해부조에 관한 사항
⑩표창과 직제에 관한 사항
⑪ 기타 당해 사업 또는 사업자의 근로자 전체에 적용될 사항

제5절 개업안내문 배포 및 영업개시

1 개업안내문 배포

개업식은 대단히 중요하다. 바로 점포가 탄생하는 날이기 때문이다. 더구나 이제 처음 시작하는 날인데 자축만 하고 있어서는 안된다. 모든 사람

에게 알려서 탄생을 축하받고 계속해서 장사를 해나갈 수 있어야 한다.

하지만 생면부지의 손님들을 끌어들이기 위해서는 행사를 해야 한다. 홍보전단도 돌리고 판촉물도 나눠주고, 도우미도 활용하고 경품도 제공하는 등 독특한 아이디어를 담은 각종 이벤트를 곁들인다. 가만히 앉아만 있어서는 손님들이 오지 않는다. 멀리서도 소문을 듣고 올 수 있도록 적극적으로 마케팅을 구사하는 것이 좋다.

2 영업개시

이렇게 해서 개업식날 방문할 손님을 단골화시키기 위해서는 그들의 마음을 파고드는 그 무엇인가를 보여주어야 한다. 개업식 홍보를 극대화하라고 하는 까닭도, 손님이 일단 점포에 오고 난 연후에야 점포에 대한 평가를 거쳐 단골이 될 수 있기 때문이다.

개업행사를 벌여 단순히 사람들만 많이 유도한다고 그들이 다 단골이 되는 것이 아니다. 개업행사란 단골을 만드는 장일 뿐이다. 그렇다면 손님들을 단골로 만들어주는 것은 무엇인가? 그것은 풍요로운 상품과 차별화된 점포분위기, 그리고 마음에서 우러나오는 서비스이다. 이것이 빠진 개업식은 오히려 점포의 운명을 재촉하는 역효과를 낳는다. '다음에 다시 올 때 잘 해줘야지.'하는 섣부른 생각은 아예 하지 않는다. 장사에서 다음 기회란 없다. 손님은 매우 민감하다. 특히 개업한 점포는 호기심의 대상이 되기 때문에 개업 초기의 며칠 사이에 결판이 나게 되어 있다.

개업 일주일 이내에 그 점포에 대한 소문이 돈다. 평판이 난다는 말이다. 장사의 성패는 이때부터 서서히 윤곽을 드러내게 되어 있다. 처음부터 다양한 상품과 저렴한 가격, 차별화된 점포분위기와 친절한 서비스를 갖춘 점포는 '개업발'이 탄력을 받아서 쉽게 일어서지만 그렇지 못한 점포는 말 그대로 개업발로 끝나고 만다.

(1) 개업날 판매촉진 활동방법

개업 안내문 전단지 홍보를 할 때 1차상권 범위 내에는 일일이 직접 뿌리는 노력을 해야 하며, 2차상권 범위 내까지는 신문지에 넣어 배포하는데, 최소한 2회 이상 실행해야 한다. 이러한 홍보는 개업 후 1개월 이내에 최소한 5~6회 지속적으로 실시해야 하며, 그 이후에도 정기적으로 실시하는 것이 바람직하다.

이러한 지극히 기본적인 상식은 창업자들 중 모르는 사람도 없으며, 또한 개업시에 매우 적극적으로 의지를 불태우기도 한다. 그런데 개업 일주일 후면 거의 그러한 상식도 의지도 사라져버리고 만다. 장사가 잘 되면 잘 된다고 홍보의 필요성을 못 느끼고, 장사가 안되면 안된다고 의기소침해서 홍보할 의욕을 잃고 있거나 심지어 홍보의 필요성까지도 의구심을 갖는다. 개업날의 판매촉진 행사내용은 다양하다. 자기의 점포에 맞게 추진하여야 한다.

① 샘플제공은 손님의 구매욕구를 자극해 주의를 집중시켜 상품의 인지도를 제고시킬 목적으로 사용한다.

② 경품제공은 손님들에게 사은품을 제공하는 것으로, 구입자 일부에게만 제공하는 현상 경품방법과 구입자 전원에게 제공하는 기념품 제공방식이 있다.

③ 가격할인은 보통 1회에 5~10일 정도 하는 것이 바람직하다. 매출증진에는 기여하는 방식이나 남발할 경우 싸구려 상품을 파는 점포라는 이미지를 낳을 수 있다. 특히 음식업에는 알맞지 않은 방법이다. 품질에 의심을 받을 우려가 있다.

④ 지불조건 다양화는 신규고객 확대 및 구매를 촉진시키기 위해 사용하는데 무이자 할부판매, 현금가 분할판매 등을 시행한다. 이러한 판촉행사 내용도 중요하지만 점포특징과 장점을 부각시키고 점포의 위치 및 연락처를 표시하는 것은 더욱 중요하다.

핵 심 정 리 문 제

1   개업준비절차는 일반적으로 어떠한 사항들이 있는가(가급적 순위적으로 나열하시오)?

2   점포사업의 직원채용방법에 대해서 설명하시오.

3   점포사업의 직원채용시 유의사항을 기술하시오.

4   창업조직구성시 고려할 사항을 기술하시오.

5   상호의 중요성과 작명시 유의사항을 기술하시오.

6   간판의 중요성과 설치시 유의사항을 설명하시오.

7   점포의 실내외 인테리어 · 내부장식의 요소별 유의사항에 대해서 기술하시오.

8 상품매입과 진열에 대해서 기술하시오.

9 개업식의 중요성과 개업식날 판매촉진방법에 대해서 기술하시오.

제7장 성공점포 경영실무

제1절 경영이념·경영방침·영업방침의 확립

　사업성공의 첫째 요소는 바로 창업초기에 경영이념과 경영방침을 설정하고 그에 따른 영업지침을 설정하여 실천하는 것이라 하겠다.

1　경영이념

　경영이념은 창업자나 최고경영자가 기업을 이끌어갈 정신철학이라고 할 수 있다. 예를 들어 제조기업이라면 유용성 있는 좋은 제품을 원가절감을 통하여 소비자가 만족할 만한 가격에 적기에 생산하여 제공하므로 고객만족과 편의를 도모하고 인류와 사회에 윤택한 생활을 가져오도록 하며 기업도 성장하겠다는 정신자세가 될 것이다.

2 경영방침

점포사업 경영에 있어서 경영방침이란, 경영주가 점포사업을 경영하면서 이루고자 하는, 또는 지향하고자 하는 마음가짐이라고 표현할 수 있다. 단순히 판매이익을 극대화하여 돈만 벌겠다는 것이 아닌, 상점을 운영하면서 무엇인가 가치있는 일을 하겠다는 생각이 필요한 것이다. 이러한 생각이 있어야 경영주를 포함한 전 종업원이 하나의 마음으로 뭉쳐질 수 있는 것이며, 반복되는 일이지만 보람을 가지고 일할 수 있는 것이다. 예를 들면 지역주민에게 맛과 품질로서 봉사하겠다는 마음가짐 등이라 하겠다.

3 영업방침

영업방침은 상품과 고객 사이에는 발생되는 문제점들을 어떻게 조정하며 해결해 가느냐의 기준이 되는 것이다. 이를테면 경영방침은 기업인 상점의 근본적인 방향을 나타내고 영업방침은 영업활동의 구체적인 지침을 나타낸 것이라고 할 수 있다. 영업방침은 구체적인 행동강령으로 만들어져야 한다. 이것은 고객을 맞이하여 판매를 하는 데에 언제나 판단의 지표로 활용되는 것으로서, 좀더 고객을 생각하는 데 도움이 될 수 있고, 대외적으로 상점의 이미지를 좋게 할 수도 있다. 예를 들면 "친절하고 신속한 서비스를 제공합니다" 혹은 "항상 깨끗한 매장이 되도록 최선을 다한다" 등이다.

아무리 훌륭한 방침이라고 하여도 사무실 책상 속이나, 경영주의 마음속에만 자리잡고 있다면 이 방침은 아무 쓸모가 없는 것이다. 방침이 있다면 종업원이 매일 근무하기 전에 그것을 복창하도록 하며, 거래관계자 등 주변의 모든 사람에게 알릴 수 있도록 잘 보이는 곳에 게시하여야 한다. 이렇게 함으로써 방침에 입각한 방향있는 상점의 경영이 이루어질 수 있는 것이다.

제 2 절 점포의 점풍과 비전의 제시

소자본 점포의 창업목적이 일차적으로는 이윤추구(돈벌이)에 바탕을 두고 있는 것이 사실이지만 소자본 점포, 즉 소매점은 첫째, 제품과 서비스를 구색을 갖추어 최종소비자에게 판매하며 둘째, 소매상은 광고, 전시, 카탈로그와 판매원을 통하여 소비자에게 정보를 제공한다. 셋째, 소매점은 상품을 저장하고 상품가격을 결정하고 매장에 상품을 전시하는 기능과 최종소비자에게 판매하기 전에 공급업자에게 제품에 대한 대가를 지불한다. 넷째, 소매상은 적절한 점포입지·신용정책 등을 사용하여 최종소비자의 거래를 종결시키는 기능을 수행한다.

이러한 기능 이외에도 소비자에게 품질, 맛, 점포분위기, 제품정보, 쇼핑의 즐거움 등을 주므로 비화폐적 만족과 즐거움을 소비자들에게 제공하게 된다. 그러므로 긍지와 자부심을 갖고 기업에 사풍(社風)이 있듯이 활기차고 명랑한 점풍을 만들어야 한다. 긍정적 발상으로 운영하는 점포는 그만큼 강해진다. 인간은 기계가 아니다. 가족이나 종업원들에게 무엇인가 역할과 사명감을 심어주어야 비전을 갖게 된다. 그럼으로써 점포의 분위기는 활기차고, 공통의 정보를 공유하게 된다. 그래서 '좋은 점풍'을 만드는 일부터 시작하도록 해야 한다.

특히 점포 주인이 혼자 근무하는 경우에도 마찬가지이다. 점격과 점포 이미지는 결국 사람에 의하여 결정된다. 좋은 환경에는 좋은 사람이 모여들게 마련이다. 좋은 점포에는 좋은 고객들이 출입하게 된다. 그 결과 좋은 점포는 꿈과 비전을 갖게 될 것이다.

제3절   점포사업의 마케팅전략

 점포사업을 창업하고 아무리 훌륭한 사업목표와 점풍과 비전을 확립하려고 노력해도 이익이 나지 않으면 점포사업은 문을 닫을 수밖에 없다. 그러므로 우선 점포사업은 마케팅전략을 수립하여 효율적인 경영을 하지 않으면 안된다. 점포사업의 마케팅전략도 일반 기업의 마케팅이론을 바탕으로 해당 소매점에 맞는 실무전략으로 도입하여 적용할 수가 있다.

1   **마케팅의 정의**

 마케팅은 바로 시장과 관련하여 발생하는 인간활동을 의미한다. 마케팅은 인간의 욕구를 충족시킬 목적으로 기업과 소비자간에 이루어지는 시장에서의 교환활동을 뜻한다. 이상과 같은 마케팅의 개념적 구성요소에 대한 고찰을 토대로 마케팅에 대한 개념은 다음과 같이 정리될 수 있다.
 마케팅개념은 시장에서의 교환을 통하여 인간의 필요와 욕구충족과 기업의 생존과 성장이라는 목적을 달성하는 과정이다.
 또한 마케팅을 기업의 입장에서 정의하면 다음과 같다.

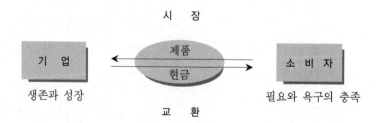

[그림 7-1] 마케팅의 개념

마케팅이란 기업이 결쟁하에서 생존과 성장 목적을 달성하기 위하여 소비자를 만족시키는 제품·가격·유통·촉진활동을 계획하고 실행하는 관리과정이다.

점포사업의 마케팅전략

2

최근 소비자의 가처분소득이 증가함에 따라 소비자의 욕구는 다양화 및 개성화의 추세를 보이며, 소매점에 대한 소비자의 기대수준도 소비자집단에 따라 다양하게 나타나고 있다. 이에 따라 소매점들은 전체시장 중 자점포가 가장 큰 경쟁우위를 제공할 수 있는 세분시장을 표적시장으로 선정하고 그 세분 시장내 소비자들을 경쟁점포보다 더 잘 만족시키기 위한 소매점포 믹스를 개발하는 마케팅전략적 접근이 요구된다.

소매상 마케팅전략의 주요 구성요소는 [그림 7-2]에 예시되어 있다. 소매점의 마케팅전략 수립은 먼저 소비자의 기대수준(소비자들이 소매점에서 어떠한 효용을 얻기를 기대하는가)을 조사한 후, 이를 만족시킬 수 있는 소매상 마케팅믹스(소매업자들이 서비스를 제공하기 위해 사용하는 마케팅믹스는 어떤 요소들로 구성되는가)를 개발하는 과정이다. 마케팅믹스란 기업이 표적 시장에서 마케팅목표의 달성을 위해 사용하는 보다 실질적인 마케팅도구들을 의미한다.

소매점의 마케팅믹스(소매점포믹스)는 소매점이 소비자 기대를 토대로 잠재고객들을 세분화한 다음 이들 중 가장 매력적인 세분시장을 표적시장으로 선정하여 표적고객의 마음속에 경쟁점포보다 나은 이미지(경쟁적 포지션)를 구축한다. 소매점이 수립한 시장세분화·표적시장 선정·경쟁적 포지셔닝(STP : Segmentation, Targeting, Positioning)전략은 소매점포믹스에 대한 의사결정을 통해 실행된다. 이하에서는 소비자기대를 구성하는 주요요소에 대해 설명한 후, 이를 토대로 한 소매점의 STP 전략 수립 및 소매점포믹스 결정을 다루기로 한다.

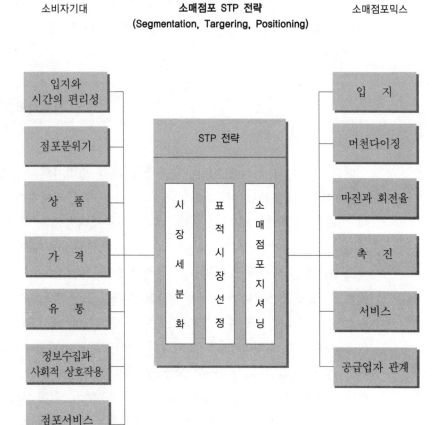

[그림 7-2] 소매상 마케팅전략의 구성요소

3 ▷ 소비자기대

점포에 대한 소비자기대는 점포이미지형성 및 점포선택에 영향을 미친다. 그러므로 소점포 관리자는 소비자들이 자점포로부터 기대하는 바를 정확히 파악하여 이를 소매마케팅전략수립에 반영하여야 할 것이다. 소비자기대를 구성하는 주요요인들에는 입지 및 시간의 편리성, 점포분위기, 상품구색, 가격, 유통, 정보수집과 사회적 상호작용, 점포서비스 등이 있다.

1) 입지와 시간의 편리성

많은 소비자들은 시간의 압박 속에서 생활하기 때문에 일상적인 행동을 하는 데 가능한한 시간을 절약하려고 한다. 쇼핑 역시 이같은 일상행동 중의 하나이므로 쇼핑의 편의성은 소비자들이 소매점 선택을 하는 데 중요한 요인으로 작용하게 된다. 따라서 소매점들은 소비자들의 집이나 직장에서 근접한 위치에 있어야 하고 소비자들이 편리한 시간에 쇼핑이 가능하여야 한다. 입지 편의성을 고려할 때에는 물리적인 거리보다 소비자의 여행시간(travel Time)이 보다 중요하게 여겨진다. 왜냐하면 같은 거리라 할지라도 소요되는 시간은 시간대에 따라서 상당한 차이가 나기 때문이다.

입지는 소비자들의 특성에 의해서도 많은 영향을 받게 된다. 비교적 시간에 여유가 있는 소비자(은퇴자, 휴가자, 주부 등)들은 상대적으로 기회비용이 적기 때문에 할인가격으로 쇼핑할 수 있으면 기꺼이 보다 긴 여행시간이라도 감수하려고 한다. 그러나 쇼핑시간이 상대적으로 적은 소비자(직장인, 직장 여성 등)는 시간절약을 위해 접근하기 편리한 위치에 있는 소매점이라면 비교적 높은 가격도 기꺼이 감수하려고 할 것이다.

2) 점포분위기

모든 점포들은 나름대로의 느낌 또는 분위기를 보유하고 있는 고객들은 그들이 자주 이용하는 점포에 가면 편안한 느낌을 받는다. 즉 자주 이용함에 따라 점포의 분위기를 익숙해지고 보다 안정된 상태에서 쇼핑을 할 수 있게 되는 것이다. 따라서 소매업자들은 고객들이 점포를 집과 같은 편안함을 느끼게 하여야 하고 고객의 라이프 스타일과 일치되는 점포분위기를 형성하는 것이 필요하다. 이러한 점포분위기는 상품구색, 조명, 장식, 점포구조, 음악의 종류등에 의해 영향을 받게 된다.

3) 상품전략

상품전략은 상품품목의 구성과 양의 효율성을 꾀해 손실률을 줄이고 매출을 극대화하기 위한 것이다. 그러나 사업자의 구미에 맞게 상품전략을 펴서는 안된다. 고객의 구매성향에 맞추어 계획하고 실행해야 한다.

상품전략을 통해서 얻을 수 있는 효과는

① 재고량을 정확하게 파악하고, 재고를 효율적으로 관리할 수 있다.

② 상품을 진열할 때 판단기준으로 삼을 수 있다.

③ 지속적인 상품전략을 구사해 고객의 구매패턴의 변화를 읽을 수 있다.

④ 판매에서 손실률을 줄이고 매출을 극대화한다 등이다.

(1) 상품전략의 주요 계획과정

① 먼저 전반적인 취급품목을 결정한다

창업 전단계에서 이루어진 수요층 조사를 토대로 점포에서 판매해야 할 품목을 선정한다.

② 주요 품목과 부차적인 품목을 구분한다

수요층의 소비특성에 대한 판단을 기준으로 주요 품목과 부차적인 품목을 나눈다. 식육판매점을 예로 들어보자. 중상층이 거주하는 곳이라면 한우고기를 주요 품목으로 삼아야 한다. 이에 비해 중하층이 거주하는 곳이라면 돼지고기가 주요 품목일 수 있다.

③ 품목별 비율을 따져본다

주요 품목과 부차적인 품목의 재고비율을 계획해야 한다. 이 과정에서 경쟁점포와의 차별성도 충분하게 고려해야 한다. 캐주얼 의류점을 예로 들어보자. 올 여름에 면티셔츠와 진바지가 유행한다면, 티셔츠류를 전체 상품의 30%, 진바지류를 20%로 높일 수 있다. 이에 비해 점퍼류, 기타 바지류, 치마류 등은 비율이 낮춘다. 경쟁점포가 티셔츠류의 판매를 강화했다면, 상품을 다양화해 티셔츠류의 비율을 40%로 높이는 계획을 세울 수도 있다.

④ 품목별 상품구성을 계획한다.

각 품목별로 세부상품을 구성해야 한다. 김밥 전문점은 김밥을 대표상품으로 하면서 참치김밥, 쇠고기김밥, 야채김밥 등으로 세부상품을 구성한다. 이와 함께 우동, 떡볶이, 비빔밥, 쫄면 등의 품목도 갖춘다. 우동 전문점은 우동류 안에 평균 4~5개의 상품을 구성해 가격을 다르게 책정하게 마련이다. 우동과 주먹밥, 쫄면 등을 묶어 우동세트 메뉴로 판매할 수도 있다.

상품이야말로 마케팅요소 중 가장 기본이 된다. 다른 마케팅전략을 아무리 잘 구사해도 상품이 뒷받침되지 않으면 성공은 어렵기 때문이다. 상품을 잘 구성해야만 소비자들의 욕구를 충족시켜줄 수 있다.

(2) 시장과 상품의 대응전략

시장과 상품의 대응전략을 살펴보면 아래와 같다.

① 기존 상품으로 기존 시장에 뛰어든 경우 : 기존 상품에 약간의 변형

소매업, 독서실, 약국 등이 이에 해당되는데, 새로운 사업을 성공시키기 위해서는 가격, 품질, 서비스 중 어느 하나라도 차별화된 것이 있어야 하므로 이러한 창업형태는 성공 가능성이 낮다. 오로지 점포입지와 영업, 서비스 능력에 달려 있다고 볼 수 있다. 이러한 경우에는 기존 상품에 약간의 변형을 가미해 차별화해야 한다.

② 기존 상품으로 신시장에 뛰어든 경우 : 기존 상품의 차별화

음식배달업, 편의점 등이 이러한 경우인데, 이러한 창업형태는 신시장이란 점 때문에 시장개척 능력에 달려 있다. 그래도 성공가능성은 50% 이상이라고 볼 수 있으며, 기존 상품의 차별화 전략이 필요하다.

③ 신상품으로 기존 시장에 뛰어든 경우 : 신상품의 홍보

뼈없는 닭갈비, 소갈비살 전문점 등으로 이런 창업형태는 신상품에 대한 홍보가 성공의 관건이 된다. 성공가능성은 70~80% 이상으로 높다.

④ 신상품으로 신시장에 뛰어든 경우 : 신상품의 홍보와 영업력

벤처산업 등이 이런 경우인데, 신상품에 대한 홍보와 시장개척 능력이 필요하다. 검증되지 않은 사업에 뛰어드는 것이기 때문에 성공 여부를 불확실하며 가능성도 낮다.

4) 상품가격 전략

소비자들의 가격에 대한 기대도 소매점의 선호도에 영향을 미친다. 소비
자들은 점포의 포지션에 따라 취급상품에 대한 기대가격을 달리한다.

가격전략은 정확한 원가계산에서부터 비롯된다. 판매가격은 일반적으로
매입원가에 인건비, 기타 경비 등을 합산하여 결정한다. 그러나 문제는 소
비자의 가격에 대한 저항력이다. 특히, 불황기에는 가격저항이 클 수밖에
없다. 이 경우 가격보다 품질에 경쟁력을 두고 홍보할 것인지, 이익률을
낮추더라도 가격경쟁력을 갖출 것인지 결정해야 한다. 두 가지 모두 장단
점이 있다. 품질에 우선순위를 두고 고가격 전략을 편다면, 판매량이 적은
대신 단가를 높일 수 있다. 저가격 전략을 편다면, 판매단가가 낮아지는
대신 판매량은 늘어난다. 따라서 이러한 가격전략은 점포입지와 고객의 소
비특성에 맞게 정해야 한다.

손님에게는 상품의 가격에 대한 심리적 하한선과 상한선이 있다. 따라서
판매가격의 마진노선을 유지하며 고객심리를 활용하여 가격을 책정하는
것도 전략이다.

(1) 유인가격

일명 미끼상품 가격이라고도 한다. 점포의 한두 가지 상품을 원가 이하
의 가격으로 판매함으로써 고객들에게 싸다는 인상을 주어 점포로 유인하
는 가격전략이다. 슈퍼마켓 등에서 즐겨 사용하고 있다.

(2) 준거가격

소비자가 상품을 구입할 때 가격의 높고 낮음을 비교할 수 있는 기준이
되는 가격, 예를 들어 브랜드 의류의 경우 정가를 표기한 뒤 그 밑에 할인
가격을 표기하여 진열하는데 이때 정가표시가 준거가격 역할을 한다.

(3) 끝수가격(단수가격)

심리적으로 저렴하다는 인식을 심어주기 위해 끝자리 수를 이용한 가격

전략이다. 딱 떨어지는 1만원이나 1,000원보다는 9,900원, 990원 등의 예를 보라. 저가격은 호프주점에서 톡톡히 재미를 본 가격전략이다.

(4) 시간대별 차별가격

시간별·일별·월별·계절별로 다른 가격설정, 공휴일이나 심야시간대 전화요금 할인, 조조할인 극장 등이 그 대표적이다. 이러한 시간대별 차별가격 전략은 점포운영의 묘미를 더해줄 것이다. 예를 들면 음식점에서 정오는 손님을 잡기 위해 점심식사 때 가격을 할인하는 경우에 상당한 효과를 볼 수 있다.

(5) 판매촉진 가격할인

정상가보다 가격을 낮춰 일정기간 동안에 판매하는 것이다. 유통업체 중 할인점 월 마트, E마트 등의 등장으로 최근에는 기존 유통업체들도 가격할인이 상례화되다시피 하고 있는 실정이다.

5) 유통

유통과정은 부가가치의 창출과정이라고 말할 수 있다. 제조업체에서 똑같은 가격으로 공급된 제품이라 하더라도 여러 단계의 유통과정을 거치면서, 판매시점에서 서로 가격이 다를 수 있다. 결국 소매점의 입장에서는 좋은 제품을 싸게 매입하는 것이 최대 과제이다. 따라서 유통단계가 간단하면서 신뢰할만한 매입처를 확보해야 한다. 유통전략은 최소비용으로 최대효과를 얻는다는 경제법칙을 소매점 입장에서 그대로 실천하는 방법이다.

또한 방향의 유통은 소매점포가 소비자들이 주문한 재화나 서비스를 빠르게 공급해 주는 유통전략도 생각해 볼 수 있다. 외식업에서 주문을 받은 음식을 신속히 배달해 주는 것은 오래 전부터 보아온 유통전략의 하나이다.

6) 정보수집과 사회적 상호작용

많은 소비자들은 즉각적인 구매를 위해 혹은 미래의 구매에 사용하기 위해 필요한 정보를 소매점에서 수집하기도 한다. 즉 소비자는 전문적 지식을 갖춘 판매원을 통해 브랜드에 관한 제품정보뿐만 아니라 점포서비스에 관한 구체적인 정보도 수집할 수 있다.

또한 일부 소비자들은 다양한 사회적 욕구를 충족시키기 위해 쇼핑을 하는 경우가 있다. 즉, 점포에서 값을 흥정하는 과정에서 즐거움을 얻을 수도 있고, 쇼핑과정에서 타인과 접촉하거나 친교욕구를 충족할 수도 있다.

7) 점포서비스

소비자들은 소매점에서 제공하는 서비스의 양과 질에 대한 기대를 가지고 있다. 이같은 점포서비스에는 신용정책, 배달, 설치, 보증, 판매 후 서비스, 수리 등이 포함된다. 경쟁점포들이 취급하는 상품과 상품가격에서 차별화가 어려운 경우 이러한 점포서비스에 대한 고객들의 기대는 점포선택에 상당한 영향을 줄 수 있다. 소비자들이 용산 전자상가나 세운상가의 전자상가에서 조립된 컴퓨터보다 상대적으로 고가인 대기업의 유명상표 컴퓨터를 취급하는 대리점을 보다 선호하는 것은 이들이 제공하는 보다 높은 서비스의 질과 양에서 비롯된다.

4 소매점의 STP

소비자들은 점포로부터 기대하는 서비스수준이 상이하다. 따라서 소매상들은 표적고객들이 기대서비스수준에 따라 소매시장을 세분화할 수 있다. 소매시장 세분화(segmentation)는 성공적으로 경쟁할 수 있는 유망한 세분시장을 찾아내는 과정이다. 소매상들은 앞에서 설명한 소비자기대의 주요 구성요소들을 토대로 소매시장을 세분화할 수 있다.

소매상에 유용한 세분화 기준변수는 제조업체가 이용할 수 있는 기준보다 훨씬 광범위하고 일반적이다. 예를 들어 특정 카메라브랜드의 제조업체는 자사브랜드에 대한 마케팅노력에 가장 반응할 확률이 높은 세분시장을 발견할 수 있도록 세분화변수를 선정할 수 있다. 그러나 소매상의 경우 특정 카메라브랜드는 그 점포가 취급하는 사진용품라인의 일부일 뿐이므로 소매상의 표적세분시장은 제조업체의 것보다 훨씬 광범위하다. 그러므로 소매상은 이를 염두에 두고 세분화변수를 선정해야 할 것이다.

소매시장이 세분화되면 소매점포는 자신의 능력에 적합한 매력있는 세분시장을 표적시장(Targeting)으로 선정한다. 표적시장이 결정되면 소매점포는 입지, 머천다이징, 촉진, 서비스, 마진 등의 소매점포믹스를 조합하여 표적시장에 적합한 포지셔닝(Positioning)을 결정하여야 한다. 점포포지션은 표적시장내 고객들의 마음속에 경쟁점포와 비교하여 자점포가 상대적으로 차지하는 위치(이미지)를 말한다.

5 소매점포믹스

소매점의 마케팅전략(즉 시장세분화, 표적세분시장 선정, 점포포지셔닝)이 수립되면, 이를 수행하기 위하여 소매점포믹스에 대한 구체적 결정을 내린다. 소매점포믹스결정은 표적세분시장내 소비자들의 욕구에 맞추어 소매점이 통제가능한 소매믹스변수들의 최적조합을 찾아내는 과정이다. 결국 소매상이 운영하는 점포의 업태 혹은 전략적 방향은 입지, 상품구색(머천다이징), 마진과 회전율, 촉진 등 통제가능한 소매믹스변수들에 대한 결정에 의해 실행되는 것이다.

1) 입지결정

소매업 성공의 가장 중요한 요소 중의 하나로 입지를 들 수 있다. 즉, 소매점 입지선정은 고객을 유인하는 소매상능력에 있어서 중요한 경쟁력

요인으로 작용한다. 소매업자들은 처음에 표적시장을 선정한 후에 표적시장을 소비자들이 쉽게 접근할 수 있는 입지를 선택하여야 한다.

현대에는 매스미디어의 발전으로 소비자들은 쇼핑 빈도의 감소, 외부정보 탐색의 필요성의 감소, 시간절약 쇼핑에 관한 인식이 증대되고 있다. 이러한 변화는 소매점의 생존과 성장에 입지결정이 보다 결정적인 역할을 하게 된다는 사실을 의미하고 있다. 일반적으로 입지결정은 ① 상권측정관련, ② 특정입지의 결정, 이 두 가지 단계로 이루어진다.

2) 머천다이징(상품구색)결정

머천다이징이란 표적고객의 욕구에 맞는 상품믹스를 개발, 관리하는 과정이다. 취급상품은 고객의 욕구를 충족시키는 직접적인 수단이므로, 점포의 상품구색(또는 상품믹스)은 점포포지션과 일관성을 가지면서 표적시장의 기호 및 선호도를 충족시킬 수 있도록 구성되어야 한다. 가령, 롯데, 신세계, 뉴코아, 한양 잠실점 등은 각각 서로 다른 표적시장을 대상으로 영업을 하고 있으므로, 취급상품의 구성, 가격, 품질, 패션성 등에서 차별화가 이루어져야 할 것이다.

3) 마진(Margin)과 회전율(Turnover) 결정

소매상이 원하는 점포의 형태 및 전략적 방향은 두 가지 중요한 재무적 목표인 마진과 회전율에 대한 결정으로부터 영향을 받는다. 여기서 마진이란 소매점이 상품을 판매함으로써 얻을 수 있는 이익의 크기를 의미하여, 회전율이란 일정기간 동안 평균재고가 판매되는 횟수를 말한다.

전통적 소매업태와 근대적 소매업태의 운영방식은 그들이 추구하는 재무적 목표에 의해 설명될 수 있다. 전통적 소매업태는 일반적으로 고마진-저회전율, 다양한 고객서비스 등의 특징을 갖는 반면, 근대적 소매업태는 저마진-고회전율, 최소한의 고객서비스 등을 주요특징으로 한다. 소매시장

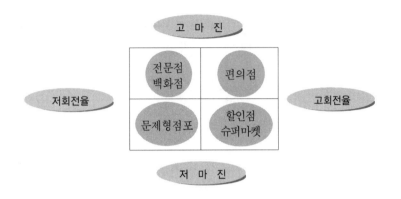

[그림 7-3] 마진과 회전율에 따른 소매상유형

내에는 두가지 기본적 유형의 소매업태들이 공존하지만, 최근의 지배적 추세는 저마진-고회전율, 최소한의 고객서비스를 토대로 규모의 경제를 실현함으로써 점포효율성을 극대화하는 것이다. 이러한 추세는 일상생활용품을 취급하는 소매업계에서 특히 두드러지는데, 창고형 도매클럽, 수퍼스토어, 전문할인점, 할인점 등 점포효율성을 강조하는 업태들이 급성장하는 저마진-고회전율의 소매점은 운영효율성을 극대화하고, 이로부터 발생된 원가절감의 많은 부분을 고객들에게 전가한다. 즉 원가절감의 많은 부분이 고객서비스수준의 감소(제한된 상품구색, 불편한 입지, self-service, 현금구매, 무배달 등)를 통하여 고객들에게 이전되는 것이다. [그림 7-3]에서 저마진-저회전율의 점포도 현실적으로 존재할 수 있다. 즉 소매시장내의 치열한 가격경쟁은 저마진을 채택하지만, 불리한 점포입지, 경영능력의 부족, 자본부족 등으로 인해 대량판매(즉 높은 회전율의 상품판매)를 실현할 수 없는 경우이다. 그러나 이런 유형의 소매점은 경쟁열위로 인해 소매시장에서 생존하기 어려울 것이다.

4) 촉진(promotion)결정

표적고객의 구매를 유발하기 위해 소매상은 제조업자와 마찬가지로 광고, 인적판매, 판매촉진, PR 등의 촉진믹스를 이용한다. 소매업자는 촉진목

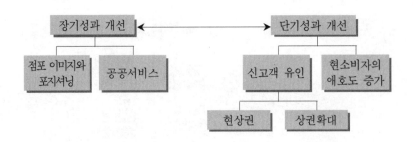

[그림 7-4] 소매상의 촉진목적

적에 따라 각각의 촉진수단의 상대적 중요성이 달라짐을 인식하여야 한다. 소매상의 촉진목적은 [그림 7-4]와 같이 크게 장기적인 것과 단기적인 것으로 구분할 수 있다. 장기성과를 개선하기 위해서는 점포이미지와 점포포지션의 개선과 고객서비스의 확대가 이루어져야 하므로 이미지광고, PR과 인적판매의 강화 등이 중요하다. 소매점포의 단기적 영업성과를 개선하기 위해서는 새로운 고객을 유인하거나 기존 고객의 구매량(혹은 구매빈도)을 증가시켜야 하므로 소매광고와 판촉이 주요한 촉진수단으로 사용된다.

(1) 판매 및 광고·홍보 전략

광고·홍보는 제품을 소비자에게 알리는 적극적인 판매전략의 하나다. 대개 대기업은 불특정 다수를 대상으로 하는 대중매체광고를 선호한다. 그러나 소규모 점포는 고객이 점포가 위치해 있는 지역에 한정되기 때문에 대중광고를 할 필요가 없다. 소사업자에게는 소사업자만의 광고·홍보 방법이 있다. 업종이나 점포에 맞는 방법을 선택하고 지속적으로 실천해야 한다. 적은 비용으로 최대의 효과를 얻기 위해서는 우선 홍보대상을 정확하게 판단해야 한다. 구매의욕이 강하고, 구매가능성이 높은 고객을 대상으로 가장 효과가 좋은 방법을 실시해야 한다.

① 권유판매

모든 판매방법 중에서 가장 저렴한 방법이다. 사업자가 고객을 직접 만나 구입을 권유하는 것이다. 따라서 고객과 이야기하는 시간을 제외하면 돈이 들지 않는다. 권유 판매는 오랜 시간을 필요로 하지 않는다. 단 30초 동안에 아래에서 말하는 3단계가 진행되는 경우도 있다. 따라서 점주나 판매원의 행동, 태도, 의사표시는 가장 짧은 시간에 저렴한 비용으로 효과를 얻을 수 있는 판매전략인 셈이다.

② 우편홍보

주점을 운영하는 한 사업자가 자신의 점포를 자주 찾아오는 고객을 대상으로 편지를 보냈다. 모두 사업자가 직접 작성한 편지였다. 그후 1주일도 채 지나지 않아, 왜 자기에게는 편지를 보내지 않았느냐고 따지는 전화가 적잖게 걸려온다고 한다. 그만큼 우편판매는 효과를 발휘하는 판매방법이다. 특히, 우편판매는 편지지, 봉투, 우표 등을 구입하는 것 외에 다른 비용이 들지 않는다.

③ 전화홍보

고객 리스트를 판매에 활용할 수 있는 가장 효과적인 방법이다. 특히, 신상품이 출하되었거나 고객이 특별히 주문한 상품을 매입했을 때 효과가 높게 나타난다. 시기적으로는 명절 전이나 국경일 전에 하는 것이 좋다. 판매율이 떨어질 때 전화홍보를 통해 고객의 불만이나 욕구를 조사할 수도 있다.

④ 인쇄매체 홍보

상품의 정보를 가장 정확하게 표현할 수 있는 방법이다. 대표적인 매체는 소형 인쇄물이다. 여기에는 전단, 리플렛, 도어행거, 명함 등이 포함된다. 최근에는 지역별로 지역광고지가 제작·배포되고 있다. 지역내의 점포들의 명단과 전화번호가 기록되어 있으며, 주민들의 가독률도 비교적 높은 편이다.

⑤ 기타

위의 판매방법 외에도 다양한 방법들을 고안할 수 있다. 일반적으로 점포 외부에 부착하는 간판, 현수막 등은 점포의 위치와 성격을 알릴 수 있는 주요 홍보수단이다. 점내와 유리창에 붙이는 팝사인(pop sign), 심지어 상품가격표도 판매를 촉진시키는 방법이 된다. 최근에는 전화자동 연결시스템, 모니터영상광고 등 첨단기법의 새로운 홍보방법도 등장하고 있다.

5) 서비스 결정

소매점이 제공하는 서비스에 의해 소매상들은 그들의 경쟁소매상 또는 동일한 제품구색을 제공하는 다른 유형의 소매상과 구별이 되기도 한다. 제품과 소비자에 따라 요구되는 서비스 수준이 상이하기 때문에 소매점 운영은 제공하는 서비스 수준에 따라 설계되어야 한다. 그러므로 슈퍼마켓이나 할인점과 같은 셀프서비스 소매점들은 서비스를 거의 제공하지 않고 가격 소구를 강조한다. 전문점이나 백화점과 같은 완전서비스 소매점은 다양한 서비스와 패션 또는 전문품의 제품구색을 강조한다.

6) 공급업자와의 관계

소매시장의 경쟁이 격화되는 최근의 추세는 소매상이 경쟁력을 확보하기 위해서 그들의 공급자와 좀더 긴밀한 관계를 유지하여야 할 필요성을 증대시켰다. 즉 수직적 마케팅시스템을 증가를 의미하는 최근의 추세는 유통경로상의 각 기구들이 일관된 관리를 통해 유통효율을 증가시키는 것을 목적으로 한다.

따라서 유통경로상의 마지막 단계인 소매기구 역시 급변하는 소매시장의 환경에 대응하고 안정적인 공급을 확보하기 위해 그들의 공급업자인 도매상이나 제조업체와의 긴밀한 관계를 유지하여야 한다.

제4절 손익분기점 분석과 관리

1 **이익의 개념**

기업의 목적은 이익추구에 있다. 이익이라는 것은 총수익에서 총비용을 빼고 수중에 남는 것을 말한다. 총수익이 총비용을 넘게 되면 이익이 발생하지만 총비용이 총수익액을 상회하게 되면 적자상태로 떨어지게 된다. 판매업의 영업손익을 전제로 할 때 매출액과 경비가 같은 상태를 손익분기점이라고 한다.

$$\text{이익} = \text{매출액} - \text{경비}$$

▲ 매출액 − 경비 = 이익(플러스의 경우)
▲ 매출액 − 경비 = 손실(마이너스의 경우)

$$\text{매출액} - \text{경비} = 0(\text{손익분기점의 경우})$$

이익이라고 하는 것은 매출액증가로 이어지는 장기적인 마케팅계획과 철저한 경비 컨트롤을 통한 경영효율화의 결과 산출된 것이다. 결코 매출액으로부터 경비를 빼고 남은 것이 아니다.

2 **매출액과 경비**

1) 매출액

매출액 예산은 단지 매출액의 목표금액이 아니다. 특정시설을 경영하는

데 있어 미리 그 설비투자, 자금계획을 근거로 목표한 이익액을 내어 목표
달성에 필요한 수익으로 산출된 것이다. 먼저 매출액 예산을 달성하는 것
이 점포운영의 기본이다.

2) 경 비

경비라는 것은 운영에 필요한 비용을 가리킨다. 운영에 필요한 비용에는
고정비와 변동비가 있다. 고정비라는 것은 매출액의 대소에 관계없이 변화
하지 않는 비용이다. 감가상각비, 지불이자, 임차료 등 판매관리비가 여기
에 해당한다. 이에 대해 변동비는 매출액에 따라 바뀌게 되는 비용이다. 매
출액이 오르게 되면 함께 오르는 비용을 가리킨다. 예를 들면, 상품매출원
가, 수도광열비 등을 들 수 있다.

3 ▽ 손익분기점 분석

매출액과 경비가 완전히 동일하게 되는 지점을 가리켜 손익분기점이라고
한다. 즉, 매출액이 손익분기점을 넘어서게 되면 이익이 발생하고 반대로
내려가게 되면 손실이 된다. 이러한 손익분기점을 제대로 인식하지 못하면
이익산출은 물론 영업계획, 설비계획, 종업언 채용계획, 운영에 필요한 자
금계획도 세울 수 없게 된다. 또 손익분기점의 위치를 파악함으로써 자사
의 안전도를 확인할 수 있다.

1) BEP 분석의 기법

손익분기점(break even point : BEP)이란 총수익(total revenue : TR)과 총비용
(total cost : TC)이 일치되는, 다시 말해서 손실도 이익도 나지 않는 조업도
를 의미한다. 판매업에서 조업도는 상품매출액이나 상품매출수량이 된다.
BEP분석을 위한 기법에는 등식법, 공헌이익법, 도표법 등이 있는데 예시를
통해 이를 차례로 설명하기로 한다.

| 예 시 | ✎ **손익분기점의 계산** ✎ |

> 상품(서비스)의 단위당 판매가격과 원가가 다음과 같다고 가정한다.
> ① 단위당 판매가격   90원
> ② 단위당 변동원가   50원
> ③ 총고정원가   2,000원

(1) 등식법

매출액＝변동비＋고정비＋순이익(목표이익)에서 손익분기점 수량을 X개라고 가정하면, $90X = 50X + 2,000 + 0$으로 표시된다.

따라서 손익분기점 수량 X＝50개(4,500원)로 계산된다.

손익계산서

변동비	총 수 익
고정비	
순이익	

(2) 공헌이익법

공헌이익(貢獻利益 : contribution margin)이란 매출액에서 변동비를 차감한 것으로서 상품단위당으로 나타낼 경우에는 단위당 판매가격에서 단위당 변동원가를 차감하면 된다.

이는 동 금액이 고정비의 회수와 기업이익에 공헌한다는 의미에서 공헌이익이란 용어를 사용하는 것인데, 공헌이익 대신 한계이익(marginal income)이란 용어를 사용하기도 한다.

공헌이익법에 의하여 손익분기점을 계산할 경우에는 다음과 같이 수량으로 계산할 수도 있고 금액(매출액)으로 계산할 수도 있다.

① 손익분기점 매출량

$$\text{BEP} = \frac{\text{고정비}}{\boxed{\text{단위당 공헌이익}}} = \frac{2,000}{90-50} = 50개$$

② 손익분기점 매출액

$$\text{BEP} = \frac{\text{고정비}}{\boxed{\text{단위당 공헌이익률}}} = \frac{2,000}{0.444} = 4,500원$$

여기서 공헌이익률은 판매가격(매출액)에 대한 공헌이익의 비율로서 단위당 공헌이익40원을 판매가격 90원으로 나눈 것이다.

또는

$$\text{BEP} = \frac{\text{고정비}}{1 - \text{변동비율}} = \frac{\text{고정비}}{1 - \frac{\text{변동비}}{\text{매출액}}} = \frac{2,000}{1 - \frac{50}{90}} = 4,500원$$

으로 쉽게 풀 수도 있다.

(3) 도표법

다음과 같은 손익분기도표를 통해 총수익과 총비용이 0이 되는 조업도를 파악하는 것이다. 위의 예시 자료를 가지고 손익분기도표를 그려보면 [그림 7-5]와 같다.

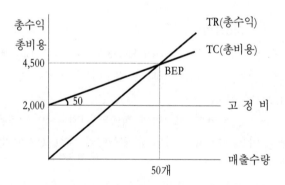

[그림 7-5] 손익분기도표

위의 분석결과를 토대로 손익분기점인 50개를 판매하는 경우와 30개 및 80개를 각각 판매하는 경우의 손익계산결과를 비교해 보면 다음과 같다.

항 목	30개	50개	80개
(1) 매 출 액	2,700	4,500	7,200
(2) 변 동 비	1,500	2,500	4,000
(3) 공헌이익	1,200	2,000	3,200
(4) 고 정 비	2,000	2,000	2,000
(5) 영업이익	(800)	0	1,200

변동비율 (55.6%) 공헌이익률 (44.4%)

[참고]
① 변동비율(공헌이익률)은 어느 조업도에서나 항상 일정하다.
② 1－변동비율=공헌(한계)이익률
③ 손익분기점에서는 공헌이익=고정비가 된다.
④ (매출액×공헌이익률)-고정비=영업이익

4 이익증대 방법

이익을 늘리는 방법에는 매출액을 크게 늘리는 것과 경비를 가능한 낮추는 2가지 방법이 있다. 하지만 아무리 매출액을 늘려도 그를 위한 경비가 매출액을 넘어서게 되면 이익은 발생하지 않는다. 또 경비를 낮추어도 점포의 운영에 필요한 인건비, 수도광열비, 임차료 등의 고정비를 낮추는 데는 한계가 있다. 따라서 매출액을 크게 늘림과 동시에 변동비를 어떻게 낮출까가 이익을 높이는 핵심포인트라 할 수 있다.

1) 매출액 증대

· 매출액 = 고객수 × 객단가
· 매출액 = 고객수 × 회전율 × 평균 객단가

고객이 많이 방문하게 되면 매출액은 오르게 된다. 또 고객수가 같아도 객단가가 높으면 당연히 매출액도 올라가게 된다. 객석을 효율적으로 활용하고 있는지 여부도 혼잡시의 회전율에 차이가 발생한다. 객석 컨트롤이 효율적으로 이루어지게 되면 당연히 회전율은 향상되고, 그 결과로써 매출액은 증가한다.

> **예상매출액을 쉽게 내는 법**
>
> 1단계 : 1일 평균 내점 고객 수를 예측한다.
>   (인근 동일업종 상점의 1일 이용 고객수 참조)
> 2단계 : 객단가를 산출한다.
>   (객단가란 고객 1사람이 1회에 평균 구매하는 금액)
> 3단계 : 매출액을 추정한다.
>   (1일 고객수×평균객단가×월 영업일수)

2) 경비절감

매출액의 증가와 함께 늘어나는 것이 변동비인데, 명확히 그 개념을 이해하고 효율적으로 관리하지 않으면 변동비가 점점 늘어나게 되어 이익을 압박하게 된다. 경비에 큰 비율을 차지하고 있는 것이 인건비와 원재료비다. 인건비와 원재료비의 합계는 매출액의 65% 이내가 타당하다고 하겠다.

[그림 7-6] 효율경영을 위한 기업 마인드

인건비 가운데 종업원의 기본급은 고정비이지만, 잔업비용, 야근수당, 특근수당은 변동비라 하겠다. 또 아르바이트 비용 역시 변동비에 들어간다. 원재료비에는 조리 전에 버리는 생선의 머리나 꼬리, 과일의 껍데기 등이 모두 포함된다. 또 주문 착오로 남는 요리나 고객이 먹다 남은 요리도 손실이다. 최종적으로는 쓰레기통으로 들어간 원재료는 모두 원재료비를 상승시키는 요인이 된다. 명심하라! 조리 시에 불필요한 물(예를 들면, 얼어 있는 고기나 생선의 해동을 위해 필요 이상으로 흘리는 물)은 물론이고 비효율적인 식기세척으로 인한 물 낭비도 무시할 수 없다. 나아가 불필요한 전기는 반드시 소등하자. 소모품 역시 반드시 필요한 것인지 다시 한번 확인하자. 필요 불가결하다면 줄일 수 없으나, 있으면 좋다고 생각되는 물품이나 또는 그다지 필요가 없다고 생각되는 것은 없는지 검토해 보자.

제5절 종업원 및 고객만족 경영

1 종업원만족 경영

최근 고객만족 경영이 붐을 이루고 있다. 여기서 고객이라 하면 제1차적으로는 외부의 고객이겠지만, 내부의 고객도 존재한다. 내부의 고객이 바로 조업원이다. 종업원의 만족 없이 고객의 만족을 기대하기가 어렵다. 자사제품에 대해 종업원이 1차적으로 신뢰를 가져야만 고객에게 자신 있게 권유할 수 있게 된다. 따라서 고객만족의 경영은 종업원의 만족에서부터 출발하지 않으면 궁극적인 목적을 달성할 수 없다.

고객만족 경영을 위해 우선 종업원에게 투자해야 한다. 종업원이 우선 자기회사에 대해 자부심과 애사심을 갖도록 회사 능력이 미치는 한 손쉬운 복리후생에서부터 교육투자·동기부여·경쟁사보다 좋은 근무환경의 조성과 더불어 보다 좋은 회사로서의 이미지 제고에 가일층 노력하지 않으면 안된다. 고객만족 경영 이전에 종업원만족 경영부터 실천에 옮겨야 한다. 종업원만족이 바로 고객만족의 시발점이기 때문이다.

2 ▽ 고객만족 경영

'소비자 중심', '고객 제일주의' 라는 말은 이미 친숙한 용어가 되었다. 하루 종일 고객을 상대하고 상품을 판매하는 소매업의 세계에서는 잠시도 잊어서는 안되는 말이다. 고객이 외면하는 점포의 운명은 폐업뿐이다. 고객이야말로 점포의 생명을 좌우하는 재판관이다. 따라서 사업자는 고객의 욕구와 필요가 무엇인가를 반드시 알아야 한다.

점포, 설비, 시설을 새로 단장하고 진열하는 데 열심인 것도 고객에게 만족을 주는 한 방편일지 모르지만 이는 매출과 이익을 올리려고 필사적으로 노력하고 있는 모습이다. 이에 앞서 고객의 요구를 파악하고 이를 어떻게 충족시켜주어 기쁨을 줄 수 있을 것인가를 연구하여 고객을 맞는 일로 우선하여야 할 것이다.

여기서 우리는 중요한 사실을 발견할 수 있다. 이제 고객은 판매 만능의 대상이 아니라는 점이다. 고객은 상품의 품질뿐만 아니라 맛이나 디자인 같은 부가가치를 생각한다. 상품을 구매할 때 이러한 판단을 근거로 알맞은 상품을 선택하려 한다.

그러므로 앞으로 고객관리의 핵심은 고객 개개인의 구매특성과 취향을 파악하는 데 있다. 고객 리스트를 작성하는 것은 이러한 고객의 특성을 파악하고, 판매로 연결시킬 수 있는 주요한 방법이다. 고객 리스트와 판매 리스트를 작성하여 잘 팔리는 상품의 비율을 높이고, 잘 팔리지 않는 상품의 비율을 낮추어 매출을 증가시키고 재고관리를 적정하게 관리해야 한다.

고객카드에는 ① 주소, 성명 ② 생년월일 ③ 직업 ④ 기혼, 미혼 ⑤ 상품의 구입기록 ⑥ 취미 ⑦ 기타 의견 등과 같은 항목을 기재할 수 있다.

지역 고객에 대한 관심

3

소자본 점포는 지역밀착형 사업이다. 대형 백화점과 같은 고객창출형사업
이 아니다. 대형 백화점은 대면관계에 의존하지 못하기 때문에, 다시 말하
면 불특정 다수를 상대하게 되므로 의례적인 예절이 필요한 곳이다.

하지만 소자본 점포는 대부분 지역에 근거를 둔 사람들과 자주 만나는
사업이므로 의례적인 예절로는 그들을 만족시킬 수 없다. 투박하더라도 진
심어린 태도나 말 한마디가 그들을 감동시킨다는 뜻이다.

따라서 진심어린 마음으로 장사를 하면 성공할 수 있다. 그리고 진심어
린 마음은 항상 머금고 있는 미소로 표출된다. 예절의 시작은 미소로 시작
되고 미소로 끝난다. 미소를 지으면 밝고 예의바른 마음이 생겨나는데 그
러한 마음은 다시 미소를 만들어낸다.

사람의 왕래가 잦은 역 앞 등의 상점은 분명히 다른 지역의 사람들이
상점을 찾는 경우가 많다. 뜨내기 손님들을 불러들이는 일에도 힘을 기울
일 필요가 있지만 그 일에만 힘을 기울이고 지역 손님을 소홀히 하면 일
시적으로는 호황을 누릴 수 있어도 지속적일 수는 없다.

역시 소매점의 이상적인 경영은 분명하게 단골손님을 만들어 고정고객
을 유치할 때 가능해 진다. 판매자 쪽에서 고객에게 호소하기 보다 고객에
의해 선택되는 존재가 되는 편이 훨씬 가치가 크다. 이런 일은 뜨내기 손
님에 의해서는 불가능하다. 토박이 손님들의 신용을 얻을 때만 가능한 일
이다. 뜨내기 손님 아홉의 칭찬의 힘보다 토박이 손님의 한마디 험담이 갖
는 힘의 위력이 더 크다는 사실을 잊어서는 안된다.

제6절 경영정보 시스템의 구축과 연구노력하는 사장

1 경영정보 시스템의 구축

21세기는 정보통신의 시대다. 세계가 하나 되고, 기업간의 정보쟁탈이 기업성패의 관건이 될 것이다. 경쟁회사의 제품(상품)이 또 다른 경쟁회사의 정보망에 잡혀 새로운 제품(상품)으로 재탄생하고, 이렇게 재탄생된 제품(상품)은 또 다른 경쟁회사의 표적이 되어 공격을 받게 될 것이다.

이와같이 급박하게 돌아가는 기업경영 환경하에서는 바로 정보쟁탈전에 의해 기업의 운영이 결정날 수밖에 없다. 경쟁국가의 경제정보에서부터 경쟁기업의 경영전략과 신제품(신상품(전략들이 모두 경쟁회사에서 노리는 정보의 타깃이 될 수 있다. 정보싸움에서 이긴 기업이 최후의 승자가 될 날도 그리 멀지 않았다고 본다.

이런 기업환경 속에서 현명한 점포경영자라면 조직내에 경영정보 시스템을 구축해두는 지혜를 발휘할 법하다. 경쟁사의 정보에서부터 해당 산업정보, 그리고 국제무역 환경변화의 국제간 지적소유권 분쟁가능성 등에 대해서도 이제 관심을 가져야 할 때다. 이제부터 소자본 점포경영에 맞는 경영정보 시스템의 구축은 점포경영의 현대화 내지 경쟁력의 밑바탕이 될 것이다.

2 연구노력하는 사장

현대의 기업경영환경은 복잡다기하기 이를 데 없다. 국내경제·무역환경에서부터 국제적 경영·경제환경에 이르기까지 기업경영에 영향을 미치는 요소는 한두 가지가 아니다.

뿐만 아니라 경영방식도 80년대의 일본식 경영방식에서 90년대에는 미국식 경영방식으로 전환되고 있다. 종업원들의 욕구도 70~80년대 그것과 사뭇 다르다. 다양한 성격의 종업원들을 이끌어가기도 그렇게 쉽지 않다.

실로 현대경영은 최고경영자의 지혜를 요구한다. 그러나 경영자의 이와 같은 지혜와 경영관련 지식은 누가 가르쳐주는 것이 아니라 스스로가 터득해야할 득도(得道) 바로 그것인 것이다. 그렇기 때문에 사장은 공부하지 않으면 안되고, 공부하지 않는 사장은 사장으로서의 자격이 없다고 해도 과언은 아니다. 사장이지만 우선 경영과 관련되는 경영정책, 재무관리, 생산관리, 인사관리, 소자본점포의 노무관리 측면뿐만 아니라 마케팅, 회계, 세무 등 관리업무에 이르기까지 다양한 분야에 걸쳐 박식하지 않으면 안된다.

흔히 사장이 모르면 종업원에게 시키면 되지 않느냐고 반문하는 사장이 있을지 모르지만 그것은 근본적인 해결방법이 되지 못한다. 사장이 회사 전분야에 걸쳐 종업원보다 더 잘 알고 있지 않으면 정확한 지시를 내리기도 어렵고, 종업원이 갑자기 퇴사하거나 부재시 사장이 실무를 수행해 나가지 않으면 아니될 때가 많은 것을 명심해야 한다.

핵 심 정 리 문 제

① 경영이념, 경영방침, 영업방침의 의의를 설명하시오.

② 소매상 마케팅전략의 구성요소도를 작성하시오.

③ 소매점의 마케팅전략·소매점의 STP에 대하여 기술하시오.

④ 소매점포믹스에 대해서 설명하시오.

⑤ BEP분석의 기법에 대해서 설명하시오.

⑥ 종업원 및 고객만족 경영에 대하여 기술하시오.

⑦ 소매점포의 경영정보 시스템구축에 대해서 기술하시오.

제8장 법인기업 설립절차

제1절 주식회사 설립절차

많은 사람들이 보통 법인이라고 하면 주식회사로 이해하는 경우가 많다. 그 이유는 법인을 설립한다고 하면 대부분 주식회사를 설립하기 때문일 것이다. 사업을 운영하는 데 있어 일반적으로 법인이 개인기업보다 유리한 점이 많기 때문에 최근에는 주식회사를 설립하는 경향이 높다.

실제적으로 법인을 설립하고자 할 경우 사업을 영위하고자 하는 대상지역 소재지의 법무사와 상의하여 설립을 진행하는 것이 편리하다.

1   **설립절차 개요**

우선 인·허가를 취득해야 한다. 인·허가를 취득한 다음에 법인설립등기를 한 후 20일 이내에 관할세무서에 법인설립 신고를 해야 한다. 주식회사를 설립하기 위해서는 우선 3인 이상의 발기인 전원이 기명날인한 정관을 작성하여 공증인의 인증을 받는다.

그리고 주식의 인수와 청약 및 기타 설립요건에 필요한 사항을 법원에 신고함과 동시에 창립총회를 거쳐 설립등기를 마침으로써 설립하게 된다. 주식회사를 설립하는 데 있어서 자본금을 확보하는 방식에는 주식을 인수하는 방식과 현물출자를 통하여 자본금을 확보하는 방식이 있다.

2 설립절차의 내용

1) 설립형태

정관에는 발행예정 주식의 총수와 설립시에 발행하는 주식의 총수를 기재하여야 하는데, 발기인만이 전부 인수하여 회사를 설립하는 경우는 발기설립이라고 하고, 그 일부만을 발기인이 인수하고 그 외의 것은 주주를 모집하여 주식을 인수시키는 것을 모집설립이라고 한다.

2) 설립절차(발기설립의 경우)

(1) 발기인

① 발기인의 의의

발기인이란 형식적으로 정관에 발기인으로 기명날인한 사람을 말하지만 실질적으로 볼 때는 회사의 설립사무에 참가하더라도 정관에 발기인으로서 기명날인하지 않은 이상 법률상 발기인이 되지 못한다. 이를 반대로 해석하면 정관에 발기인으로서 서명한 이상은 실제로 설립사무를 담당하지 않았다고 하더라도 발기인으로서의 책임을 지게 된다.

상법은 발기인의 설립사무에 종사한 회사에 참여토록 하기 위하여 각 발기인은 적어도 1주 이상의 주식을 인수할 것을 요구하고 있다.

② 발기인의 자격

발기인이 될 수 있는 자격에 대하여 현행 상법에는 별다른 제한 규정이 없으나 그 중요성으로 보아 행위무능력자는 발기인으로 선임하는 것을 삼가야 할 것이다.

③ 발기인의 수

주식회사를 설립하기 위한 발기인은 3인 이상이어야 한다.

④ 발기인과 주식인 수

발기인은 반드시 1주 이상의 주식을 인수하여야 한다.

⑤ 발기인의 주식인수와 자금출처

회사설립시 발행주식의 대부분은 발기인이 인수하며 개인기업의 법인전환시에도 주식의 대부분은 발기인이 인수하게 되는데, 이 경우 발기인은 자금출처가 명확하여야만 상속세나 증여세의 과세대상에서 벗어날 수 있다. 자금출처가 입증되지 않은 발기인은 상속세법의 규정에 의거 과세될 것이다. 직업, 성별, 연령, 사회적 지위 등을 감안하여 조사하고 있으나 미성년자, 부녀자 등이 주식을 취득하였을 경우에는 간접조사를 배제할 수도 있다.

(2) 정관의 작성

① 정관의 의의

정관이란 실질적으로는 회사의 조직활동을 정하는 근본규칙을 말하고 형식적으로는 그 근본규칙을 기재한 서면을 말한다. 정관은 곧 회사의 준칙이기 때문에 설립자는 물론이고 그 후의 신입사원도 구속하는 자치적 법규의 성질을 가지므로 공증인의 인증이 있어야만 효력을 발생시킨다.

② 정관의 기재사항

정관의 절대적 기재사항, 상대적 기재사항 및 임의적 기재사항이 있다.

㉮ 절대적 기재사항

정관에는 절대적 기재사항은 목적, 상호, 회사가 발행하는 주식의 총수, 본점의 소재지, 회사가 공고하는 방법, 발기인의 성명과 주소이며 이들 절대적 기재사항 중 하나라도 기재를 누락하면 정관은 무효가 된다.

- 목적 : 목적이란 회사가 경영하고자 하는 사업을 말한다.
- 상호 : 상호란 상인의 영업상 자기를 표시하기 위하여 사용하는 명칭을 말한다. 상법상 상인이 상호를 선정하는 것은 원칙적으로 자유이나 여러 가지 제한 규정을 두고 있으며, 상호권을 인정하여 타인의 부정 침해로부터 법적보호를 하고 있다. 예를 들어 상호를 등기한 자는 더욱 강력한 보호를 받을 수 있다. 즉, 동일한 특별시, 시, 읍, 면에서 동종영업으로 타인이 등기한 상호를 사용하는 것은 부정한 목적으로 사용하는 것처럼 추정되므로 거증책임이 전환된다는 점이다.
- 회사가 발행할 주식의 총수 : 회사가 발행할 주식의 총수란 회사가 장래 발행하기로 예정하고 있는 주식의 총수, 즉 이사회에 대하여 발행을 부여받은 권한은 주식수의 최대한도를 의미하는 것으로 발행예정주식의 총수를 말한다. 이 발행예정총수는 설립자가 전부 발행해야 할 필요는 없고 그 4분의 1 이상이 발행되면 된다.
- 1주의 금액 : 1주의 금액은 균일하여야 하고, 1주의 금액은 500원 이상이어야 한다. 이 기재에는 설립시에 발행하는 주식에 대하여서 뿐만 아니라 장래 발행될 주식의 액면가를 정하고 있다. 단, 벤처기업은 100원 이상이어야 한다.
- 회사의 설립시에 발행되는 주식의 총수 : 이것은 발행예정 주식총수 중에서 회사설립시에 실제로 발행하는 주식총수를 말하는 것으로서 발행예정주식총수의 4분의 1이상이 아니면 안된다.
- 본점의 소재지 : 본점의 소재지는 최소행정구역을 표시하면 충분하고 지번까지 기재할 필요가 없다.
- 회사가 공고하는 방법 : 주식회사의 여러 이해관계인의 이익을 보호하기 위하여 일정한 사항에 대하여는 공고를 요구하고 있는데 공고는 관보 또는 시사에 관한 사항을 게재하는 일간신문에 한다.
- 발기인의 성명, 주민등록번호 및 주소 : 발기인은 누구인가 그 동일성을 확증하기 위한 것이며 그 기재방법에 특별한 제안은 없다.

㉯ 상대적 기재사항

상대적 기재사항이란 이를 정관에 기재하지 않아도 정관 자체의 효력에는 아무런 영향을 미치지는 않지만 그 사항을 정관에 기재하지 않으면 그 사항이 회사와 주주에 대한 관계에 있어서 효력이 발생하지 않는 사항을 말한다.

- 발기인이 받을 특별이익 : 특별이익은 회사설립을 위한 발기인의 공로에 대하여 회사가 주는 특별한 이익이며 이익배당이나 잔여재산의 분배 또는 신주인수에 관한 우선권, 회사의 설립비용에 관한 특권 등을 그 예로 들 수 있다.

- 현물출자 : 현물출자는 금전 이외의 재산으로서 하는 출자를 지칭한다. 주식회사에서는 금전출자가 원칙이며 현물출자는 예외로 정관에 그에 관한 규정이 있는 경우에만 인정된다. 현물출자를 하는 경우에는 현물에 대한 적절한 평가가 선행되어야 한다. 회사설립시 현물출자를 하는 경우에는 현물자산에 대한 감정가가 있으면 되지만 개인기업으로 운영하던 중 현물출자에 의한 법인전환을 하는 경우에는 보다 적정한 현물출자가액 산정을 위하여 공인회계사의 감사보고서가 필요하다. 정관에는 현물출자자의 성명과 출자 목적물인 재산의 종류·수 량·가격과 이에 대하여 부여할 주식의 종류와 수를 기재하여야 하며, 목적물인 재산은 그 동일성을 파악할 수 있을 정도로 구체적으로 기재하여야 한다.

- 재산인수 : 회사설립에 있어서 그 성립 후에 특정인으로부터 일정한 재산을 회사가 매수한 것을 약정하는 것을 재산인수라 한다. 이것은 발기인이 설립중의 회사를 위하여 회사의 성립을 조건으로 특정재산을 넘겨 받을 것을 내용으로 하는 계약이다.

- 설립비용과 발기인의 보수 : 설립비용이란 회사의 설립사무를 집행하는 데 필요한 비용으로 정관의 작성, 인증비용, 주식청약서, 기타 필요한 서류의 인쇄비, 설립사무의 임차료, 설립사무를 위한 통신비, 비품사용, 인건비, 주식모집의 광고비, 주금납입의 취급을 위탁한 은행이나

신탁회사등에 지급할 수수료, 창립총회의 소집비용, 현물출자의 목적물을 감정인에게 감사 내지 감정을 받은 경우 그 비용 등을 포함한다. 즉, 물적 회사의 설립절차는 인적 회사인 합명회사나 합자회사의 설립절차보다 많이 복잡하여 정관의 작성으로부터 설립등기를 종료하기까지는 상당한 비용을 필요로 한다. 여기에서 주의할 것은 설립비용이란 회사의 설립사무소에 소요된 경비이므로 회사의 설립시까지만 발생된 비용이며 그 이후의 비용은 설립비용이 될 수 없다.

㉮ 임의적 기재사항

이것은 정관에 기재할 것인가, 기재하지 않을 것인가를 완전히 회사의 자유의사에 맡기는 사항이다. 일반적으로 발행주권의 종류, 주식의 명의개서 등의 절차, 주권의 재발행에 관한 사항, 주주총회의 의장, 이사 및 감사의 수, 사업연도, 주권불소지 제도 등이 있다. 예를 들어 이사의 수는 상법상 3인 이상으로 되어 있으나 정관에서 3인으로 정하든 4인으로 정하든 5인 이상으로하든 적법하다.

③ 정관의 인증

정관이 작성되었을 경우, 그 정관이 정관으로서 효력이 발생하기 위해서는 공증인의 인증을 받아야 된다. 즉, 정관은 공증인의 인증을 받음으로써 효력을 발생시키게 된다. 인증을 받지 않은 정관은 무효이다.

④ 이사 및 감사의 선임

⑤ 검사인의 선임 및 조사보고

⑥ 설립등기

법인설립등기는 회사의 설립절차에 있어서 최후의 단계에 속한다. 회사는 설립등기에 의해서 성립하며 법인으로서 존재하게 된다. 창립총회가 종결된 날로부터 2주이내에 이사의 공동신청에 의하여 법원(본점소재지 관할 등기소)에 설립등기를 하여야 한다. 구체적인 법인설립등기업무는 법무사에 의뢰하여 신청하며 첨부서류는 다음과 같다.

- 정관
- 주식의 인수를 증명하는 서면
- 주식청약서
- 발기인이 정한 주식발행에 관한 사항
- 이사와 감사 또는 검사인이나 공증인의 조사보고서와 그 부속서류 또는 감정인의 감정서와 그 부속서류
- 검사인의 보고에 관한 재판이 있는 때에는 그 재판의 등본
- 발기인이 이사와 감사를 선임한 때에는 그에 관한 서면
- 창립총회의 의사록
- 이사·대표이사와 감사의 취임승낙을 증명하는 서면
- 명의개서대리인을 둔 때의 명의개서대리인과의 계약을 증명하는 서면
- 주금의 납입을 맡은 은행 기타 금융기관의 납입금보관에 관한 증명서
- 벤처기업확인서(창업중인 기업이 벤처기업 확인을 받은 경우)

⑦ 사업자등록신청

신설법인의 사업자등록신청은 법인설립신고와 병행하여야 하는데, 관할 세무서(법인세과)에 사업자등록을 하여야 한다. 사업자등록시 유의할 사항은 다음과 같다.

㉮ 사업장단위로 사업자등록

사업장이란 사용인이 상시 주재하여 거래의 전부 또는 일부를 행하는 장소를 말하는데, 여러 개 있을 경우에는 사업장마다 사업자등록을 해야 한다. 다만, 보관·관리시설만 갖춘 하치장은 설치한 날로부터 10일 안에 하치장 소관세무서장에게 설치신고를 제출한다.

㉯ 여러 가지 사업을 겸업할 경우

부가가치세가 과세되는 사업을 하는 경우(면제되는 업종도 함께 하는 경우도 포함)에는 부가가치세법에 의한 사업자등록을 하여야 하고, 면제되는 사업만 하는 경우에는 소득세법 또는 법인세법에 의한 사업자등록을 하면 된다.

㉓ 공동사업자의 경우

2인 이상이 공동으로 사업을 하는 경우는 사업자등록신청은 공동사업자 중 1인을 대표자로 하고 공동사업자 전원의 주민등록등본을 붙여 대표자 명의로 신청하며 동업계약서 등의 서류를 함께 제출한다.

㉔ 사업자등록을 이행하지 않을 경우 가산세 부과내용

사업자등록을 하지 않고 사업을 하면 사업개시일로부터 등록한 날이 속하는 예정신고기간(예정신고기간이 지난 경우에는 그 과세기간)까지의 공급가액에 대하여 개인은 100분의 1, 법인은 100분의 2에 해당하는 금액을 가산세에 부과된다.

(3) 구비서류

① 회사에서 준비할 서류

· 회사설립사항 명세표(상호, 본점소재지, 사업목적, 자본금 등)
· 발기인 인적사항 및 주식인수사항
· 이사, 감사 인적사항(이사 3인 이상, 감사 1인 이상)
· 주금납입증명서

② 법인설립 소요비용

구 분	적 용	자본금 5천만원	자본금 1억원
등 록 세	자본금의 0.4%	200,000원	400,000원
교 육 세	등록세의 20%	40,000원	80,000원
채 권	자본금의 0.1%	50,000원	100,000원
공 증 료		150,000원	200,000원
기타비용		250,000원	300,000원
수 수 료		300,000원	400,000원
계		990,000원	1,380,000원

[주] 1) 법무사사무실 의뢰시의 추산비용임.
2) 등록세는 기본세율이 적용되는 경우이며 서울특별시로 포함한 수도권(일부 지역 제외)

③ 법인등기시 구비서류

- 설립등기신청서
- 정관작성(상호, 소재지, 사업목적, 자본금 5천만원이상, 1주당 주식가격 등)
- 주식금납입보관증명원(시중은행증명)
- 주주명부, 주주의 인감증명서, 주민등록등본, 주식인수증 및 청약서, 자산명세서, 임원명부, 인감도장 등
- 발기인총회이사록, 이사회이사록, 창립총회의사록, 조사보고서, 창립사항보고서

④ 법인기업의 사업자등록신청 서류

소정의 절차에 따라 법인을 설립하여 설립등기가 완료되면 사업장 소재지 관할세무서에 다음 서류를 구비하여 사업자등록 신청함.

- 법인 등기부등본 1부
- 정관 1부
- 임대차계약서 사본(사업장을 임차한 경우에 한합니다) 1부
- 「상가건물 임대차보호법」의 적용을 받는 상가건물의 일부를 임차한 경우에는 해당 부분의 도면 1부
- 주주 또는 출자자명세서 1부
- 사업허가·등록·신고필증 사본(해당 법인에 한합니다) 또는 설립허가증사본(비영리법인에 한합니다)
- 현물출자명세서(현물출자법인의 경우에 한합니다) 1부
- 본점 등의 등기에 관한 서류(외국법인에 한합니다)
- 지점등기부등본 또는 국내사업장의 사업영위내용을 입증할 수 있는 서류(외국법인에 한합니다)

⑤ 세무서의 법인설립신고 검토 시 보정요청 서류

- 임원명부 1부
- 주주 주민등록등본 각 1부(대표이사는 2부)
- 법인 인감증명서 1부

· 주주의 출자확인서(자필 서명날인) 각 1부
· 주주의 인감증명서 각 1부(용도 : 주주확인용)
· 주금납입금 보관증명서 사본 1부
· 법인인감 도장
· 보정서류는 미리 준비하여 사업자등록 신청서 또는 세무서의 법인세
  과에서 보정 요청시 제출

⑥ 벤처기업 및 소기업 및 소상공인의 경우

정부(중소기업청)는 주식회사 형태의 벤처기업 창업을 촉진하기 위하여 「벤처기업육성에관한특별조치법」을 개정하여 벤처기업의 경우 주식회사 설립자본금을 5천만원 이상에서 2천만원 이상으로 인하한 바 있다.

그러나 2001년 7월 1일부터 소기업 및 소상공인의 경우 「소기업및 소상공인지원을 위한 특별조치법」 제8조의 2에 의거 소정의 양식에 소기업 또는 소상공인임을 중소기업청으로부터 확인 받아 주식회사를 설립할 때에는 1인 이상의 발기인과 자본금 5천만원 미만으로도 주식회사 설립이 가능하다.

소기업 및 소상공인 확인시 제출서류

1. 소기업확인신청서 2부
2. 사업자등록증 사본 1부(해당하는 경우)
3. 직전사업연도 사업장별 소득세 원천징수이행상황신고서 또는 소득세 징수액 집계표(12개 월분) 사본 1부(해당하는 경우)

※ 2개 이상의 사업장이 있는 경우 본사 소재지 관할 기관에 신청함
  ① 공정거래위원회로부터 대규모 기업집단소속회사로 지정된 회사는 소기업에서 제외된다.
  ② 위 제출서류중 소득세 원천징수이행상황신고서, 소득세징수액집계표 등은 공인회계사, 세무사, 경영지도사 등의 확인을 받아 제출한다.

제 2 절   기타법인기업 설립 개요

1   유한회사

유한회사는 주식회사와 기능은 비슷하면서 발기인이 2명 이상 50명 이하이면 되고 자본금도 1천만원 이상이면 가능함으로 가족형 법인으로는 바람직한 법인형태이다.

우리나라에서 설립되고 있는 대부분의 중소기업의 법적으로는 주식회사의 형태를 취하고 있다. 사실상은 가족회사 내지 1인 회사인 경우가 많음을 감안한다면 외형만 화려하게 갖추기 위해 무리하게 주식회사를 만들기보다 실속 있는 유한회사를 설립하는 것도 좋을 것이다.

더욱이 유한회사는 주식회사보다 설립수속이 간단하고 주식회사와는 달리 경영상태를 공개할 의무가 없기 때문에 기업비밀을 유지하는 데도 큰 도움이 된다.

2   합자회사

합자회사는 인적요소가 강한 법인형태로서 2인 이상의 구성원으로 설립되며 합명회사와 모든 면이 비슷하다. 다만 유한책임 사원과 무한책임 사원이라는 두 부류의 사원으로 구성되는 점이 합명회사와는 다르다.

무한책임 사원은 업무집행권과 회사 대표권을 동시에 가지며 유한책임 사원은 업무감시권만 있을 뿐이다. 따라서 사실상 무한책임 사원이 경영과 관련된 일체의 권한을 행사한다고 볼 수 있다.

또 출자시에도 무한책임 사원은 합명회사의 경우와 같이 다양한 방법이 허용되지만 유한책임 사원의 경우는 재산출자만 가능하다. 그렇기 때문에 책임의 한계도 무한책임 사원은 합명회사의 사원과 같이 전적인 무한책임을 져야 하지만 유한책임 사원은 합명회사의 사원과 같이 전적인 무한책임을 져야 하지만 유한책임 사원은 자기의 출자한도 내에서만 책임을 진다.

앞에서 살펴본 바와 같이 개인기업과 법인기업은 각각 서로 다른 장·단점을 지니고 있으므로 무조건 어느 한쪽이 좋다고 말할 수도 없다. 그러므로 자신이 계획하고 있는 사업규모나 사업내용을 잘 생각해 보고 보다 합리적이라고 판단되는 형태를 창업자가 알아서 선택해야 할 것이다.

일반적으로 관점에서 보면 소규모 창업인 경우에는 개인기업으로 시작하는 것이 좋고, 중규모 이상인 경우에는 법인기업으로 창업하는 것이 좋다. 현재 상법상 법인을 만들려면 당장 창업비만 해도 상당한 자금이 들고, 절차도 상당히 복잡하므로 두세 명이 할 수 있는 일이라면 굳이 법인을 만들 필요가 없다.

한마디로 소규모 점포수준의 사업이라면 개인기업 형태가 좋고, 중규모 이상의 회사적 수준의 사업이라면 법인기업 형태가 좋다고 말할 수 있다.

3　합명회사

합명회사는 2인 이상의 무한책임사원만으로 구성되는 회사이다. 이 형태는 사원의 개성이 중시되는 기업형태이므로 현실적으로 구성원수가 그렇게 많은 경우는 별로 없다.

합명회사는 사원 모두가 무한책임을 져야 하므로 소유와 경영이 분리될 수 없으며, 법적으로도 사원은 회사의 업무집행권과 회사대표권을 동시에 가진다. 또 이 법인형태는 인적요소를 중시하므로 출자에 관해서는 현금, 현물, 노무, 신용 등 광범위하게 허용되며 출자의 이행책임에 있어서는 아무런 제한이 없다.

이들은 문자 그대로 무한책임사원들이기 때문에 회사의 채무에 대하여 무한책임을 져야 한다. 따라서 서로 믿을 수 있는 관계라면 이런 형태의 법인을 설립해 보는 것도 무방할 것이다.

핵 심 정 리 문 제

1 정관이란 무엇인가?

2 정관의 기재사항에 대하여 기술하시오.

3 법인기업의 사업자등록 신청절차의 유의사항에 대하여 기술하시오.

4 법인기업 설립시 소용비용에는 어떤 것이 있는가?

5 법인설립 등기시와 신고시 구비서류는 어떤 것이 있는가?

6 합명회사와 합자회사의 차이점을 기술하시오.

제9장 소상공인 지원제도

제1절 소상공인 지원센터

1) 소상공인지원센터 설치배경 및 개요

(1) 설치배경

제조업이나 중소기업에 비하여 상대적으로 지원이 미흡했던 유통업, 서비스업 및 소규모 제조업에 대한 지원을 강화하여 소상공인의 창업촉진과 성장을 통해 새로운 고용기회를 창출하고 지역간 산업간의 균형발전을 도모하기 위하여 중소기업청에서 설치 운영하는 공공컨설팅 기관임.

(2) 소상공인의 특징

① 업종과 업태가 다양하고 창업과 폐업이 빈번함
② 소규모 자본으로 자영업 형태의 소매업, 음식점, 서비스업이 주류
③ 가족, 친지를 통한 불안정한 의사 결정에 의존

④ 객관적인 경영 및 납세자료 부족

⑤ 은행제도 금융권 이용애로

(3) 소상공인이란

주로 가내수공업, 유통업, 음식업, 세탁업 등과 같은 생업적 업종을 영위하는 영세자영업자

① 상시근로자수가 10인이하인 제조업광업 건설업 영위업체

② 상시근로자수가 5인 이하인 도소매업, 기타서비스업

(4) 소상공업의 분류

구 분	중소기업	소기업	소상공업
법적근거	중소기업기본법	소기업지원특별조치법	소기업 및 소상공인 지원특별조치법
제 조 업	300인 이하	50인 이하	10인 이하
건 설 업	200인 이하	30인 이하	10인 이하
도소매업	20인 이하	10인 이하	5인 이하

2) 지원사업

사 업	내 용
상담 및 업무대행	일대일 카운셀링, 서류작성 등을 지도
경영지도	창업(아이템, 자금, 인력, 기술, 판로, 세무, 인허가 등) 경영개선 효율성 제고 (상권분석, 인력, 재무, 수출입, 해외투자합작, 판촉, 기술 생산, 기타)
교육훈련	예비창업자교육, 경영개선교육
기술개발지원	기술개발 및 연구, 기술이전 및 연계, 기술수준 향상, 신기술도입, 오염장지, 공업안전, 품질제고, 소요자금알선 등

수출지원	수출시장개척발굴, 외국바이어 연결, 국제무역박람회 참여유도 및 안내, 4P's, 수출자금조달 알선
정보관리수집제공	정부정책 및 규제, 인허가, 세제지원 국내외 경영 및 기술정보
소상공인도서관	소상공인 관련 책자비치 및 지원센터의 자료열람
전문가서비스	전문분야 자원봉사
잠재력 있는 업체발굴 및 협동화	특정지역, 특정업종 분야지원 및 협동화 사업

▽2 소상공인 창업 및 경영개선자금

(1) 지원목적

소상공인에 대한 창업 및 경영상담 기능과 자금지원을 연계함으로써 소상공인 지원효과를 극대화하여 신규 고용창출 및 사업간에 균형적인 발전을 도모시키는데 목적이 있다.

(2) 지원대상 및 요건

① 다음의 각호의 1에 해당하는 소상공업을 창업하고자 하는 자
　　가. 제조업, 광업, 건설업, 운송업 : 상시종업원 10인 미만
　　나. 전기가스 및 수도사업, 도소매업 및 소비자용품 수리업, 숙박 및 음식점업, 운수창고 및 통신업, 부동산 임대 및 사업서비스업, 교육서비스업, 개인서비스업 : 상시종업원 5인 미만
② 소상공업을 영위하는 자로 경영개선을 하고자 하는 자

(3) 지원제외 대상자

① 금융 및 보험업, 사치성향적 소비나 투기를 조장하는 업종

② 금융기관의 불량거래자 또는 불량거래처로 규제중인 자

(4) 지원 조건

① 지원한도 : 5천만원 이내

② 대출금리 : 연리 6.25%

③ 상환기간 및 상환방법 : 1년 거치 후 4년간 대출금액의 70%는 3개월
마다 균등분할 상환하고, 30%는 상환기간 만료시에 일시 상환

④ 대출취급 은행 : 국민, 기업, 한미, 부산, 경남, 농협, 하나, 제주, 대구,
외환, 조흥, 신한, 우리은행

(5) 지원 절차

① 대출추천 신청 등

㉮ 신청접수기관 : 전국 75개 소상공인지원센터

㉯ 신청기간 : 자금 소진시 까지

㉰ 구비서류

- 자금추천신청서, 사업계획서(소상공인지원센터에 비치)
- 사업자등록증 사본
- 사업장 임대차계약서 사본

② 평가 및 추천 : 필요시 현장 방문하여 확인

- 소상공인지원센터의 창업 및 경영상담을 거쳐 자금추천신청서,
사업계획서 등을 평가하여 종합평점 55점 이상인 경우에 추천
- 신청인의 경영능력, 사업계획의 실현 가능성, 자금조달 능력, 신
청금액의 적정성 등을 평가

③ 추천 심사시 우대조건 : 여성창업자 및 소상공인에게 가점 5점 부여

④ 자금 추천 처리기간 : 자금지원 신청서 접수일로부터 7일 이내

⑤ 대출 : 신용대출 또는 채권보전 절차를 거쳐 대출

⑥ 은행 채권보전 방법 : 부동산 담보, 신용보증서, 순수신용

(6) 자금지원 후 사후관리

대출을 받은 소상공인이 지원자금의 유용 또는 불법사용 등의 사실이 있거나 부적격 지원대상임이 확인되었을 경우 대출자금 조기회수 등의 조치를 취한다.

(7) 자금지원 절차도

다음은 소상공인이 소상공인 지원센터의 자금지원제도를 활용할 때의 절차도이다.

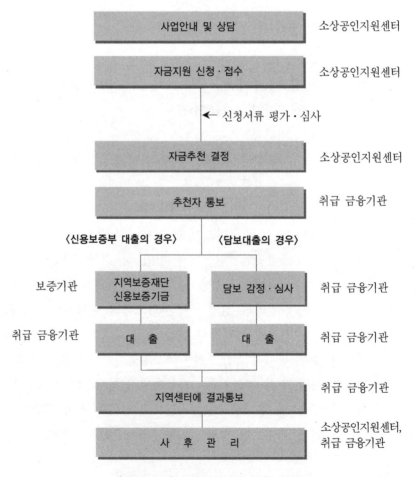

[그림 9-1] 소상공인자금 지원 절차도

(8) 전국지역별 센터 설치 현황

센터명		전화번호	FAX	주소
중앙센터		02-3679-2920/3	02-3679-2924	경기도 과천시 중앙동 2번지 중소기업청 1동 2층 207호
서울	강 북	02-990-9101/3	02-990-9104	서울시 강북구 수유3동 191-35 우성빌딩 6층
	을지로	02-774-7321/3	02-774-7320	서울시 중구 을지로2가 50 기업은행본점 2층
	남 부	02-839-8311	02-522-8654	서울시 서초구 방배2동 442-1 경복빌딩 3층
	영등포	02-2068-1786/7	02-2068-1779	서울시 영등포구 영등포5가 43 영성빌딩 2층
	강 남	02-528-4391/3	02-528-4390	서울시 강남구 대치동 942-1 미래와사람 빌딩 8층
	동대문	02-2215-0981/3	02-2215-0984	서울시 동대문구 장안3동 464-1 장안빌딩 8층
	서대문	02-395-6142/4	02-395-6145	서울시 서대문구 홍은1동 48-84
부산·울산	부 산	051-601-5180/4	051-342-8175	부산시 북구 만덕동 763-13 부산·울산중소기업청내 1층
	남 부	051-633-6562/3	051-633-0675	부산시 부산진구 범천1동 853-1 부산상공회의소 10층
	수 영	051-761-2561/3	051-761-2564	부산시 수영구 광안4동 741-1 부산은행 광안지점 3층
	중 부	051-469-1644/5	051-469-3285	부산시 중구 중앙동 3가 1번지 부산우체국빌딩 12층
	울 산	052-260-6388/90	052-260-2472	울산시 남구 신정3동 589-1 울산상공회의소 3층
대구·경북	대구남서부	053-629-4631/3	053-628-4314	대구사 달서구 송현동 2003-18 대구·경북지방중소기업청 1층
	대구중부	053-253-0309/70	053-253-4116	대구시 중구 남산4동 2999-6
	대구북부	053-358-1966	053-358-1967	대구시 북구 노원동 2가 292-2
	대구동부	053-742-2173/5	053-742-7607	대구시 동구 효목2동 561-1 농협중앙회 효목지점 2층
	안 동	054-854-3281/3	054-854-3284	경북 안동시 남문동 180-1 안동상호신용금고 2층
	구 미	054-456-5682/3	054-456-5684	경북 구미시 송정동 454 구미상공회의소 5층
	포 항	054-231-4363/4	054-231-4365	경북 포항시 북구 냅빈동 417-18 중소기업은행 포항지점 3층
광주·전남	광주남부	062-366-2122/4	062-366-2136	광주시 서구 농성동 260 상록회관 5120호
	광주북부	062-525-2724/5	062-525-2726	광주시 북구 풍향동 564-9 광주은행 풍향동 2층
	목 포	061-245-6347/8	061-245-6349	전남 목포시 중동 2가 1번지 상공회의소 1층
	여 수	061-643-6470/5	061-641-2927	전남 여수시 국동 1-7 광주은행 2층
	순 천	061-741-4153/8	061-741-4159	전남 순천시 장천동 133-1 흥국생명빌딩 2층
	하 남	062-954-2084/6	062-954-2085	광주시 광산구 도천동 621-15
	나 주	062-332-2710/1	062-332-2712	전남 나주시 금성동 13-1

대전 · 충남	대전북부	042-864-1602/5	042-864-1606	대전시 유성구 장동 23-14 중소기업종합지원센터 103호
	대전남부	042-629-8272/4	042-631-1866	대전시 대덕구 오정동 172-7 한남대 전자계산원 1층
	아 산	041-532-0091/4	041-532-0095	충남 아산시 염치읍 송곡리 244-19 충남 테크노파크 104호
	홍 성	041-633-4981-3	041-633-4984	충남 홍성군 홍성읍 오관리 98 홍성군청 별관건물 1층
	논 산	041-733-5064/6	041-733-5067	충남 논산시 취암동 1047-6 화지산신협 건물 3층
경기	수 원	031-244-5161/71	031-244-5123	경기도 수원시 장안구 정자동 80-17 수원상공회의소 1층
	광 명	02-896-2831/2	02-896-2833	경기도 광명시 하안3동 60 한빛은행 3층
	안 양	031-383-1002	031-383-0550	경기도 안양시 동안구 달안동 1113-1 농협중앙회 건물 4층
	성 남	032-742-5172/3	031-742-5174	경기도 성남시 중원구 중동 7-1 성남상공회의소 1층
	의정부	031-876-4384/5	031-876-4386	경기도 의정부시 의정부3동 371 경기북부상공회의소 1층
	부 천	031-655-0381/2	031-655-0383	경기도 부천시 원미구 원미2동 134-2 한미은행 부천지점
	고 양	031-976-5155, 68, 69	031-976-5166	경기도 고양시 일산구 일산동 552-3 담배인삼공사 고양지점 2층
	평 택	031-659-4290	031-659-5260	경기도 평택시 비전2동 846
	안 산	031-482-3590/3	031-482-2593	경기도 안산시 고잔동 519-1
인천	인 천	032-437-3570/3	032-437-3574	인천시 중구 관동3가 3-2 한미은행 인천지점 2층
	부 평	032-514-4010/3	032-514-4014	인천시 부평구 부평동 194-23 한국상호신용금고 9층
	서인천	032-575-5684/6	032-575-5688	인천시 서구 신현동 272 한미은행 신현지점 2층
	동인천	032-764-1464/5	032-764-1466	인천시 중구 관동 3가 3-2
강원	춘 천	033-258-3570/5	033-244-0334	강원도 춘천시 후평1동 257-24 강원지방중소기업청 내
	원 주	033-746-1950/4	033-746-1990	강원도 원주시 우산동 411-10 근로자종합복지관 4층
	강 릉	033-645-3680/1	033-645-3695	강원도 강릉시 포남1동 856-2 2층
충북	청 주	043-272-4423/5	043-272-0351	충북 청주시 흥덕구 송정동 47 청주기능대학 내
	충 주	043-854-3616/8	043-854-3619	충북 충주시 금능동 700 충주시청 11층
	제 천	043-652-1781/3	043-652-1784	충북 제천시 화산동 415 문화회관 2층
전북	전 북	063-231-8110/1	063-231-8112	전주시 완산구 전동 2가 140-11 전주상의 2층
	익 산	063-853-4411/2	063-853-4413	전북 익산시 남중동 259-1 익산상의 2층
	정 읍	063-533-1781/2	063-533-1783	전북 정읍시 시기1동 399-1 시기1동동사무소 1층
	남 원	063-626-0371	063-626-0372	남원시 하정동 192-4
경남	경 남	055-275-3261/4	055-275-3264	경남 창원시 용호동 7-4 경남무역회관 407호
	진 주	055-758-6701/2	055-758-7102	경남 진주시 칠암동 150 진주산업대학교 본관2층 201호
	김 해	055-323-4960/2	055-323-4963	경남 김해시 서상동 27-13 경남은행 김해중앙지점 2층
제 주		064-751-2101/2	064-751-2103	제주도 제주시 이도2동 390번지 제주도 중소기업 종합지원센터 4층

제 2 절   근로복지공단

1   장기실업자 자영업창업지원

(1) 지원내용

장기간 취업에 실패하고, 창업을 하고자 하나 담보보증능력이 취약한 장기 실업자계층과 신규 청년실업자들의 생계형 창업을 지원하는 사업이다.

서울특별시 및 광역시 1억원이내, 기타지역 7,000만원이내의 전세점포(전세권설정이 가능한 점포에 국한)를 공단이 임차(계약)하여이를 대여한다.

월세점포의 경우 공단이 정한 한도액범위(월세 및 관리비포함80만원)내에서 본인부담의 보증보험 가입 또는 월세(관리비 포함) 보증금납부시 지원이 가능하며, 전세점포와 마찬가지로 공단의 점포 지원금에 대해서는 전세권 설정이 가능해야 한다.

(2) 지원점포 조건

① 전세점포 : 전세권설정이 가능한 점포
② 월세점포 : 전세권설정이 가능한 점포로 본인이 부담하는 월세 및 관리비가 총 80만원 이내의 점포
※ 단, 월세점포의 경우 공단지원금에 대한 보증금 상계를 방지하기 위하여 6개월분에 해당하는 월세보증금 납부 또는 500만원한도의 보증보험 가입(연 보험료 약 12만원 정도)을 요함

(3) 신청 자격

구직등록 후 6개월이 경과한 장기실업자로서 다음 각 호에 해당하는 경우
① 전직 실업자로서 가족을 부양해야하는 세대주 또는 주 소득원인자
② 전직실업자로서 실업기간중 이수한 창업훈련관련 직종, 본인 보유의

국가기술 자격증 또는 실직전 1년이상 종사한 관련 업종으로 창업하고자 하는자(부양가족 및 세대주요건 불필요)

③ 신규청년 실업자로서 전공 및 보유 국가기술자격증 관련업종으로 창업을 희망하는자(부양가족 및 세대주 요건 불필요)

(4) 제외 대상

① 공단으로부터 생업자금, 영업자금 등을 지원받은 후 상환이 종료되지 아니한 자

② 교육기본법 제9조에 의해 학교에 재학중인 자(방송통신대학 제외)

③ 미성년자(만 20세 미만) 또는 만 60세 이상인자

④ 공단의 실업대부자금을 대부 받은 후 부정신청, 용도 외 사용 등으로 지원이 취소된 자

⑤ 신용불량거래 등록자

(5) 지원제외 업종

유흥주점, 단란주점 및 성인오락실, 여관업 등 일부 사치향락업종은 지원이 불가함.

(6) 지원기간과 조건

지원기간은 1년~2년 단위 계약(최장 6년까지 연장가능)이며, 지원조건은 공단에서 지원한 점포지원금에 대하여 연리 7.5%에 해당하는 임대료를매월 균등 납부.

(7) 제출서류

① 지원신청서 및 사업계획서(소정 양식)

② 주민등록등본, 실업입증서류 각 1부(필용시 추가서류 제출)

③ 신청서 제출 및 문의처 : 근로복지공단 지역본부 및 지사 (1588-0075)

2 실직여성가장 자영업지원

① 지원방법

신청자가 희망하는 점포를 (전세권설정 또 이행보증보험가입이 가능한 점포를) 공단이 직접 임차하여 이를 대여

※ 월세점포의 경우 공단이 정한 한도액 범위내에서 본인부담의 보증보험가입 또는 월세(관리비포함) 보증금 납부시 지원가능

② 지원한도

서울특별시 및 광역시 1억원 이내, 기타지 7천만원 이내

③ 신청자격

· 가족을 부양하는 실직여성가장으로서 다음 각 호에 해당하는 자
· 배우자 사망, 이혼 등으로 가족을 부양하여야 하는 여성가장
  ※ 미혼모, 임산부포함
· 배우자가 심신(정신)장애, 사고질병 등으로 노동능력이 상실된 가정의 여성가장

④ 지원기간

1-2년 (최장 6년까지 연장가능)

⑤ 지원조건

점포전세금의 연리 7.5%에 해당하는 임대료를 매월 균등 납부

⑥ 제출서류

지원신청서 및 사업계획서(소정양식), 주민등록등본, 실업입증 서류 각1부(필용시 추가서류제출 요청)

⑦ 구비서류

· 저소득여성가장 생계형 창업자금 지원신청서 1부
· 사업계획서 1부

· 주민등록 등본 1부
· 소득증명서1부(월급명세서,근로소득원천징수부 등), 미과세 증명원
· 재산증명서 1부(전/월세 게약서, 재산세납입증명원 등)
· 기타 : 사업경험, 심신장애 증명서류, 추천서 등

※ 생활보호법에 의한 자활보호 및 한시적 생활보호 대상자, 국가보훈대
  상자 등은 소득증명서류, 재산증명서류 대신 관계 증빙서류 제출

⑧ 지원절차

지원신청 → 요건심사 → 선정위원회 심사 → 자금지원 → 채권확보

⑨ 문의처

여성경제인협회 및 각 지회 (대표전화 : 02)528-0202)

제3절 한국 장애인 촉진 공단

 장애인 자영업 창업자금 융자/지원

(1) 대상

  장애인으로서 자영업을 창업하려는 자 단, 만20세 미만인 자와 근로기준
법 제14조 규정에 정한 근로자 및 사업등록자는 제외

(2) 개요

  장애인 1인당 5천만원 창업자금 융자

(3) 융자조건

  연리3%, 2년 거치 5년 분할상환

(4) 용도

시설, 장비구입, 영업장소 매입비, 상품구입비 등

(5) 제외업종

접대부가 있는 주점업, 댄스홀(교습소), 도박장, 증기탕, 35평초과 안마시술소 등

(6) 우선순위

① 창업관련직종 특허권, 전문자격증, 면허증 소지자.
② 창업관련직종 재직경력 3년 이상인 자
③ 공동창업자
　동순위가 발생한 경우 중증장애인, 장기창업훈련과정 이수자 우선
　영업장소지원 : 담보제공이 어려운 중증장애인에 대하여 공단이 점포를 임차하여 대여함
④ 동순위가 발생한 경우 중증장애인, 장기창업훈련과정 이수자 우선

(7) 문의처

· 한국장애인고용촉진공단
TEL : (031) 728-7001~3, FAX : (031) 728-7185

제 4 절　여성경제인협회

저소득 여성가장 생계형 창업지원

(1) 목 적

저소득 여성가장의 생계형 창업을 지원하여 가계안정과 자활의지를 고취 시키고 여성창업을 촉진하여 경제활동참가율을 극대화

(2) 지원대상

① 저소득 여성가장으로 생계형 창업을 희망하는자
② 배우자의 사망 또는 이혼후 가족을 부양하여야 하는 자
③ 배우자가 심신(정신)장애, 사고, 질병등의 사유로 노동능력이 상실되어 배우자를 대신하여가족을 부양하여야 하는 경우
④ 생활보호법에 의한 자활보호대상자, 한시적 생활보호대상자, 국가보훈대상자 등은 우대(가산점 부여)
⑤ 기타 지원이 필요하다고 인정되는 경우

(3) 지원내용

① 생계형 소규모 자본 창업시 점포임차금 2,000만원 융자
② 융자기간 2년(1회에 한하여 2년 연장 가능)
③ 대출이자 : 연리4% (이자는 분기납부)

(4) 채권확보

· 임차계약은 협회 명의로 체결하고 전세권 설정, 보증보험가입 등으로 채권확보
· 협회와 지원결정자간 계약
  협회지원 전세보증금을 초과하는 금액은 본인조달
  협회명의로 임대차 계약 체결및 전세권근저당권설정 허용
  계약금은 지원결정자가 지불하고 잔금 지불 후 협회가 계약금 보상

(5) 신청방법

저소득여성가장이 직접 또는 소상공인지원센터, 한국여성경제인협회, 지방자치단체, 기타 유관기관 등의 추천으로 신청

기타사항

유흥주점 및 성인오락실, 여관업 등 일부 업종은 지원불가

문의처

근로복지공단   02)2232-4827

제 5 절   서울특별시 및 지자제

서울특별시 및 지자제

타지자제는 아직 계획이 없고 서울시의 경우 매년 3,000만원 이하 자금이 필요한 소기업, 소상공인, 창업기업에 대해 서울시 중소기업육성기금 및 시중은행 협력자금 등 총 943억원을 무담보 신용으로 지원한다고 밝혔다. 문의 : 서울신용보증재단   02-3016-8352~4

제 6 절   여성창업관련 공적자금

여성부가 발표한 여성기술인력 창업자금 지원 사업에 여성사업가들이 많은 관심을 보이고 있다. 2003년 3월 중순부터 이루어질 여성만을 위한 자금지원은 여성부의 여성정책기본계획의 지원사업으로 1백억원이라는 자금을 준비하고 있다 한다.

그렇다면 여성만을 위한 창업관련 공적자금에는 어떤 것이 있나?

1) 여성부 - 여성기술인력 창업자금 지원

첫째, 지원자격은 사업자등록증을 발급받은 지 1년 이내인 여성들 중여성인력개발센터의 직업창업과정을 수료했거나 문화정보통신산업 등 다양한 분야에서 2년 이상의 경력을 쌓거나 제조서비스업 관련 국가기술자격증을 소지한 여성이다.

둘째, 융자조건은 10억원 한도에서 연 4.5%, 상환방법은 1년거치 4년 균분상환

셋째, 시행일자 및 대행기관은 3월 3일부터 중소기업청 산하 지역 소상
공인지원센터를 통해 신청, 3월 중순부터 지원예정, 문의 1588-5302,
홈페이지 www.mo-ge.go.kr 참조

2) 중소기업청 - 중소벤처창업자금

첫째, 지원자격은 여성창업준비자, 경력3년 미만의 현역 중소기업인
둘째, 융자조건 10억 이하 연 5.3%내외 변동금리
셋째, 신청기관 중소기업청 홈페이지 : www.smba.go.kr

3) 소상공인지원센터 - 소상공인 창업 및 경영자금

첫째, 지원자격은 소상공인 창업희망자
둘째, 융자조건 5천만원 이하 연 5.9%(자금이 많지 않으므로 조기에 신
청하는 것이 좋음)
셋째, 신청기관 각 지역 소상공인지원센터1588-5302

4) 한국여성경제인협회 - 저소득 여성가장 생계형 창업자금

첫째, 지원자격은 저소득 여성가장으로 생계형 창업을 희망하는 자, 배
우자의 사망 또는 이혼 후 가족을 부양하여야 하는 자, 배우자가
심신(정신)장애, 사고, 질병 등의 사유로 노동능력이 상실되어 배
우자를 대신하여가족을 부양하여야 하는 경우, 생활보호법에 의한
자활보호대상자, 한시적 생활보호대상자, 국가보훈대상자
둘째, 융자조건은 생계형 소규모 자본 창업시 점포 임차금 2천만원, 융
자기간 2년(1회 한하여 2년 연장가능), 연리 4%(이자는 분기납부)
셋째, 신청기관은 협회와 소상공인지원센터, 한국여성경제인협회, 지자체
문의 : 02-528-0202

5) 근로복지공단 - 실직여성가장 창업자금

제III부
창업 세무

제10장 사업자등록

제1절   사업자등록

1 사업자등록의 의의

사업자 등록이라 함은 납세의무가 있는 사업자의 인적사항과 사업내용 등 과세자료를 파악하는데 필요한 사항을 세무서의 대장에 올리는 것을 말하는데, 신규로 사업을 개시하는 자는 사업장마다 사업개시일로부터 20일 이내에 관할세무서장에게 사업자 등록을 하여야 한다. 이 경우 사업을 개시하고자 하는 자는 사업개시 전이라도 등록할 수 있다. 그러나 면세사업자는 부가가치세의 납세의무자가 아니므로 부가가치세법에 따른 사업자 등록의무는 지지 않는다. 다만, 면세사업자가 과세사업을 겸영하게 되는 경우 또는 면세를 포기하는 경우에는 부가가치세법상 사업자등록신청을 하여야 한다.

1) 개인기업의 사업자등록신청

개인사업은 개인이 출자자인 동시에 경영자로서 사업활동과 관련한 모든 권리의무의 주체가 출자자 개인에게 전적으로 귀속되는 기업형태라 할 수 있다. 그러므로 개인기업형태의 창업을 하는데는 법인기업과는 달리 별도의 사업등기절차가 필요 없으므로 사업장을갖춘 후 사업장 소재지 관할 세무서에 사업자등록을 신청하면 된다. 다만 영위하고자 하는 업종이 법령에 의한 허가, 등록, 신고사업인 경우에는 소관 행정관청으로부터 사업허가(등록, 신고포함)증을 발급 받아 사업자등록 신청 시 이를 첨부해야 한다. 사업자 등록 신청기한은 사업 개시 일로부터 20일 이내이며 사업개시 전에도 사업자등록을 신청할 수 있다.

(1) 개인기업의 사업자등록 신청서류

① 사업자등록 신청서1부 (소정양식)
② 사업허가(등록, 신고)증 사본
　(법령에 의한 허가, 등록, 신고사업의 경우)
③ 사업장 임대차 계약서
　(임대차계약서 원본에 1만원의 수입인지 첨부, 소인한후 복사)
④ 2인 이상이 공동으로 사업을 하는 경우공동사업자 전원의 주민등록등본과 공동 사업 사실을 증명할 수있는 서류(동업계약서 등)

2) 법인기업의 사업자등록신청

법인기업은 개인기업과는 달리법인 그 자체가 독립된 인격체로서 모든 권리 의무의 주체가 되는 기업 형태를 말한다. 따라서 법인 하나의 독립된 인격체로서 그 효력이 발생되기 위해서는 상법상 정해진 규정에 따라 회사의 실체구성절차를 거쳐 최종적으로 본점 소재지 관할 법원(상업등기과)

에 회사 설립등기를 마쳐야 한다.

사업장이 확보되고 회사 설립등기가 완료되면 회사는 법인등기부등본과 기타 부속서류를 갖추어 사업장 소재지 관할 세무서에 사업자등록을 하면 된다. 법인의 경우에도 영위하고자 하는 업종이 법령에 의한 허가, 등록, 신고사업인 경우에는 소관 행정관청으로부터 사업허가(등록, 신고)증을 발급받아 사업자등록 신청 시 이를 첨부해야 한다. 사업자등록 신청기한은 사업 개시일로부터 20일 이내이며 사업개시전에도 사업자등록을 신청할 수 있다.

(1) 법인사업자의 사업자등록 신청 서류

① 사업자등록 신청서 1부 (소정양식)

② 법인 등기부 등본 1부

③ 정관 1부

④ 개시대차대조표

⑤ 법인 설립등기 전 또는 사업허가 전에 등록을 하고자 하는 자 하는 경우에는 법인설립을 위한 발기인의 주민등록등본 또는 사업계획서 1부

⑥ 사업허가(등록, 신고)증 (해당법인에 한함)

⑦ 주주 또는 출자자 명세서

⑧ 관할 세무서장은 사업자 등록 신청서에 의해 신청 내용을 조사하고 신청 후 7일 이내에 등록증을 교부하게 되어있다.

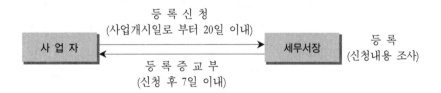

3 ▽ 사업자등록 정정신고

　사업자가 등록사항에 변동이 발생한 경우에는 지체 없이 그 사실을관할 세무서장에게 신고하여 사업자등록증의 기재사항을 정정하여 재교부 받아야 한다.

사업자등록 정정사유

· 상호를 변경하는 때
· 사업자의 주소 또는 거소를 이전하는 때
· 기업의 대표자를 변경하는 때
· 사업의 종류에 변경이 있는 때
 – 사업의 종류를 완전히 다른 종류로 변경한 때
 – 새로운 사업의 종류를 추가하거나 사업의 종류 중 일부를 폐지한 때
· 사업장을 이전하는 때
· 상속으로 인하여 사업자의 명의가 변경되는 때
· 공동사업자의 구성원 또는 출자지분의 변경이 있는 때

4 ▽ 폐업신고

　사업을 폐업하면 지체 없이 세무서 민원봉사실에 비치된 폐업신고서를 1부 작성하여 사업자등록증과 함께 사업장을 관할하는 세무서에 제출하면 된다. 폐업신고서를 제출하는 경우 부가가치세 확정신고도 같이 하는 것이 절차가 간편하고 유리하다. 이때 부가가치세 확정신고서에 폐업연월일 및 사유를기재하고 사업자등록증을 첨부하여 제출하며 폐업신고서를 제출한 것으로 본다.

　사업을 그만두는 사업의 마지막 신고기간은 그 폐업일일 속하는 과세기간의 개시 일로부터 폐업일까지이며, 모든 사업자는 폐업 일로부터 25일 이내에 확정신고 납부를 하여야 한다.

사업자등록신청 시 유의사항

5

① 사업자등록을 신청해야 하는 세무서는 사업장 소재지를 관할하는 세무서 신고 등록계이다.

② 사업장이 여러 곳인 경우에는 사업장마다 각각 사업자등록을 해야 한다.

③ 별도의 사업장을 설치하지 않고도 사업이 가능한 경우에는 사업자의 주소지를 사업장으로 하여 사업자등록을 신청할 수 있다.

④ 사업자등록신청서에는 사업자가 업태와 종목(사업의종류)을 기재해야 하는데 업태와 종목의 구분은 향후 부가가치세 신고 및 소득세와 법인세 신고시 세액의 계산에 영향을 줄 수 있으므로 본인이 영위하고자 하는 사업이 어떤 업종, 어떤 종목에 속하는 지를 면밀히 검토하는 것이 좋다. 업태나 종목에 따라 단순경비나 기준 경비율이 달라질 수 있고, 세액이나 소득금액 계산시 각종 공제 및 감면 사항 적용과 중소기업 해당업종 구분, 부가세 과세면세 업종 구분 및 부가세 과세 유형구분이 업종에 따라 달리 적용되는 경우가 있기 때문이다.

⑤ 개인기업의 경우 동일한 사업장에서 2인 이상의 사업자가 공동사업을 하고자 하는 경우에는 공동사업자로 사업자가 등록을 신청할 수 있다. 이 경우 사업자등록 신청시동업 계약서가 첨부되어야 하며 동업계약서에는 사업자금에 대한 출자비율과 사업소득에 대한 손익분배 비율이 명시되어야 한다.

⑥ 다음의 경우에는 사업자 등록을 하지 않아도 된다.
- 보관, 관리시설만 갖춘 하차장을 설치하고, 그 날로부터 10일 이내에 하차장 관할 세무서에게 하차장 설치 신고서를 제출한 경우
- 기존사업장이 있는 사업자가 각종 경기대회, 박람회, 국제회의 등이 개최되는 장소에 임시사업장을 개설하는 경우나 임시로 기존사

업장과는 다른 장소에 단기간 판매장을 개설하는 경우로서 사업
개시일 20일전에 임시사업장 관할 세무서에 임시사업장 개설 신고
서를 제출한 경우

⑦ 여러 가지 사업을 겸업할 때의 사업자 등록

부가가치세의 과세사업과 부가가치세가 면세되는 사업을 겸업할 때에는
부가가치세법에 의한 사업자등록만을 하면 된다. 부가가치세가 면세되는
사업만을 하는 경우 소득세법(법인의 경우 법인세법)에 의한 사업자등록을
하여야 한다.

⑧ 사업자등록을 발급 받지 못하는 경우

남의 명의로 사업자등록을 신청하거나, 법령에 의하여 허가를 받아야 하
는 업종의 사업자가 허가증사본을 붙이지 아니한 경우, 신청내용이 실제사
업과 다른 경우에는 사업자등록증을 발급 받을 수 없다. 이러한 경우에는
등록신청을 정정하거나 보완하여 신청하여야 하며, 신청한 내용이 세무서
에서 조사한 사실과 다른 경우에는 그 조사한 사실에 따라 사업자등록증
이 교부되며 이 경우 교부기간은 7일에 한하여 연장된다.

⑨ 사업자등록 신청서에는 사업장을 빌려준 사람의 인적사항과사업장
사용료를 기재하도록 되어 있다. 그러므로 사업장에 대한 임대차 계약서를
작성할 때는 임대인의 주민등록 번호 (법인사업자의 경우 사업자등록번호)
가 기재되었는지 확인해야 한다. 아울러서 지급 임차료에 대하여 세금계산
서가 발급되는지 여부를 확인하고 임대인이 간이과세자로서 세금계산서
발급이 불가능한 경우에는 반드시 은행 계좌로 임차료를 송금하여야 세법
상 경비로 인정되기 때문에 임차료를 송금할 은행 계좌번호도 확인해 두
는 것이 좋다.

⑩ 부가가치세 납세 편의를 위하여 연간 매출이 4,800만원 미만이 될 것
으로 예상되는 소규모 사업자의 경우에는 부가세 과세유형을 간이과세자
로 신청할 수 있다. 그러나 법인사업자의 경우는 간이 과세자가 될 수 없으
며 개인사업자라 할지라도 업종이나 지역에 따라 간이 과세적용이 배체되

는 경우가 있다. 또한 간이과세자인 경우에는 자기가 공급하는 재화용역에 대하여 세금계산서를 발행할 수 없고 영수증 발행만이 가능하다.

따라서 하고자하는 사업의 거래상대방이 최종소비자(비사업자)가 아닌 사업자인 경우에는 그들이 대부분 거래증빙으로 세금계산서를 요구할 것이므로 이 경우에는 연간 매출이 4,800만원미만이 될지라도 일반과세자로 사업자등록증을 받는 것이 좋다.

제11장 부가가치세

제1절 부가가치세의 의의와 납세의무자

1 부가가치세의 의의

부가가치세(VAT : Value Added Tax)란 재화나 용역이 생산되거나 유통되는 모든 거래 단계에서 창출된 부가가치세를 과세대상으로 하여 과세하는 간접세이다.

부가가치라 함은 매출액에서 기업이 부담한 외부 구입가액(매입액)을 차감한 금액을 말한다.

우리나라의 경우 부가가치세의 계산방법은 전단계세액공제방법을 채택하여 다음과 같이 계산하며 현재 일반과세자의 적용세율은 10%이다.

(매출금액 × 세율) − (매입급액 × 세율) = 매출세액 − 매입세액

2   납세의무자

　　부가가치세는 영리목적의 유무에 불구하고 사업상 독립적으로 부가가치세 과세대상이 되는 재화 또는 용역을 공급하는 자는 부가가치세를 납부할 의무가 있다. 부가가치세 납세의무자에는 개인법인과 법인격 없는 사단 재단 기타 단체도 포함된다. 법인이던 개인이던부가가치세 과세대상인 재화나 용역을 공급하는 자는 모두 부가가치세를 납부하여야 한다.

　　따라서 사업자가 아닌 일반개인은 재화나 용역을 공급해도 부가가치세 납세의무가 없다.

```
          ┌ 과세사업자 ┌ 일반과세자 ─ 납세의무자 ─ (매출액×10%)-(매입액×10%)
사업자 ─┤            └ 간이과세자 ─ 납세의무자 ─ (공급대가×업종별 부가율×10%
          └ 면세사업자 ──────────── 납 세 의 무 ─ (매입세액×업종별 부가율)
                                     없    음
```

　　※ 간이과세자 : 연간공급대가가 4,800만원 미만인 납세의무자

제 2 절　과세대상

　　부가가치세는 부가가치세법상 특별히 면세되지 않는 한 재화의 공급, 용역의 공급 및 재화의 수입에 대하여 과세한다.

　　즉 부가가치세의 과세대상은 거래상대방으로부터 부가가치세를 거래징수하여야 할 물건행위 또는 사실 등을 말하는 것으로 부가가치세법에서는 ① 재화의 공급 ② 용역의 공급, ③ 재화의 수입을 과세표준으로 하고 있으며, 그 과세대상에 대한 대가 또는 시가의 합계액이 과세표준이 되며, 이에 세율을 적용하여 계산한 금액이 매출세액이 된다.

〈표 11-1〉 부가가치세의 과세대상과 방법

구 분	과 세 대 상	과 세 방 법
① 재화의 공급 ② 용역의 공급	사업자가 공급한 것만 과세대상 이다.	공급하는 사업자가 공급받는 자로 부터 거래징수하여 납부한다.
③ 재화의 수입	사업자 여부와는 무관하게 과세대 상이다.	세관장이 수입자로부터 징수하여 납부한다.

재화의 범위와 재화 공급의 범위

1) 재화의 범위

부가가치세법에서 재화라 함은 재산적 가치가 있는 상품·제품·원재료
등의 재고자산, 기계건물 등의 고정자산과 기타 유형적 물건을 포함한 모
든 유체물과 동력·열 기타 관리할 수 있는 자연력 및 권리 등으로서 재
산적 가치가 있는 유체물 이외의 모든 무체물을 말한다.

2) 재화 공급의 범위

재화의 공급이란 사업자가계약상 또는 법률상의 모든 원인에 의하여 재
화를 인도 또는 양도하는 것을 말한다.

(1) 재화의 실질적 공급

다음과 같이 대가를 받고 재화를 양도·인도하는 것을 말한다.

① 매매계약에 의한 공급

현금판매·외상판매·할부판매·장기할부판매·조건부 및 기한부판매·
위탁판매·기타 매매계약에 의하여 재화를 인도 또는 양도하는 것

② 가공계약에 의한 공급

자기가 주요자재의 전부 또는 일부를 부담하고 상대방으로부터 인도받

은 재화에 공작을 가하여 새로운 재화를 만드는 가공계약에 의하여 재화를 인도하는 것

③ 교환계약에 의한 공급

재화의 인도대가로서 다른 재화를 인도받거나 용역을 제공받는 교환계약에 의하여 재화를 인도 또는 양도하는 것

④ 기타 계약상법률상 원인에 의한 공급

현물출자·사인(私人)에 의한 경매·수용(법률에 따른 공매·강제경매는 제외)등에 의하여 재화를 인도 또는 양도하는 것

(2) 재화의 공급의제(간주공급)

부가가치세법에서는 재화의 실질적 공급에 해당하지는 않지만 일정한 사건들을 재화의 공급으로 간주하여 과세대상으로 보도록 하고 있는데, 이를 재화의 공급의제 또는 재화의 간주공급이라 한다.

가) 자가공급

사업자가 자기의 사업과 관련하여 생산취득한 재화를 자기의 사업을 위하여 직접 사용소비하는 것을 말하는데, 다음의 3가지 경우에 한하여 이를 재화의 공급으로 간주한다.

① 면세사업에의 전용

자기의 사업과 관련하여 생산취득한 재화를 자기의 면세사업을 위하여 직접 사용소비하는 것은 재화의 공급으로 본다.

② 비영업용 소형승용자동차 또는 그 유지를 위한 비용

자기의 사업과 관련하여 생산취득한 재화를 비영업용 소형승용자동차로 사용하거나 또는 그 유지에 사용·소비하는 것은 재화의 공급으로 본다.

③ 판매목적 타사업장반출

둘 이상의 사업장이 있는 사업자가 자기 사업과 관련하여 생산취득한

재화를 타인에게 직접 판매할 목적으로 자기의 다른 사업장으로 반출하는 것은 재화의 공급으로 본다. 다만, 총괄납부승인을 얻은 사업자가 촐괄납부를 하는 과세기간에 반출하는 것은 재화의 공급으로 보지 않는다.

나) 개인적 공급

사업자가 자기의 사업과 관련하여 생산취득한 재화를 사업과 직접 관련없이 사업자가 자신의 개인적인 목적 또는 기타의 목적을 위하여 사용소비하거나, 사용인 또는 기타의 자가재화를 사용소비하는 것으로서 사업자가 그 대가를 받지 않거나 시가보다 낮은 대가를 받는 경우에는 재화의 공급으로 본다.

다) 사업상 증여

사업자가 자기의 사업과 관련하여 생산취득한 재화를 자기의 고객이나 불특정다수인에게 증여하는 경우에는 재화의 공급으로 본다.

매입세액이 불공제된 재화, 견본품의 제공, 광고선전용으로 불특정다수인에게 증여하는 재화, 부수재화인 증정품은 제외된다.

라) 폐업시 잔존재화

사업자가 사업을 폐지하는 때에 잔존하는 재화는 자기에게 공급하는 것으로 본다.

(3) 재화의 공급으로 보지 않는 경우

① 담보의 제공

질권저당권 또는 양도담보의 목적으로 동산·부동산 및 부동산상의 권리를 제공하는 경우는 재화의 공급으로 보지 않는다.

② 사업의 양도

사업장별로 그 사업에 관한 모든권리와 의무를 포괄적으로 승계시키는 것은 재화의 공급으로 보지 않는다.

③ 물납하는 사업용 자산

사업용 자산을 상속세 및 증여세법 및 지방세법의 규정에 의하여 물납하는 것은 재화의 공급으로 보지 않는다.

④ 하치장반출

하치장은 사업장으로 보지 않는다(부가령4②). 만약 재화를 하치장으로 반출하는 행위를 재화의 공급으로 본다면, 하치장은 부가가치세의 담세자가 되어 최종소비자의 입장에 서게되는 모순이 발생한다. 따라서 하치장으로 재화를 반출하는 행위에 대해서는 재화의 공급으로 보지 아니하며, 하치장에서 각 대리점에 재화를 반출하는 경우에는 당해 하치장에 재화 반출한 제조장을 공급자로 하여 세금계산서를 교부하도록 하고 있다(부가 1265.1-2410).

2   용역의 공급

1) 용역의 범위

용역이란 재화 이외의 재산적 가치가 있는 모든 역무 및 기타 행위를 말한다. 부가가치세의 과세대상의 용역을 보면 아래와 같다.

① 건설업 : 건설업자가 건설자재의 전부 또는 일부를 부담하는 것
② 소비자용품 수리업
③ 숙박업 및 음식점업
④ 운수업·창고업 및 통신업
⑤ 금융업 및 보험업
⑥ 부동산업·임대업 및 사업서비스업
⑦ 공공행정·국방행정 및 사회보장행정
⑧ 교육서비스업
⑨ 보건업 및 사회복지사업

⑩ 기타 공공서비스업·사회서비스업 개인서비스 업

⑪ 가사서비스업

⑫ 국제기관 기타 외국기관의 사업

⑬ 상대방으로부터 인도받은 주요재화를 전혀 부담하지 아니하고 단순히 가공만 하여 주는것

⑭ 산업상·사업상 또는 과학상의 지식·경험 또는 숙련에 관한 정보를 제공하는 것

2) 용역의 구분

용역에 해당하는 사업의 구분은 통계청장이 고시하는 당해 과세기간 개시일 현재의 한국표준산업분류표에 의하여 열거된 사업과 유사한 사업은 한국표준산업분류표에 없어도 동사업에 포함되는 것으로 본다.

3   재화의 수입

재화의 수입이란 다음 중 어느 하나에 해당하는 물품을 우리나라에 인취(재화를 인도받아 반입하는 행위)하는 것으로 한다.

① 외국으로부터 우리나라에 도착한 물품(외국의 선박에 의해 공해에서 체포된 수상물을 포함한다)

② 수출신고가 수리된 물품(보세구역으로부터 인취하지 아니한 것은 제외)

제 3 절   영세율제도와 면세제도

(1) 의의

영세율제도란 일정한 재화 또는 용역의 공급에 대하여 영(zero)의 세율을 적용하는 제도를 말한다. 영세율이 적용되는 경우에는 과세대상거래의 매출에 영(zero)의 세율을 적용하여 매출단계의 부가가치세를 면제하고 매입단계에서 부담한 매입세액은 공제 또는 환급받게 된다. 전혀 부담하지 않게 되므로 이를 완전면세라고 한다.

> 수출매출세액(0) - 재화 · 용역구입시 매입세액 = 환급세액

```
[예]
    매출액 × 0% (세율) ⇒ 1,500,000 원 × 0% =        0원
    매입액 × 10% (세율) ⇒ 1,000,000 원 × 10% =   100,000    ( - )
                                          △100,000 (환급세액)
```

(2) 영세율 적용대상자

영세율이 적용되는 거래는 영의 세율이 적용되는 것 외에는 일반적인 과세거래와 동일하므로 영세율 적용대상자는 과세사업자이어야 한다. 따라서 면세사업자는 영세율 적용을 받을 수 없으며, 간이과세자는 영세율 적용을 받을 수 있다. 다만, 간이과세자의 경우 매입세액을 환급받지는 못한다. 사업자가 비거주자이거나 또는 외국법인의 경우에는 상호면세주의에 의하여 영의 세율을 적용한다.

(3) 영세율 적용대상

① 수출하는 재화 : 직수출, 중계무역수출등, 대행(위탁)수출, 내국신용장이나 구매확인서에 의한 공급, 수탁가공무역등
② 국외에서 제공하는 용역으로서 용역의 수출에도 영의 세율을 적용한다.
③ 선박 또는 항공기의 외국항행용역으로서 선박 또는 항공기에 의하여 여객이나 화물을 국내에서 국외로, 국외에서 국내로, 또는 국외에서 국외로 수송하는 경우 영의 세율을 적용한다.
④ 기타의 외화획득사업으로서 수출재화 임가공, 외국선박 또는 항공기에 공급하는 재화용역 등이 해당된다.
⑤ 조세특례제한법상 영세율 적용대상 용역이나 재화

(4) 조세특례제한법에 의한 영세율적용대상

① 방위산업물자
② 국군부대 또는 기관에 공급하는 석유류
③ 장애인용 보장구등
④ 사회간접자본시설의 건설용역
⑤ 어업용기자재

---

2   **면세제도**

1) 면세의 개념

특정 재화 또는 용역의 공급에 대한 부가가치세의 과세를 면제하는 제도를 말한다. 부가가치세의 과세가 면제되기 때문에 공급자는 공급받는 자로부터 부가가치세를 거래징수하여 신고 및 납부할 의무가 없고 재화나 용역을 공급하기 위하여 매입한 재화와 용역에 부과된 부가가치세를 공제받을 수 없다. 따라서 면세를 불완전 면세제도라 한다. (즉, 부분면세제도)

면세품 매출세액(0) - 재화. 용역구입시 매입세액 = 0

2) 면세대상 재화 또는 용역

(1) 기초생활필수품

① 미가공식료품(식용에 공하는 농산물축산물수산물과 임산물을포함) 및
   우리나라에서 생산된 식용에 공하지 아니하는 미가공 농산물축산물
   수산물과 임산물
② 수돗물
③ 연탄과 무연탄
④ 여성용 생리처리위생용품

(2) 국민후생관련 재화와 용역

① 의료보건용역(수의사의 용역 포함)과 혈액
② 교육용역(정부의 인·허가를 받은 경우)
③ 여객운송용역(항공기·고속버스·전세버스·택시·특수자동차·특종
   선박 또는 고속철도에 의한 여객운송용역은 제외)
④ 우표(수집용 우표를 제외)·인지·증지·복권과 공중전화
⑤ 판매가격이 200원 이하인 제조담배와 특수제조용 담배
⑥ 주택과 이에 부수되는 토지의 임대용역

(3) 문화관련 재화와 용역

① 예술창작품(골동품은 제외) 예술행사 문화행사와 비직업운동경기
② 도서·신문·잡지·관보·뉴스통신 및 방송. 다만, 광고는 제외한다.
③ 도서관·과학관·박물관·미술관·동물원 또는 식물원에의 입장

(4) 부가가치 구성요소 용역

① 토지의 공급

② 저술가 · 작곡가 기타 일정한 자가 직업상 제공하는 인적 용역

③ 금융 · 보험용역

(5) 기타의 재화와 용역

① 종교 · 자선 · 학술 · 구호 기타 공익을 목적으로 하는 단체가 공급하는 재화 또는 용역

② 국가 · 지방자치단체 또는 지방자치단체조합이 공급하는 재화 또는 용역. 다만, 우정사업조직이 부가우편역무 중 소포우편물을 방문 접수하여 배달하는 용역과 고속철도에 의한 여객운송용역 등은 제외한다.

③ 국가 · 지방자치단체 · 지방자치단체조합 또는 공익단체에 무상으로 공급하는 재화 또는 용역 등

3) 수입재화의 면세

① 미가공식료품

② 도서 · 신문 · 잡지와 학술연구단체, 교육기관, 문화단체가 과학 문화용으로 수입하는 재화

③ 종교의식 · 자선 · 구호 기타 공익을 목적으로 외국으로부터 종교단체 · 자선단체 및 구호단체 등에 기증되는 재화

④ 이사나 이민으로 상속으로 인하여 수입한 재화

⑤ 제조담배

⑥ 무연탄

4) 조세특례제한법에 의한 면세대상

① 국민주택규모이하의 주택의 공급과 국민주택건설용역, 리모델링용역

② 농업용 및 어업용 석유

③ 연안 운항용 여객선박 및 도서지방 자가발전용 석유류

④ 농업과 어업의 경영 및 작업대행용역 등

5) 면세 포기 대상

① 영세율 적용 대상인 재화 용역
② 면세되는 공익단체 중 학술연구단체와 기술연구단체가 공급하는 재화 또는 용역

6) 면세의 포기신고와 효력

면세를 포기하고자 하는 사업자는 면세를 포기할 수 있으며, 이후 3년간 부가가치세의 면세를 받지 못한다.

3 ▽ 　　　　　　　　　　　　　　　　　　　　　　　　　**영세율과 면세의 비교**

영세율은 과세대상거래의 과세표준에 세율을 '0'으로 적용하여 매입세액을 환급하여주는 완전면세형태인 반면에, 면세는 거래 자체를 과세하지 아니하므로 세액은 면제되나 이에 대한 매입세액은 공제하지 아니함으로써 결국은 그 매입세액 만큼은 매입원가 등에 가산하여 최종소비자에게 전가되는 불완전면세의 형태이다.

따라서 영세율과 면세를 부가가치세법상의 제 의무 등을 깃준으로 비교하면 다음과 같다.

〈표 11-2〉 영세율과 면세의 비교

구 분	영세율사업자	면세사업자
납세의무	있 다	없 다
취 지	소비지국 과세원칙 구현	부가가치세의 역진성 완화
적용범위	주로 수출 등에 적용	주로 기초생필품 등에 적용
사업자의 협력의무	영세율사업자도 납세의무자이므로 부가가치세법상 각종 협력의무를 진다.	면세사업자는 납세의무자가 아니므로 원칙적으로 부가가치세법상 각종 협력의무를 지지 않는다.

협력의무의 구체적 내용	사업자등록 의무	있 다	없 다 (영세율 적용받기 위해 면세포기한 경우에는 사업자 등록을 하여야 함)
	과세표준과 세액의 신고 납부의무	있 다 (대리납부의무는 없음)	없 다 (대리납부의무는 있음)
	세금계산서 교부의무	있 다 (대부분의 영세율사업자는 교부의무 면제)	없 다 (계산서·영수증의 교부의무는 있음)
부가가치세 거래징수	세금계산서 합계표 제출의무	있 다 (미제출의 경우 매입세액불공제등의 불이익처분이 있음)	없 다 (미제출의 경우 불이익 처분이 없음)
부가가치세 거래징수	매출할 때	면 세 (과세대상이나 공급가액에 영의세율을 적용하므로 매입자로부터 거래징수하지 않음)	면 세 (부가가치세 과세대상거래가 아님)
	매입할 때	과 세 (부담하거나 환급받거나 매출세액에서 공제받음 : 완전면세)	과 세 (부담하여 필요경비 또는 고정자산의 취득가액에 가산)
가산세	사업자등록증 미등록 가산세 등	있 다	없 다
	대리납부 불이행	없 다	있 다
회계처리 방 법	매입시	(차) 기 계 1,000,000 부가가치세대급금 100,000 (또는 부가가치세매입세액) (대) 현 금 1,100,000	(차) 기 계 1,100,000 (대) 현 금 1.100,000
	신고시	(차) 미 수 금 100,000 (대) 부가가치세대급금 100,000	해당 없음
	정부로부터 환급시	(차) 현 금 100,000 (대) 미 수 금 100,000	해당 없음
특 징		완전면세	부분면세

제4절   신고와 납세지

납세자는 납세의무자가 납세의무를 이행하고 세무관청이 과세권을 행사하는 기준이 되는 장소이다. 부가가치세는 사업장마다 신고·납부하여야 한다.

1 사업장

사업장이란 사업자 또는 그 사용인이 상시 주재하여 거래의 전부 또는 일부를 행하는 장소를 말한다. 사업자가 자기의 사업과 관련하여 생산 또는 취득한 재화를 직접 판매하기 위하여 특별히 판매시설을 갖춘 직매장은 사업장으로 보며, 재화의 보관 관리시설만을 갖춘 하치장은 사업장으로 보지 않는다.

2 주사업장 총괄납부

부가가치세는 사업장 단위로 납세의무를 이행하는 것이 원칙이나 사업자에게 둘 이상의 사업장이 있는 경우에는 주된 사업장 관할세무서장에게 신청하여 그 승인을 얻어 주된 사업장에서 총괄하여 납부할 수 있는데, 이를 주사업장 총괄납부라 한다.

3 사업자단위 신고·납부

둘 이상의 사업장이 있는 사업자가 각 사업장의 물류흐름 및 재고를 관리할 수 있는 **전사적 자원관리시스템(ERP)**을 갖추고 본점 또는 주사무소의

관할세무서장에게 신청하여 승인을 얻은 때에는 당해 사업자의 본점 또는
주사무소에서 총괄하여 신고·납부할 수 있다. 이를 사업자단위 신고 ·
납부제도라 한다.

제5절 과세표준

과세표준은 부가가치세가 포함되지 아니한 공급가액으로서, 상대방으로
부터 명목 여하에 불구하고 실질적 대가관계로서 수취하는 대금·요금·
수수료 등의 합계액을 일컫는다.

 ### 공급가액의 계산

가. 금전으로 대가를 받는 경우 : 그 대가
나. 금전이외의 대가를받는 경우, 낮은 대가를 받은 경우와 대가를 받지
   아니한 경우 : 자기가 공급한 재화 또는 용역의 시가
다. 폐업시의 잔존재고재화 : 재고재화의 시가
라. 할부나 장기할부판매시 이자상당액도 포함
마. 대가의 일부로 받는 운송비 포장비 하역비도 포함.

 ### 과세표준에 포함하지 않는 항목

가. 부가가치세
나. 매출에누리 및 환입액
다. 계약 등에 의하여 확정된 대가의 지연지급으로 인하여 지급받은 연
   체이자

라. 공급받는 자에게 도달하기 전에 파손 훼손된 재화의 가액

마. 국고보조금과 공공보조금

바. 대가와 구분하여 기장한 봉사료

3 ▽ 과세표준에서 공제되지 않는 항목

매출할인액, 대손금, 판매장려금의 지급액, 하자보증금

제6절 세율과 납부세액의 계산

1 ▽ 세 율

부가가치세는 과세유형에 따라 일반과세자, 간이과세자 2가지 유형으로 나누어지게 되며 그 유형에 따라 세율적용이 달라지게 된다.

(1) 일반과세자

부가가치세 일반과세자의 세율은 10%이다. 그러나 영세율이 적용되는 경우에는 0의 세율이 적용된다. 따라서 일반과세자의 매출세액은 매출액 (공급가액)에 10%를 곱하여 계산한다. 만약에 특별소비세가 부과되는 품목일 경우에는 그 특별소비세가 포함된 금액에 대하여 세율 10%를 적용하여 부가가치세를 계산하여야 한다.

결국 일반과세자는 매출액에 10%를 곱한 매출세액에서 매입세액을 뺀 차액을 부가가치세로 납부하여야 한다.

(2) 간이과세자

간이과세자는 연간매출액이 4천8백만원(서비스업 중 도급·중개·대리·
주선업은 1천2백만원) 미만인 사업자이다.

세율적용은 매출금액에 업종별 부가가치율을 곱하고 다시 일반과세자와
같이 10%를 적용하여 매출세액을 계산하고, 매입세액계산은 매입세액에
20%~30%를 곱하여 공제해준다. 이 경우 매입세액공제율은 업종별 부가율
이 30%이하인 업종은 20%이고 30%를 초과하는 업종은 매입세액의 30%
를 적용한다.

2 ▽ 납부세액의 계산

사업자가 납부하여야 할 부가가치세액의 납부세액은 자기가 공급한 재
화 또는 용역에 대한 매출세액에서 원재료나 상품 등을 매입할 때 받아
온 세금계산서상의 매입세액을 공제한 금액으로 한다.

이때 공제할 매입세액은 총 매입세액에서 공제받지 못하는 매입세액(매
입세액 불공제액)을 차감한 금액만을 공제하여야 한다.

부가가치세의 계산과 신고 및 납부절차는 일반과세자와 간이과세자가
서로 다르다. 그리고 부가가치세는 자진신고, 납부제도를 채택하고 있기
때문에 일반과세자 등은 부가가치세를 스스로 계산하여 신고·납부하여야
한다.

1) 일반과세자

(1) 기본산식

> 매출세액(과세표준 × 세율) - 매입세액 = 납부세액

(2) 구체적 계산구조

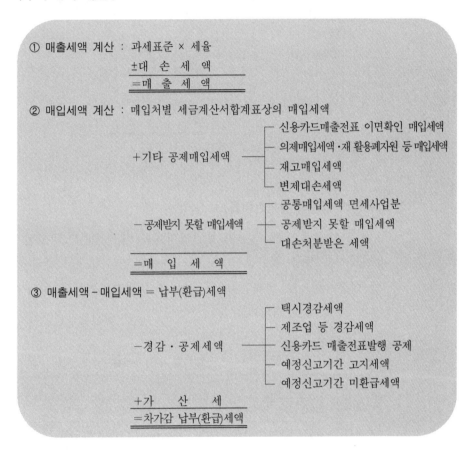

① 매출세액 계산 : 과세표준 × 세율
　　　　　　　　±대 손 세 액
　　　　　　　　＝매 출 세 액

② 매입세액 계산 : 매입처별 세금계산서합계표상의 매입세액
　　　　　　　　　　　　　　　　　┌ 신용카드매출전표 이면확인 매입세액
　　　　　　　　　　　　　　　　　├ 의제매입세액·재 활용폐자원 등 매입세액
　　　　　　　　＋기타 공제매입세액 ┤
　　　　　　　　　　　　　　　　　├ 재고매입세액
　　　　　　　　　　　　　　　　　└ 변제대손세액

　　　　　　　　　　　　　　　　　┌ 공통매입세액 면세사업분
　　　　　　　　－공제받지 못할 매입세액 ┤ 공제받지 못할 매입세액
　　　　　　　　　　　　　　　　　└ 대손처분받은 세액
　　　　　　　　＝매 입 세 액

③ 매출세액 – 매입세액 ＝ 납부(환급)세액

　　　　　　　　　　　　　　　　　┌ 택시경감세액
　　　　　　　　　　　　　　　　　├ 제조업 등 경감세액
　　　　　　　　－경감·공제세액 ┤ 신용카드 매출전표발행 공제
　　　　　　　　　　　　　　　　　├ 예정신고기간 고지세액
　　　　　　　　　　　　　　　　　└ 예정신고기간 미환급세액

　　　　　　　　＋가 　 산 　 세
　　　　　　　　＝차가감 납부(환급)세액

2) 간이과세자

(1) 기본산식

　　(매출액×부가가치율 × 10%) – 매입세액 × 20%(30%) ＝ 납부세액

(2) 구체적 세액 계산 산식

　　간이과세자의 납부할 세액은 다음의 산식에 의하여 계산한 금액을 납부세액으로 한다. 이 경우 간이과세자가 2이상의 업종을 겸영하는 경우에는 각각의 업종별로 계산한 금액의 합계액을 납부세액으로 한다(부법 26②).

```
1. 매출세액계산 :  과세표준(공급대가)×당해 업종의 부가가치율×10%(0%)
                + 재고납부세액
                  납부세액
2. 공제세액계산 :  매입세금계산서에 대한 세액공제
                  신용카드매출액에 대한 세액공제
                  의제매입세액
                  성실신고사업자에 대한 세액경감
                  공제세액
3. 가산세계
4. 차감 납부할 세액(환급받을 세액) : 1-2+3
```

(3) 당해 업종의 부가가치율

이 산식에서 당해 업종의 부가가치율은 직전 3년간 신고된 업종별 평균 부가가치율 등을 감안하여 10%에서 50%의 범위내에서 대통령령으로 정하며, 대통령령으로 정하는 당해 업종의 부가가치율은 다음의 것을 말한다 (부법 26②, 부령 74의3④).

가. 일반적인 경우

업종별 부가가치율

업 종	부가가치율
① 제조업, 전기 가스 및 수도사업, 소매업, 재생용 재료수집 및 판매업	20%
② 농업 수렵업 임업 및 어업, 건설업, 부동산임대업, 기타서비스업	30%
③ 음식점업, 숙박업, 운수 및 통신업	40%

  * 소매업의 경우 2007년 12월31일이 속하는 과세기간까지는 15%로 한다.
 ** 음식점업 및 숙박업의 경우 2007년 12월 31일이 속하는 과세기간까지는 30%로 한다.

나. 업종별 실지귀속이불분명한 공통사용 재화 공급의 경우

간이과세자가 2이상의 업종에 공통으로 사용하던 재화를 공급하여 업종별 실지귀속을 구분할 수 없는 경우에 적용할 부가가치율은 다음 산식에 의하여 계산한 율의 합계로 한다. 이 경우 휴업 등으로 인하여 당해 과세기간의 공급가액이 없는 경우에는 그 재화를 공급한 날에 가장 가까운 과세기간의 공급대가에 의하여 계산한다(부령 74의3⑤).

$$ \text{당해 재화와 관련된 각 업종별 부가가치율} \times \frac{\text{당해 재화의 공급일이 속하는 과세기간의 당해 재화와 관련된 각 업종의 공급대가}}{\text{당해 재화의 공급일이 속하는 과세기간의 당해 재화와 관련된 각 업종의 총공급대가}} $$

3 ▽ 일반과세자 · 간이과세자의 비교

일반과세자와 간이과세자를 비교하면 아래와 같은 표로 나타낼 수 있다.

〈표 11-3〉 일반과세자 · 간이과세자의 비교

구 분	일반과세자	간이과세자
대 상	간이과세자가 아닌 개인사업자와 법인사업자	개인사업자 중 직전 1역년의 공급대가가 4,800만원 미만인자
과세표준	공급가액	공급대가
거래징수	세액을 별도로 거래징수	별도로 거래징수하지 않고 대가의 일부로 징수
세 율	10% 또는 0%	10% 또는 0%
세금계산서 교부	세금계산서 교부원칙	영수증 교부
납부세액 계산구조	매출세액 매입세액	공급대가*업종별 부가가치율 ×10%
매입세액공제	전액	매입세액*업종별 부가가치율
예정신고납부	법인사업자 : 예정신고납부 개인사업자 : 직전 납부세액의 50% 결정고지 납부 원칙(사업부진자, 신규자는 예정신고 납부)	예정신고 예정고지 : 없음
기장의무	매입매출장에 의하여 기장	교부받은 세금계산서와 영수증을 보관한 때에는 기장으로 간주
납부의무의 면제	없음	당해 과세기간 공급대가 1천2백만원 미만자 간이과세자 적용

가산세	① 미등록가산세, ② 세금계산서 불성실가산세, ③ 매출처별세금계산서합계표 불성실가산세, ④ 매입처별세금계산서합계표 불성실가산세, ⑤ 신고 납부불성실가산세, ⑥ 영세율과세표준신고불성실가산세 적용	① 세금계산서 불성실가산세, ② 매출처별세금계산서합계표 불성실가산세, ③ 매입처별세금계산서합계표 불성실가산세는 적용되지 않으며 미등록가산세는 0.5% 적용. 그 밖의 가산세는 일반 과세자와 동일
필요경비 및 총수입금액과의 관계	매출세액과 매입세액은 각각 총수입금액 또는 필요경비 불산입 처리	재화 또는 용역의 공급대가가 모두 수익으로 계상되며 납부한 부가가치세액도 필요경비에 산입
시 군 위탁징수	위탁징수대상이 되지 않는다.	시장 군수에게 그 관할구역내의 부가가치세 위탁징수가 가능

※ 참고

다음에 해당하는 사업자는 부가가치세법상 간이과세자가 될 수가 없다.

◆ 간이과세자 배제업종

① 광업   ② 제조업
③ 도매업(소매업을 겸영하는 경우 포함)   ④ 부동산매매업
⑤ 법 소정 부동산 임대업
⑥ 법 소정 요건에 해당하는 과세유흥장소를 영위하는 사업
⑦ 변호사업 · 심판변론인업 · 변리사업 · 법무사업 · 공인회계사업 · 세무사업 · 경영지도사업 · 기술지도사업 · 감정평가사업 · 손해사정인업 · 통관업 · 기술사업 · 건축사업 · 도선사업 · 측량사업
⑧ 사업장의 소재지역 사업의 종류 · 규모 등을 감안하여 국세청장이 정하는 기준에 해당하는 것

제 7 절   신고기간과 납부일

사업자는 사업개시 전이나 늦어도 사업개시일로부터 20일 이내에 사업자등록증을 교부받아야 한다. 그리고 사업을 계속해 나가게 되면 부가가치세법상의 신고납부의무가 발생하게 되는데 신고 및 납부에 관련된 내용은 다음과 같다.

부가가치세 과세기간

소득세는 과세기간이 매년 1월 1일부터 12월 31일까지이고 법인세에 있어서는 그 법인의 사업연도이지만 부가가치세는 그 회사의사업연도와는 상관없이 모든 과세사업자가 전부 같다.

그리고 부가가치세의 과세기간은 다음과 같다.

① 제1기 : 1월 1일부터 6월 30일까지

② 제2기 : 7월 1일부터 12월 31일까지

이때 만약 신규로 사업을 개시한 자에 대한과세기간은 사업개시일로부터 그 날이 속하는 과세기간의 종료일까지로 한다.

부가가치세 신고기간

이상과 같은 과세기간은 1년을 상·하반기로 나누어 제1기, 제2기로 정하고 있지만 신고·납부는 각 기마다 예정신고납부와 확정신고 납부를 하여야 하므로 결국 신고납부는 3개월마다 한 번씩 1년에 4번하도록 되어 있다. 그러나 세법개정으로 개인사업자의 경우에는 예정신고의무는 배제되고 예정고지 된 세액을 납부만 하면 된다.

신고기간은 다음과 같으며 신고납부기한은 신고기간 종료일로부터 25일이내 이다.

[신고기간 및 신고납부일]

제1기 예정신고기간 : 1월 1일 ~ 3월 31일   신고납부일 4월 25일

　　　확정신고기간 : 4월 1일 ~ 6월 30일   신고납부일 7월 25일

제2기 예정신고기간 : 7월 1일 ~ 9월 30일   신고납부일 10월 25일

　　　확정신고기간 : 10월 1일~12월 31일   신고납부일 다음해 1월 25일

이상의 각 신고기간 종료일로부터 25일이 되는 날까지 부가가치세를 신

고 납부하지 않은 세액에 대하여 가산세를 적용받아 불이익을 당하게 된다. 특히 주의할 사항은 수출분으로 영세율에 해당되어 납부할 세액이 없더라도 신고를 기한 내에 하지 않거나 신고에 누락된 금액이 있을 경우네는 그 금액의 1%가 무신고 또는 과소신고 가산세로 과세된다는 사실이다.

그리고 법인의 경우 예정신고 누락분을 확정신고 때라도 신고하면 과소신고가산세가 한 번만 부과되지만, 확정신고 때마다 신고를 누락하면 과소신고 가산세가 또다시 부과되므로 결과적으로 과소신고가산세를 두 번씩 부과받게 된다.

제8절   세금계산서와 영수증

1 세금계산서

세금계산서란 납세의무자로 등록한 사업자가 재화 또는 용역을 공급하는 때에 부가가치세를 거래 상대방으로부터 징수하고 그 징수사실을 증명하기 위하여 교부하는 증서를 말한다.

(1) 세금계산서의 기능

① 매입세액공제의 필수자료
② 거래에 있어서 송장의 역할
③ 대금청구서 및 영수증 역할
④ 기장의 기초적인 증빙자료
⑤ 거래의 증빙 및 과세자료

(2) 세금계산서의 종류

교부자의 구분	세금계산서 발행형태	내 용
과세사업자	세금계산서	일반과세대상사업자
	영수증	소매업이나 간이과세자. 금전등록기계산서 신용카드매출전표, 직불카드, 선불카드, 현금영수증
	수입세금계산서	수입재화 소비지과세
세관장	계산서	면세재화나 용역의 공급
면세사업자	영수증	소매업자

(3) 세금계산서의 발행

세금계산서는 공급하는 사업자가 공급자 보관용(매출세금계산서), 공급받는자 보관용(매입세금계산서)으로 각 2매를 발행하여 1매를 교부한다. 공급자는 매출처별 세금계산서합계표를 정부에 제출하고, 공급받는 자는 매입처별 세금계산서합계표를 정부에 제출한다.

구 분	내 용	비 고
필요적 기재사항	① 공급하는 사업자의 등록번호와 성명 또는 명칭 ② 공급받는 자의 등록번호 ③ 공급가액과 부가가치세액 ④ 작성연월일	그 전부 또는 일부가 기재되지 않았거나 그 내용이 사실과 다른 경우에는 세금계산서로서의 효력이 인정되지 않는다.
임의적 기재사항	① 공급하는 자의 주소 ② 공급받는 자의 상호 성명 주소 ③ 단가와 수량 ④ 공급연월일 등	세금계산서의 효력에는 아무런 영향을 미치지 않는 사항들이다.

세 금 계 산 서(공급자 보관용)																책 번 호		권		호	
																일련번호					

공급자	등록번호									공급받는자	등록번호					
	상 호 (법인명)			성 명 (대표자)							상 호 (법인명)				성 명 (대표자)	
	사업장주소										사업장주소					
	업 태			종 목							업 태		소매	종 목		가방

작 성			공 급 가 액											세 액								비고
년	월	일	공란수	백	십	억	천	백	십	만	천	백	십	일	십	억	천	백	십	만	천	백	십	일	

월	일	품 목	규격	수량	단 가	공 급 가 액	세 액	비 고

합계금액	현 금	수 표	어 음	외상미수금	이 금액을	(영수) 청구 함

(4) 세금계산서의 교부의무자

세금계산서의 교부의무자는 납세의무자로 등록한 사업자이다. 면세사업자는 납세의무가 없으므로 세금계산서를 교부할 수 없다.

(5) 세금계산서의 교부대상 거래

과세되는 재화 또는 용역의 공급에 대하여는 원칙적으로 모두 세금계산서를교부하여야 한다. 따라서 면세되는 재화 또는 용역의 공급에 대하여는 세금계산서를 교부하지 않는다. 한편 과세되는 재화 또는 용역의 공급이라 하더라도 영수증의 교부만으로 세금계산서의 교부를 대신하거나 영수증 교부를 아예 면제하는 경우도 있다.

(6) 세금계산서 및 영수증 교부의무의 면제

① 택시운송 사업자, 노점 또는 행상을 하는 사업자, 무인자동판매기를 이용하여 재화 또는 용역을 공급하는 자

② 소매업 또는 목욕·이발·미용업을 영위하는 자가 공급하는 재화 또

는 용역. 다만, 소매업의 경우에는 공급받는자가 세금계산서의 교부를 요구하지 아니하는 경우에 한한다.

③ 자가공급(판매목적 타사업장 반출의 경우는 제외), 개인적 공급, 사업상 증여, 폐업시 잔존재화로서 공급의제 되는 재화

④ 영세율 적용대상이 되는 일정한 재화·용역
 · 수출하는 재화(내국신용장 또는 구매확인서에 의하여 공급하는 재화는 제외)
 · 국외에서 제공하는 용역
 · 항공기의 외국항행용역
 · 기타 외화획득 재화 또는 용역 중 일정한 것

⑤ 부동산임대용역 중 간주임대료에 해당하는 부분

(7) 세금계산서의 교부시기

① 원 칙

세금계산서는 원칙적으로 재화 또는 용역의 공급시기에 교부하여야 한다. 다만, 일반적인 공급시기가 도래하기 전에 세금계산서를 교부한 경우에는 그 교부하는 때를 공급시기로 본다.

② 교부시기의 특례

사업자가 다음 중 어느 하나에 해당하는 경우에는 재화 또는 용역의 공급일이 속하는 달의 다음달 10일까지 세금계산서를 교부할 수 있다.
 · 거래처별로 1역월의 공급가액을 합계하여 당해 월의 말일자를 발행일자로 하여 세금계산서를 교부하는 경우
 · 거래처별로 1역월 이내에서 거래관행상 정해진 기간의 공급가액을합계하여 그 기간의 종료일자를 발행일자로 하여 세금계산서를 교부하는 경우

(5) 세금계산서의 수정

세금계산서를 교부한 후 그 기재사항에 관하여 착오 또는 정정사유가

발생한 경우에는 부가가치세의 과세표준과 납부세액(또는 환급세액)을 경정하여 통지하기 전까지 세금계산서를 수정하여 교부할 수 있다.

② 영수증

영수증이란 간이과세자 또는 영세사업자가 주로 최종소비자에게 교부하는 것으로 공급받는자의 등록번호와 부가가치세를 따로 기재하지 않은 세금계산서를 말한다. 교부하거나 교부 받은 영수증에 대하여는 그 합계표를 제출할 필요가 없다.

다음에 제기하는 사업을 영위하는 일반사업자는 영수증을 교부한다.

① 소매업
② 음식점업(다과점업을 포함)
③ 숙박업
④ 목욕·이발·미용업
⑤ 여객운송업
⑥ 입장권을 발행하여 영위하는 사업
⑦ 변호사업, 공인회계사업, 세무사업 등 기타 이와 유사한 사업서비스업(사업자에게 공급하는 것은 제외)
⑧ 주로 사업자가 아닌 소비자에게 재화 또는 용역을 공급하는 사업으로서 세금계산서 교부가 불가능하거나 현저히 곤란한 사업 등

영수증교부대상거래라 하더라도 공급받는 사업자가 사업자등록증을 제시하고 세금계산서의 교부를 요구하는 때에는 세금계산서를 교부하여야 한다. 이 경우 신용카드매출전표 등을 교부한 경우에는 세금계산서를 교부하지 않는다. 또한, 목욕·이발·미용업, 여객운송업(전세버스운송사업은 제외), 입장권을 발행하여 영위하는 사업의 경우에는 공급받는 자가 요구하더라도 세금계산서를 교부하지 않는다.

3 신용카드

1) 신용카드 매출전표 발행세액공제

영수증 교부의무자(법인제외) 또는 간이과세자가 용역과 재화를 공급하고 세금계산서 교부시기에 신용카드매출전표(직불카드 영수증 선불카드, 현금영수증포함)를 발행하는 경우에 발행금액 또는 결제금액의 $\frac{1}{100}$(음식점 등 간이과세자는 $\frac{1.5}{100}$)에 상당하는 금액을 납부세액에서 공제한다(연간 500만원을 한도로 한다).

2) 매입세액공제의 허용

일반과세자(영수증 교부대상자에 한함)가 신용카드매출전표상에 공급받는 자와 부가가치세액을 별도 기재하고 확인한 때에는 당해 신용카드매출전표를 수취한 공급받는자는 그 부가가치세액을 매입세액으로 공제받을 수 있다.

4 금전등록기의 운영

금전등록기를 설치한 사업자가 공급대가를 기재한 금전등록기 계산서를 교부하고 감사테이프를 보관한 때에는 영수증을 교부하고 기장을 이행한 것으로 보며, 현금수입기준으로과세표준을 계산하여 부가가치세를 부과할 수 있다.

제 9 절 신고시 제출서류

일반과세자

1 ————————————————————————————

1) 예정신고 · 납부시

예정신고시 제출(국세청 통신망에 의한 제출을 포함한다)
서류는 부가가치세 시행령 64조②항에 규정되어 있다.

2) 확정신고 · 납부

확정신고시 첨부서류는 부가가치세 시행령 65조①항에 규정되어 있다.

간이과세자

2 ————————————————————————————

부가가치세를 확정신고 · 납부하는 간이과세자는 부가가치세 확정신고시 다음의 서류를 제출하여야한다.(부령 75⑧). 다만, 다음에 규정하는 것 중 당해 사업자에 해당하지 아니한 것은 제출할 필요가 없다.

① 간이과세자 부가가치세 확정신고서
② 매입처별세금계산서합계표
③ 신용카드매출전표등수취명세서
④ 부가가치세법 시행령 제64조 제3항의 영세율 첨부서류(신고서에 첨부하지 아니한 부분에 대하여는 신고로 보지 아니함)

간이과세자는 예정고지기간에 예정고지가 생략된다.

▽ 간이과세자 부가가치세 확정 신고서

3

간이과세자 부가가치세 확정신고서는 별지 제37호 서식에 의한다(부칙 23의4①).

본 서식은 간이과세자가 확정신고기간에 대한 과세표준과 납부세액을 신고하는 때에 사용한다.

다음의 예시문제를 통하여 간이과세자의 부가가치세 확정신고서작성 방법을 알아본다.

간이과세자인 수송옥(업종 :음숙, 한식)의 당해 과세기간 중 영업실적이 아래와 같은 경우 자료에 의해 2006년 제1기 부가가치세 확정신고를 작성하시오(서희열, [소비세제법], 서울, 세학사 2006, P467참조).
1. 사업기간 : 2006. 1. 1 ～ 2005. 6. 30
2. 매출(공급대가) : 55,000,000원
   • 신용카드 매출 27,000,000원 포함
3. 세금계산서 수취액 :주류 등 5,000,000원(공급가액)
4. 업종별 부가가치율 : 30%

[별지 제20호의 7서식] (2005.3.11. 개정)

간이과세자 부가가치세	☑ 확정 ☐ 기한후과세표준	신고서		처리기간

관리번호	☐☐☐☐-☐☐☐	신고기간 2 0 0 6 년 1 기(1월 1일 ~ 12월 31일)		즉 시

사업자	상 호	수송옥	성명 (대표자명)	심순애	사업자등록번호	2 0 5 - 4 1 - 3 2 7 5 1
	주민등록번호	481120-2028120		전화번호	사업장 245-1113	주소지 599-1777	휴대전화
	사업장소재지		서울시 동대문구 휘경동 12		전자우편주소		

❶ 신고내용

		구 분		금 액	부가가치율	세율	세액
과세표준및매출세액	과세분	제조업, 소매업, 전기·가스 및 수도사업	①	55,000,000	$\frac{20}{100}$	$\frac{10}{100}$	1,650,000
		건설업, 부동산임대업, 농·수·임·어업, 기타 서비스업	②		$\frac{30}{100}$	$\frac{10}{100}$	
		음식점업, 숙박업, 운수·창고 및 통신업	③		$\frac{40}{100}$	$\frac{10}{100}$	
		영세율적용분	④			$\frac{0}{100}$	
		재고납부세액	⑤				
		합계	⑥	55,000,000		㉮	1,650,000
공제세액		매입세금계산서 등 수취세액공제	⑦	500,000		뒤쪽 참조	150,000
		의제매입세액공제	⑧	27,000,000			405,000
		전자신고세액공제	⑨				
		성실신고사업자세액공제	⑩				
		신용카드매출전표 등 발행세액공제	⑪				
		기타	⑫				
		합계	⑫			㉯	555,000
가산세계			⑭	뒤쪽 참조		㉰	
차감 납부할 세액(환급받을 세액) ㉮-㉯+㉰						⑮	1,095,000

❷ 과세표준명세

	업 태	종 목	업종코드	금 액
⑯	음 식	한 식		55,000,000
⑰				
⑱	기타(수입금액제외분)			
⑲	합 계			

❸ 면세수입금액

	업 태	종 목	업종코드	금 액
⑲		한 식		55,000,000
㉑				
㉒	합 계			

❹ 국세환급금계좌신고 | 거래은행 | 은행 지점 | 계좌번호 |

❺ 폐 업 신 고 | 폐업연원일 | 은행 지점 | 계좌번호 |

부가가치세법시행령 제75조 제5항 및 국세기본법 제45조의3의 규정에 의하여 신고합니다.

2006년 7월 25일
신고인   심순애   (서명 또는 인)

동대문세무서장 귀하

세무대리인	성 명	사업자등록번호		전화번호	

구비서류	1. 매입처별세금계산서합계표 2. 영세율 첨부서류(영세율 해당자) 3. 부동산임대공급가액명세서(부동산임대업자) 4. 사업장현황명세서(음식, 숙박, 기타 서비스 사업자가 확정신고시) 5. 의제매입세액공제신고서 6. 기타 서류

제10절 가산세

가산세의 요약

현행 부가가치세법상의 가산세규정을 요약하면 아래표와 같다.

〈표 11-4〉 부가가치세와 가산세

종 류	적 용 범 위	적 용 기 준	가산세율	비 고
미등록가산세	등록하지 아니한 때	예정 또는 과세기간까지의 공급가액	1%	간이과세자는 공급대가의 0.5%
세금계산서 불성실가산세	① 세금계산서 미교부 미기재 또는 부실 기재 ② 신용카드매출전표를 경정시 제출하여 매입세액을 공제받는 때	공급가액	1%	-
매출처별 세금계산서합 계표불성실가 산세	① 매출처별세금계산서합계표 미제출 ② 기재사항 중 거래처별 등록번호 공급 가액 미기재 또는 부실기재(착오기재로 세금계산서에 의해 거래사실 확인된 경 우 제외)	공급가액	1%	기재불성실가 산세적용시에는 지연제출가산 세적용배제
	③ 매출처별세금계산서합계표를 예정시 제 출치 못하고 확정시 지연제출하는 때로 '②'에 해당하지 아니한 경우	공급가액	0.5%	-
매입처별세금 계산서합계표 불성실가산세	① 매입처별세금계산서합계표 미제출 ② 기재사항 중 거래처별 등록번호 공급 가액 미기재 또는 부실 기재된 경우로 매입세액을 공제받은 때(착오 기재가 세금계산서에 의해 확인된 경우 및 과 세표 준수정신고서 또는 경정청구서와 합계 제출하여 경정기관 경정시 매입세 액 공제받는 경우 제외) ③ 기재사항 중 공급가액을 과다기재하여 신고한 때	공급가액	1%	-

신고불성실 가산세	① 무신고 ② 미달신고 ③ 초과환급	미달신고납부세액 또는 초과신고환급세액	10%	간이과세자 동일
납부불성실 가산세	① 무납부 ② 과소납부	미달납부세액	0.03% X미납 기간일수	간이과세자 동일
영세율 과세표준 신고불성실가산세	영세율이 적용되는 과세표준을 과소신고하 거나 영세율첨부서류를 제출하지 아니한 때	과소신고 미제출한 과세표준	1%	간이과세자 공급대가의 1%
대리납부 불이행가산세	대리납부의무자가 대리납부 의무를 이행하 지 않은 때	미납세액	10%	

제12장 소득세

제1절 소득세의 의의와 특징

1 소득세의 의의

    소득세는 개인의 소득을 과세대상으로 하여 부과되는 조세이다. 소득을 과세대상으로 한다는 점에서는 법인세와 동일하나 법인세는 법인의 소득에 대해 과세되는 반면 소득세는 개인의 소득에 대해서 과세된다는 점이 다르다고 할 수 있다. 따라서 엄밀한 의미에서는 소득세는 개인소득세, 법인세는 법인소득세라는 표현이 더 적합하다고 할 수 있다. 여기서 소득(income)이라고 하는 의미는 일정기간(과세기간)동안에 벌어들인 총수입금액에서 총수입을 얻기 위해 소요된 모든 필요경비를 차감한 금액을 의미한다.

> 소득금액 = 총수입금액 − 필요경비

2 우리나라 소득세 제도의 특징

우리나라의 소득세는 각 개인의 부담능력을 직접적으로 나타내는 소득을 과세대상으로 할뿐만 아니라, 소득공제 등 개인의 사정을 고려하고 초과누진세율을 적용함으로써 세금부담능력에 맞는 세금부과원칙을 실현하는데 가장 적합한 세금이다.

현재 우리나라의 소득세제도는 개인별로 소득을 종합하여 개인의 인적사정, 즉 배우자, 부양가족 또는 장애자의 유무에 따라 동일한 소득자라고 하더라도 세금부담을 달리하는 인적공제제도를 적용하는 **종합과세제도**를 채택하고 있다. (종합소득공제제도의 한 형태)

다만 그 소득의 특수한 성격상 **퇴직소득, 양도소득, 산림소득**을 종합과세하지 않고 소득별로 세금을 부과하는 **분류 과세제도**를 채택하고 있으며, 또한 조세 정책적인 측면에서 종합소득 중 이자소득, 배당소득, 기타소득의 경우에 일정한 금액을 한도로 종합과세하지 않고 분리 과세제도를 채택하고 있다.

또한 소득세는 원칙적으로 개인을 과세단위로 하며 법인세와 마찬가지로 본인이 내야 할 세금을 납세의무자가 스스로 결정하는 신고납부제도를 택하고 있다.

개인중소기업을 창업하여 사업을 운영하게 되면 기업에 결손이 발생되지 않는 한 사업소득에 대한 **종합소득세**를 납부하여야 한다. 그리고 소득세를 납부하기 위해서는 회계기록에 의한 장부를 작성하여 기업의 소득이 얼마인가를 정확히 계산하여야 한다.

즉, 무기장시에는 창업초기 사업이 부진하여 자기계산상 결손금이 발생되어도 이를 인정받지 못하는 결과가 생기게 된다. 따라서 자기의 실질 소득을 인정받기 위해서는 기장을 할 것이다.

제 2 절 납세의무자와 과세소득의 범위

1   **납세의무자**

  소득세는 개인의 소득을 과세대상으로 하고 있기 때문에 당연히 개인이
납세의무자가 되는데 소득세법에서는 개인을 다시 거주형태에 따라 거주자
와 비거주자로 구분하고 있으며 양자는 납세의무의 범위에 있어서 다음과
같은 차이가 있다.

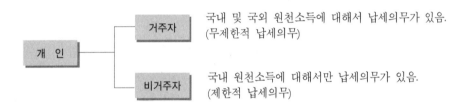

  여기서 거주자란 국내에 주소를 두거나 1년 이상 거소(居所)를 둔 개인
을 말하며 그렇지 아니한 경우를 비거주자라고 한다. 따라서 비록 외국인
이라 하더라도 국내에서 주소가 있거나 1년 이상 체류하는 경우에는 거주
가가 되므로 과세기간 중의 모든 국내외 원천소득에 대해서 납세의무를
부담하게 된다.

  소득세의 납세의무자는 자연인인 개인에 한정되지만 다만 법인으로 보
지 아니하는 법인격 없는 사단이나 단체에 대하여는 개인으로 보다 소득세
를 부과하게 되므로 이 경우에는 법인격 없는 사단이나 단체도 소득세의
납세의무자가 된다.

  따라서 법인으로 사업을 하게 되면 그 소득에 대하여 법인세가 부과되지
만 개인으로 사업을 하게 되면 종합소득세를 납부하여야 한다. 물론 기업
경영에 의한 사업소득 계산에 있어서 기업의 사정상 소득이 발생하지 않

고 오히려 결손금이 발생하는 경우도 있다. 이 경우에는 기장에 의한 회계처리가 적법하게 되고 관련 증빙서류가 비치된 경우에는 세금납부를 하지 않아도 된다(이후 세무서에서 실지조사 확인을 하게 됨).

2 과세대상 소득의 범위

개인에게 귀속되는 소득 중에는 부동산소득, 사업소득, 근로소득과 같이 매년 계속적·정기적·반복적으로 발생하는 소득이 있는가 하면, 기타소득 일시재산소득·연금소득과 같이 일시적으로 발생하는 소득도 있고, 양도소득·퇴직소득·산림소득과 같이 일정기간에 걸쳐 누진적으로 발생한 것이 일시에 실현되는 소득도 있다.

우리나라에서는 과세대상이 되는 개인의 소득 유형을 소득세법에서 일일이 열거하고 있는데 과세대상이 되는 개인소득의 유형을 크게 4가지로 분류하고 별도의 세율로 과세하고 있다. 그 중 종합소득에 해당되는 소득을 8가지로 세분하고 있으며 이를 합산하여 종합소득세를 부과하고 있다.

■ 소득세 과세대상소득의 범위

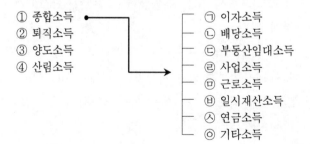

제 3 절 종합소득세

종합소득의 의의

종합소득이란 소득세 납세의무자(개인)별로 과세기간 동안 발생한 이자, 배당, 부동산임대, 사업, 근로, 일시재산, 연금, 기타 소득을 전부 합한 소득을 말한다. 이러한 8가지 소득은 분리과세로 정해진 항목을 제외하고는 개별적으로 과세되는 것이 아니고 모두 합산되어 종합과세 된다.

종합소득 과세표준 및 세액산출

우리나라의 종합소득 과세표준 및 세액산출 흐름도를 나타내면 아래 표와 같다.

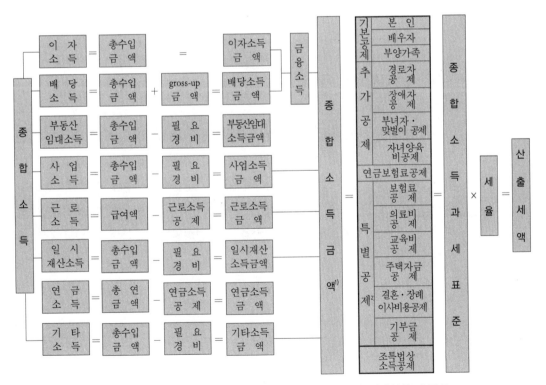

[그림 12-1] 종합소득 과세표준 및 세액산출 흐름도

| 참고 | 종합소득의 필요경비 |

이자소득, 배당소득의 경우에는 총수입금액을 소득금액으로 간주한다. 즉 필요경비가 전혀 인정되지 않으며 부동산임대, 사업, 근로, 일시재산소득의 경우에는 분리과세 항목이 없이 전액 종합과세가 된다.

1) 비과세소득과 분리과세소득은 포함되지 않는다. 한편, 종합소득 중 일시재산소득은 산업재산권, 영업권 및 점포임차권 등의 양도에 따른 소득을 말한다.
2) 근로소득자는 실제 지출된 금액을 공제받거나 표준공제방법(100만원을 정액으로 공제받는 방법)중 선택을 할 수 있고 근로소득 외의 종합소득자는 표준공제방법(60만원)에 의해 공제받는다.

제4절 소득세 계산방법

1 소득금액 계산방법

사업을 하게 되면 사업활동에서 발생된 소득. 즉, 사업소득에 대하여 종합소득세를 내야 한다.

사업활동에서 발생한 소득이라 함은 연간 총수입금액에서 필요경비를 공제한 금액을 말한다. 이때 만약 장부를 기장하지 않았거나 장부가 있더라도 중요한 부분이 불비되거나 허위로 기장하여 장부에 의하여 정확한 소득금액을 산출할 수 없을 때에는 총수입금액에다가 국세청장이 매년 정해 놓은 업종별 추계소득률(단순경비율, 기준경비율)을 곱하여 소득금액을 계산한다.

2 세 율

사업자가 납부하게 되는 종합소득세의 경우 세율은 초과누진세로서 다음과 같다.

기본세율

과 세 표 준	세 율
1,000만원 이하	과세표준의 8%
1,000만원 초과 4,000만원 이하	80만원 + 1,000만원을 초과하는 금액의 17%
4,000만원 초과 8,000만원 이하	590만원 + 4,000만원을 초과하는 금액의 26%
8,000만원 초과	1,630만원 + 8,000만원을 초과하는 금액의 35%

    * 과사표준이 5,000만원일 경우 590만원 + (5,000만원-4,000만원) * 26% = 850만원 또는
(5,000만원*26%) - 450만원 = 850만원

중간예납

3

(1) 중간예납의 의의

개인의 종합소득에 대한 과세는 과세기간이 경과한 후 1년간의 소득실적에 따라 과세하는 것이 원칙이다. 그러나 이와 같이 연간소득세를 일시에 납부하게 되면 납세자는 한꺼번에 많은 자금부담을 갖게 되므로 세액의 납부를 시간적으로 분산하는 제도가 중간예납제도이다.

이 제도로 인하여 납세자는 한꺼번에 많은 소득세를 부담하는 것을 피할수 있게 되고, 아울러 정부는 조세의 조기징수로 납세자의 세금포탈을 방지하고 조세수입이 특정시기에 편중되는 문제점 등을 해소할 수 있다.

(2) 중간예납의 대상

중간예납의 대상자는 종합소득이 있는 거주자이나 그 중 사업소득과 부동산임대소득에 대해서만 중간예납의무가 있다. 그러나 당해 사업연도 중처음 사업을 개시한 신규사업자는 사업 개시연도에 한해서 중간예납을 하지 않아도 된다.

(3) 중간예납기간

중간예납기간	추계액신고기간	세액통지기간	세액납부기간
1. 1 ~ 6. 30	11. 1 ~ 11. 30	11. 1 ~ 11. 15	11. 16 ~ 11. 30

(4) 중간예납세액의 계산

중간예납은 과세당국의 고지에 의해 징수하는 것이 원칙이다. 이 경우 중간예납세액은 전년도에 납부하였거나 납부할 세액(이를 중간 예납기준액이라 한다)의 50%에 상당하는 금액으로 결정, 통지된다.

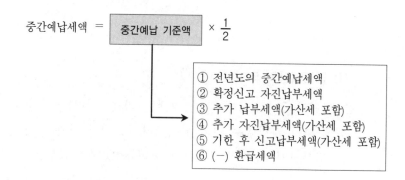

그러나, 전년도에 납부하였거나 납부할 세액(중간예납기준액)이 없는 경우에는 중간예납세액을 결정, 통지할 수가 없으며, 당해 연도의 소득금액이 전년도의 소득금액에 미달하는 경우에는 전년도 납부세액을 기준으로 중간예납세액을 결정하는 것이 불합리하다고 볼 수 있는데, 이 두가지 경우에는 납세자로 하여금 당해 중간예납기간 종료일까지의 소득세를 11월 30일까지 관할세무서에 신고하여 납부할 수 있도록 하고 있다.

이를 중간예납추계액이라 하는데 여기서 당해 연도의 소득금액이 전년도보다 미달되는 경우란 중간예납세액(중간예납추계액)이 중간예납기준액의 30%에 미달되는 경우를 말한다.

제5절 신고와 납부

소득세의 과세기간은 매년 1월1일부터 12월31일까지이다.

소득이 있는 자는누구나 매년 1월 1일부터 12월 31일까지 1년간의 종합소득·퇴직소득·양도소득·산림소득에 대하여 그 다음연도의 5월 1일부터 5월 31일까지 주소지 관할세무서에 신고납부 하여야 한다. 과세표준이 없거나 결손금이 있는 경우에도 일단 신고를 하여야 한다.

신고 후 세무당국에서 실지조사 등을 통하여 그 내용을 결정하게 된다. 이러한 신고납부 절차를 (종합소득세)과세표준확정신고 및 자진납부라 하는데 소득의 종류에 따라 확정신고 의무가 없는 자도 있다. 예를 들어서 회사에 다니는 근로소득만이 있는 사람의 경우 근로소득의 연말정산을 통하여 자기의 소득에 대한 세금을 확정하고 납부를 했기 때문에 별도의 종합소득세 확정신고 절차가 불필요하여 확정신고 의무가 없는 것이다.

그러나 기업의 경우는 사업소득금액에 대한 확정신고 의무가 있게 된다. 개인 사업주는 지난 1년 동안 사업을 한 경영성과를 결산하여 산정된 소득에 대하여 세무회계상 적법한 세무조정을 하여 과세소득을 계산, 세금을 신고납부하게 되는 것이다.

이 경우 결손금이 발생하는 경우에도 결손금을 세무당국에서 인정받기 위해서는 반드시 신고를 필하여야 한다.

1 중간예납

개인의 종합소득에 대한 과세는 과세기간이 경과한 후 1년간의 소득실적에 따라 과세하는 것이 원칙이다. 그러나 이와 같이 연간소득세를 일시에 납부하게 되면 납세자는 한꺼번에 많은 자금부담을 갖게 되므로 세액의 납부를 시간적으로 분산하는 제도가 중간예납제도이다.

이 제도로 인하여 납세자는 한꺼번에 많은 소득세를 부담하는 것을 피할 수 있게 되고, 아울러 정부는 조세의 조기징수로 납세자의 세금포탈을 방지하고 조세수입이 특정시기에 편중되는 문제점 등을 해소할 수 있다.

2 확정신고 및 납부

(1) 의 의

당해연도의 소득(종합, 퇴직, 양도, 산림소득)이 있는 거주자는 각 소득의 과세표준을 다음연도의 5월 1일부터 5월 31일까지 정부에 신고하여야 하는데 이를 과세표준의 확정신고라고 한다. 소득세의 납세의무는 과세기간이 종료하는 때(매년12월 31일)에 성립하고 납세자의 5월 중 자신의 소득과 세액을 신고하여야 하며 만약 신고내용이 정당하지 않다고 인정될 경우에는 정부로부터 경정처분을 받게 된다.

(2) 확정신고의무자

당해연도 중 종합, 퇴직, 양도, 산림소득이 있는 자이며, 납부해야 할 세액이 있는 자만이 신고대상이 되는 것은 아니라는 점에 유의해야 한다. 즉 환급세액이 있는 경우와 당해 과세기간에 결손금이 생긴 경우에도 신고의 대상이 된다. 다만 다음과 같은 경우에는 확정신고를 하지 아니하여도 무방하다.

① 근로소득만이 있는자(연말정산에 의해 확정되는 것으로 봄)
② 퇴직소득만이 있는 자
③ 국민연금이나 공무원(군인, 사립학교교직원연금을 포함)등 연금의 연금소득만 있는 자
④ 연간수입금액이 7,500만원 미만인 보험모집인과 방문판매원으로서 연말정산을 마친 자
⑤ 분리과세소득(이자소득, 배당소득, 연금소득, 기타소득)만이 있는 자
⑥ 위 ①②의 소득(또는 ②③의 소득, ②④의 소득)만 있는 자

⑦ 자산양도차익 예정신고를 한 자

(3) 확정신고 자진납부세액

거주자는 소득세 확정신고와함께 납부해야 할 소득세액을 소득세 신고기한까지 자진납부하여야 하는데 이를 확정신고 자진납부세액이라 하며 다음과 같이 계산된다.

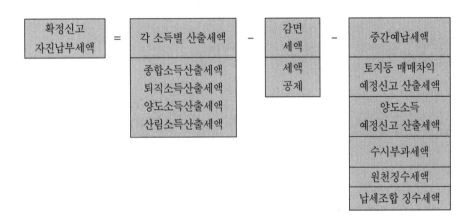

확정신고 자진납부세액	=	각 소득별 산출세액	-	감면 세액	-	중간예납세액
		종합소득산출세액 퇴직소득산출세액 양도소득산출세액 산림소득산출세액		세액 공제		토지등 매매차익 예정신고 산출세액
						양도소득 예정신고 산출세액
						수시부과세액
						원천징수세액
						납세조합 징수세액

그리고 세액을 납부하는 경우(확정신고자진납부시, 중간예납시 또는 예정신고납부시 납부세액이 1천만원을 초과하는경우)에는 납세자의 부담을 덜어주기 위하여 다음과 같은 분납이 허용된다.

① 납부할 세액이 2천만원 이하인 경우 : 1천만원을 초과하는 금액을 분납
② 납부할 세액이 2천만원을 초과하는 경우 : 납부세액의 50% 이하의 금액을 분납

이 경우 분납액은 납부기한 경과 후 45일 내에 분납되어야 하며 분납하기 위해서는 분납할 세액을 기재하여 미리 신청하여야 한다.

3

소득세법상 각종 가산세를 요약하면 아래표와 같다.

〈표 12-1〉 소득세법상 각종 가산세

가산세와 그 적용대상	가 산 세
① 무신고 가산세 　과세표준 확정신고를 하지 아니한 경우	산출세액 × $\dfrac{무신고금액}{소득금액}$ × 20%
② 과소신고가산세 　과세표준을 미달하게 신고한 때	산출세액 × $\dfrac{미달신고금액}{소득금액}$ × 10% (부당과소신고의 경우에는 20%를 적용함)
③ 납부불성실 가산세 　소득세를 납부하지 아니하거나 미달하게 납부한 때	무납부 또는 　대통령령이 미달납부세액 × 정하는 율 × 미납경과일수 　　　　(일변 3전)
④ 보고불성실 가산세 　지급조서를 제출하지 아니하였거나 제출된 지급조서가 불분명한 때	미제출 또는 불분명한 지급금액 × 2% (제출기한 경과 후 1월 내에 제출시에는 1%)
⑤ 영수증수취명세서 미제출 가산세 　복식부기의무자가 영수증수취명세서를 제출하지 않거나 제출된 명세서가 불분명한 때	미제출 또는 불분명한 지급금액 × 1%
⑥ 무기장가산세 　사업자가 장부를 기장하지 아니하였거나 소득금액이 기장누락되었을 때 　(부가가치세법상 소규모사업자(연간 매출액 4,800만원 미만)는 제외)	산출세액 × $\dfrac{미기장소득금액}{소득금액}$ × 20%

⑦ 증빙불비가산세 복식부기의무자가 건당 5만원을 초과하는 재화용역을 공급바든 경우 세금계산서 등을 받지 않았거나 소득세법상 인정되는 증빙 이외의 증빙을 받았을 때	수취금액 × 2%
⑧ 원천징수불성실가산세 원천징수의무자가 징수하여야 할 세액을 기한내에 납부하지 않았을 때	다음 ①②중 큰 금액 ① 미납부세액 × 대통령령이 정하는 율 × 미납경과일수 (일변 3전) (미납부세액의 10%를 한도로 함) ② 미납부세액 × 5%

* 복식부기의무자로서 산출세액이 없거나 가산세 대상금액의 20% 상당액이 수입금액의 0.07% 미만인 경우에는 수입금액의 0.07%를 가산세로 부과한다.
* 양도소득세의 신고불성실가산세는 10%임.
  ◈ 신고불성실가산세(무신고 및 과소신고가산세)와 무기장가산세가 동시에 해당되는 경우에는 그 중 큰 금액에 해당되는 가산세만을 적용한다.
  ◈ 간편장부대상자에 대해서는 보고불성실가산세를 적용하지 않는다

제 6 절 사업소득세 확정신고

또한 사업자는 일정규모 이상의 사업자와 일정규모 미만의 사업자로 구분하여 다음과 같이 소득세를 신고해야 한다.

즉, 사업자는 과세표준확정신고시 대차대조표와 손익계산서 등의 재무제표와 세무조정계산서를 작성하고 신고기한 내에 사업자의 주소지 관할세무서에 제출하여야 하는데 일정규모미만의 사업자는 정식의 신고서류의 제출 대신 간단한 신고서류(간편장부소득금액계산서)제출만으로 납세의무를 종결할 수 있다.

여기서 사업자의 일정규모의 판단은 다음 기준에 의한다.

〈표 12-2〉 업종별 일정규모의 기준

업 종	기 준 금 액
부동산임대업, 사업서비스업, 교육서비스업, 보건 및 사회복지사업, 사회 및 개인서비스업, 가사서비스업	7,500만원
제조업, 건설업, 운수업, 음식숙박업, 전기 가스 및 수도사업, 통신업, 금융 보험업, 창고업	1억 5,000만원
농업, 수렵업, 임업, 어업, 광업, 도소매업	3억원

1 일정규모 이상 사업자

일정규모 이상 사업자는 기업회계기준에 의하여 복식부기에 의한 장부 및 증빙서류를 비치 기장하여야 하고, 이를 근거로 표준재무제표와 조정계산서 등을 작성하고 이를 소득세 신고서에 첨부하여 신고하여야 한다.

이때 조정계산서는 공인회계사나 세무사 등의 세무대리인이 작성하는 외부조정계산서와 본인 스스로 작성하는 자기조정계산서가 있는데, 사업자가 선택하여 첨부할 수 있다. 그러나 국세청장이 필요하다고 인정하여 외부조정 의무를 부여한 사업자는 반드시 외부조정계산서를 첨부하여 신고하여야 한다.

그리고 일정규모 이상의 사업자가 재무제표와 조정계산서를 제출하지 않거나 기장에 의하여 신고하지 않고 추계신고하는 경우에는 신고불성실가산세(산출세액의 20%와 수입금액의 0.07%중 많은 금액)를 부과하게 된다.

한편, 장부를 기장하지 않는 사업자 중매출액이 일정규모(직전연도의 수입금액이 도소매는 7,200만원, 음식숙박업은 4,800만원, 부동산임대업 및 사업서비스업은 3,600만원) 미만일 경우에는 단순경비율을 적용하여 소득금액을 계산한다. 그러나 일정규모 이상인 사업자는 장부를 기장하지 않았어도 매입원가와 임차료·인건비 등 사업의 주요경비는 반드시 실제 증빙(세금

계산서·계산서·신용카드 매출전표 등 정규증빙 및 원천징수영수증, 지급
조서 등)과 장부에 의해 확인된 것만 경비로 인정하고 나머지는 기준경비
율을 적용하여 계산하게 된다.

이 경우 기준경비율에 의한소득금액과 단순경비율에 의한 소득금액의
1.5배를 비교하여 둘 중 적은 금액을 소득금액으로 한다(2007년 귀속소득
분까지적용).

장부기장 여부에 따른 사업자의 소득금액계산방식을 요약하면 다음과
같다.

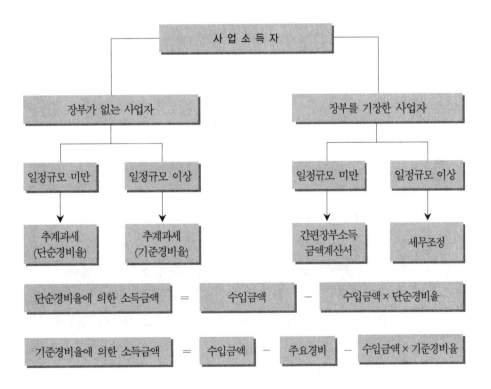

[그림 12-2] 사업자의 소득금액 계산방법

일정규모이상 사업소득금액의 계산

사업소득금액	=	사업소득금액	−	사업소득금액

= 결산상 당기순이익 + (총수입금액산입, 필요경비불산입*)
   − (필요경비산입, 총수입금액불산입)

* 필요경비 불산입항목
① 소득세와 소득할 주민세
② 벌금·과료·과태료, 가산금·체납처분비, 가산세
③ 가사관련경비
④ 상각범위액을 초과하여 계상한 감가상각비
⑤ 재고자산 등 이외의 자산의 평가차손
⑥ 부가가치세의 매입세액. 다만, 부가가치세가 면제되는 등 일정한 경우의 부가가치
   세액은 필요경비에 산입된다.
⑦ 건설자금이자와 채권자가 불분명한사채이자
⑧ 법정공과금 외의 공과금
⑨ 업무무관경비
⑩ 선급비용

2 일정규모 미만 사업자

일정규모 미만의 사업자가 기장한 장부 또는 보관하고 있는 세금계산서 영수증 등 증빙서류가 있는 경우에는 이를 근거로 간편장부소득금액계산서를 작성하여 소득세 신고서에 첨부하여 신고하면 된다.

그리고 장부가 없거나 증빙서류 등을 보관하지 않은 경우에는 추계소득금액계산서로 소득세를 신고할 수 있다. 그러나 이 경우에 연간 수입금액이 4,800만원 미만이 사업자를 제외하고는 무기장가산세(20%)를 별도로 부담하여야 한다.

〈표 12-3〉 소득세의 신고방법

구 분	재무제표 등 제출대상자	간편장부소득금액계산서 제출자
대 상 자	일정규모이상(복식부기의무자)	일정규모 미만
소득금액계산	재무제표와 조정계산서에 의해 계산	간편장부소득금액계산서에 의해 계산
제출서류	① 과세표준확정신고서 ② 대차대조표와 손익계산서 및 그 부속서류 ③ 합계잔액시산표 ④ 조정계산서 ⑤ 영수증수취명세서 (거래건당5만원 초과분)	① 과세표준확정신고서 ② 간편장부소득금액계산서 ③ 총수입금액 및 필요경비명세서

제 7 절 장부의 비치 · 기장의무

1 장부의 비치 · 기장의무

기장의무자 사업자는 원칙적으로 과세소득금액을 계산할 수 있도록 장부를 기록하고 증빙서류를 비치하도록 하고 있다. 장부를 기록 보관하여야만 그 사업에 관한 모든 거래사실을 객관적으로 파악할 수 있기 때문이다.

만약 장부를 비치 · 기장하지 않으면 소득금액을 세무당국에 의해 추계계산당하여 과중한 세금을 부담할 우려가 있으며 무기장에 의한 가산세 적용을 받게 된다.

그리고 세무에 관련된 장부는 5년간 보관하도록 규정하고 있다.

장부의 내용

① 사업자가 비치기장하여야 할 장부는 사업의 재산상태와 그 손익거래 내용의 변동을 빠짐없이 이중으로 기록하여 계산하는 복식부기형식의 장부를 말한다.

즉, 이중으로 대차 평균하게 기록된 전표와 이에 대한 증빙서류가 완비되어 사업의 재산상태와 손익거래 내용의 변동을 빠짐없이 기록되어야 한다.

② 일정규모 미만의 영세사업자에 대하여서는 국세청장이 정하는 간편장부를 비치하고 그 거래 사실을 성실히 기재하는 경우에는 장부를 비치기장한 것으로 보도록 되어 있다.<소득세법 제160조>

그리고 간편장부의 내용은매출액 등 수입에 관한 사항, 경비지출에 관한 사항, 고정자산매각 구입에 관한 사항, 기타 전기이월 재고자산 기말재고자산 등을 기재할 수 있는 간편한 형태의 장부이다. 이 장부는 복식부기에 의한 복잡한 회계처리를 요구하고 있지 않으므로 회계지식이 없는 사업자 본인이나 손쉽게 기록할 수 있어 영세사업자에게는 편리한 제도이다.

제13장 법인세

제1절 법인세의 의의

법인세(corporate income tax)란 법인격을 가진 기업이 일정기간 벌어들인 소득에 대해서 부과되는 조세로서 국세 중 직접세에 해당되며 과세대상소득의 범위는 법인이 벌어들인 소득금액을 포괄적으로 계산(순자산증가설)하여 결정된다.

개인의 경우 소득세는 각 소득별로 (소득원천설) 과세하는 점에서 차이가 있다. 그러나 양자 모두 직접세이고 신고납부제도에 의해 조세채권을 확정시키며 소득금액이 증가함에 따라 더 높은 세율을 적용하는 초과누진세율체계를 적용한다는 점에서는 차이가 없다.

중소기업 창업자가 상법상 회사인 경우로서 법인의 형태로 기업을 경영하게 되면 법인세를 납부하게 된다.

제 2 절 납세의무자와 과세대상소득의 범위

법인세는 법인의 소득을 과세대상으로 하므로 납세의무자는 법인이다. 법인은 그 설립목적에 따라서 영리법인과 비영리법인, 그리고 소재지에 따라 내국법인과 외국법인으로 분류할 수 있다.

법인세법상의 법인의 유형은 아래의 그림과 같다.

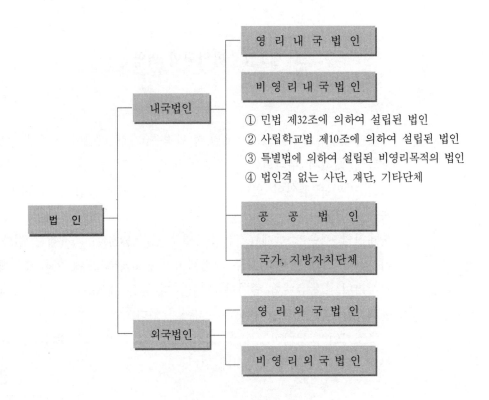

[그림 13-1] 법인세법상 법인의 유형

내국법인의 경우에는 그 소득의 발생이 국내에서 생기든 국외에서 생기든 상관없이 그 법인에게 귀속되는 모든 소득에 대하여 법인세의 납세의무가 있는 반면(무제한적 납세의무), 외국에 본점 또는 주사무소를 둔 외국법인에게는 국내에서 생긴 소득(국내원천소득)에 대해서만 법인세의 납세의무가 있다(제한적 납세의무).

또한 내국법인이건 외국법인이건 영리를 목적으로 하지 않는 비영리법인의 경우에는 수익사업에서 발생된 소득에 대해서만 납세의무를 부담하게 되는데, 이 경우 법인세법 제3조 제2항에서는 수익사업에서 발생한 소득의 유형을 다음과 같이 개시하고 있다.

① 제조업, 건설업, 도매업 등 사업에서 생긴 소득

② 이자소득, 배당소득

③ 주식·신주인수권 또는 출자지분의 양도소득

④ 수익사업용 고정자산의 처분소득

2 **과세대상 소득범위**

법인세법상 법인유형별 과세소득의 범위는 다음 표와 같다.

〈표 13-1〉 법인세법상 법인유형별 과세대상소득의 범위

법인유형별	과세소득	각사업연도소득에 대한 법인세	토지등 양도소득에 대한 법인세*	청산소득에 대한 법인세
내국법인	영리법인	국내외의 모든 소득	국내에 소재한 토지등의 양도차익	해산(합병)시의 청산소득
	비영리법인	국내외의 수익사업에서 생긴 소득	국내에 소재한 토지등의 양도차익	납세의무 없음
외국법인	영리법인	국내원천소득	국내에 소재한 토지등의 양도차익	납세의무 없음
	비영리법인	국내원천소득 중 수익사업 또는 수입에서 생긴 소득	국내에 소재한 토지등의 양도차익	납세의무 없음

* 당해 지역의 직전 분기의 평균지가가 직전전 분기대비 3% 이상 상승하거나 전년도 동분기대비 10% 이상 상승한 지역으로서 특정 지역에 소재하는 토지 및 건물의 양도소득과 주택 및 비사업용토지의 양도소득에 대해 과세된다.

제3절 과세기간 및 납세지

1 과세기간

법인세의 과세기간은 당해 법인의 회계연도에 따르게 되는데 이를 법인
세법에서는 사업연도라고 한다. 즉 법인의 정관상에 규정되어 있는 회계연
도가 바로 사업연도가 되는 것으로서 이 사업연도를 기간 단위로 하여 매
기간 법인세가 과세되는 것이며, 그 기간은 1년을 초과할 수 없다. 한편
사업연도를 변경하고자 하는 경우에는 직전사업연도 종료일로부터 3월 이
내에 납세지 관할세무서장에게 변경신고를 하여야 한다.

2 납세지

법인세의 납세지는 원칙적으로 법인등기부상에 기재된 본점 또는 주사
무소의 소재지이며 납세지를 변경하였을 경우에는 변경일로부터 15일 이
내에 변경 후의 납세지 관할세무서장에게 납세지 변경신고서를 제출하여
야 한다. 단, 납세지를 변경한 법인이 부가가치세법에 따른 사업자등록을
한 경우에는 납세지 변경신고를 마친 것으로 본다.

제4절 신고와 납부

1 결산의 확정

모든 법인은 사업연도가종료되면 그 법인의 결산을 확정하여야 한다.

여기서 결산확정이라 함은 결산을 완료한 후 정기주주총회 또는 사원총회에서 결산보고서의 승인을 받는 것을 말한다. 그러므로 결산을 확정하기 위해서는 먼저 대차대조표, 손익계산서 등 재무제표작성이 완료되어야 한다.

② 신고납부 기한

사업을 영위하는 개인은 종합소득세 신고·납부를 다음해 5월 31일까지 하게 된다. 그러나 법인은 각사업연도에 대한 법인세를 그 법인의 사업연도 종료일로부터 3월 이내에 신고 납부하여야 한다.

따라서 사업연도가 1월 1일부터 12월 31일까지인 법인은 다음해(익년)3월 31일까지 신고 납부하여야 한다.

제5절 법인세 산출세액 계산방법

① 세율

법인이 사업을 영위한 결과 발생된 소득에 대하여 납부한 법인세를 산출하기 위한 세율은 다음과 같으며 우리나라의 경우 초과 누진세율을 적용하고 있다.

〈표 13-2〉 법인세의 세율 체계

구 분	과 세 표 준	
	1억원 이하분	1억원 초과분
일 반 법 인	13%	25%
조 합 법 인	12% (당기순이익 과세)	

2

법인세 산출세액은 법인세과세표준금액에 세율을 곱하여 계산하게 된다.

1) 법인세 과세표준의계산

법인세의 과세표준은 각 사업연도 소득금액에서 이월결손금 및 비과세 소득과 소득공제를 순차적으로 차감함으로써 계산된다.

> 법인세 과세표준 = 각사업연도 소득금액 - 이월결손금(5년간 이월공제 가능)
>   - 비과세소득(이월공제 불가능)
>   - 소득공제(이월공제 불가능)

2) 세액공제

법인이 최종적으로 부담할법인세(자진납부법인세)는 과세표준에 대한 법 인세 산출세액에서 면제소득 및 감면소득에 대한 세액과 세액공제액을 차감 함으로써 계산되는데 현행 법인세법 및 조세특례제한법상의 세액공제제도를 요약하면 <그림 13-2>와 같다.

<그림 13-2> 세액공제제도의 유형

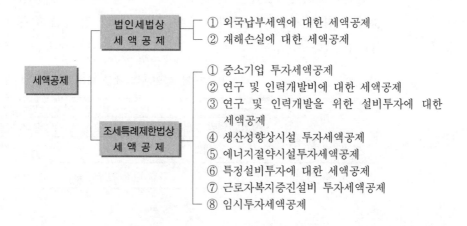

위의 세액공제제도 중 실제 일반적으로 적용되는 것들에 대해서만 알아본다.

(1) 중소기업 투자세액공제

중소기업이 사업용자산을 신규취득하여 투자한 경우에는 당해 투자금액의 3%를 산출세액에서 공제하여 준다.

중소기업 투자세액공제　＝　사업용자산의 취득가액 * 3%

(2) 연구 및 인력개발 설비투자세액공제

당해투자금액의 7%를 그 투자를 완료한 날이 속하는 사업연도의 산출세액에서 공제한다.

3 ▽ 자진신고 납부세액의 계산

법인세는 신고납부제도를 택하고 있기 때문에 납세의무자인 법인 스스로 납부하여야 할 세액을 계산하여 신고하고 이에 의하여 법인세가 확정되게 된다. 이 경우 법인이 신고납부하여야 할 세액은 산출세액에서 감면세액과 세액공제를 차감하고 여기에다 사업연도 중에 이미 납부한 법인세 (중간예납, 원천징수 및 수시부과세액)를 차감함으로써 계산된다. 단, 최저한세가 적용되는 경우에는 최저한세에서 기납부한 법인세액을 공제한 금액을 자진신고납부세액으로 본다.

(1) 일반적인 경우의 법인세 과세표준 및 세액계산의 구조

결 산 서 상 당 기 순 손 익

\+ 익 금 산 입 · 손 금 불 산 입

− 손 금 산 입 · 익 금 불 산 입

각 사 업 연 도 소 득 금 액

− 이 월 결 손 금　(당해 사업연도 개시일 전 5년 이내에 발생한 세무상의 결손금)

− 비 과 세 소 득

− 소   득   공   제

과   세   표   준

× 세   율　(과세표준 1억원까지는 13%, 1억원 초과분은 25%)

산   출   세   액

− 세   액   감   면

− 세   액   공   제

\+ 가   산   세

\+ 감 면 분 추 가 납 부 세 액

총   부   담   세   액

− 기 납 부 세 액　(중간예납세액, 원천징수세액, 수시부과세액)

차 감 납 부 할 세 액

(2) 최저한세의 적용대상

내국법인이 준비금 및 소득공제 등을 계상함으로써 최저한세의 적용대상에 포함된 경우에는 위의 모든 항목들을 고려하여 산출된 법인세액과 준비금 및 소득공제를 산입하지 아니한 경우의 과세표준에 13%(중소기업은 10%)를 곱한 세액 중 많은 것을 산출세액으로 결정한다.

최저한세의 계산방법

(1)
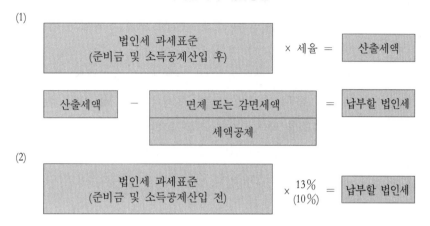

위 (1) (2) 중 많은 금액을 납부할 법인세로 본다.

예 시 ✐ **최저한세의 계산**

다음 자료에 의해서 갑법인의 법인세액을 계산하시오
(1) 각 사업연도 소득금액   450,000,000원
(2) 당해 사업연도 준비금 및 소득공제액 내역
    ① 연구 및 인력개발준비금 계상액   150,000,000원
    ② 연구 및 인력개발준비금 환입액   20,000,000원
    ③ 소득공제액   200,000,000원
(3) 당해 사업연도 중 세액공제 해당액이 5,000,000원 있음
(4) 이월결손금은 없으며 갑법인은 세법상 중소기업이 아니다.

해 답

(1) 제반 감면혜택 후의 법인세액
    {(250,000,000-100,000,000)25%}+{100,000,00013%}=50,500,000원
    50,500,000-5,000,000=45,500,000원

(2) 제반 감면혜택 전의 법인세액
    (250,000,000+150,000,000+200,000,000) 13%=78,000,000원

    따라서 납부할 법인세는 78,000,000원이 된다.
    ◘ 납부법인세가 78,000,000원이 되기 위해서는 연구 및 인력개발준비금 계상액 중
       130,000,000원((78,000,000-45,500,000)/25%)를 다시 손금불산입으로 조정하여야 한다.

(3) 최저한세 적용시 조세특례의 적용배제순서

최저한세를 적용한 결과 "조세특례를 적용받기 전 과세표준의 13%(중소기업은 10%)"가 "조세특례를 적용받은 후 세액"보다 큰 경우에는 전자의 세액을 납부할 법인세로 결정한다. 이 경우에는 후자의 세액을 계산할 때 차감한 조세특례제한법상의 특례금액 중 일부를 적용하지 않아야 하는데, 이때 적용을 배제하는데 따른 특별한 순서는 없으며 납세의무자가 임의로 선택하여 배제하면 된다.

단, 법인세를 경정하는 경우에는 다음 순서에 따라 순차적으로 배제하여야 한다.

① 특별감가상각비
② 준비금(법조문에 열거된 순서대로 배제함)
③ 세액공제
④ 세액감면
⑤ 소득공제 및 비과세

제6절   중간예납세액

1 개 요

법인세는 사업연도가 끝나면 그 사업연도의 법인세를 납세의무자인 법인이 스스로 신고납부하는 것을 원칙으로 하고 있다. 그러나 현행 법인세법에서는 신설법인의 경우를 제외하고는 당해 사업연도 개시일로부터 6개월을 중간예납기간으로 정하여 6개월간의 법인세를 미리 예납하다록 하고 있는데 이를 중간예납세액이라고 한다. 이와 같은 중간예납은 과세당국이 조세채권을 조기에 확보하여 국가재정수요에 충당하기 위한 목적에서 시행되는 것이다.

▼2 중간예납의 대상법인

사업연도가 6개월을 초과하는 법인은 모두 중간예납의무가 있는데 다음의 경우는 제외한다.

① 신설법인(최초 사업연도에 한함)

② 청산법인

③ 휴업법인으로서 휴업기간 중 사업수입금액이 없는 경우

▼3 중간예납세액의 계산방법

직전 사업연도의 법인세가 확정된 경우와 확정되지 아니한 경우로 구분하여 각각 계산방식을 달리한다. 전자는 전년도에 확정된 법인세액을 기초로 이의 50% 가량을 중간예납세액으로 계산하는 것이며 후자는 중간예납기간까지를 하나의 사업연도로 간주하여 가결산에의해 실제로 그 기간 동안의 소득금액을 계산하는 방식이다. 법인은 이들 중 어느 것을 선택하여도 무방하다. 단, 직전 사업연도의 법인세가 확정되지 아니한 경우에는 후자에 의해서만 중간예납세액을 계산하여야 할 것이다.

1) 직전사업연도의 법인세가 확정된 경우

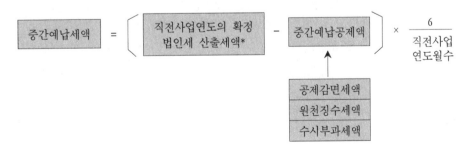

* 각종 가산세는 포함되나 토지 등 양도소득에 대한 법인세는 제외된다.

2) 직전 사업연도의 법인세가 확정되지 아니한 경우

이 경우에는 당해 중간예납기간을 1개 사업연도로 간주하여 가결산에 의하여 당기순이익을 계산하고 여기에다 세무조정을 함으로써 중간예납기간동안의 법인세액을 다음과 같이 계산하게 된다.

$$
\boxed{중간예납세액} = \boxed{\begin{array}{c} 당해\ 중간예납기간의\ 과세표준에\\ 대한\ 법인세\ 산출세액 \end{array}} - \boxed{중간예납공제액}
$$

$$
\left(\frac{과세표준}{중간예납기간월수} \times 12 \right) \times 세율 \times \frac{중간예납기간월수}{12}
$$

4   중간예납세액의 신고 및 납부

중간예납기간 종료일로부터 2월 이내에 신고 납부하여야 하며 가결산 방식에 의해 중간예납할 경우에는 중간예납신고서 외에 세무조정계산서류도 함께 첨부하여야 한다.

한편 중간예납시에도 세액이 1,000만원을 초과하는 경우에는 분납을 할 수 있으며, 이 경우 분납기간과 금액은 앞서 설명한 바와 동일하다.

예 시   **중간예납세액의 계산**

갑법인의 제9기(1. 1 ~ 12. 31) 사업연도에 대한 법인세 납부내역은 다음과 같다. 제10기 사업연도의 중간예납시 신고납부하여야 할 세액을 계산하시오.

     ①. 법인세 산출세액   25,000,000원(토지양도소득에 대한 법인세 10,000,000원 포함)
     ②. 원천징수 납부세액   4,200,000원
     ③. 중간예납세액   13,000,000원
     ④. 자진신고납부세액   7,800,000원
     ⑤. 정부의 경정결정고지세액   5,500,000원

해 답

(25,000,000−10,000,000+5,500,000-4,200,000)6/12=8,1500,000원

제 7 절   장부의 비치 · 기장의무

1 창업의 의의

　법인기업은 장부를 비치하고 복식부기에 의한 기장을 해야 하며 장부와
관계있는 중요한 증빙서류를 비치, 보존하여야 한다. 즉, 법인은 반드시 복
식부기에 의한 기장을 해야 하며 법인장부나 증빙서류도 역시 5년간 보관
해야 한다. 그리고 법인은 주주의 성명과 주소 및 증빙서류도 역시 5년간
보관해야 한다. 그리고 법인은 주주의 성명과 주소 및 주민등록번호 등의
사항이 기재된 주주명부 또는 사원명부를 작성하여 비치하여야 한다.

제IV부
가맹점 창업실무

제14장 프랜차이즈 시스템의 이해

제1절 프랜차이즈 시스템

1 프랜차이즈 : 프랜차이저, 프랜차이지의 정의

　프랜차이즈는 사업전략 혹은 마케팅 방법의 하나로 프랜차이저(Franchisor : 체인점 본부)의 상호 및 상표, 경험, 노하우, 인지도를 프랜차이지(Franchisee : 체인점)가 일정한 대가를 지불하고 사용하도록 계약을 맺어 일정의 방식으로 사업을 운영하는 시스템을 말한다. 결국 프랜차이즈란 체인본부와 체인점간의 협력사업시스템이라고 할 수 있다.

　여기서 프랜차이저(Franchisor)는 상호 및 상표, 경험, 노하우, 인지도를 갖고 이를 제공하는 회사 혹은 사람이고, 프랜차이지(Franchisee)는 일정한 대가를 내고 이를 사용하는 사람이다. 이렇게 함으로써 프랜차이저 입장에서는 우수한 상품, 노하우를 일정한 대가를 받고 다른 사람을 통해 유통시킬 수 있으며, 프랜차이지 입장에서는 우수한 상품과 노하우를 공급받아 사업을 운영할 수 있다는 이점이 있다. 프랜차이저와 프랜차이지와의 관계를 도표로 정리하면 다음과 같다.

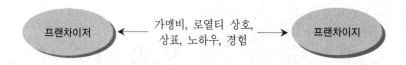

[그림 14-1] 프랜차이즈 시스템

프랜차이즈(Franchise)의 어원을 찾아보면 프랑스어의 France와 Francher로 '자유를 준다' 는 의미이다. 이는 중세 카톨릭 교회가 세금을 징수하는 관리에게 일정한 몫은 관리 자신이 갖고 나머지를 교황에게 납부하게 했던 것에서 유래된 것이다. 이러한 개념이 19세기 이후 미국의 한 회사가 일정한 몫을 자신의 판매 대행회사에게 떼어주는 프랜차이즈 형태를 탄생시키면서 이어지게 된 것이다.

2 프랜차이즈 시스템의 특징

프랜차이즈 시스템에서 가장 잘 나타나는 특성은 가맹본부와 가맹점 운영주가 상호 신뢰를 바탕으로 분업의 협력계약을 맺고 가맹본부와 가맹점간에 명확한 기능분화와 상호협력을 통해 동일자본의 경영효과를 발휘할 수 있다는 것이다.

가맹본부와 가맹점간의 계약관계는 전형적인 부합계약으로 양자가 상호협력하여 계약을 체결한 것이 아니라 가맹본부가 사업에 대한 계약내용을 미리 정한 상태에서 일률적으로 다수의 가맹희망자에게 사업에 대한 전반적인 설명을 한 다음 이에 동의하는 가맹희망자와 계약을 맺는 형태이다.

가맹계약의 기본적인 내용에는 취급상품 및 판매, 사업진행에 관한 관리부여와 이에 따른 그 대가의 지급에 관한 조항들을 의무규정으로 명시하고 있다. 따라서 이러한 권리와 의무수행의 전제로서 양자에는 기본적 조건이 부과된다.

이러한 프랜차이즈 시스템의 특성은 가맹점이 가맹본부로부터 상표와 상호 등의 사용에 관한 관리를 획득하고 동시에 경영과 판매에 관한 기술적 방법을 가맹본부로부터 제공받는다. 따라서 가맹점은 사업수행에 필요한 자기 자본을 직접 투자하고 가맹본부의 기술적 지도 아래 사업을 수행하는 것이다.

프랜차이즈 시스템의 본질은 자본을 달리하는 독립사업자가 상호협력함으로써 동일자본 아래에 있는 체인 형태의 경우와 유사한 효과를 발휘하는 데 있다. 왜 그러한 효과가 나타나는 것일까? 그것은 가맹본부와 가맹점의 기능 분화가 명확히 행해지고 있고 대개의 프랜차이즈 시스템의 경우, 그 계약은 경영 전체의 영역에 걸치는 포괄적인 것이기 때문이다.

가맹본부는 상품, 노하우 등의 개발과 그 원활한 유통과 운영에 전력을 다하고 가맹점은 그것을 기초로 하여 대고객 판매에 전력을 다한다. 그리고 모든 가맹점은 원칙적으로 같은 상품구성, 같은 판매방법, 같은 서비스 제공을 한다.

가맹본부와 가맹점은 입장을 달리하는 사업자이면서 계약에 의해 마치 하나의 자본이 운영하고 있는 것 같은 이미지를 소비자에게 주며 경영효율도 등일자본 기업체와 동일 레벨로 가맹본부 및 가맹점에 주어진다. 이것이 프랜차이즈 시스템의 기본적인 특질이기도 하며 장점(merit)인 것이다. 이 장점으로 말미암아 프랜차이즈 시스템은 사람들에게 곧잘 받아들여져서 급속적으로 보급되고 있다고 볼 수 있다.

가맹본부는 가맹점과 프랜차이즈 계약을 체결함으로써 비교적 소액투자와 최소 인력으로 단시일내에 새로운 시장을 개척해 나갈 수 있으며, 또 가맹비, 로열티라는 형식으로 확실한 수익을 기대할 수 있다. 한편 가맹점은 가맹본부에서 개발한 상품과 사업을 가맹본부의 지도 아래 상대적으로 낮은 리스크로 수행할 수가 있다.

1) 프랜차이즈 사업의 시초

프랜차이즈(Franchise) 사업은 미국에서 1898년 GM이 자동차를 판매하는 독립지점을 만들면서부터 시작되었다. 국내에서는 1979년 햄버거 전문점 롯데리아의 개점이 프랜차이즈 사업의 효시로 꼽힌다. 미국은 1996년 말 기준 본사가 4,000여개, 점포 수가 57만 8,000개로 전체 소매업의 38%를 차지하고 있다. 일본은 1995년 말 기준 본사가 755개, 점포 수가 15만 8,000개로 집계되었다.

2) 프랜차이즈 사업의 발전

우리 나라도 IMF 구제금융 이후 거리에 실직자들이 쏟아져 나오면서부터 프랜차이즈가 전성시대를 맞고 있다. 경기침체에 따른 기업들의 구조조종으로 실직자들이 늘어나면서 소자본으로 자기 사업을 하려는 사람들이 프랜차이즈 창업에 관심을 쏟고 있기 때문이다. 또 외국계 프랜차이즈의 국내 진출로 소비자들 사이에 브랜드 선호 바람이 확산돼 소규모 자영업체로는 더 이상 생존하기 어려워지고 있기 때문으로 풀이된다.

우리나라의 프랜차이즈 본사는 1987년 50개에 불과했으나 1997년 500개로 10배로 늘어났으며 2005년 말 현재 2,211개나 되며 가맹점은 28만4천개에 이르고 있는 것으로 조사되었다. 2,211개 본사 가운데 업종별로는 외식업이 1194개(54%)로 절대 다수를 차지하고 있으며 소매업이 515개(23.3%), 서비스업이 502개(22.7%)를 차지하고 있다. 또한 2005년 현재 프랜차이즈 산업은 매출액 61조원에 종사자수가 115만명이나 될 정도로 거대 산업으로 성장하고 있다(식품외식경제, 2006.7.19).

3) 프랜차이즈사업의 현황

우리나라의 국내산업중 프랜차이즈 산업의 비중은 아래와 같다.

<표 14-1> 국내 산업 중 프랜차이즈 산업의 비중

구 분	표준산업분류 전체	프랜차이즈 산업	비중(%)
사업체수	207만 4천547개	12만 1천223개	5. 8
종사자수	600만 4천106명	56만 6천94명	9. 4
매출액	514조 6천억 원	41조 6천900억 원	8. 1
사업체당 종사자수	2. 9명	4. 7명	
사업체당 매출액	2억 5천만 원	3억 4천만 원	-
종사자 1인당 매출액	9천만 원	7천만 원	

자료 : 서정헌, 창업초보자가 알아야 할 102가지, 원앤원북스, 2006, p193.

이러한 프랜차이즈 산업들의 활동 형태를 살펴보면, 본사가 프랜차이즈 시스템을 만든 후에 창업박람회, 인터넷홈페이지, 언론 등 다양한 방법으로 홍보를 하여 가맹사업을 할 창업자를 모집하고 있는 형태로 프랜차이즈 창업이 진행되고 있는 실정이다. 하지만, 이러한 우리나라 프랜차이즈 산업은 미국(1979년 이후), 일본(1990년 이후)과 비교해 볼때 성장 초기상태이며 향후 3~5년간 고도성장을 지속할 것이라는 것이 많은 전문가들의 공통된 견해이다.

4 프랜차이즈 시스템의 종류와 형태

프랜차이즈 시스템은 다양한 업종과 업태에 적용될 수 있다. 즉, 이 시스템에는 많은 패턴과 비즈니스 방식이 존재하고 있다. 따라서 여러 가지 기준에 의해서 분류할 수 있으나, 여기서는 통상적인 분류를 통해 프랜차이즈 시스템의 종류와 형태를 살펴보면 다음과 같다.

1) 가맹점주의 권한 범위에 따른 분류

(1) 단일지역 프랜차이즈

계약 가맹점에 한하여 일정한 지역내에 가맹기간 동안 가맹본부가 가지고 있는 권리 및 영업권의 일체를 부여하는 가장 보편적이고 전형적인 프랜차이즈 시스템이다. 이러한 방식은 소지역단위 가맹점에 일정한 지역범위의 독점영업권(Exclusive Right)을 확보해 주는 것이 장점이며, 우리나라 대부분의 가맹본부들이 채택하고 있는 가맹점 모집방식이기도 한다.

(2) 지역단위 프랜차이즈

일반적으로 중·소도시 내에서 일정기간 동안 하나의 가맹점에 여러 개의 점포 개설권을 부여하는 방식을 말한다. 이 경우에는 지역단위 가맹점이 본사와 지역별 사업개발 계약을 맺고, 개발에 대한 대가를 지불한 후 일정지역의 사업개발에 대한 권리를 취득하게 되는 형태를 말한다. 따라서, 만약 지역단위 가맹점이 계약서의 약정대로 사업을 개발하지 못할 경우 계약을 취소하여 프랜차이즈 권리를 박탈할 수도 있는데, 이같은 시스템은 우리 나라에는 아직 보편화되어 있지 않다.

(3) 지역분할 프랜차이즈

지역분할 프랜차이즈란 일정지역내에서 일정기간 동안 어떤 개인이 또는 집단에게 가맹본부로서의 권리를 부여하고 이러한 권리를 부여받은 분할지역 가맹본부(Master Franchisee)가 다시 프랜차이즈 권리를 최종가맹점(Sub Franchise)에게 하나 또는 수 개의 점포에 대하여 가맹점 영업을 하도록 하는 형태이다.

최상위 가맹본부는 최하위 가맹점에 교육을 포함한 가맹본부로서의 모든 노하우를 제공하고 그에 따른 대가를 취하는 방식이다. 이 경우에는 분할지역 가맹본부 자신이 가맹점주가 될 수도 있다.

2) 본사가 채용하는 목적에 따른 분류

상품유통을 통한 판매가 효과적으로 이루어지도록 개발되었느냐 아니면 프랜차이즈 패키지를 만들어 개발되었느냐에 따라 상품판매형 프랜차이즈와 비즈니스 패키지형 프랜차이즈로 분류할 수 있다.

```
                     ┌── 상품판매형 프랜차이즈 ───── 대리점(형태)
        프랜차이즈 ───┤
                     └── 비즈니스 패키지형 프랜차이즈 ┬── 직영점
                                                      ├── 가맹점
                                                      └── 자율체인점
```

(1) 상품판매형 프랜차이즈(Product & Trade-Name Franchise or Product Distributing Franchise)

프랜차이즈 회사는 자사의 상품을 일정지역이나 위치를 기준으로 프랜차이지(Franchisee)에게 제공하고 팔 권리를 주는 것으로 브랜드 파워가 강한 상품의 제조회사가 주로 적용하는 프랜차이즈 기법이다. 일반적으로 제조회사가 도매업자의 관계보다는 좀 더 긴밀한 관계를 유지하고 프랜차이즈 회사로부터 마케팅 및 기타 서비스를 받을 수 있으며, 일반 도매업자가 여러 회사의 제품을 동시에 취급할 수도 있고 독점으로 판매할 수도 있다. 자동차 딜러, 주유소, 타이어 판매처럼 실제 상품이나 대표적 브랜드를 프랜차이즈화 하여 매출을 일으키는 것으로 국내에서는 SK주유소, 삼성전자 등 대부분 대리점의 형태로 국내에 소개되어 있다.

(2) 비즈니스 패키지형 프랜차이즈(Business-format Franchise)

우리 나라에서 최근 급속히 발전해 가고 있는 프랜차이즈 사업의 형태이다. 이랜드, 놀부, 파리바게트, 롯데리아 등 우리에게 잘 알려진 익숙한 프랜차이즈 모두가 이 형태의 사업이다. 즉 매장을 패키지화하여 가맹점주(Franchisee)를 모집한 뒤 동일한 매장을 통해서만 소비자에게 제품이나 서비스를 판매하는 프랜차이즈 형태이다. 직영점, 가맹점, 자율체인점으로 나누어진다.

① 직영점(Regular Chain)

프랜차이즈 본사가 직접 매장을 운영하는 방식을 말한다. 이때 매장에 투입되는 자본과 매장 운영을 누가 행사하느냐가 관건인데 자본이나 운영 모두 본사가 행사하는 경우는 당연히 직영이지만, 자본과 운영이 혼재되는 매장이 생겨나게 된다. 이럴 때의 직영점과 가맹점의 기준은 매장 운영의 주체가 누가 되느냐에 따라 결정되어야 한다. 예를 들면 맥도날드 수수료 매장의 경우이다. 맥도날드가 직영점으로 입점할 경우 점포를 매입하는 경우는 많지 않다. 또 그 매장을 권리금 얼마에 보증금 얼마 그리고 월세 얼마 하는 식으로 매장을 얻지도 않는다. 적정 상권대의 요지에 있는 건물의 건물주와 얻고자하는 매장의 계약을 직접 한다. 즉 1층 80평이라고 할 때 이 매장의 인테리어와 설치비는 맥도날드 한국 본사의 자본으로 준비하고 대신 건물주는 매장을 무상으로 임대해 주는 대신 매장에서 발생하는 순이익을 맥도날드 본사와 4 : 6, 3 : 7 하는 식으로 나누어 가진다. 매장 영업이 잘되면, 건물주의 수입은 늘어나고 그 반대면, 수입이 줄어드는 시스템인 것이다. 이 경우 건물주는 맥도날드 매장을 갖고 있다고 말할 수는 있어도, 운영한다고 말할 수는 없다.

건물주는 매장을 빌려주었을 뿐 매장 경영에는 일체 참여하지 않는다. 건물주 입장에서 그 매장이 만들어지는 데 자신의 건물이 투입됐으므로 권리금이나 보증금은 본인이 부담하는 것과 다름없고, 그 경우 지분의 일부를 투자한 것과 같지만, 그래도 이 매장은 가맹점이 아니라 직영점이다.

프랜차이즈에 있어 직영과 가맹의 기준은 매장에 투입된 자본이 아니라 매장의 운영의 주체가 누구냐에 따라 구분되어져야 한다. 그래야 프랜차이즈 시스템을 구축하고 체계화 하는 데 기준이 명확해 진다.

② 가맹점(Franchise chain)

본사가 아닌 가맹점주가 자본을 투자하고 매장을 직접 운영하는 경우를 말한다. 본사의 기술과 노하우가 가맹점들의 자본과 서로 만나 빠른 속도로 사업이 전개될 수 있는 합리적인 유통 시스템으로 프랜차이즈의 꽃이라 불린다. 흔히 말하는 체인점, 전문점, 가족점 등이 모두 여기에 속한다.

③ 자율체인점(Voluntary chain)

업종별 또는 분야별로 특정한 상호를 전국에서 동시에 사용함으로써 상호의 지명도를 높이고, 이용자에게 신뢰감을 안겨줄 수 있도록 공동브랜드,

즉 상호만을 서로 함께 쓸 뿐 매장내의 상품이나 서비스에 대해서는 전혀 규제나 간섭을 하지 않는 형태의 체인이다. 국내 프랜차이즈 중 동네에서 볼 수 있는 25시마트(편의점)나 키친나라(잡화체인점)의 경우 자율체인의 형태로 전개 중이다.

이것은 단독점포와 프랜차이즈의 중간형태로서 특히 공동브랜드나 동일업종을 조합하여 전개해 나가는 체인방식이다. 체인본부는 최소한의 기능만 하고 점포주가 자기만의 특성을 살려 융통성있게 경영해 나갈 수 있다. 그래서 지역형 점포이미지를 만들어갈 수 있고, 가격고정이나 상품취급 등의 한계를 극복할 수 있다. 하지만 자율은 있으나 체인본부의 강력한 통제 아래 브랜드 이미지를 만들어갈 수 없다는 단점이 있다.

5. 프랜차이즈 업체총람

다음은 월간 「Business &Franchise」에서 (2007년 5/6월호) 공시한 2007년 4월 20일 기준 우리나라 프랜차이즈 업체총람이다.

업종	브랜드명	회사명	전화번호	주요취급품목	개시연도	
					직영점	가맹점
한식/고기	돈데이	㈜썬미트	02-333-2515	삼겹살전문점	2004	2004
	계경목장	NH프랜차이즈㈜	02-422-9610	고기전문점	1996	1997
	가마루	루프랜차이즈	042-488-3592	층층솥뚜껑삼겹살	2002	2002
	놀부부대찌개	㈜놀부	02-574-5511	샤브샤브&퓨전삼겹살, 점심식사류	2003	2003
	춘천집추	㈜한아식품	02-568-8885	닭갈비, 순두부, 설렁탕	1982	1995
	돈견문록	㈜오엔씨글로벌	02-2252-8394	샤브샤브&퓨전삼겹살, 점심식사류	2002	2002
	돈꼬레	참참나루	031-708-9336	와인삼겹살/김치칼국수/생선구이	2002	
	돈씨네돈천하♪	㈜더조은세상	02-322-6622	웰빙삼겹살전문점	2004	2004
	벌집삼겹살	대상외식산업㈜	02-3666-5092	벌집삼겹살/등갈비전문점	2004	2004
	아지매	㈜엘오비	02-3431-9292	소고기구이전문점	2005	2005
	먹거리장터	㈜해리코리아	02-529-4355	묵은김치요리	2005	2005
	백수생복	㈜세진F&B	031-913-7766	복어요리전문점	2003	2006
	고향솥단지삼겹살	㈜현대외식	031-464-7400	삼겹살/차돌박이/버섯생불고기	2001	2001
	참마을홍천화로구이	CNR FC(프랜차이즈컨설팅)	02-2631-8592	참숯홍천화로구이전문점		2005
	옻家네	㈜생명의참옻나무	02-444-4447	옻닭, 오리 전문점	2004	2004
	해장국과전골	㈜맛뜸푸드시스템	02-784-6622	뼈다귀해장국전문브랜드	2001	2001
	큰들숙성김치삼겹살	㈜큰들F&B	02-487-0404	옹기숙성김치삼겹살	2004	2004
	행복한우담	㈜한울푸드라인	02-2291-2500	소고기전문점	2006	2006
	행복추풍령 감자탕&묵은지	㈜행복추풍령	02-456-1430	감자탕/김치찜/뼈찜/등갈비찜	2001	2001
전통음식	굴사랑	미래교역	02-422-7373	굴요리전문점	2001	2002
	모박사부대찌개	모박사	031-675-5288	부대찌개/부대전골/갈비소세지	1988	2000
	이바돔감자탕	㈜이바돔	032-525-0022	감자탕, 등뼈찜, 해물찜	2000	2001
	조마루감자탕	㈜조마루	032-662-7394	해장국, 감자탕, 간장찜, 콩나물찜, 묵은찜	1989	1999
	황태마을	㈜DBR그룹	02-456-9803	전통황태요리		1998
	금강산감자탕	㈜GUBBI	031-576-0844	감자탕/해장국	2001	2001
	명동보리밥	㈜명동보리밥	032-432-3600	보리밥, 되비지, 청국장, 장떡, 보쌈	1987	2002
	어죽이네철렵국	진화유통	031-237-2288	철렵국, 도리뱅뱅이, 매운탕	2004	2004
	최고을동태찜	이티비즈컨설팅	031-719-6233	동태찜, 칡냉면, 동태탕, 콩나물국밥	1991	2004
	통뼈감자탕	㈜명가	051-321-0020	감자탕, 해장국	2001	2001
	참이맛감자탕	㈜참이맛	032-511-8533	버섯전골감자탕, 해장국	1987	2000
	완산골명가오	㈜겨레가온데	080-222-3636	궁중떡갈비, 전주콩나물국밥	2001	2001
일식/횟집	인성참치	인성참치㈜	02-796-7892	참치전문점		1999
	테마토크	새한컨설팅	02-446-0888	참치전문점	2000	2000
특별요리/아시아요리	섬마을이야기	㈜포유	02-431-4951	퓨전음식	2001	2001
	커리포트	스타포트㈜	02-508-6310	자연숙성카레전문점	2002	2003
	유로바베큐	온세상푸드시스템	02-458-8555			
	호아센	㈜우리개발	02-552-1490	베트남쌀국수, 에스닉푸드, 퓨전푸드, 베트남주류	2003	2004

닭갈비/찜닭오리/낙지	닭익는마을	㈜제너시스	02-3403-9000	참숯닭발구이	1999	1999
	배나무골오리집	㈜이목원	02-415-9501	오향수육, 연훈제, 서울덕, 훈제통구이	1990	2002
	봉추찜닭	㈜봉추시스템	02-508-7381	찜닭	2000	2001
	주원山오리요리전문점	주원山오리체인본부	02-2606-4651	오리	1999	1999
	쭈꾸장어	KF21C프랜차이즈	031-916-5454	꼼장어, 주꾸미, 닭갈비, 고추장삼겹살	2004	2004
	쭈家네	㈜김家네	02-923-7127	불쭈꾸미, 쭈꾸미삼겹살, 쭈꾸미두루치기	2006	2006
	신토불이	㈜다영푸드	041-585-5511	오리정식	1996	
레스토랑	우리들의 이야기	㈜JK FOOD TECH	02-417-7771	한식패밀리레스토랑	1999	
	토니로마스	㈜썬앳푸드	02-2265-5500	아메리카바베큐립 전문점	1995	
	매드포갈릭	썬앳푸드	02-2265-5500			
김밥/만두	디델리	㈜디델리 가맹사업본부	02-533-1194	라볶이와 김밥	1997	2004
	김家네 김밥	㈜김家네	02-923-7127	분식, 김밥, 만두	1994	1996
	롤앤롤	㈜종로김밥	02-747-1157	퓨전음식		2002
	"황가네호떡, 떡볶이"	㈜황가네에프에스	031-902-0998	호떡, 떡볶이, 만두	2001	1998
	틈새라면	틈새㈜	02-755-4666	빨계떡, 계떡, 러브주먹밥, 불김밥, 찬밥	1981	2003
	압구정김밥	㈜압구정식품	02-2244-4444	김밥전문점		
	명인만두	엠아이글로벌㈜	031-757-0701	만두/분식		
보쌈/순대	장충동왕족발	㈜장충동왕족발	042-934-3300	족발, 보쌈전문점		
	개성할머니보쌈	㈜제이푸드	02-373-9999	보쌈, 족발훈제오리, 새삭해초비빔밥	1996	2003
	송가네왕족발/보쌈	송가네식품㈜	043-731-6400	족발보쌈전문점	1986	1988
	숲풀림철판곱창순대볶음	숲풀림	03-307-1004	곱창, 순대볶음/구이막창	2000	2000
	원할머니보쌈	원앤원㈜	02-2282-5353	족발보쌈전문점	1965	1991
	신림동또순이순대	J&J	02-884-7564	순대곱창볶음, 순대국밥	1976	2003
돈까스/도시락	코바코	㈜호경FC	02-333-5000	우동, 돈까스, 초밥		1998
	허수아비	허수아비	02-753-3363	일본식돈까스		2000
	사보텐	㈜아워홈	02-2175-4543	돈까스/우동전문점	2001	2003
	모야	모야	031-781-2707	일식돈까스/초밥/우동류/퓨전한식	2000	2001
	돈카	영우통산	02-412-5551	일본식돈까스/카레		
	하루야	큰돌F&B	02-487-0404	인본식돈까스전문점/일본요리		
	미가도시락	미가도시락	031-495-5555	일본식돈까스전문점		
	홈벤토	큰돌F&B	02-487-0404	일본식돈까스전문점		
	배터지는 생돈까스	진진유통	032-466-1882	일본식돈까스전문점		
	모모타로	보림유티버살㈜	031-707-4025	일본식돈까스/초밥/우동전문점	2002	2003
	한솥도시락	㈜한솥	02-585-1114	도시락전문점	1993	1993
	오마이갓생돈까스	한동푸드	031-978-8391	퓨전돈까스, 우동류, 퓨전덮밥류	2005	2005

우동/면류	기소야	㈜공영식품	02-564-9025	우동전문점	1989	1989
	농심가락	농심	02-820-7601	우동전문점	1996	1996
	명동칼국수	한미프랜	02-423-7999	칼국수전문점	1972	1989
	봉창이 해물칼국수	명동푸드시스템	1544-2690	해물칼국수/샤브칼국수/철판요리	1997	2002
	삼번가우동	삼포마을	02-385-3333	우동만두	1998	1998
	용우동	용마을	02-267ℕ-4470	우동전문점	1997	1998
	U9(유나인)	제너시스	02-3403-9000	생면수타우동	2003	2003
	한우동	한동식품	032-815-5000	우동전문점	1997	1998
	행촌	행촌	02-948-1255	우동/모밀/초밥	1995	1995
주점/호프/ 꼬치구이	호그	삼일FS	02-536-5040	바비큐, 스테이크/호프전문점	2001	2002
	준코	JC푸드시스템	080-286-3340	소주, 호프, 음식(양식, 한식, 중식등)	1997	2001
	꼬챙이	㈜제이에스인터푸드	080-327-5885	꼬치구이전문점	2005	2005
	동경이야기	㈜KJF	02-936-5012	오뎅&꼬치 퓨전요리전문점	2006	2006
	Beer Plus	㈜리드콤	02-540-4483	호프전문점	1999	1999
	wa-bar	㈜인토외식사업	1588-0581	세계맥주/양주/칵테일	2001	2000
	석쇠와 돌쇠	㈜세모아	02-478-6482	숯불곰장어/닭발구이	2000	1999
	마찌마찌	㈜세울푸드원	02-2217-2386	각종안주류	2004	2004
	오오뎅뎅	푸드앤	02-2253-5114	이자까야식오뎅주점	2001	2001
	오비로비	㈜FC이노베이션	02-574-3222	호프전문점	1996	1998
	배상면주가배	㈜BSM넥스처	02-574-3281	전통주		2000
	백세주마을	㈜국순당	02-513-8592	生백세주, 기타주류	2002	2007
	비어헌터	㈜영우프랜차이즈	02-419-9911	생맥주전문점	1999	2000
	빅타임	빅타임상사	02-992-7921	치킨, 꼬치, 호프전문점	1994	1994
	어파치	빅타임상사	02-903-5588	주점, 호프	2004	2004
	캔비어	㈜백두ENC	02-445-4590	돈까스, 호프, 꼬치구이	1994	1994
	요모조모	서린푸드원	02-3439-6303	호프/소주/칵테일	1999	2000
	쪼끼쪼끼	태창가족	02-415-6000	생맥주전문점	1999	1999
	짱구야학교가자	후인	02-427-8108	주점	1995	2002
	천하일품	탐코리아F&D	02-2632-2201	호프전문점	1993	1993
	카스 앤 락	F. C이노베이션	02-574-3222	호프전문점	1996	1998
	칸/투다리	이원	032-552-0541	꼬치구이전문점	1987	1987
	어쭈구리	㈜태산어쭈구리	02-927-8280	호프전문점	1998	1998
	하이티어	㈜에이치엔티글로벌	02-541-6650	하이트맥주전문점	2002	2002
	준코	㈜다인스	1544-2105	주류, 요리	1997	2001
피자/스파게티	로쟈또 피자	로쟈또 피자	031-682-2434	피자	2001	2001
	도미노피자	디피케이	1588-2082	피자	1990	1990
	로마노피자	로마노피자	031-905-4122	피자/스파게티	2002	2002
	미스터피자	한국미스터피자	02-532-0661	피자	1990	1996
	빨간모자	빨간모자	02-534-2254	피자	1992	2001
	성신제피자	성신제피자	02-3476-6011	피자	1998	

	파라다이스피자	파라다이스피자	016-278-4858	피자	1994	1999
	피자에땅	㈜에땅	1688-3651	피자/스파게티	1998	1998
	피자헛	한국피자헛	02-3468-0114	피자/스파게티	1985	1985
	스파게티아	썬앳푸드	02-2265-5500	스파게티전문점	1996	2004
	이태리하우스피자	아이에치피자	031-654-2928	피자/스파게티	1995	2003
	브링웰피자	해리코리아	02-374-2552	피자/스파게티	2000	2004
	비자쏠레	피자쏠레	02-2630-8983	콘피자/커피/아이스크림/음료	2006	2006
치킨	바베큐보스	㈜대대FC	1588-9288	매콤불닭/고추장바베큐	2004	2004
	꾸꾸루꾸유진바베큐치킨	유진물산	02-867-2588	바베큐치킨	1979	1979
	미스터치킨	BB프랜차이즈	042-822-5572	치킨/호프	2004	2004
	네네후라이드치킨	혜인유통	02-930-6665	치킨전문점		1999
	동키치킨	동키유통	031-293-9900	치킨전문점	1986	1986
	림스치킨	림스상사	02-414-4233	치킨전문점		1976
	멕시카나치킨	멕시카나	02-420-9995	치킨	1989	1989
	바라타 탄두리치킨	오앤씨글로벌	02-2252-8394	인도화덕탄두리치킨	2003	2003
	바베큐보스	디디FC	1588-5592	참숯바베큐	1997	1997
	비비큐	제너시스	02-3403-9006	치킨	1995	1995
	순살로치킨	세모아	02-478-6482	치킨		1998
	에디슨DHC치킨	정명라인	02-2296-9300	치킨		1998
	장모님 양념통닭	장모육계유통	055-232-4199	치킨		1989
	치킨나라	치킨나라	02-463-0100	치킨전문점	1995	1995
	페리카나	페리카나	042-541-2275	치킨		1981
	교촌치킨	교촌F&B	031-371-3500	교촌치킨전문점	1991	1991
	콤마치킨	콤마	02-400-0100	핫스파이스, 후라이드		1997
	오마이치킨	봉래푸드원	02-597-5353	수제치킨	2001	2001
	코리안 숯불 닭 바비큐	티비비씨	031-206-2112	바베큐치킨	1998	1998
	코코넷치킨	코코넷 통상	031-404-1885	치킨	2001	2001
	쭈노치킨	치킨푸드시스템	1566-9235	치킨전문점	2002	2002
	바로록 치킨	바로록	02-3453-8582	프리이엄/스텐다드/스페셜/엑설런트 치킨등	2002	2003
	군다리 치킨	태창가족	02-415-6000	치킨바베큐전문점		2003
	아주커치킨	에이에프씨코리아	1544-5592	아주커 치킨전문점	1996	1996
	보드람치킨	보드람씨앤알	031-925-2002	수제치킨	1999	2003
	하매치킨	KF21C프랜차이즈	031-916-5454	수제치킨	2004	2004
	오시오두마리치킨	대신DTF	02-927-8280	치킨	2003	2003
	케리홈치킨	원푸드 시스템	02-486-2121	불닭/숙성후라이드	2000	2000
	핫썬바비큐	하산푸드시스템	02-333-5751	바베큐치킨, 베이크치킨	2004	2002
	맥시칸 치킨	맥시칸	042-825-8292	치킨전문점	1987	1989

	잉카바베큐	백두ENC	02-445-4590	바베큐치킨	2002	2002
	둘둘치킨	일동인터내셔날	02-776-2277	후라이드치킨, 양념치킨, 마늘치킨	1991	1997
	심스치킨	㈜삼일FS	02-535-2040	프리미엄웰빙치킨	2007	2007
	올리브치킨	㈜씨엔이프	02-6672-1080	올리브치킨전문점	2005	2005
패스트푸드	KFC	두산	02-3398-1708	패스트푸드	1984	1984
	RFC	㈜상일씨엔씨	02-417-0017	햄거버/치킨외		2000
	뉴욕핫도그/맘보카페	㈜스티븐스	02-474-0085	핫도그/커피	2002	2003
	해리피아	정인닷컴	02-738-2245	1000원피자/햄버거/핫도그빵/토스트, 과일쥬스	2002	2002
샌드위치	베이글 스트리트 카페	㈜베이글코리아	02-421-0053	베이글/베이글샌드위치/크림치즈	2002	
	샌드데이	에스다유통	02-525-5323	샌드위치		1999
	샌드 앤 푸드	샌드 앤 푸드 코리아	02-2057-2788	샌드위치/아이스크림/음료 외		2002
제과/제빵/도너츠	던킨도너츠	BR코리아	02-2187-3131	도너츠	1994	1994
	뚜레쥬르	CJ	080-360-1450	제과/제빵		1997
	리치스푸드	리치스푸드	02-323-0871	도너츠		1998
	빵굽터	제과정보	02-888-4492	제과/제빵		1997
	신라명과	신라명과	031-441-2125	제과/제빵	1984	1984
	크라운베이커리	크라운베이커리	02-3415-2600	제과/제빵	1965	1972
	빵굽는작은마을	비씨씨코리아	02-3481-9073	제과/제빵/아이스트림, 커피	1999	1999
	파리바게뜨	파라크라상	031-740-5500	제과/제빵	1986	1986
과일/아이스크림	나뚜르	롯데제과	02-670-6431	아이스크림	1998	1999
	펄베리	해리코리아	02-529-4355	저지방포로즌요거트	2004	2004
	누질랜드내츄럴	뉴질랜드내츄럴코리아	02-583-5161	아이스크림	2002	2002
	떼르 드 글라스	티지인터내셔날	02-596-0774	천연생과일아이스크림	1996	1998
	베스킨라빈스31	비알코리아	02-2187-3131	아이스크림	1985	1988
	비비바치오	오앤씨글로벌	02-2252-8394	과일을이용한메뉴&샌드우치멀티카페테리아	2003	200
	프렌치키스	ONC글로벌	02-2252-8394	아이스크림/커피/케익	1999	1999
	하겐다즈	한국하겐다즈	02-508-8500	아이스크림	1991	1998
	요나인	KTS글로벌	02-7834-114	요거트젤라또/아이스크림/커피	2005	2005
	라펠라	라펠라	032-328-5788	생과일아이스크림쥬스	1997	2001
	무나카샬레아이스크림	애기코리아	02-707-4883	아이스크림/커피/케익/쿠키	2000	2001
	딩글댕글 생과일전문점	프랜차이즈21세기	02-846-7171	생과일쥬스/샐러드/커피	2003	2003
	블루바니	한길	02-6300-8870	아이스크림 및 커피	1995	1995
	C+1	청아한유통	051-464-8966	생과일도시락주스/커피/소포장과일	2003	2004
	비세븐아이스크림	㈜비세븐아이스크림	02-424-0122	생과일아이스크림/커피/샌드위치	2003	2003
	돌로미티 아이스크림	한국테라모	02-569-3833	후로즌요구르트/생과일아이스크림/커피		
	요거트퀸	EP FC(베스트빈)	080-322-1111	생과일요구르트아이스크림/빙수	2004	2004

커피/음료	Caffe themselves	BTS	02-2266-5947	에스프레소/아이스크림	2001	2002
	HOLLYS Coffee	프리머스할리스커피본부	02-598-8512	커피	1998	1999
	카페드구띠에	㈜구띠에	031-718-6255	커피	2001	2001
	골든독	골든독	02-928-9998	테이크아웃커피	2000	2002
	레니어 에스프레소	에스프레소 코리아㈜	02-546-3446	커피/샌드위치 외	2000	2000
	커피플스(커피종합)	에스프레소 코리아	02-547-6240	에스프레소 머신/커피/교육	2000	2000
	큐베리	후인	02-427-8108	커피	1995	2005
	스위트번스	㈜비즈탑	02-456-9803	커피		2001
	이디아에스프레소	이디야	02-543-6467	커피	2001	2001
	쟈뎅	쟈뎅	02-546-3881	커피	1998	1988
	베스트빈	베스트빈	02-2051-0501	커피/케잌/차/쥬스	2004	2004
반찬전문점	장독대	㈜더난식품	02-598-8600	반찬전문점	1997	1997
미용/뷰티	나이스가이	정우인터내셔날	02-445-2045	미용실체인사업		2001
	박준 뷰티랩	P&J	02-518-9233	미용서비스	1981	1987
	보뜨미샬	보뜨미샬	02-363-6207	미용서비스	2001	2001
	마샬뷰티살롱	마샬프랜차이즈코리아	02-512-7053	미용실프랜차이즈	1962	2003
	블루클럽	리컴인터내셔날	02-514-6011	남성전용미용실	2001	1998
웨딩	플러스유 결혼정보	플러스유 결혼정보	031-238-8425	초혼/재혼/국제결혼컨설팅	2000	2002
화장품/향수/소품	아로마스토리 1937	더 아로마	02-2606-0657	아로마테라피/천연화장품/바스	2005	2006
파견/산후조리원	몬테소리베이비시터	몬테소리베이비시터	02-404-6642	전문베이비시터파견		
	아이들세상	아이들세상	02-516-0065	방문탁아서비스		
	부모마음	케이씨휴먼네트웍스	02-521-2766	베이비시터/학습시터/실버시터파견		
다이어트/마사지 벨트	스킨케어5000	㈜뷰티벨리	02-3471-1141	국내최초균일가피부관리&다이어트 전문샵	2004	2004
약국	메디온	㈜메디온	02-2244-1003	의약품		2000
	온누리	㈜온누리건강	02-569-5662	의약품		1991
부동산	부동산써브	㈜부동산써브	02-2191-7430	부동산중개		
택배/이사/퀵	KGB	KGB㈜	02-4024-114	포장이사/택배		1996
인쇄/광고	메모짱	비즈엔	02-2266-8060	광고/판촉		
꽃배달/이벤트	굿데이 굿플라워	굿데이굿플라워	02-5678-038	꽃	1997	1997
	예쁘꽃방	예쁘닷컴	02-393-0700	꽃배달 서비스		
PC방/게임방/ 노래방	게토인터넷	게토인터넷	02-846-6157	PC방창업	1999	1999
	사이버PC방	벨류스페이스	1588-4750	PC방 프랜차이즈	2003	2002
	존앤존	퍼스트에이엔티	1588-0672	PC방 프랜차이즈	2003	2002
	블랙큐PC방	제이엠컴퓨터	1588-5963	PC방 프랜차이즈	2003	2003
	아이넷폴리스	아이넷폴리스	1588-8332	PC방 프랜차이즈	2002	2002
	G2 Zone	쿠도인베스트먼트	02-3789-6262	PC방 프랜차이즈	2003	2004
	티엔티존	유즈원	1544-7745	PC방 프랜차이즈	2003	2001

컴퓨터/관련소모품	앤디앰 잉크존	㈜앤디앰	02-466-1010	잉크충전방/잉크리필/재생토너/기타 전산용품	2003	2003
어린이교육/ 인터넷/학원	아이리더스쿨	아이북랜드	02-854-2730	교구(카프라)		2001
	짐보리	한국짐보리㈜짐월드	02-569-0949	음악교육	1992	1992
	Cool School	㈜이엠정보교육원	02-3431-4543	온라인교육/초, 중, 고 일반사이버학습	1999	2000
	코이드넷114	코이드넷114	02-3148-5114	전화영어교육		
패션의류	메이폴	나산	02-3456-9000	캐주얼		1992
	베스띠벨리	신원	02-3274-5000	여성복	1990	
	브랜따노	이랜드	02-323-0456	의류		1983
	비아트	에스콰이어	02-460-9114	여성정장		1992
	언더우드	이랜드	02-323-0456	캐주얼의류	1985	1985
	Hunt	이랜드	02-323-0456	캐주얼의류		1989
아동의류/ 유아용품/ 출산준비물	스몰랜드	스몰랜드	02-939-4793	0-7세까지 아동의류	1992	1993
	아가방	아가방	02-527-8854	유아의류상품	1988	1979
	해피랜드	이에프이	02-3282-5921	유아복	1990	
	e. house/ketchap	이하우스	031-224-9090	0-17세까지의 아동복		2000
팬시/선물/완구 사무용품	오피스넥스	오피스넥스	02-546-4007	전산/사무용품		2000
	드림오피스	드림오피스	02-3288-8989	문구/사무/팬시용품	1993	1998
	드림디포	드림디포	02-523-2275	문구/사무/학용/화방	2001	2001
	모닝글로리	모닝글로리	02-719-0400	문구/팬시/학용	1981	1994
	바른손	바른손	02-596-4411	문구/잡화/카드	1986	1986
	베스트 오피스	베스트오피스	02-511-8000	사무용품	2000	1997
	알파	알파유통	02-718-0096	전산/사무/학용/파일전문	1996	1999
	오피스웨이	오피스웨이	02-771-4082	오피스용품전문		1998
	링코	씨아이제일	02-3452-2393	문구/필기/화방, 제도	2000	2005
구두/안경/보석	미니골드	HON	02-879-0121	14K/18K/24K순금	1996	1996
	쥬얼리아	쥬얼리아	02-3676-4001	반지/귀걸이/팬던트	1989	1989
	휴요쇼지	후요쇼지주식회사	031-384-6552	유리공예	2006	2006
	JULIET	줄리엣골드	02-337-6580	14K/18K/24K순금	1998	1998
	유리알갱이	유리알갱이	02-733-3760	구슬공예	2002	2003
	눈치코치	㈜디엠씨옵티칼	02-2209-7711	내가만드는 안경	2003	2003
책/비디오/dvd	북차일드	북차일드 코리아	02-3141-3595	도서대여/학습지판매	2001	2001
	CGV joyclub	CJ 조이큐브㈜	1544-1411	비디오/DVD/CD/GAME/BOOK	1998	1999
	아이북랜드	아이북랜드	1588-6006	도서방문대여		1999
	영화마을	㈜씨네타운	02-6001-5556	비디오/도서대여	1994	1994
	조이플렉스	영화모음 유통	02-798-9119	dvd제작유통/프랜차이즈		
인테리어/가구	까사미아	까사미아	031-701-7998	가구/침장/소품	1982	1982
	한샘부엌가구	㈜한샘	02-590-3456	부엌가구, 붙박이장, 현관장, 다용도 장, 빌트인기기		

편의점/할인점 /생활용품	다이소	다이소아성산업	031-289-0800	생활용품, 잡화	1997	1997
	채널큐	다삼유통	02-2245-7021	멀티편의점	1999	1998
	미니스톱	대상유통	02-2103-9509	식품, 잡화	1990	1991
	마이슈즈	아이에스프라이트	02-3446-2137	명품브랜드 신발전문점	2005	2006
	바이더웨이	바이더웨이온라인점	02-2671-1188	식품, 잡화	1991	1991
	세븐일레븐	코리아세븐(롯데유통)	1577-0711	식품, 잡화	1989	1989
	씨스페이스	㈜씨스페이스	080-022-0727	식품, 잡화	1989	1990
	키친나라	동양산업체인	02-927-3245	주방생활용품	1989	1981
	훼미리마트	㈜보광훼미리마트	02-528-7000	편의점	1990	1990
	GS25	GS리테일	02-2006-2552	편의점	1990	1990
	GS스퀘어/GS마트	GS리테일	02-2006-2552	편의점		
자동차/용품/ 경정비/세차	스피드메이트	스피드메이트	1600-1600	자동차에 관련된 모든 것	1993	1993
	카맨샵	카맨샵	02-3140-1418	자동차진단정비		2000
	코리언모터스	코리아모터스	02-566-3300	자동차정비	2000	2000
청소대행/세탁업	크린토피아	크린토피아	031-733-1991	의류/운동화/침대세탁	1992	1992
	청소꾼청돌이	청소꾼청돌이	1566-7479	계단청소/입주청소/다세대빌라 등	2001	2003
	토일러	토일러	1544-3314	화장실전문 크린업		2001
	운동화빠는날	좋은세상	032-551-5882	운동화세탁업	2001	2001
	Coin wash 24	Kcla 가나안	02-3676-2525	코인방식셀프세탁/살균/건조	2003	2003
서비스	Twinkle, Callipso, Stackone	벨크리텍	02-2113-0077	PDA, 프린터, 스캐너 등	1990	2001
피자오븐기계제조	퀸오븐	퀸오븐	032-679-2804	가스컨베이어 오븐	1999	

제 2 절 소자본과 가맹점 경영

가맹점 경영의 장점

　　체인본사의 가맹점이 되어 체인점을 경영하게 되면 자영점포를 운영하는 것에 비해 다양한 이점을 얻게 된다. 우선 체인본사가 프랜차이즈 패키지를 개발하여 사업경영의 노하우를 제공하고, 경영지도와 함께 여러 방면에서 지원을 해 주기 때문에 사업 성공확률이 높다는 점을 들 수 있다. 게

다가 가맹점 자신이 단독으로 시작하는 것보다 소액자본으로 사업을 시작할 수 있다는 것 또한 장점 중의 하나라고 볼 수 있다.

예를 들면 개점시 체인본사로부터 설비, 도구, 비품 등을 일괄 구매하기 때문에 비교적 싸게 공급받을 수 있으며, 상품 및 소모품에 대한 개점 초기의 재고 투자비용이 경감된다. 아울러 사업 경험이 없는 가맹점주도 체인본사로부터 교육·훈련의 지원과 지도를 받을 수 있을 뿐만 아니라 본사가 제공하는 우량식품, 점포디자인, 브랜드 등을 이용하여 사업경영을 하기 때문에 개점초기부터 지명도를 갖고 효과적으로 경영할 수 있다.

또한 체인본사가 일괄적으로 광고를 해주므로 판매촉진에 큰 도움을 주는 것은 물론 본사로부터 상품을 집중적으로 대량구매할 수 있기 때문에 상품 및 원재료를 싼 값으로 제공받을 수 있다. 따라서 가맹점 이익이 비교적 높게 창출되고, 좋은 품질의 상품을 지속적으로 공급받게 된다. 뿐만 아니라 소비자 행동과 경영환경 변화에 대한 정보를 체인본사가 사전에 예측하여 가맹점에 제공해 주므로 가맹점은 사업경영에만 전념할 수 있는 것은 물론, 본사가 컴퓨터에 의한 전표처리, 노무관리 등을 측면 지원하여 주기 때문에 보다 손쉬운 사업경영이 가능하다.

그리고 가맹점은 체인본사가 보유한 법률전문가, 점포디자인 전문가, 경영컨설턴트 등을 초빙하여 그들의 자문을 받을 수도 있고, 가맹점주가 질병으로 경영이 어렵거나 사망한 경우에도 사업수행을 할 수 있는 가족이 본사와 계약을 다시 체결하고 영업을 계속할 수가 있다.

출처 : 박주관 창업컨설팅(주) 지음, 체인사업, 당신도 성공할 수 있다, 1999, p282.

2 가맹점 경영의 단점 및 보완책

(1) 사업의 독립성과 독자성을 살릴 수 없다.

프랜차이즈 사업은 본사의 영업정책에 순응하기로 당초 계약을 맺고 사업을 시작하기 때문에 본사가 승인하지 않은 독자적인 사업 아이템이나 서비스 방식을 임의로 도입하는 것은 불가능하다. 또한 본사의 입장에서 볼 때도 성공적인 사업수행을 위해서는 가맹점을 통제하여 전체 가맹점이 하나의 기준에 따라 일사불란하게 움직이게 하는 것이 중요하기 때문이다.

따라서 가맹점은 자신이 속한 지역상권의 민감한 변화에 신속하게 대처하지 못할 수 있고 스스로 보다 좋은 경영방법을 개발하더라도 이용할 수 없으므로 점주 스스로 자구책 강구가 결여될 수 있다. 결국, 가맹점은 상품구입 · 판매방법 등 극히 일부분에 대해서는 지역별 특성을 감안한 사업경영이 가능하도록 계약체결시에 체인본사에 요구하는 것도 바람직하다.

(2) 지속적인 추가지출의 부담이 따른다.

프랜차이즈 가맹점은 초기 계약 당시 약정한 로열티를 정기적으로 지급해야 하는 동시에 광고비나 체인점 개보수 비용 등을 필요에 따라서 부담해야 한다. 그러므로 독립점포에 운영하는 자영업자에 비하여 추가 지출 부담이 높다.

(3) 본사에 비해 상대적인 약자의 위치에 서게 된다.

프랜차이즈 사업은 가맹본사가 주도하는 사업 아이템에 가맹점은 동참하는 형태를 취하기 때문에 상대적인 약자의 위치에 설 수밖에 없다. 그러므로 독자적인 영업 시스템 도입 등에 상대적으로 제한을 받고 본사가 정한 정책이 마음에 내키지 않더라도 순응해야 하는 결과를 가져온다.

또한 본사가 자기 이익만을 고집하거나 쌍방의 이해가 상충될 경우 일방적인 손해를 볼 수도 있다. 그렇기 때문에 각 가맹점은 가맹점 자체 협의회를 운영하여 이런 경우에 대비할 수 있도록 해야 한다. 아울러 다른 가맹점이 사업에 실패한 경우 자신의 점포 이미지와 신용에 영향을 줄 수도 있으므로 이미지 관리를 위해서라도 가맹점 상호간 특히 이웃 가맹점과는 수시로 정보를 교환하고 사업을 독려함으로써 자신의 점포가 간접적인 피해를 보지 않도록 협력해야 한다.

(4) 본사의 약체나 도산은 사업실패의 치명적인 요인이 될 수 있다.

　본사가 약체화 될 경우 상품공급, 경영지도, 판촉지원 등의 지원업무가 원활하지 못하여 영업에 큰 차질을 가져올 수가 있다. 더구나 본사가 경영부실로 인하여 도산되는 경우 가맹점의 입장에서는 치명적일 수가 있다. 이 경우 프랜차이즈 시스템 자체가 그 의미를 상실하게 되어 그 동안 의존하던 상품이나 서비스 공급, 영업 노하우 전수 등이 사라지게 된다. 그리고 본사 가맹보증금의 안정적인 회수가 의문시되고 막대한 비용을 투자한 체인점 고유 상표의 인테리어 비용 등이 손실로 발생하게 된다.

　일반적으로 초보 창업자의 경우 프랜차이즈 창업에 많은 관심을 가지게 된다. 매장 인테리어에서부터 물품공급, 홍보활동까지 본사에서 지원해주는 프랜차이즈는 분명히 매력적인 사업이다. 그러나 프랜차이즈 창업도 쉬운 것만은 아니다. 일부 본사는 부실한 영업력과 과장광고로 창업자를 기만하기도 하고, 가맹점이 너무 많아 경쟁력이 없거나, 계약해지가 어렵거나, 비싼 설비 및 인테리어 비용을 요구하는 경우도 있다. 그러므로 프랜차이즈 창업은 준비단계에서부터 실제 개업하고 있는 가맹점을 직접 찾아가서 사업내용과 문제점들을 치밀하게 파악하고 계약시점에서는 불리한 내용이 없는가 계약서를 꼼꼼히 살펴보는 지혜가 필요하다.

3 가맹점이 본사에 납부하는 비용

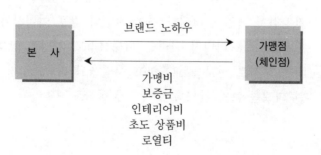

소자본으로 가맹본사의 가맹점이 되어 가맹점을 경영하게 되면 가맹본사의 브랜드 사용권과 노하우를 제공받는 대가로 가맹점은 위와 같은 5가지를 본사에 납부해야 하는 것이 일반적이다. 이를 나누어 설명하면 다음 표와 같다.

<표 14-2> 가맹점이 부담하는 비용

	구 분	반환여부	납부액 규모	비 고
1	가맹비	반환안됨	300만원~500만원	
2	보증금	반환됨	100만원~300만원이 주류	단 거래상품이 고가이거나 규모가 큰 판매업은 금액이 수천만원대가 될 수 있음
3	인테리어비	반환안됨	평당 80만원~150만원까지 다양	
4	초도상품비(초도물품비 : 외식주방설비비가 포함)	반환안됨	수백만원 수준이 주류	단, 귀금속 매장같이 고가가 진열되는 업종은 수천만원 이상일 수 있음
5	로열티	반환안됨	월기준 5만원에서 수십만원 수준이 주류	

1) 가맹비

가맹비는 본사의 노하우를 제공하는 것에 대한 대가이다. 가맹비는 본사에 납부하면 돌려받지 못하는 돈이다. 업종에 따라 다르지만 300만원에서 500만원 수준이 가장 많이 통용된다. 프랜차이즈에 있어서 가맹비는 본사 프랜차이즈 시스템 확장을 위해서 필요한 재정을 확보하는 데 필수적인 비용이 된다. 프랜차이즈 시스템을 구축하는 데 꼭 있어야 하는 비용에 해당된다. 그러나 요즘은 가맹비를 받지 않는 경우도 있다.

가맹비가 없는 경우는 2가지이다.

첫째는 가맹비를 받지 않아도 가맹매장이 늘기만 하면 본사의 유통망이 확대되어 본사의 고정수익에 기여도가 매우 높은 경우이다. 이 경우 가맹업을 활성화하기 위해서 가맹비를 일시적으로 받지 않거나, 가맹사업이 아직 초기라서 초기 가맹 희망자의 사업투자에 따르는 리스크를 줄여주기 위해서 일시적으로 안받는 경우도 있다.

둘째는 지적소유권이나 지적재산권에 대한 가치 인정이 미약한 사회분위기 탓에 가맹 희망자들이 납부한 후 돌려주지 않는 가맹비를 부정적으로 보는 고객심리에 편승하여 가맹비를 받지 않는 경우이다. 이런 경우 결국 가맹비에 해당하는 비용을 초도 상품비나 시설비 혹은 인테리어비에 전가시켜 받기 때문에 명목상 가맹비가 없는 것이지 실제 투자비용이 줄어들거나 본사 개설 이익이 줄어드는 것은 아니다.

오히려 가맹비는 본사의 노하우를 제공하는 것에 대한 대가이므로 이를 정식으로 요구하는 본사가 제대로 된 프랜차이즈 본사일 수 있다. 그만큼 본사의 노하우에 대한 자신감의 피력이며 본사의 노하우 제공에 대한 대가를 떳떳이 요구하는 본사가 오히려 더 건전하고 바람직한 형태로 운영된다고 볼 수 있다.

2) 보증금

가맹점주가 본사에 납부하는 비용 중에 유일하게 돌려받을 수 있는 것이 보증금이다. 보증금은 외식업의 경우 식재를 공급하는 데 따른 외상공급이 발생하므로 이에 대한 보증금을 본사가 미리 받아 두는 것이다. 그러므로 그 보증금 규모는 대략 300~500만원 내외에서 결정되는 것이 보통이다.

판매업의 경우는 매장에서 판매되는 상품의 외상공급에 대비한 보증금의 성격이므로 그 보증금의 규모는 배송되는 상품량과 가격에 따라 그 폭이 크다. 보통 수백만원에서 귀금속 프랜차이즈와 같은 고가의 상품을 취급하는 경우는 수천만원을 훨씬 웃돈다.

서비스업의 경우는 본사로부터 공급받는 물품이 많지 않은 경우가 대부분이므로 보증금의 규모가 200~300만원 이내에서 결정된다.

그렇다면 보증금은 돌려 받을 수 있으므로 안심하고 본사에 맡겨도 좋은가? 그렇지 않다. 현재 프랜차이즈 업체의 많은 수가 영세하고 1~2년 정도 단기간의 사업으로 몰아가서 개설 이익을 내고 빠지는 것을 감안할 때 회사자체가 없어질 경우 보증금을 돌려줄 주체가 없어지는 경우도 생기고 있어 본사와 거래되는 물품이나 배송되는 식재를 가맹점이 외상으로 받게 되는 규모를 감안해서, 적정수준의 금액을 많이 초과하는 보증금을 납입해야 하는 회사는 조심해야 한다.

3) 인테리어비

인테리어비는 프랜차이즈에 가맹할 때 어느 아이템이든 50% 이상을 차지하게 되는 가장 높은 비중의 본사 납입비이다. 인테리어비의 책정은 일반인이 접근해서 분석해낼 만큼 결코 쉬운 것은 아니다.

인테리어는 가끔 많은 비용을 들이고도 세련되지 못한 매장이 나올 때가 있고, 적은 비용으로도 정갈하고 깨끗한 이미지의 매장이 나올 때가 있지만, 대부분은 인테리어 평당가에 비례한다.

4) 초도 상품(물품)비

초도 상품 또는 물품비라고 불린다. 이 비용은 말 그대로 처음 팔리는 상품의 비용이다. 의류매장이 오픈하고 고객을 맞이하기 위해 쇼윈도와 진열대에 놓이게 되는 오픈 초기의 상품들을 말하고, 외식매장이라면, 회사로고가 새겨진 그릇, 접시, 물컵 등과 같이 영업을 하기 위해 초기 인테리어 공사 때는 준비될 수 없는 모든 물품들의 대금을 말한다.

외식업의 경우는 주방설비를 위해 필요한 냉장고, 씽크대 등이 여기에 포함될 수도 있고, 인테리어 비용에 포함시키기도 하고, 주방설비비라고 따로 명시하고 본사에서 받는 경우도 있다. 서비스업의 경우 청소 용역 프랜차이즈라면, 청소도구, 장비, 유니폼 그리고 청소약품 등이 이에 해당된다.

5) 로열티

프랜차이즈 회사가 지속적으로 제공하는 각종 서비스와 혜택에 대해서 지불하는 비용이고, 브랜드 파워를 가진 프랜차이즈의 경우는 브랜드의 사용에 따른 비용이라고 할 수 있다.

월 매출의 일정비율을 적용해 적게는 1%에서 많게는 10%를 넘기는 경우도 있지만, 일반적으로 3~4%가 적용되고 있다. 본사는 이 로열티 수입을 통해서 프랜차이즈 시스템을 운영해 나가는 기본 재원을 마련해야 하는데 우리나라의 상황에서는 이의 적용이 여의치 않아 수많은 파행을 낳고 있다.

판매업 프랜차이즈는 상품을 공급하게 되어 있어 로열티 수급이 안되더라도 공급상품의 물류마진을 통해 큰 어려움을 겪지 않지만, 외식업의 경우나 특히 서비스업의 경우는 그 로열티 수급이 어려운 현실에 있다. 그러다 보니 우리 나라는 월 5~30만원 수준의 정액제로 받거나 기본 월 10만원에 매장 평당 5천원씩 책정해서 받거나 아니면, 놀부와 같이 1년 재계약시에 100만원을 일시불로 받는 경우도 있다.

4

가맹 본사 및 가맹점의 역할과 의무

1) 가맹본부의 역할과 의무(가맹점의 권리)

가맹본부가 가맹점에 대해 져야 하는 주요 의무는 국제 프랜차이즈 연맹의 윤리강령에 잘 명시되어 있다. 이를 근거로 가맹본부가 가맹점에 져야 하는 주요 의무사항을 살펴보면 다음과 같다.

① 가맹본부는 가맹점을 속이거나 착취하기 위한 수단으로 상품 및 서비스를 제공, 판매하거나 판매촉진을 강요해서는 안된다.

② 가맹본부는 소비자에게 오인이나 혼동을 주는 방법을 사용하여 타사의 상표, 회사명, 슬로건 등을 모방해서는 안된다.

③ 가맹본부는 피라미드 판매방식이나 다단계 판매방식을 채택하여 사

업을 할 경우, 잠재적인 가맹점 희망자 등에게 손해를 입히지 않도록 해야 한다.

④ 광고를 할 때는 최종 소비자에게 미치는 영향을 항상 고려하여 실시하고, 모호한 표현을 피래 이해도를 높여야 하며, 정부에서 제정 공포한 법률, 규칙, 규율, 명령, 지시 등을 지켜야 한다. 또한 가맹점의 이익, 실질소득에 관한 데이터 계산방식 등 과학적인 자료를 근거로 하여 광고를 해야 하며, 자료의 대상 지역과 기간까지 정확히 표시하여 가맹점이 착오를 일으키지 않도록 해야 한다. 아울러 광고를 할 때는 가맹점 희망자에게 프랜차이즈 사업에 대한 필요 최소 투자액을 상세히 알려주어야 한다.

⑤ 프랜차이즈 사업에 대한 모든 정보는 정확한 문서로 작성해 계약 희망 의사를 밝혀온 예비 가맹점주에게 제시되어야 한다. 다만, 체인사업상 중요한 기밀사항에 대해서는 체인계약체결이 가결정되는 시점에 공개하겠다는 분명한 의사표시를 하는 것이 좋다.

⑥ 가맹점과 가맹본부의 관계는 계약서에 명시되어야 하며, 이 때 쌍방간의 권리와 의무를 명확히 규정해야 한다.

⑦ 가맹본부는 가맹점을 선정할 때 프랜차이즈 사업을 잘 수행할 수 있는 기초적인 기능, 교육, 인격, 개인적 자질, 자금능력 등을 가맹기준으로 정한다. 그러나 인종, 피부색, 종교, 국적, 성별 등을 가지고 가맹점 가입을 해서는 안된다.

⑧ 가맹본부는 가맹점의 사업경영 능력 향상과 운영기법 개선을 위해 가맹점주 및 사원을 교육시킬 의무가 있다.

⑨ 가맹본부는 소비자의 이익보호와 프랜차이즈 시스템 전체의 동질성을 유지하기 위해 가맹점을 지도해야 한다.

⑩ 가맹본부와 가맹점 상호간의 거래는 공정해야 하며, 가맹본부는 가맹점이 계약위반을 할 경우, 우선 가맹점에게 위반사항을 통지하고, 가맹점이 시정할 수 있는 충분한 시간을 주어야 한다.

⑪ 가맹본부는 가맹점이 친근감을 느끼도록 접근하기 쉽게 해주며, 가맹

점으로부터 사소한 연락이 오더라도 친절하게 응대해 주어야 한다.

⑫ 가맹본부는 가맹점의 불평, 불만, 고충, 처리를 해결하기 위해 노력해야 하며, 커뮤티케이션이 공정하고 합리적이라는 신뢰감을 갖도록 해야 한다.

이상과 같이 프랜차이즈 가맹본부는 충실의무로서 일반적으로 가맹본부가 기업가적 결정을 하는 경우에 가맹자의 이익을 고려하고 가맹자의 이익을 임의로 배제시키지 않는다는 점에 있다. 즉, 가맹본부는 최상의 주의 기준으로 대처하고 가맹자의 최대 이익을 위해 전력을 다하여야 한다는 의무가 있다.

2) 가맹점의 권리와 의무

가맹본부의 의무가 상대적으로 가맹점의 권리이기도 한다. 대다수의 프랜차이즈 계약은 가맹점에게 적극적으로 판매를 수행할 의무를 부담시키고 있다. 즉, 가맹자는 기본적으로 최선을 다하여 가맹점을 운영할 의무가 있다. 가맹자가 회사나 동업조합의 형태를 취할 때에는 관리인을 지명하여야 하며, 개인인 경우에는 자기가 가맹점을 직접 운영하거나 관리인을 임명하여야 한다. 관리하는 자는 최선을 다하여 가맹점을 운영하여야 하고 영업실적에 대하여 책임을 진다.

또한 가맹자는 그가 선임한 관리인을 감시·감독하여야 하며 관리인의 영업실적에 대하여 책임을 져야 한다. 따라서 독립채산제인 가맹점은 판매활동과 관계되는 모든 비용을 스스로 부담해야 한다. 또한 판매촉진 의무는 다음과 같은 의무를 포함하고 있다.

(1) 광고비 분담의무

부분적으로 광고에 대한 원조는 판매촉진 의무에 속한다. 가맹점주는 가맹본부에 의하여 행하여지는 지역적 광고에 대한 비용의 일부를 부담한다. 그리고 가맹점은 지역적 광고에 대한 비용의 일부를 부담한다. 그리고 가맹점은 지역적 광고를 행할 의무를 부담하지만 그 범위와 규모는 가맹본부에 의해 정해지는 경우가 대부분이다.

(2) 가맹본부가 제공하는 운영 매뉴얼(MANUAL) 준수의무

가맹점은 가맹본부측이 제시하는 운영 매뉴얼을 통하여 프랜차이즈 시스템에 가입한 가맹점들이 전국적으로 단일화 기업의 외관과 통일성을 유지하고 양질의 상품이나 서비스의 품질을 유지하게 된다. 구체적인 운영 매뉴얼의 내용은 각 가맹본부에 따라 달라질 수 있으나, 대체로 점포의 입지선정, 점포의 내·외장, 집기, 비품, 간판, 유니폼 등의 통일성, 영업시간, 종업원의 태도, 구매 및 판매의 방법, 로열티의 지급방법, 정기적인 보고서의 작성과 제출, 상품의 품질관리기준의 통일성 등이 포함되어 있다. 가맹점은 가맹본부의 상표에 대한 명성과 영업권을 보호하고 그러한 상표 아래에서의 영업표준의 동일성을 유지하기 위하여 운영 매뉴얼에 일치하도록 행동하여야 한다.

이러한 운영 매뉴얼의 준수의무는 영업표준의 보호의무와 영업비결의 비밀준수 의무와 함께 가맹본부가 프랜차이즈 시스템 전체의 마케팅전략에 따라가야 하는 통제의 내용이 된다. 이러한 통제는 가맹본부와 가맹자 간의 결합을 촉진하여 독점금지법과의 관계와 제3자에 대한 어려운 법적 문제를 제기한다.

(3) 계약상품 매입 및 계약 서비스 공급의 의무

상품 프랜차이즈의 경우, 가맹자는 재고관리에 의하여 즉각적인 공급 준비를 갖추어야 한다. 또한 가맹점은 가맹본부의 상품 혹은 가맹본부에서 제공하는 서비스만을 공급하고 경쟁상태에 있는 생산품의 주문, 제조, 판매를 중지할 의무를 부담한다.

(4) 지시 준수와 통제 용인의 의무

가맹본부는 통일적인 판매정책을 실시하므로 가맹점에 대한 지시권은 필수불가결한 것이다. 그러나 프랜차이즈 약관에서 가맹점이 가맹본부의 지시에 구속된다는 명시적 약관을 포함하고 있는 경우는 드물다.

프랜차이즈 관계에서는 동적인 지속적 결합이 중요한 만큼 지시권은 필수적이고 그 방식은 언제나 고정되어 있는 것이 아니라 계속적으로 변화하는 영업조건에 적응시켜야 한다. 또한 지시권의 범위와 한계는 가맹본부의 의무에서 구하고 있는데, 가맹점의 이익을 침해하는 지시권의 행사를 금하고 있다.

가맹점은 지시에 구속될 뿐만 아니라 통제를 용인할 의무를 부담한다. 가맹자는 가맹본부와 그의 대리인이 통제할 수 있는 방법을 언제나 허락하여야 한다.

(5) 영업비밀 보장의무

가맹점은 가맹본부가 제공하는 상호, 상표 등의 각종 영업표지와 특허권, 저작권들을 보호하여야 하고 노하우나 영업비밀들에 대하여 비밀을 유지하여야 한다. 특히 이러한 영업비밀 보장의무는 다른 의무와는 달리 프랜차이즈 계약이 종료된 후에도 계속적으로 부담하도록 약정하는 경우가 일반적이다. 이와 같은 영업비밀 보장의무는 가맹본부의 의무에서도 파생된다.

(6) 프랜차이즈 사용료 지급의무

가맹점은 본부에 대하여 로열티 등을 지급하여야 한다. 이는 최초의 사업개시에 앞서 지급하는 가맹비(Initial Fee)와 계속적인 로열티로 구성된다. 계약 당초에 지불하는 가맹비는 가맹자가 프랜차이즈 계약 후 즉시 사업개시를 위한 노하우의 대가인 것이다. 이는 비용으로 소멸되어 반환되지 않는 것이다.

가맹본부가 사용을 허가한 영업표준 대가나 계속적으로 제공하는 각종 서비스의 대가로서 가맹자가 지급하는 것이 로열티이다. 개개 일정기간 매출액(순매출액)이나 이익을 기준으로 대금이나 설비 등의 임대료 등에 포함시켜 지급하도록 하는 경우도 있다.

(7) 가맹자의 겸업피지의무

프랜차이즈의 양도, 해지, 갱신 등과 밀접한 관련을 가지는 조항이 가맹자의 겸업피지의무에 관한 조항이다. 이는 통상 겸업금지특약에 나타나 있는데, 계약종료사유가 무엇이건 간에 가맹자는 금지된 지역내에서는 일정기간 동안 경쟁적 영업에 종사할 수 없다는 내용으로 되어 있다.

대개의 경우, 가맹점은 특약조항에 의하여 영업비밀이나 특별한 공식, 기타 가맹본부의 상호나 상표에 관련된 독자성을 나타내는 징표의 도용이 금지된다. 그리고 때로는 가맹본부나 다른 가맹점 종업원을 채용하거나 그의 정보를 공개하거나 기타 가맹본부에게 불리한 행동을 할 수 없도록 정하기도 한다.

이러한 특약조항은 우선 계약종료 원인이나 귀책 당사자가 누구냐에 관계없이 적용된다는 점과 그에 따라 아무런 과실이 없는 가맹자에게 불리한 결과를 초래할 수 있다는 점을 주목해야 한다.

(8) 기타

가맹점이 부담하는 의무 중 거의 모든 프랜차이즈 계약에 공통적이라고 할 수 있는 것은 가맹점이 자기자신을 가맹본부의 지점이나 대리인 또는 고용인인 것처럼 표시하거나 행동하여서는 안된다는 점이다. 이는 프랜차이즈 계약의 기본구조와 특성에서 비롯되는 것으로서 가맹점이 독립성을 가지지 않으면, 이미 그 관계는 프랜차이즈 계약관계로서의 법적 성질을 상실하기 때문이다. 이는 다른 한편으로는 가맹점의 제3자에 대한 불법행위나 채무불이행에 대하여 가맹본부가 책임을 지게 될 가능성을 봉쇄하기 위한 조항으로서 프랜차이즈 제공자 측에는 매우 중대한 의미가 있는 조항이다.

그밖에 가맹점은 앞서 본 바와 같이 자기가 취득한 프랜차이즈 운영권을 가맹본부의 사전동의 없이 타인에게 양도하여서는 아니 될 의무를 부담한다. 대체로 거래의 실무에서는 당사자의 일방이 사망 등의 사유로 영업을 계속할 수 없는 때에는 그 상속권자의 권리를 최대한 보호하도록 배려하고 있고 가맹점이 부득이한 사유로 제3자에게 프랜차이즈 운영권을 매도하고자 할 경우에는 가맹본부가 이를 우선적으로 매수할 수 있는 선매권을 보유하도록 정함으로써 양당사자의 이익을 조화시키고 있다.

프랜차이즈 계약은 해제나 해지, 기간의 만료 기타 사망이나 회사의 해산등의 사유에 의하여 종료된다. 이러한 여러 가지 종료사유 중에서도 프랜차이즈 계약은 계속적 계약이기 때문에 당사자의 해지가 그 주류를 이룬다. 즉, 가맹본부나 가맹점은 상대방이 프랜차이즈 계약을 위반하는 경우에는 각각 계약을 해지할 수 있다. 특히 가맹본부가 가맹자에 비하여 사실상 우월적 지위에 있기 때문에 가맹본부에 의한 해지가 많다.

그러나 통상적으로 볼 때 가맹점은 가맹본부의 영업권을 이용하여 영업을 행하기 위하여 막대한 자본을 투자하는 데 반하여, 프랜차이즈 계약이 만료된 경우에는 시장에서 고객을 유인하는 원동력과 가맹본부의 영업권을 사용할 수 있게 된다. 그러므로 가맹점의 투하자본의 경제적 가치를 크게 감소시킬 위험성이 있다. 따라서 프랜차이즈 계약의 종료에 있어서는 가맹본부의 영업권 유지이익과 가맹점의 투하자본회수이익의 조정이 중요하다.

즉, 가맹본부가 약정해지사유의 발생을 이유로 해지권을 무제한적으로 행사하는 것을 금지하는 입법적 제도 조치가 필요하다. 그리고 해지권 행사를 제한하는 취지는 프랜차이즈 계약기간의 만료시 특단의 사정이 없음에도 불구하고 그 계약의 계속이나 갱신을 거절하는 경우에도 그대로 반영되어야 할 것이다.

가맹점은 프랜차이즈 계약이 해지되면 즉각 가맹본부의 영업표지의 사용이나 기타 영업운영과 관련된 양식이나 교범, 선전문구, 간판 기타의 표지물의 사용을 중단하여야 한다.

5 가맹점의 피해유형

최근 부실 체인본부에게 피해를 입은 예비 창업자들의 사례가 급증하고 있다. 명예퇴직자 및 실직자들의 퇴직금은 물론 주부들의 주머니돈까지 노리는 악덕 체인본부들도 있다. 다음은 발생하고 있는 가맹점의 피해유형이므로 가맹점 계약시 참고하여야 한다.

1) 체인본사의 사기

체인점 피해의 대표적인 유형이며 그 피해액의 규모 또한 막대하다. 처음부터 체인본사가 체인점들이 내는 가맹계약금 등을 노리고 일단 돈을 받은 후에 개점조차 하지 않은 채 도망치는 경우와 물품보증금과 과다 인테리어비까지 받아 송두리째 빼앗은 후에 도망치는 경우도 있다.

1997~1998년에 절정에 이른 후 최근에는 드물기는 하지만 아직도 그러한 사기범들이 기회를 엿보고 있다. 이러한 사기업체는 대부분 사무실의 규모가 상상 이상으로 크고 화려한 것이 특징이다.

2) 본부의 도산

본부가 도산이나 경영부진으로 인해 문을 닫는 경우이다. 이때 체인점은 물건을 공급받을 수 없는 것은 물론, 본부에서 지원을 받아야 할 여러 가지 혜택을 아예 받지 못하게 된다.

3) 본부의 총체적 부실

본부의 자본력이 취약하거나 전문성이 없는 비전문가들로만 구성되어 있어 체인 점주에게 주는 것 없이 받아가기만 하는 기형적인 형태이다.

4) 상권분석 실패

체인점 사업이란 거의 점포형이므로 상권분석은 필수적이다. 그럼에도

불구하고 상권분석 자체를 등한시하거나 상권분석 능력 자체가 턱없이 부
족한 체인본사가 부지기수이다. 그 결과는 불을 보듯 뻔하다.

5) 점포구입시 권리금 장난

체인점을 하더라도 점포구입만은 본인이 직접 해야 한다. 대다수 체인본
사에는 관리직원보다 영업직언이 더 많다. 여기서 영업직원의 하는 일이
문제이다. 대부분 체인점의 수를 늘리는 데에 매달리고 있는 실정이다. 그
리고 더 큰 문제는 정액 월급제 직원이 아니라는 것이다. 일종의 능력제이
다. 그만큼 체인점을 늘리는 것이 해당 직원들의 수입을 늘리는 길이 된다.

그 한 형태가 권리금을 가지고 장난을 치는 것이다. 점포매도자에게 권
리금을 일정 부분 주고 영업직원도 일부분을 챙기는 것이다. 결국 챙긴 만
큼의 권리금을 체인가맹자가 부담하게 되어 피해를 입는다.

6) 가계약시에 낸 가맹비의 착복

시간이 필요하거나 확실히 결정하기 어려울 때 또는 점포를 얻은 후에
계약하기 위해서 곧바로 본 계약을 하지 않고 가계약을 하는 경우, 가맹비
를 미리 요구하고 본 계약을 하지 않을 경우, 지급한 가맹비를 돌려주지
않는 경우도 있다.

7) 과다 인테리어비 및 집기　비품비

인테리어 시공상의 하자, 보수피해, 시공평수 속이기. 저급자재 시공 등
으로 인한 피해와 지나친 인테리어 비용 요구로 인한 피해가 극심하다. 인
테리어는 브랜드의 동일 이미지를 유지할 수 있는 최소한의 범위내에서만
본사의 규정에 따르도록 되어 있다. 그렇지만 대다수 본사가 인테리어 마
진에 눈이 어두워 자신들의 규제에 따르도록 하여 폭리를 취하고 있다. 이
인테리어 비용 때문에 파생되는 문제가 한두 가지가 아니다. 가장 대표적
인 것이 점포 크기이다. 무조건 점포를 크게 하려는 업체가 많다는 것은

생각해볼 여지가 많다.

8) 설비부실과 과다 마진

필수적 설비 외에 점주가 전문성을 갖추지 못했음을 약점으로 잡아 저질물건이나 중고물건을 설치해 주는 경우

9) 하자 있는 제품과 반품거부

체인점의 경우 본사가 처음 개점 때 물건을 채워주는데, 부실물건이나 잘 팔리지 않는 물건들을 잔뜩 떠안겨 점주가 불이익을 당하는 경우가 많다. 또한 애초에 결함이 있는 제품의 경우에도 반품을 거부하거나 물건을 납품할 때 이미 검품했다는 이유로 체인점에 책임을 떠넘기고, 차일피일 미루면서 늑장 처리하는 경우도 많다.

10) 독점영업권 비보장

인접지역에 같은 브랜드의 체인점이 생기거나 독점 영업구역이 너무 좁다는 것은 자주 발생하는 문제이다. 개점 후 아직 자리도 제대로 못 잡았는데 본사에서 상권이 다르다는 명분을 내세우며 가까운 지역에 같은 체인점을 내준다면 그 피해는 말할 수 없이 크다.

항상 일어날 수 있는 사항이므로 계약 때부터 정확히 구역을 설정해야 한다. 가능하면 지도를 놓고 선을 그어서라도 지역권을 확보해 두는 것이 좋다.

11) 너무 높게 제시하는 예상 수익액

체인본사의 경우 체인점의 수를 늘리는 것에 등한시할 수 없다. 체인점의 수가 곧 체인본사의 생명선이나 다름없기 때문이다. 그러다 보니 과대포장된 광고나 유혹의 헛된 말이 판을 친다.

'얼마를 투자하면 얼마를 벌 수 있다'는 거의 사기에 가까운 문구를 많

이 보았을 것이다. 적게 투자하여 많이 벌 수 있는 경우는 거의 없다. 그런 말에 현혹되지 말아야 한다. 외국에서는 본사가 예비 체인범주에게 정확한 예상수익을 제시하도록 되어 있다. 그렇지만 국내에서는 그러한 규정이 미비한 상태이므로 개개인이 스스로 조심해야 한다.

12) 관리지원 불이행

본사는 반드시 체인점을 지원해 주어야 한다. 그러나 처음 약속한 대로 전문화된 지원팀을 통해 체인점의 경영을 지원해주기는커녕, 그저 영업사원들을 대충 활용하려는 본사가 많다. 그러므로 계약할 때부터 이러한 관리조직이 있는지를 반드시 확인하고, 있다면 그 담당자와 돈독한 관계를 맺어 수시로 도움과 지원을 받을 수 있도록 대비하는 것이 좋다.

13) 가맹해약시 보증금의 착복

본사로부터 일반적으로 계약해지를 당하거나 중도해약을 당할 경우 빠른 시간 내에 예치해놓은 보증금에서 그 동안의 외상액을 뺀 나머지를 돌려받게 되어 있다. 그러나 이 보증금을 운전자금이나 본사의 관리비용으로 충당하느라고 금고가 텅텅 비어 있는 본사가 많아 정산대금 역시 제대로 내주지 못하는 경우가 자주 발생한다.

14) 인력지원 불이행 및 비전문가 파견

15) 일방적인 해지조항

16) 융통성 없는 결제기한

17) 부실한 교육과 신상품 개발의 미비

18) 홍보 및 판촉활동의 미비 등이다

핵 심 정 리 문 제

1 프랜차이즈, 프랜차이저, 프랜차이지의 의의를 기술하시오.

2 프랜차이즈 시스템의 특징을 요약하시오.

3 프랜차이즈 시스템은 어떻게 분류되고 있는가?

4 가맹점 경영의 장점을 기술하시오.

5 가맹점 경영의 단점 및 보완점을 기술하시오.

6 가맹점의 의무를 기술하시오.

7 가맹점의 피해유형을 나열하고 요약하시오.

제15장 가맹점 창업절차 및 유의사항

제1절 가맹점 창업시 일반적 절차

프랜차이즈 시스템에 의한 가맹점 창업을 결심한 예비창업자라면 가맹점 창업에 대한 정보수집이 선행되어야 한다. 요즘 유행하고 있는 아이템과 브랜드가 무엇인지, 향후 어떤 아이템이 유망할지는 물론 건실한 체인본사 인지에 대한 정보수집이 중요하다.

가맹점 창업에 관한 일반적인 절차 및 중요 내용은 다음과 같다.

1 가맹점 창업의 절차

(1) 아이템 · 브랜드 · 체인본사의 탐색

적합한 아이템과 브랜드, 특히 건실한 체인본사를 선택하기 위한 정보수집의 경로는 여러 방법이 있으나 하나의 방법만 선택하지 말고 여러 경로를 통해 확인해야 한다.

· 광고 및 선전을 통해서 수집하는 방법
· DM방송을 통해서 얻는 방법

- 사업설명회를 통해서 수집하는 방법
- 거래처를 통해서 소개받는 방법
- 타기존 가맹점으로부터 소개받는 방법
- 학연·지연·혈연을 통해서 소개받는 방법
- 창업박람회를 통해 수집하는 방법

(2) 가맹상담

체인본사의 체인시스템에 관한 내용과 가맹절차에 대하여 상담한다. 이때 체인본사 직원의 출장상담도 가능하거나 가급적 본사를 직접 방문하여 회사의 분위기나 경영규모도 파악하고 서면자료를 검토하면서 상담하는 것이 유리하다.

(3) 시범점포의 방문

실제 경영하고 있는 점포를 직접 방문하여 현장체험을 통해 영업실태를 파악하고 본인의 사업수행 가능성도 점검해 본다.

(4) 면담

가맹희망자가 가맹약정 의사를 밝히면 체인본사는 소정의 체크항목으로 면담을 실시하여 경영능력 등을 분석한다. 이때 주요 관찰항목은 인품, 건강, 연령, 가정상황, 자산규모 등이다.

(5) 점포입지 선정

가맹희망자의 투자능력, 기대소득, 희망지역 등에 따라 본사는 적합한 점포를 직접 추천하거나 가맹희망자가 지정한 점포가 있는 경우에는 가맹점 경영에 적합한지를 평가하게 된다.

(6) 가맹 가계약 체결

면담결과 가맹희망자가 가맹점 경영에 결함이 없고, 점포후보지에 대한 양자 합의가 이루어지면서 1차로 가계약을 체결한다. 가계약이 체결되면 체인본사는 가맹희망자와 협의하여 개점일정, 자금계획 등 사업의 전반적인 계획을 수립한다. 그리고 필요시 사업계획서를 작성한다.

(7) 사업계획서 작성 및 가맹계약의 결정

가맹희망자의 종합적인 사업계획을 검토하고 가맹계약 여부를 최종 결정한다. 이때 최종적인 의사결정은 가맹희망자가 판단·결정한다.

(8) 가맹 본계약 체결

가맹희망자는 자신의 판단으로 최종의사를 결정하여 가맹계약을 한다. 그리고 본계약이 체결되면 바로 개점준비로 들어간다. 본계약시 유의할 사항은 계약내용을 다시 한번 확인하고 의문사항이나 불리한 조건이 있을 경우 협의한다.

(9) 점포 내·외장 공사

가맹계약자는 체인본부가 제시하는 점포 Lay Out을 바탕으로 점포 건물과 설비의 내·외장 공사를 실시한다. 이 경우 체인본사에 위탁·대행시키거나 직접 시공을 하게 되는데, 직접 시공시에는 공사업체를 소개받을 수도 있다.

(10) 교육훈련 실시

가맹계약자는 점포운영에 필요한 사항들은 체인본사로부터 10~15일 정도 교육을 받게 된다. 이때 체인본부가 보유하고 있는 경영 노하우도 전수받게 된다.

(11) 개점협의

체인본사는 가맹계약자와 개업에 수반되는 제반사항과 절차를 협의하고 개업절차를 점검한다.

(12) 종업원 모집과 훈련

가맹계약자는 체인본사의 지원하에 종업원 모집 및 교육을 실시한다. 교육 내용은 POS조작법, 상품관리, 접객요령, 점포청결작업 등이 포함된다.

(13) 영업설비의 반입 및 설치

체인본사는 개점 전일까지 상품의 반입과 진열을 실시하고 필요한 설비, 소모품, 서식, 잔돈준비 등을 완료한다.

(14) 개업과 영업개시

체인본사의 지원하게 개업행사나 개업판촉·홍보를 실시한다. 보통 개업 초기에는 본사에서 일정기간 동안 지도사원을 파견하여 가맹점의 경영을 지도한다. 그리고 개점 후에도 체인본사는 가맹점에 대하여 정기적인 영업 지도 및 상품의 개발과 안전공급, 광고, 경영분석과 재고조사 등을 지원하게 된다.

제2절 브랜드 및 가맹 본사의 인지경로

체인점을 창업하는 데 있어 대부분의 체인 가맹 과정이 어려울 것이 없는 쉽고 유사한 방식으로 이루어져 있지만, 현재 한국 프랜차이즈는 건강한 상태라고 보기 어려우므로 대다수 회사의 가맹영업방식에 대해서는 긴장하여 살펴볼 필요가 있다. 다음은 일반적으로 이루어지는 브랜드 및 본사와의 인지과정과 유의사항들을 짚어 보기로 한다.

1 인지경로

(1) 신문광고

신문광고를 통해서 가맹점을 모집하는 경우는 현재 많은 회사들이 채택하고 있는 방식이지만, 가맹 희망자 입장에서는 과히 좋은 접근방법이 못된다. 신문광고에 전국지사 및 가맹점 모집이라고 광고하는 회사를 가급적 피할 것을 권하고 싶다. 특히 1호점을 오픈한 지 몇 달이 안된 본사가 전국 가맹지사부터 모집하는 회사는 프랜차이즈 시스템을 부실로 이끌 가능성이 매우 높기 때문이다.

(2) 라디오 CM

체인점을 모집하고자 하는 지역 위주로 예산에 맞추어 집중적 혹은 장기적인 방송·라디오 광고는 체인점 모집광고보다는 이미지와 브랜드 광고에 집중하는 것이 공신력을 살리는 데 도움이 된다는 계획하에 시행되고 있다. 획기적인 헤드라인과 로고송을 제작하여 구전되는 효과를 기대하는 것이 비용대비 효과의 극대화를 이루는 길이라는 계획하에 시행되고 있다.

(3) TV CF

체인본사의 개점지역이 결정되고 체인규모가 확대되면 고객 흡수전략의 방안으로 집행하고 있다. 프랜차이즈 본사의 기본적 역할인 광고 시행으로 사업내용 홍보와 브랜드 알리기에 컨셉을 맞추고 있다.

점포 입점지역과 목표고객층이 몰린 지역방송을 선정하여(케이블방송 포함) 비용절감과 노출빈도 수를 조절하고 있다. 단기적 붐은 일일 노출횟수를 높여 집중하고, 장기적인 홍보전략은 특정 목표시간대를 선택하여 방송되고 있다.

체인본사가 전국 TV를 통해서 가맹점 모집 영업을 하는 경우도 결코 바람직하지 못하다. TV광고와 같은 고비용의 광고를 통해서 비용을 과다지출 하면서까지 가맹점을 모집하는 것은 프랜차이즈 매장 전개 절차에 있어서 건전한 프랜차이즈 시스템 구축이 어렵다. 우수한 프랜차이즈 브랜드는 광고하지 않아도 구전과 가맹점 점주의 소개를 통해서 자연스럽게 가맹점 희망자들의 문의가 이어지게 되는 시스템인데, 이를 많은 비용을 들여서 TV광고를 통해 인위적으로 시작하는 회사는 바람직하다고 보기 어렵다.

(4) 잡지

프랜차이즈 관련 잡지를 통하여 창업목적을 띠고 구입하는 대중을 목표로 체인사업화 계획을 알리는 데 주력하고 있다. 이와 동시에 업체 탐방기사 요구를 시도하여 지명도를 높이는 방안도 시도되고 있다. 또한 계간 및 연간책자(성공사업, 성공부업, 체인브랜드 가이드북 등)에 체인 모집 내역이 공고된다.

이것은 저렴한 광고료(면당 50만원선)와 시중에서 장기적으로 판매되는 장점이 있지만 게재내용이 규격화되어 있어 자세한 내용의 파악이 어렵다는 단점이 있다.

(5) DM 발송

가맹이 예상되는 집단의 자료를 확보해서 DM을 발송하는 방식인데 이 경우의 효과는 매우 미진하다. DM이 폭증하고 있고 브랜드 자체가 생소한 경우 DM을 받게 되는 예비 가맹점주들은 불신의 눈으로 보기 때문에 2차 연결이 매우 어렵다. 특히 가맹영업은 다른 상품의 영업과 같이 영업단위가 수십만원, 수백만원 수준이 아니라 최소 수천만원대에서 수억원대의 투자를 요한다는 점과 예비가맹점주들 재산을 기준으로 볼 때 거의 전재산에 해당하는 큰 자본투자인 경우가 많아 알지 못하는 회사로부터의 DM을 통한 가맹사업 안내는 매우 냉소적으로 대하게 되어 있어 좋은 방법이 못된다.

프랜차이즈 회사의 대부분은 사업초기에 신뢰성을 확보하기가 매우 어렵기 때문에 DM을 통한 가맹영업은 거의 실패로 돌아간다는 사실을 예비 가맹점주들이 인지해야 한다.

(6) 창업 강좌를 통한 정보수집

IMF가 시작된 후에는 한때 폭발적인 증가 속에 있었던 창업강좌를 통해서 브랜드를 알리는 방법이다. 지금은 IMF에서 상당히 벗어나 있고 또 창업강좌에 대한 수요가 많이 줄고 있어 효과적인 가맹영업에서는 많이 벗어나고 있는 추세이다.

(7) 사업설명회

호텔이나 강당에 수백석 규모의 장소를 빌려서 사업설명회를 계획하는 프랜차이즈 회사가 있는데, 이런 경우 가맹희망자의 입장에서는 좋은 본사를 만날 가능성이 거의 없다고 보아야 한다. 프랜차이즈에서는 한 번에 수십 수백명의 가맹자를 동시에 계약해서 매장을 전개할 만큼 대대적인 가맹영업을 수행할 수 있는 경우는 거의 없기 때문이다. 이 경우 사업설명회를 찾아온 사람들에게 신뢰감을 좀더 주기 위해 연예인을 동원하는 경우가 있는데, 특히 그 연예인이 나와서 자기도 이 사업에 동참하고 있으므로 여러분도 믿고 이 사업을 시작해 보라고 적극 권유할 때 조심해야 한다. 프랜차이즈는 사업이기 때문에 사업성에 대한 객관적 접근과 사업의 객관적 분석을 필요로 하는 사업설명회에서 연예인이나 유명인을 동원하는 방법은 바람직하지 못하므로 피하는 것이 좋다.

(8) 구전과 소개를 통한 정보수집

사람들의 입을 통해서 브랜드가 우수하다. 매장영업이 잘 된다 등등의 소문이 나서 시작해 브랜드 및 체인본사를 인지하는 것이다. 가장 신뢰할 수 있는 정보수집 경로는 가맹점주들의 입소문이다. 결국 기존 가맹점주들이 만족하면 가맹점 창업의 성공은 100% 가까운 보장을 받은 것이나 다름 없다.

(9) 인터넷을 통한 정보수집

최근에는 인터넷을 통하여 예비창업자들이 필요로 하는 창업관련 자료들이 다양하고 상세히 제공되므로 이를 활용하는 것도 바람직하다.

제 3 절 가맹본사 선택요령

1 가맹점주 자신에 관한 사항파악

지금까지 한번도 경험해 본 적이 없는 프랜차이즈 시스템의 가맹점주가
되어 체인사업을 경영하기 위해서는 자신이 체인사업 경영에 적합한지 스
스로 적성을 신중하게 체크해 볼 필요가 있다.

가맹점주 자신이 체인사업에 적합한지를 점검하기 위해서는 우선, 본인
의 성격이 체인사업 경영에 맞는지를 생각해 볼 필요가 있다. 본인을 관리
할 능력과 사업에 도움이 되는 과거 경험이나 교육수준을 갖추어져 있으
며 또한, 가맹점 경영자로서 종업원을 다스릴 능력이 있는지, 체인본사의
경영방침에 따라 통일적이고 표준화된 운영방법을 적용할 수 있는 마음가
짐과 유연한 대응력이 있는지도 생각해 보아야 한다.

뿐만 아니라 프랜차이즈 시스템의 장점과 단점을 잘 이해하고 있는지,
사업전 개시 소요자금이 원활히 조달되며, 조달 가능액은 얼마인지도 생각
해 보아야 한다. 그리고 사업설명회의 설명만으로 가맹점 가입을 결정하려
고 하지 않는지, 집안의 모든 식구들이 환영하며 상호협력하여 일해 나갈
수 있는지 등도 부수적으로 염두에 두어야 한다.

2 가맹본사의 업종 및 취급상품에 관한 사항

자영점포든 체인사업이든 간에 아이템은 매우 중요하다. 체인본사의 사
업아이템이 적합한지 아닌지를 살펴보기 위해서는 먼저, 가맹점주 자신이
관심있는 업종과 업태를 선택하여 그와 관련된 정보를 사전에 조사해 보
아야 한다.

또한 가맹점에서 취급한 상품이나 서비스에 대한 기본사항을 점검해 보

아야 하는데, 이때 기본 점검사항 및 그 요령은 다음과 같다.

① 취급할 상품의 범위와 종류는 어떠한가?

② 체인본사의 아이템이 열과 성을 바쳐서 사업할 가치가 있는 상품·서비스인가?

③ 타사의 상품이나 서비스에 비해 경쟁력은 높다고 판단되는가?

④ 상품과 서비스의 품질은 믿을 만한가?

⑤ 기존 시장에서 이미 판매되고 있는 상품은 아닌가?

⑥ 소비자로부터의 인기는 어떠한가?

⑦ 상품등록은 되어 있는가?

⑧ 상품의 수명은 어느 정도인가?

⑨ 전국적으로 광고가 잘 되어 있는 상품인가?

⑩ 취급할 상품이 계절과 기후에 따라 어떤 영향을 받는가?

⑪ 체인본사로부터 제공된 상품구매 가격이 매입면에서 어느 정도 이익이 되는가?

⑫ 정부의 소비자 보호정책에 따라 보상받을 수 있는 상품인가?

⑬ 상품가격과 품질은 양호한가?

3 가맹본사 자체에 관한 사항

가맹점 희망자는 체인본사를 선택할 경우 다양한 방법으로 체인본사에 대해 알아보아야 한다. 체인사업은 본사가 절반은 담당하는 것으로 체인본사의 신용과 경쟁력이 가맹점 경영에 직·간접적으로 영향을 미친다. 따라서 신용있고 경쟁력 있는 체인본사 선택이야말로 가맹점 성공의 기본요건이라고 할 수 있다.

체인본사에 대한 체크사항은 다음과 같다.

(1) 체인본사의 연혁

체인본사의 사업은 언제 시작됐으며, 몇 년이나 되는가?

(2) 체인본사의 재정상태 확인

체인본사의 재정상태를 알아보기란 매우 힘든 일이다. 많은 체인본사들이 체계적으로 회계정리를 해놓지 않는 실정이며 또 공개하기를 꺼린다. 당연히 가맹사업자는 가맹희망자가 서면으로 요청할 경우에 본사의 최근 재무사항 및 주요 임원들의 경력 등을 서면으로 요청할 경우에 본사의 최근 재무사항 및 주요 임원들의 경력 등을 서면으로 답하도록 '가맹사업자의 불공정거래행위에 대한 기준'에 명시되어 있는데도 불구하고 꺼린다면 그 체인본사는 일단 의심해야 한다.

하지만 일부 음식 체인점의 경우에는 노하우가 있어도 자본력이 없는 경우가 있다. 이러한 경우에는 재정상태도 중요하지만 장래성을 보고 판단해도 무방하다. 노하우를 전수받게 되면 체인본사 의존도가 낮아지기 때문이다.

- 체인본사의 대차대조표는 양호한가? 같은 업종의 경쟁사와 비교하여 건실한가?
- 체인본사의 명성, 자금력의 수준은 어떠한가?

(3) 체인본사의 경영진의 경력확인

사업자등록증상의 대표와 실제대표가 일치해야 함은 기본이다. 특히 대표자의 거주자, 주민등록번호 등 대표자에 대한 정보를 공개하거나 대표자가 관련 분야에서 오랫동안 종사했다면 안심해도 좋다. 그렇다고 프랜차이즈 브랜드 개발만 전문으로 하는 것을 의미하는 것은 아니다. 프랜차이즈 사업을 이것저것 벌려놓은 사람은 위험하다는 뜻이다.

- 체인본사의 주요 간부와 경영진은 어떤 경력의 소유자들인가?
- 대표자가 전과자이거나 사기경력이 있지는 않은가?

(4) 직영점 유무확인

체인본사가 가맹점을 모집하기에 앞서 시범적으로 직영점포를 운영하여 사업성에 대한 검증을 받은 경우라면 믿어도 괜찮다. 하지만 직영점이 없다면 사업성을 검증해보지도 않은 채 유명 아이템을 본떠서 체인사업을 벌였거나 사전준비 없이 가맹점 모집부터 시작한 경우에 속하므로 신중해야 한다.

체인본사는 체인점을 운영하는 데 있어 자신감이 있어야 하고 지도도 정확히 해주어야 한다. 그렇지 않고 점포에서 직접 그 사업을 운영해보지 않은 채 책상에서 머리를 맞대고 앉아 탁상공론식으로 내린 결론을 가지고 가맹점들을 지도한다면 현장감이 없거나 공허한 내용이 될 것이다.

(5) 가맹점 수량의 확인

최소한 10개 이상의 가맹점이 운영되고 있고 그 가운데 절반 이상이 안정적인 소득을 얻고 있는 경우에는 안심해도 된다. 이때에는 체인본사도 그에 적절한 시스템을 체계적으로 완비할 가능성이 크다.

또한 점포가 많아야 본사에 공동구매력이 생겨 원가도 줄이고 박리다매를 하여 체인점을 통해 도매마진을 챙길 수 있다. 즉 본사의 운영비용이 충당되는 것이다. 그래야 체인점에 적절한 지원이 가능하다.

· 체인사업 가맹점은 현재 몇 개인가? 지역별로 어떻게 분배되어 있는가? 지난해 추가된 가맹점은 몇 개인가? 금년에 추가 예정인 가맹점은 몇 개인가?

(6) 직원수와 직무배치 및 전문능력 확인

체인본사 직원은 몇 명이고, 주로 어떤 직종에 치중되어 있는가? 각 분야별 전문인은 확보되어 있는가?

(7) 체인본사의 인지도 · 매출액 · 경영투명성 확인

· 체인본사에 대한 소비자 인지도는 어느 정도인가?
· 최근 3년 동안 체인사업부문의 총 매출액은 얼마인가? 또 내년도 예상매출은 얼마인가?
· 본사의 경영내용은 공개되어 있는가?

(8) 체인점 지원

체인점 지원을 위한 관리조직이 잘 가동되고 있는지, 정기적인 교육과 관촉활동이 활발히 이루어지는지를 살펴보자. 거의 대부분의 체인본사가 체인점 개설에만 치중하여 영업조직에 의존하는 것이 오늘의 현실이다. 체인점의 입장에서 보면 본사가 신규 체인점을 개설하는 데에만 눈이 어두워 본인들의 불편사항을 해결해주지 못한다면 막대한 지장을 받는다.

(9) 독점영업권 확인

본사가 정확히 그 구역의 상권을 분석해주고, 영업구역을 설정해주는지 확인해야 한다. 그래야만 영업이익이 보장되는데, 체인본사들은 체인점 개설에만 눈독을 들인 나머지 인접지역에 체인점을 개설하는 경우가 많다.

- 체인본사에서 지역별·가맹점별 판매지역이 명확하게 구분되어 있는가?
- 판매지역이 영업하는 데 충분히 넓은 장소인가?

(10) 가맹점의 실태확인

- 각 체인사업 가맹점의 평균매출액과 평균순이익은 얼마인가?
- 최근 3년 동안 실패한 가맹점은 몇 개나 되는가? 실패한 주요원인은 무엇인가?
- 최근 3년 동안 제삼자에게 소유권을 넘긴 가맹점은 몇 개인가? 소유권을 이전하게 된 주요원인은 무엇인가?
- 가맹점 모집 법규를 준수하는가?

(11) 경쟁업체 확인

경쟁업체가 있다면 체인본사의 전략은 어떠한가?

(12) 체인본사의 주수입원 확인

- 본부의 주요 수입원이 무엇인가?
- 본부의 주수입은 가맹비와 로열티이다. 그런데 체인본부가 인테리어나

설비, 초도상품, 공급상품의 도매마진에만 급급하지 않은가?

(13) 체인본사의 장단기 발전계획 확인

- 체인본사가 제시하는 단기 및 장기목표는 있는가? 있다면 무엇인가?
- 장래의 발전계획은 세워져 있으며, 어느 부분에 치중하고 있는가?
- 브랜드인지도를 높이기 위해 디자인, 광고에 확실히 투자하고 있는가?
- 연구·개발비는 매년 얼마나 지출되며, 매출액의 몇%나 지출되는가?

(14) 체인본사가 법적분쟁 유무 확인

- 가맹점으로부터 소송을 당한 적이 있는가? 있다면 소송내용을 어떤 것이며 어떻게 처리되었는가?
- 체인본사가 현재 만나사 형사소송에 관련되어 있지는 않은가?

4   **가맹점주들의 실제경험담**(가맹점 방문 현장조사)

체인본사의 영업사원들이 하는 말만 믿다가는 큰코 다치기 십상이다. 본사의 설명과 가맹점의 영업현황이 다를 수 있다. 그러므로 본사에서 추천하는 곳이 아닌 전혀 다른 곳에 있는 가맹점을 찾아가 영업현황을 조사해 보면 매우 도움이 될 것이다. 왜냐하면 이미 문을 열고 장사를 학 있는 체인점만큼 정보를 정확하게 제공해줄 만한 곳도 없을 것이다. 얼마 전까지는 예비계약자로서 같은 입장이었을 테고, 또 앞으로도 같은 입장에서 같은 회사의 체인점을 꾸려 나가게 될 것이므로 공손히 자신의 입장을 충분히 설명한 다음 "선배로서 이 체인본부가 어떤 역할을 해주는지와 조언을 말을 해줄 수 있겠느냐?"고 간청한다면 상대방도 충분한 시간 동안 배려의 말을 해줄 것이다.

이때 다음과 같은 사항을 확인하도록 하자.

다른 체인 점주에게 조사할 내용들

1. "총 얼마를 투자하셨습니까?"
    ① 총액 ＿＿＿원
    ② 점포 구입비 : 보증금 ＿＿＿원 / 권리금 ＿＿＿원
    ③ 가맹비 ＿＿＿원 / 보증금 ＿＿＿원
    ④ 인테리어비 ＿＿＿원 / 설비비 ＿＿＿원
    ⑤ 초도 물품비 ＿＿＿원 / 기타비용 ＿＿＿원

2. "이 체인점의 입지 및 규모는 어떻습니까?"
    ① 대로변 / 주택가 / 아파트 밀집지역 / 학교주변 기타
    ② 총건물 / 층 계약평수 ＿＿＿평 / 실평수 ＿＿＿평

3. "종사자는 몇 명입니까?"
    ① 주인포함 ＿＿＿명

4. "실제매출 및 이익규모는 어떻습니까?"
    ① 월매출 ＿＿＿원
    ② 월 임대료 ＿＿＿원 / 기타비용 ＿＿＿원
      인건비 ＿＿＿원 / 기타비용 ＿＿＿원
    ③ ①에서 ②를 뺀 월 순수익 ＿＿＿원

5. "이 브랜드에 대해 얼마나 만족하고 계십니까?"
    ① 90% 이상이다.   ② 70~90% 미만이다.
    ③ 50~70% 미만이다.   ④ 50% 미만이다.

6. "개점할 때 본부에서 지원해준 내용에 만족하십니까?"
    ① 교육뿐 아니라 시설, 개점행사까지 만족스러웠다.
    ② 보통이었다.
    ③ 조금은 부족했고 아쉬움이 있었다.

④ 엉망이었다.

7. "만일 다른 사업을 하나 더 구상하신다면 지금의 브랜드를 다시 선택하
시겠습니까?"

　① 선택할 수 있다.

　② 선택할 수 있지만 보강해야 할 사항이 있다.

　③ 부정적인 면이 있어 조금은 고려해봐야겠다.

　④ 문제점이 많기 때문에 다른 업종 및 업체를 택하겠다.

8. "개정한 후 본부의 사후관리 지원은 어떠했습니까?"

　① 판매관리사를 파견하여 지도, 후원을 잘 해주고 있다.

　② 전문인력은 없지만 본부직원이 정기적으로 도움을 준다.

　③ 가끔씩 형식적인 도움을 줄 뿐이다.

　④ 전혀 도움을 주지 않는다.

9. "본부가 받는 가맹비에 대한 생각은 어떠십니까?"

　① 본부가 해준 역할에 비하면 오히려 부족할 정도이다(만족스럽다).

　② 적당했다고 본다.

　③ 해준 일에 비해 조금 많은 돈을 낸 것 같다.

　④ 터무니없이 많이 냈다. 환불받았으면 하는 생각이 든다.

10. "본부의 상품공급에 대한 생각은 어떠십니까?"

　① 신상품 개발에 적극적이고 납품도 잘 해준다.

　② 신상품 개발은 더디지만 납품은 제때 해준다.

　③ 신상품도 개발하지 않고 납품 때도 가끔씩 말썽을 부린다.

　④ 모든 게 엉망이다.

11. "본부의 브랜드 디자인 및 인테리어에 대해 어떻게 생각하십니까?"

　① 훌륭하다. 소비자로부터 좋은 반응을 얻고 있다.

　② 보통이다.

　③ 조금 미흡하다.

　④ 엉망이다.

12. "브랜드의 이름값이 매출에 영향을 주고 있다고 생각하십니까?"

　① 절대적인 영향력이 있다. 큰 도움이 된다.

　② 보통이다.

　③ 조금 영향은 있으나 크게 도움되지는 않는다.

　④ 별로 도움이 되지 않는다.

13. "본부의 재정상태는 어떻다고 보십니까?"

　① 매우 안정적이라고 본다.

　② 그런 대로 괜찮다고 본다.

　③ 어렵지만 이겨내고 있다고 본다.

　④ 아주 어려운 것 같다.

14. "본부와 분쟁한 적이 있으십니까?"

　① 없다.

　② 있었지만 미미한 일이었고 잘 해결되었다.

　③ 자주 발생하곤 했지만 해결은 되었다.

　④ 전적으로 본부의 책임으로 해결되지 않고 있다.

15. "본부가 판촉을 위해 정기적으로 행사를 기획하고 있습니까?"

　① 꼼꼼하게 때를 맞춰주어 판매에 도움이 되고 있다.

　② 어쩌다 한 번씩 해주지만 도움은 된다.

　③ 가맹점의 요청에 못 이겨 억지로 하는 듯하다.

　④ 전혀 해주지 않는다.

16. "경쟁업체와 비교해볼 때 본부의 경쟁력은 어떠한 것 같습니까?"

　① 가장 경쟁력이 있는 업체이다. 앞으로도 계속 앞장서 가리라고 본다.

　② 경쟁이 치열하지만 앞서 나갈 것이다.

　③ 조금은 뒤쳐진 느낌이 든다.

　④ 아예 경쟁력을 잃었다. 밑바닥인 것 같다.

17. "본부는, 경영이 부실한 가맹점을 위해 어떤 대책을 갖고 있습니까?"

① 리콜제가 있어 최선을 다해 돕고 있다.

② 리콜제는 없지만 다양한 판촉방법으로 도와주고 있다.

③ 조금 부족하지만 문제해결을 위해 노력하는 것 같다.

④ 전혀 대책이 없다.

18. "가맹점을 계약할 때 본부엣 상권분석 등의 지원을 해주었습니까?"

① 서면화된 자료를 제시하며 구체적으로 설명해주었다.

② 약식 메모로 대충 설명해주었다.

③ 구두로 설명해주었다.

④ 별다른 지원이 없었다.

19. "본부에서 가맹점의 상권을 보호해주고 있습니까?"

① 상권영역을 적정하게 구분하여 독점구역을 잘 지켜주고 있다.

② 다른 가맹점과 조금 인접한 감이 없지 않지만 그런대로 괜찮다.

③ 너무 인접해 있다.

④ 잘 지켜지지도 않고 본부가 임의로 인접지역에 주복개설하는 일이 잦다.

20. "계약 전에 본부가 홍보했던 예상 월 순수입이 현실로 이루어지고 있습니까?"

① 기대 이상으로 수입이 좋다.   ② 예상치만큼은 된다.

③ 예상에 약간 미치지 못한다.   ④ 예상치에 훨씬 못 미친다.

21. "영업부진이나 본부와의 갈등으로 인하여 폐업 혹은 전업을 생각해 보셨습니까?"

① 없다.

② 초기에는 그랬으나 지금은 그렇지 않다.

③ 가끔씩 그런 생각이 든다.

④ 현재 그 문제를 심각하게 고려하고 있다.

22. "실내장식비, 설비비는 적정했다고 생각하십니까?"

① 적당한 가격이었다. 품질도 만족스럽다.

② 조금 높은 듯하나 그런대로 괜찮다.

③ 너무 많이 지출한 기분이 들어 언짢다.

④ 본부가 엄청난 폭리를 취했다. 소송을 통해서라도 받아내고 싶은 심정이다.

23. "본부가 설정한 상품의 도매납품 가격 및 소매가격을 어떻게 생각하십니까?"

① 적정선을 유지하고 있으며 오히려 최소 마진을 취하고 있어 본부운영이 걱정스러울 정도이다.

② 적당하다고 본다.

③ 조금 높게 책정되어 있지만 그런대로 괜찮다.

④ 너무 한다고 생각될 정도로 폭리를 취하고 있다.

24. "공급받는 물품에 하자가 생기면 본부에서 어떻게 처리해줍니까?"

① 100% 반품해주거나 수리해준다. 만족스럽다.

② 시간이 좀 더디게 걸리지만 잘 이루어지고 있다.

③ 그때그때 주먹구구식으로 해결해 애로사항이 많다.

④ 신경을 잘 써주지 않아 불만이 많다.

이와 같은 내용을 묻고 각 항목들을 종합하여 그 체인본부의 실체를 좀 더 확실히 파악한 후 계약에 임해야 한다.

자료출처 : 박원휴, 잘되는 체인점, 현대미디어사, 1999, pp.45~51.

제 4 절 가맹본사 선정 후의 검토사항

프랜차이즈 본사가 결정된 후 가맹을 위한 요령이나 절차나 업종 및 본사의 성격에 따라 많은 차이가 있다. 그러나 일반적인 절차는 가맹에 대한 기본적인 사항들의 협의, 점포입지에 대한 조사 및 분석, 자금에 대한 점검, 가맹계약, 운영교육, 영업개시후의 사항검토 순으로 이루어지게 된다.

대부분의 경우 본사가 상권조사를 통해 적절한 입지후보지를 선정하여 가맹희망자와 협의해 입지를 결정하게 된다. 이때 양측이 가맹계약의 전초 단계인 가맹약정을 맺기도 한다.

가맹약정 후 본사와 예비점주는 점포의 사업계획, 가맹점 종류 등에 대한 구체적인 협의에 들어가게 되고 기본적인 계획안을 바탕으로 본 계약을 체결한다. 본 계약이 체결되면 본격적인 지점준비에 들어가게 되는데, 이때 점포의 계약과 점포 내외장 공사가 시작되며 예비점주는 이 기간 동안 가맹점 운영에 필요한 기본적인 내용들을 집중적으로 교육받게 된다. 교육내용은 업체의 성격에 따라 다르지만 보통 2~3주 정도에 걸쳐 실시된다. 이후에도 종업원 모집, 종업원 교육, 상품진열, 개점광고 등의 과정을 거쳐 개점을 하게 된다.

이상에서 살펴본 바와 같이 본사 선정후 개점까지에는 많은 절차가 필요하며 검토해야 될 사항도 많다. 이 경우 특히 유의해서 검토해야 될 사항은 아래와 같다.

① 점포입지를 결정한 후 주변의 경쟁업체 상황, 입지의 고객 흡인력, 예비 고객의 소득 수준, 경쟁업체 신규진출 가능성, 본사가 조사한 상권분석의 타당성 등을 검토하여야 한다.

② 개점을 하기 위한 소요자금의 견적을 구체적으로 파악하고 조달계획과 비교하여 오차 부분을 조정한다. 이 경우 개업자금과 신규시설 및 투자자금은 확정된 금액을 산정하고, 운전자금은 예상매출액과 예상이익을 추정하여 계산하며 최소 3~6개월 정도의 경상지출에 대한 운전자금 확보가 필요하다.

③ 보통 체인사업의 경우 본사가 판촉활동에 관한 사항을 무상으로 지원하고 있으므로 광고나 홍보사항에 대한 지원 내역을 파악하여 체크하고 지역 특성상 추가로 필요한 사항이 있으면 협의한다.

④ 사업장의 인테리어 등 내외장 공사와 관련하여 본사의 지원내용 등

을 체크하고 혹시 공사관련 본사의 독점이익 확보를 위한 내용은 없는지 파악한다.

⑤ 체인본부가 영업개시후 가맹점에 대한 체계적인 사후관리 실시여부를 검토하여야 한다. 예를 들면 체인본사에서 파견된 가맹점 지도관리요원이 가맹점 경영상의 제반 사항을 정기적으로 컨설팅해 주는지 유무와 가맹점 종업원에 대한 교육프로그램이 제공되는지 또한 회계, 판매, 구매, 경리 등 가맹점 관리에 대한 경영방침과 교재는 정비되어 있는지, 회계경리상의 시스템이 통일된 표준방법으로 시행되고 있는지, 가맹점에 대한 복지정책은 있는지 등을 파악해 보아야 한다.

⑥ 계약에 관한 사항으로 계약서는 계약과 동시에 모든 권리와 의무가 발생하게 되므로 계약의 각 조항을 면밀히 파악하여 가맹점에게 일방적으로 불리한 조항은 없는가 등을 검토하여야 한다.

제 5 절 가맹계약서 검토시 유의사항

프랜차이즈계약을 정형적인 부합계약이라고 한다. 체인본부가 일방적으로 계약조항 및 조건을 정해 놓고 이에 따르는 가맹점을 모집하여 사업을 운영하기 때문이다. 물론 계약상담중 상호간의 동의에 의하여 일부 조항이 수정되는 경우는 있을 수 있겠지만 프랜차이즈시스템 및 정책을 벗어나는 경우는 드물 것이다.

따라서 프랜차이즈계약을 작성할 경우에는 사전에 치밀한 계획하에 장래 발생할 수 있는 제반 문제점 등을 고려하여 작성하여야 한다. 계약서는 추후 발생할 수 있는 상황을 분쟁없이 해결할 수 있도록 프랜차이저와 프랜차이지가 맺는 약속이다. 따라서 그러한 약속들이 정당하며 합리적인지, 스스로 약속을 지킬 수 있는지 검토한 후에 계약을 해야 한다.

대부분 프랜차이즈 계약서는 프랜차이저에게 유리하도록 만들어져 있으며, 프랜차이저는 이러한 조항들을 변경하지 않으려 한다. 따라서 협상에 의해서 최대한의 조건을 얻어냈다면 이러한 것들을 계약서에 모두 명시해야 한다. 특히, 계약서는 문구나 단어 한 개에 따라 이익과 손해가 엇갈릴 수 있으므로 철저한 검토가 필요하고 이해가 잘 가지 않는 부분은 반드시 프랜차이저나 전문가들에게 물어 보아서 확실히 해 두어야 할 것이다. 또한 계약서에 애매모호한 표현이 있어 문제가 발생할 경우 뜻밖에 손해를 보기도 한다.

이제 계약서를 구성하는 내용들을 중심으로 어떠한 점들을 검토해야 하는지 하나씩 알아보겠다. 최소한 다음 부분들은 계약서에 명시되어야 하며, 가맹점들이 중점으로 살펴보아야 할 부분이다.

상표·상호에 관한 조항

프랜차이즈 사업의 가장 큰 이점은 본사의 고유 상표를 이용한다는 것이다. 따라서 저작권이나 상표 이용 부분에 대한 계약부분을 반드시 살펴야 한다. 이와 관련하여 다음과 같은 부분을 같이 살펴보아야 한다.

· 이 상표는 잘 알려져 있는가?
· 체인본부는 이 상표나 저작권을 전적으로 사용할 수 있는 자인가?
· 가맹점이 사용할 수 있는 상표, 로고는 무엇 무엇인가?
· 상표, 로고를 사용하는 데 있어서 제한은 없는가?

상표·상호는 체인본사의 표시대로 사용해야 하는 것이 당연하다. 하지만 상권의 특성에 따라 글자의 크기나 글씨체, 기타 표시 등은 조절할 필요가 있다. 이때에도 본사의 일률적인 원칙에 따른다는 것은 무익하기 짝이 없는 일이다. 따라서 이와 같은 사항도 언급해두는 것이 좋다.

2 관할지역 조항

관할지역은 프랜차이즈 사업의 성패를 좌우하는 매우 중요한 요인이다. 그런 만큼 사업을 진행하면서 애매한 계약서로 인해 본사와 충돌이 잦은 분야이기도 하다. 이러한 관할지역에 있어서 다음과 같은 점검하여 보아야 한다.

- 관할지역에 대한 독점적이 명시되어 있는가?
- 관할지역은 사업적으로 이윤이 남을 만한 합리적인 영역인가?
- 관할지역은 구체적으로 언급되어 있는가?
- 당신의 점포와 가장 가까이 위치하는 타 가맹점은 어느 정도 떨어져 있는가?
- 계약기간 동안 관할지역은 어떻게 보호받을 수 있는가?

3 가맹비·보증금·기타 비용에 관한 사항

가맹비란 본사가 체인점에 여러 권한을 부여하고 영업을 할 수 있게 해주는 대가로 계약 초기에 지급하는 비용, 일종의 상호사용료라고 할 수 있다. 그런데 이 가맹비는 체인본사마다 그 성격과 내용이 약간씩 다르다. 순수하게 가맹비 따로, 개점지원비, 교육비, 인력지원비, 정보제공비 따로 받는 체인본사도 있으며 가맹비에 다른 비용이 포함된 본사도 있다. 따라서 가맹비의 내용을 구체적으로 파악해야 한다. 보증금은 물품 외상에 대비한 예치금 성격으로 환불되지 않는 가맹비와는 달리 돌려 받는다.

기타 비용인 점포의 내부시설 인테리어비 및 각종 집기비품비도 구체적인 명시가 필요하며, 특히 로열티는 반드시 짚고 넘어가야 한다. 로열티란 흔히 개점 이후 본사의 계속적인 지원과 지도에 대한 비용, 일종의 관리비라 할 수 있다.

이와 같은 성격의 로열티는 일부 체인본사만 받고 있으며 반대급부로 체인점을 꾸준히 관리해주고 있다. 이것은 로열티를 부정적으로만 보아서는 안된다는 반증이기도 하다. 이러한 로열티에 대해서 가맹계약을 맺을 때 명확히 해두어야 말썽의 소지가 없다.

이와같이 가맹비, 보증금, 로열티, 시설 투자비 등은 본사와 관련해서 드는 비용에 관한 부분이다. 반드시 가맹비나 로열티가 없는 경우에는 상품 납품비나 교육비, 관리비와 같은 여러 가지 형태를 통해 비용이 들기 때문에 모든 비용을 검토해야 한다. 비용 명세와 그 액수가 합리적인지, 다른 경쟁업체와 비교하면서 살펴보아야 한다.

- 가맹비나 보증금은 얼마인가? 나는 그 액수를 부담할 수 있는가?
- 가맹비나 보증금의 대가로 내가 받는 혜택은 무엇인가?
- 언제까지 어떠한 방식으로 가맹비나 보증금을 지불해야 하는가?(일시불, 분할/현금, 기타 방법 등)
- 로열티가 별도로 있는가? 로열티는 총매출에 대한 비율인가, 순이익에 대한 비율인가? 부가가치세는 포함되어 있는가? 얼마나 자주 로열티를 내야 하며, 연체했을 경우 어떠한 제재를 받게 되는가?
- 계약기간 중 가맹비나 로열티의 인상이 있을 수도 있는가?
- 기타 프랜차이저에게 지불해야 하는 비용이 있는가?
- 프랜차이저에게 지불해야 하는 비용은 합리적으로 책정되어 있는가?
- 기존 프랜차이지와 비교할 때 특별히 더 드는 비용은 없는가?

4 ▸ 상품 판매조건에 관한 사항

상품판매에 있어서 상품의 종류와 그 결제방법 및 하자 있는 물품처리와 반품문제 등을 구체적으로 명시해야 한다. 대부분의 체인본사들은 본사에서 공급하는 물품에 한해서 판매하기를 바란다. 하지만 체인점을 운영하는 체인점주들로서는 여간 불편한 게 아니다. 따라서 상호 이해관계가 충돌하는 만큼 말썽이 일어나고 있는데, 계약할 때 미리 이에 대한 사항을 명시하는 것이 좋다. 더구나 불경기에는 복합 매장화하는 것이 바람직한 업종도 있으므로 신중히 하여야 한다. 다른 가맹점주들과 협의하에 일부 특수상품이나 원재료 매입에 대해 특약조항을 개설해 두면 바람직하다.

5 시설설비 지원 및 대여조항

많은 프랜차이즈가 시설설비 지원 및 기계대여를 혜택 중에 하나로 이야기 하고 있다. 이 부분은 얼마나 잘 이용하는가에 따라 이익을 남길 수 있고 손해를 볼 수도 있다. 또한 별다른 지원 없이 생색만 내는 프랜차이저도 있으므로 구체적으로 어떠한 지원들을 받게 되는지 명시해 두어야 한다.

① 시설설비나 기기에 대해 본사가 정한 기준은 무엇인가? 이 기준은 어느 정도 융통성이 있는가?

② 초도 물품구입에 있어 어떠한 제한이나 의무조항이 있는가?

③ 시설설비나 기기대여에 있어서 본사가 어느 정도의 지원을 해주는가?

④ 본사가 지원하는 시설이나 기기가 경쟁사 것에 비해 질이 좋은가?

⑤ 설비나 기계에 결함이 생겼을 경우 어떻게 해결하도록 되어 있는가?

⑥ 본사를 통하지 않고 할 경우에 비해 비용이 절감되는가?

⑦ 시설설비나 기기대여가 강제조항인가, 선택조항인가?

⑧ 대여할 경우 보증금 및 대여비는 어떠한가?

⑨ 설비나 기계에 대한 애프터서비스 조항은 있는가?

6 프랜차이저의 권리와 의무조항

이 조항은 본부가 체인점에게 해줄 서비스 및 지원에 대한 부분이다. 많은 계약서가 프랜차이저의 의무보다는 프랜차이지의 의무 쪽에 더 많은 부분을 자세히 다루고 있으므로 사전에 철저히 검토하여 얻어낼 것을 확실히 얻어내야 한다.

계약서에 프랜차이저가 해주었으면 하고 기대하는 사항이 모두 포함되어 있는지, 그렇지 않은 경우 어떠한 안정장치가 되어 있는지 검토해 보아야 한다.

- 프랜차이저는 프랜차이지에게 교육을 실시하도록 되어 있는가? 그렇다면 언제, 어디서, 얼마 동안의 교육을 실시하도록 되어 있는가?
- 그 교육비에 대해서는 누가 어느만큼 부담을 하기로 되어 있는가?
- 타 지역에서 교육을 할 경우 숙박비나 교통비는 어떻게 부담하게 되어 있는가?
- 초기교육 외에 보수교육 여부는 어떻게 규정되어 있는가?
- 운영 매뉴얼의 제공이 명시되어 있는가?
- 본사 부담으로 하는 광고, 홍보는 어느 정도인가?
- 광고, 홍보비의 어느 정도를 프랜차이저가 부담하는가?
- 기타 개점 후에 프랜차이저는 어떠한 점들을 지원해 주는가?
- 각 프랜차이지 관리는 어떠한 형태로 하며, 그 범위가 어느 정도인가?
- 프랜차이저와 프랜차이지가 직접 연결되어 있는가, 아니면 대리점이나 거래회사를 통해 연결되어 있는가?
- 프랜차이저는 프랜차이지에 대해 어떠한 권리를 가지고 있는가?
- 프랜차이저의 권리를 인정하고 따라 줄 수 있는가?

7   프랜차이지(가맹점)의 의무와 권리조항

프랜차이저뿐만 아니라 프랜차이지에 대한 의무와 권리조항 역시 제대로 살펴보아야 책임소재가 명확하고 불이익을 당하지 않을 수 있다. 무엇보다 프랜차이지의 의무를 제대로 수행할 때 권리도 떳떳하게 주장할 수 있다. 바람직한 프랜차이즈 운영을 위해서는 자신이 프랜차이지 의무조항을 수행할 수 있는지 자문해 보아야 한다. 아울러 다음 사항을 점검해 보아야 한다.

① 프랜차이지의 의무와 권리조항이 합리적인가?
② 다른 프랜차이지들의 의무와 권리조항과 형평성의 문제는 없는가?
③ 어느 정도의 교육에 참여해야 하는가?
④ 영업시간, 영업형태, 판매아이템, 서비스 등에 대해 어떠한 의무조항을 명시하고 있는가?
⑤ 본사에 영업상황을 어느 정도, 얼마나 자주, 어떠한 형태로 보고해야 하는가?
⑥ 제대로 의무사항을 준수하지 못할 경우 어떠한 불이익을 받게 되는가?
⑦ 다른 가맹점들의 교육 여부에 비해 형평성의 문제는 없는가?
⑧ 프랜차이즈 시스템에 있어서 가맹점의 자율성은 어느 정도까지 보장되는가?
⑨ 가맹점의 권리를 침해받을 경우 어떠한 요구를 할 수 있는가?
⑩ 프랜차이지로서의 권리는 자신이 지불하는 비용(가맹비, 보증금, 로열티 등)에 비해 제대로 책정되어 있는가?

8 ▽ ────────────────────── **계약기간 및 갱신, 해제에 관한 사항**

계약기간과 갱신, 해제에 관한 사항은 보통 민법상의 규정이나 상관습에 의해 일반적으로 대동소이하게 명시되고 있어 별 문제가 없는 듯하지만, 계약해제로 인한 손해배상에 대해서는 문제의 소지가 많다. 대부분의 경우 해제로 인한 손해는 가맹점이 감수하도록 되어 있기 때문이다. 따라서 계약해제 조건과 손해배상금의 문제는 세세하게 짚고 넘어가야 한다.

가맹계약서는 A4 복사용지로 보통 30~40매에 이른다. 가뜩이나 불리한 입장에 있는 체인가맹자가 이러한 서류를 일일이 읽는다는 것도 쉬운 일이 아닌데다가 문구가 너무 난해해서 중도에 읽기를 포기하고 그냥 도장을 찍고 만다. 바로 여기에 함정이 있다. 문제가 발생하면 알지 못했던 내용이 포함되어있어 결국 체인가맹자가 손해를 떠안게 된다. 계약해제 등의 문제는 재산상의 손해가 적지 않으므로 특히 신경을 써야 할 부분이다.

- 계약기간은 얼마간인가?
- 계약만료 이전에 계약을 해지할 경우 어떠한 조건과 불이익이 따르는가?
- 갱신을 할 경우 어떠한 조건에서 하게 되는가? (가맹비 여부, 관할지역 보호 여부 등)

9 계약내용의 변경 및 종료조항

본사와 가맹점의 관계에서 여러 가지 시장변화에 따라 계약내용이 중간에 변경하게 되는 수가 있다. 또 때에 따라서는 계약기간 이전에 종료하는 수도 있다. 계약내용은 가맹점이 원해서 변경될 수도 있지만 가맹본부가 원해서 변경되는 수도 있다. 때에 따라서는 처음 맺은 계약보다 불리하게 계약내용이 변경되는 수도 있다. 이러한 상황에서 대응하여 계약내용의 변경 및 종료에 관해서는 다음과 같은 사항을 고루 검토해야 한다.

① 도중에 계약내용을 조정할 경우 어떠한 과정을 거쳐야 하는가?

② 본사와의 계약사항을 제3자에게 인수시킬 수 있는가? 이러한 경우, 별도의 비용을 부담해야 하는가? 이 비용은 합리적으로 산출되었는가?

③ 어떠한 경우 가맹점이 임의로 계약을 해지할 수 있는가?

④ 합법적인 사유없이 가맹점이 임의로 계약을 해지할 경우, 어떠한 불이익이 있는가?

⑤ 사정이 생겨서 프랜차이즈 사업을 직접 운영할 수 없는 경우, 대리인이 계속해서 운영할 수 있는가?

⑥ 어떠한 경우 가맹본부가 임의로 계약을 해지할 수 있는가?

⑦ 합법적인 사유없이 가맹본부가 임의로 계약을 해지할 경우 가맹점은 어떠한 보호를 받게 되는가?

⑧ 해약을 할 경우에 대비해 해약금과 해약조건 등에 대한 규정은 명시 되어 있는가?

10 분쟁해결 및 소송조항

이 부분은 가맹본부와 가맹점 양자간 분쟁이 발생했을 경우 어떠한 방 법으로 해결할 것인지에 대해 명시한 부분이다. 어떻게 분쟁을 지혜롭게 해결할 것인가와 함께 최악의 경우 소송이 있을 경우, 어느 지역 법원에서 해결을 할 것인지 확인해 보아야 한다.

계약서 외에 세부사항 계약을 위해 별도사항에 대한 합의를 하는 경우 가 있다. 이 경우도 계약서와 같은 효력을 가지므로 충분히 검토와 합의를 거친 후에 체결해야 한다.

또한 계약서를 체결한 후에는 계약서를 잘 보관하여 분실하는 일이 없 도록 하며, 원본 상태가 제대로 유지될 수 있도록 보관해야 한다. 무엇보 다 계약서는 쌍방간의 합의내용을 정리한 것이다. 그러므로 100% 합의가 되어 조금의 미진한 부분도 남아서는 안된다.

핵 심 정 리 문 제

1　가맹점 창업의 일반적 절차를 요약하여 기술하시오.

2　가맹점 창업을 위한 브랜드 및 체인본사에 대한 인지경로에는 어떤 것이 있으며 유의사항이 있으면 설명하시오.

3　체인본사 선택시 체인본사에 대해 체크해 볼 사항을 상세히 기술하시오.

4　체인점본사 선정후 개점시까지 유의해서 검토해야 될 사항을 기술하시오.

5　가맹계약서 작성시 계약서에 명시되어야 할 조항들을 나열해 보시오.

6　가맹점의 피해를 줄이기 위해서 도입되어야 할 제도에는 어떤 것들이 있는지 각자의 견해를 기술하시오.

7　한국프랜차이즈협회의 설립배경과 활동사항을 요약하시오.

제16장 사업계획서 수립과 실례

제1절 가맹점 사업계획의 수립

1 가맹점 사업계획 수립의 특성과 필요성

체인사업은 일반 소매업과 달라서, 사업에 대한 대부분의 경영방침을 체인본사와 협의하며 수행해 나간다고 볼 수 있다.

하지만 일단 사업계획을 수립하려 들면 어디서부터 시작해서 어떻게 진행하고 어떤 결론을 이끌어내야 하는지 막연해진다. 아무리 조그만 프랜차이즈 가맹점을 운영하려고 해도 사업계획을 잘 수립해 놓고 사업계획서를 만들어 놓으면 막연하게 생각했던 사업구상이 구체적인 실천계획으로 바뀌게 되어 경영자는 나름대로의 목표와 주어진 여건과 경영환경의 제약 속에서도 효율적으로 사업계획을 행동에 옮겨 실천할 수 있으므로 사업계획서 작성은 꼭 필요한 것이다.

가맹점의 사업계획서는 체인본사의 가맹점개설 절차와 밀접한 관계에 있으므로 일차적으로 체인본사의 가맹점개설 절차를 이해하는 것이 가맹점 사업계획서 작성에 도움이 된다. 여기서는 이차적으로 일반적인 가맹점지

주가 취해야 할 일반적인 가맹점개설 절차도와 가맹점 개점과정을 기술한
다.

 가맹점 개설 절차도

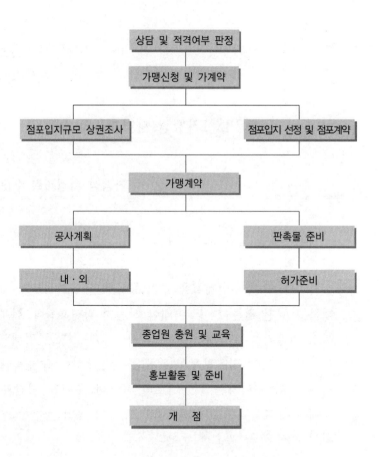

[그림 16-1] 가맹점개설 절차도

가맹점 개점 과정

가맹점 오픈 과정은 업종 및 업태에 따라 다소 차이가 나지만, 일반적으로 이루어지는 가맹점 오픈 과정은 다음과 같다.

- 가맹점주에 대한 기본요건을 설정한다.
- 가맹점 희망자를 모집한다.
- 예비가맹점주를 기본요건 기준에 맞춰 분류한다.
- 적격한 예비가맹점주에 대해 개별평가를 한다.
- 가맹점 가입을 결정한다.
- 체인본사와 가맹점 간의 계약을 체결한다.
- 가맹점에 대한 훈련을 실시한다.
- 점포입지에 대해 조사, 분석하고 레이아웃을 설계, 지도한다.
- 개점지도 및 개업준비를 지원한다.
- 초도상품투입, 상품공급을 실시하며 상품진열을 한다.
- 상품 및 서비스 홍보, 가맹점 개점에 따른 대 소비자 홍보를 지원한 후 오픈한다.
- 소비자반응을 체크하고 개선점을 찾는다.
- 가맹점이 안정기에 진입할 때까지 지도·관리를 지속적으로 수행한다.

오픈 과정에서 중요한 것은 가맹점을 모집하고 결정하는 일이다. 프랜차이즈 비즈니스는 업종과 업태에 따라 특색이 있으므로 각각의 개성을 지니고 있다고 보아야 하며, 그런 의미에서 가맹점도 체인본사의 경영방침에 적극 동참하는 한편, 체인 브랜드 이미지에 적합해야만 성공확률이 높다고 볼 수 있다. 가맹점 모집과 결정은 먼저 장기 사업계획을 수립한 후, 그 계획에 입각하여 결정해야 한다.

제2절 사업계획서 작성

가맹점은 점포입지와 업종에 대한 사업타당성 분석이 끝나면 이를 추진하기 위한 구체적인 사업계획을 수립해야 한다. 사업계획서는 창업자 자신을 위해서는 사업성공의 기능성을 높여주는 동시에 계획적인 창업을 가능케 하여 창업기간을 단축해주고 성공적인 사업으로 이끌어준다. 따라서 사업계획에는 주요 목표와 구체적인 사업내용, 자금조달 계획, 예상매출액, 예상수익 등을 상세히 기술하는 것이 좋다. 이와 같은 사업계획은 첫째, 충분성과 자신감을 가지고 작성해야 하며, 둘째, 객관성을 유지해야 한다.

▶ 사업계획서의 구체적인 항목

```
Ⅰ. 사업목적
Ⅱ. 운영방침
Ⅲ. 사업체 현황
Ⅳ. 시장현황 및 전망
   1. 시장규모 및 전망
   2. 경쟁점포 현황
Ⅴ. 부문별 사업계획
   1. 입지계획
   2. 판매계획
   3. 마케팅 전략 ┬ 개업 전
                 ├ 개업 후
                 └ 개업 후 3개월 ~
   4. 종업원 채용계획
Ⅵ. 소요자금 추정 및 자금조달 방안
   1. 추정 소요자금
   2. 자금조달 방안
Ⅶ. 기타 사업상 유의점
```

* 해당 업종에 따라 조금씩 변형할 수 있음.
* 구체적으로 작성해야 효과적임.

셋째, 계획사업의 핵심내용을 강조하여 부각시키고 넷째, 전문용어 사용은 피하며 다섯째, 실현가능성이 있어야 한다. 그리고 향후 발생가능 문제점과 그 해결책이 있도록 작성한다.

하지만 이와 같이 작성한 사업계획서에 지나치게 얽매일 필요는 없다. 여하튼 대부분 이와 같은 사업계획의 필요성은 알고 있으나 대체로 복잡한 듯하고 전문적인 것 같아서 아예 작성하려고 하지 않는다. 하지만 구체적인 사업계획 수립이 어렵다면 간단히 생각나는 대로 메모해 두어야 한다.

1 가맹점의 부문별 사업계획서 작성요령

(1) 종업원의 인선과 채용

종업원의 인선과 채용은 먼저 체인본사가 제공하는 종업원 운용계획에 따르는 것이 좋다. 체인본사의 종업원 운용계획에는 표준 가맹점의 소요인력과 임무 등이 제시되어 있기 때문에, 그것을 참고로 하여 업무 기능별로 필요한 종업원 수를 확인하여 채용하면 된다. 또한 체인본사의 종업원 급여수준뿐만 아니라, 인근 프랜차이즈 가맹점들의 종업원 임금수준이 어느 정도 인지도 파악해서 종업원별로 적당한 임금을 책정할 필요가 있다.

(2) 판매 및 마케팅 계획

관심이 가는 프랜차이즈 아이템이 결정되면 가맹점주 자신이 일단 그 프랜차이즈 비즈니스가 속해 있는 시장이 어떤 상황인가를 먼저 파악해 볼 필요가 있다. 판매 및 마케팅 계획은 기존에 활동하고 있는 유사업종이나 경쟁업체를 분석하여, 이길 수 있는 전략을 수립해야 한다는 점에서 그렇게 쉬운 작업만은 아니다. 이미 유사업종이나 경쟁업체가 활동하고 있는 시장에 새롭게 진출해서 소비자들을 끌어들이는 데는 그만큼 많은 노력과 판매전략이 필요한 것이다. 판매 및 마케팅계획에는 동업계 및 경쟁사의 현황과 함께 경쟁사 대비 강약점 분석, 체인본사 및 인근 가맹점의 과거

판매실적, 자영점포의 향후 판매계획 및 실정에 맞는 마케팅전략과 홍보방법 등이 기술되어야 한다.

(3) 자금조달·운용계획

규모가 큰 대기업에서는 보통 자금부서가 별도로 있어서 회사운용에 필요한 자금계획을 수립한다. 그러나 규모가 작은 프랜차이즈 가맹점은 가맹점주가 계획을 세우고 관리하게 된다. 보통 사업을 하게 되면 자신이 갖고 있는 자산 및 현금에 대한 관리도 중요하지만 사업 전반에 걸친 자금흐름, 즉 연도별 자금 소요처와 소요자금 규모, 그리고 이런 소요자금을 적기에 조달할 수 있는 방법과 계획도 함께 강구해야 한다.

자금조달·운용 계획 작성시 고려해야 할 사항 및 자금계획의 성공여부는 다음과 같다.

- 가맹점의 기간별 비용 및 지출내역과 영업매출의 파악이 중요하다.
- 가맹점의 현금흐름을 이해하고 잘 파악한다.
- 언제 얼마를 벌 것이며, 자금소요는 언제 이루어질 것인지를 예측한다.
- 소요자금에 대한 조달계획을 상세하게 세운다.

(4) 점포 입지선정 및 상점설계 계획

소매업의 경우에는 자영점포든 체인점이든 입지선택이 사업성패의 60~70%를 차지한다고 봐도 과언이 아니다. 좋은 입지는 고객을 저절로 불러주는 효과가 있기 때문에 그 자체가 홍보수단이 될 수도 있고, 소비자를 불러모으는 영업사원 역할을 할 수도 있다.

그만큼 소매업의 경우에는 입지선택이 중요하다. 따라서 체인점 가맹시에는 계획단계부터 입지선정에 신중을 기해야만 한다. 점포 입지선정 계획시에는 우선 본사에서 제시한 기본 입지요소와 가맹점주가 보는 입지요소를 함께 고려하여 목표입지를 정하는 일이 필요하다. 점포소재지는 어느 지역으로 할 것이며, 점포규모와 시설, 인테리어 등은 어떻게 꾸밀 것인지도 본사 요원과 협의하여 사전계획에 반영하여야 한다.

상점설계 계획에는 실내외 인테리어, 간판, 매장과 진열대의 위치, 시설 및 부수 비품의 위치, 점포공간 활용, 상품진열 계획 등도 포함하여 작성하는 것이 좋다.

(5) 가맹점 개점일정 계획표 작성

가맹점은 한달 정도의 기간을 두고 사전에 체인본사와 긴밀히 상의해 일정에 맞추어 작업진행 계획을 표로 작성해 두어야 한다. 오픈 일정표는 점포개점을 체계적으로 준비함으로써 차질을 줄이고, 오픈이 길어지는 데 따른 각종 비용 증가를 막아주는 역할을 한다.

일반적인 개점 준비업무는 체인본사 또는 가맹점주 등이 분담하여 실행함으로써 효율적으로 수행할 수 있는데,

① 개점광고 준비, 안내장 발송 준비
② 개점에 관한 문서서식 준비
③ 각종 서식작성 준비
④ 인원배치 준비
⑤ 설비 및 비품 준비, 레이아웃 설계 준비
⑥ 각종 인허가 신청 준비
⑦ 종업원 교육·훈련 준비
⑧ 초도상품 리스트 작성 준비
⑨ 상품진열 작업 준비
⑩ 개점시 테이프 커팅 준비 등이 있다.

개점 직전 개점 준비사항에 대해서는 사전에 체크리스트를 준비하여 하나하나 차질이 없는지 점검해 보는 신중함이 필요하다.

1) 체인본사 및 가맹점 현황

(1) 체인본사 및 가맹점 개요

체인본사내용	본사명		체인가맹점내용	가맹점명	
	브랜드명			설립예정일	
	대표자			개설예정지	
	설립일			매장규모	
	상품명(서비스)			예정종업원수	
	소재지			예정소요자금	
	직영점 규모			특기사항	
	현가맹점수				
	상사종업원수				
	조직형태				

(2) 체인본사 연혁 및 사업개요

체인본사 연혁		체인본사 사업개요	
일 자	내 용	기 간	사업개요

(3) 가맹점 개설 동기 및 체인사업의 기대효과

가맹점 개설 동기	체인사업의 기대효과

(4) 가맹점 경영전략 및 향후계획

가맹점 경영전략	향후 계획

2) 창업 소요자금 및 사업성 검토

(1) 창업 소요자금 계획

항 목	가 격	산출근거
가 맹 비		
보 증 금		
기계구입/임대비용		
인테리어		
간판, 싸인물		
가구, 집기		

초도 물품비	
초도 CI물구입비	
전단 제작, 배포	
판촉물 제작	
점포보증금/임대요금	
각종 물품구입	
인 건 비	
세금 공과비	
통신/수도 광열비	
기 타	

(2) 사업성 검토

항 목		수 치	비 고
투자규모	창 업 비	원	
	고 정 투 자	원	
	운 영 비	원	
	총 계	원	
	규 모	원	
	인 원	Full: 명/Part: 원	
수익성	평 균 객 단 가	원	
	마 진 율	%	
	예 상 지 출	원	
	예 상 수 입	원	
	이 익 목 표	원	
	손 익 분 기	원	
수요분석	통 행 량	1일 명	
	이 용 빈 도	%	
	판 매 목 표	1일 명	
	1일 매 출 액	원	

3) 조직 및 인력계획

(1) 조직도

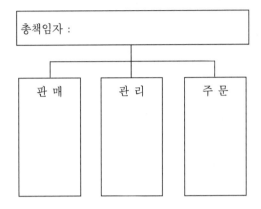

(2) 사원 활용

구 분	이름(연락처)
Full Time	
Part Time	

(3) 가맹점주 및 경영진 현황

직위	성명	연령	학력	경력	교육훈련자격	추가사항

(4) 종업원 현황, 충원계획 및 인건비 계획

주요보직 (근무부서)	충원계획			인건비 계획(월급)			비 고
	현인원	보충	계	경력자	초임자	평균	

4) 상품(서비스)의 내용 및 사업전망

(1) 체인상품(서비스)의 내용

상품(서비스)의 내용	용도 및 특성

(2) 주요 예상고객

주고객	부수고객

(3) 체인본사 및 가맹점 사업전망

체인본사 사업전망	가맹점 사업전망

5) 점포입지 선정 및 점포설계 계획

(1) 점포 예정 입지계획

체인본사 제시 기본 입지요건	가맹점 계획 입지요건

(2) 입지현황

주 소
특징적 주변 상황(사업에 영향을 끼치는 독특한 주변 상황)

경합 점포 상황(경쟁업체 상황)
갯수 :
브랜드 :
근접 거리 :
일일 평균 고객 :
대표 아이템 :
기타 :

(4) 입지 · 환경분석

입 지		환 경				
점포형태		발전상	높음 · 보통 · 낮음			
건물외양	양호 · 보통 · 불량	배후지세대수	세대 (업체)			
위험시설	유( ) · 무	배후지인구수	명			
통행량 집중 분포시간	시/ 명	소득수준	월평균 원			
버스정류장	도달거리 : m 시 간 : 분	학력수준				
지하철역	도달거리 : m 시 간 : 분	판매대상	화이트칼라 · 블루칼라 학생 · 기타			
입지상태	양호 · 보통 · 불량	유통인구	주간 : 명/야간 : 명			
도로상태	편도 차선(폭 m)	유동인구연령				
접 근 성	양호 · 보통 · 불량	상권정도	도심중심 · 도심주변 · 기타			
흡 인 성	양호 · 보통 · 불량	주요 번성점				
소비성향		공공시설 접근성	학교	m	관공서	m
			시장	m	상 가	m
소결론 :						

(5) 점포설계 계획

예정평수		점포설계 평면도
주요공간분할계획 및 예정평수		
주요 공간별 재료		
소요예산추정		
착공예정일		
준공예정일		

(6) 설비 · 비품 · 상품조달 및 배치(진열)계획

구 분	명세품목	수 량	예정금액	배치(진열)예정 장소
구축물				
설 비				
비 품				
상 품				

6) 판매계획

(1) 경쟁점 현황

경쟁점포명	평 수	종업원수	추정 월매출액	장점 및 단점

(2) 표준점포 또는 주변 가맹점 판매실적 분석

분석대상점포명							
판매실적	월 별	직전2월	직전2월	직전3월	직전4월	직전5월	직전6월	평균
	매출액							
	비용지출계							
	순이익							
판매실적 (양호·부진사유 등 분석)								

(3) 자영점포 판매계획

개점후 1월	개점후 2월	개점후 3월	개점후 4월	개점후 5월	개점후 6월	개점후 7월	개점후 8월	개점후 9월	개점후 10월	개점후 11월	개점후 12월	평균

(4) 홍보계약 및 촉진판촉전략

홍 보 계 획	판 매 촉 진

7) 재무상태 및 손익계획

(1) 재무현황

(단위 : 천원)

총 자 산	부채총계	채 권		채 무	
		내 용	금 액	내 용	금 액

(2) 추정 손익계산서

항　　목	월별 손익계산서	분기별 손익계산서	연간 손익계산서
수　익			
상 품 판 매			
기　　타			
총 수 익			
상품원가 및 비용			
상품구입비			
프랜차이즈 로열티			
임 대 료			
관 리 비			
전 기 비			
인 건 비			

이　　　자			
전　화　비			
사무용품비			
광고선전비			
기타예비비			
감가상각비[*1]			
총　비　용			
순이익(손손실)			
투자수익률[*2]			

*1 : 이 비용은 현금 지출 비용이 아닌 장부상 지출 금액임. 그러나 이 비용을 계산하지 않으면 투자 비용을 회수하지 못함.

*2 : 투자수익률은 자기자본(차입금 제외) 대비 순이익의 비율로 자본의 효율성을 나타내는 수치임.

8) 자금조달 · 운용계획표(연간)

(단위 : 천원)

소요자금		조달계획		운용계획		비고
내　　용	금　　액	내　　용	금　　액	내　　용	금　　액	
합　　계		합　　계		합　　계		

9) 손익분기분석 및 수익성 향상계획

손익분기 매출액	손익분기 전략 및 수익성 향상계획

10) 가맹점 개설일정 계획

추진계획 (항목)	년								년							
	월	월	월	월	월	월	월	월	월	월	월	월	월	월	월	월

핵 심 정 리 문 제

1 가맹점 사업계획 수립의 특성과 필요성을 설명하시오.

2 일반적인 가맹점개설 절차도를 작성해 보시오.

3 예비창업자의 입장에서 브랜드 및 체인본사를 하나 선택하여 가맹점 개설을 가정하여 사업계획서를 작성하여 제출하시오.

제 17장 한국프랜차이즈 대상 수상업체

개관(제8회 2007년 4월 시행)

한국프랜차이즈대상이 2000년 제정된 이후 올해로(2007년 기준) 8회를 맞았다.

한국프랜차이즈대상은 외환위기 이후 프랜차이즈 사업의 급성장에 힘입어 명실공히 국내 최고 권위의 업계 행사로 자리잡았다.

한국프랜차이즈협회, 대한상공회의소, 한국경제신문사가 공동 주최하고 산업자원부, 중소기업 특별 위원회, 중소기업청이 후원하는 한국프랜차이즈대상 행사는 자영업 시장의 피폐화 현상과 맞물려 큰 관심을 끌고 있다.

부실한 자영업자들을 프랜차이즈 시장의 울타리로 인도해 자생력을 가질수 있도록 기반을 마련하는데 이 행사가 크게 기여하고 있기 때문이다.

국내 프랜차이즈 업계는 현재 전환기를 맞고 있다. 공정거래위원회와 정치권 일각에서 추진하는 가맹사업거래법 개정은 가맹본사 등록제와 가맹사업자단체 결성, 동일 상권내 유사 가맹점 신설금지등의 각종 규제 조항을 담고 있다.

정보공개제를 출발점으로 프랜차이즈 본사에 대한 기업활동 규제는 해가 갈수록 강화되는 추세다. 국회에 계류중인 가맹사업거래법 개정이 원안대로 통과되면 프랜차이즈 업계는 또한번 홍역을 치를 전망이다.

한편으로는 산업자원부가 가맹사업육성법을 제정을 추진 중이다.

제조업이 각종 규제를 피해 해외로 탈출하는 추세여서 미래 한국을 먹여살릴 신주종 산업을 서비스산업밖에 없다는 논리에서 출발한 구상이다.

이처럼 프랜차이즈 업계는 명과 암의 양갈래로 대 전환기를 맞을 수 밖에 없는 환경에 둘러싸여 있다.

한국프랜차이즈 대상은 자체 경쟁력을 보유하고 가맹점을 살찌게 하는 데 노력한 업체들을 발굴, 시상함으로써 업계 공동의 발전을 꾀한다는 의미와 함께 '무늬만 프랜차이즈'인 부실 가맹본부들을 시장에서 자연 도태시키는 데도 상당한 역할을 하고 있다.

2007년도에도 전년도에 이어 정부 포상과 주최기관장상이 함께 수여되었다. 정부포상으로는 산자부장관, 중소기업특별위원회 위원장, 중소기업청장 표창이 수여되었다. 중소기업특별위원회 위원장은 장관급이어서 장관급 수상업체 10개, 청장급 수상업체 5개 등 모두 15개 업체가 정부 포상의 영예를 안게 되었다. 대한상의, 한국프랜차이즈협회, 한국경제신문사 등 주최기관장상은 모두 24개 프랜차이즈 본사 및 가맹점이 받았다.

산자부장관상은 외식, 도소매, 서비스, 해외진출 및 수출, 개인공로 등 5개 부문에서 시상하였다. 외식 부문의 샤브샤브 전문점 '채선당'은 길지 않은 역사에도 불구하고 뛰어난 경쟁 인프라를 구축, 장관급 상을 받는 행운을 누리게 되었다. 도소매 부문의 **목우촌**, 서비스 부문의 **그린토피아**, 해외진출 및 수출 부문의 **본죽** 등은 소비자들 사이에 높은 인지도를 확보하면서 우수성이 검증된 프랜차이즈 브랜드로 꼽힌다.

박기영 **짐월드** 대표는 국내 프랜차이즈 산업의 국제화에 기여한 공로를 인정받아 상을 받게 되었다.

중소기업 특별위원회 위원장 표창도 5개 부분에 걸쳐 시상하였다. 외식, 도소매, 서비스, 연구개발(R&D), 정보화 및 물류관리등이 바로 그것이다. 소비자들에게 높은 인기를 끌고 있는 '빨간모자 피자' '베스트오피스' 등이 영광의 주인공들이다. 이 밖에 중소기업창 표창은 프랜차이즈 본부를 대상으로 하는 외식, 도소매등 2개 부문과 가맹점 3개 부문으로 나누어 시상하였다.

정부포상 수상업체는 각계 각층의 권위 있는 전문가들로 구성된 심사위원회의 현장 실사와 프레젠테이션 등 까다로운 절차를 거쳐 선정하였다.

심사위원회는 주최측을 비롯 정부, 학계, 언론, 창업컨설팅 업계의 관련 전문가 20여명으로 구성하였다.

(한국경제 신문 4월 24일)

제1절 산자부장관 표창업체

1 서비스/크린토피아

크린토피아(대표 이범택)는 '세상을 깨끗하게 생활을 풍요롭게'라는 기업 이념을 바탕으로 1986년 11월 문을 열었다. 이 회사는 선진형 세탁시스템을 도입, 끊임없는 연구와 기술개발로 한국 실정에 맞는 세탁시스템을 개발해 왔다. 섬유공학을 전공한 이범택 사장은 1986년 11월 울(wool)제품의 방축 가공 염색 가공법을 최초로 개발한 장본인이다. 의류에 대한 풍부한 경험과 노하우를 바탕으로 프랜차이즈 사업에서 굳건한 입지를 굳혔다. 소비자의 욕구를 한번에 충족할 수 있는 토털 클리닝 시스템을 도입해 의류 클리닝을 포함한 가죽·모피류, 운동화, 카펫, 침대에 이르기까지 원스톱 서비스를 제공하고 있다. 다양한 행사(마일리지, 이벤트 경품행사, 사은행사)를 통해 마케팅 차별화를 도모하고 있다.

크리토피아는 세탁 체인점의 단점인 느린납기를 당기기 위해 끊임없는 설비투자와 최첨단 자동화 시스템으로 40여개의 본·지사와 600여개의 체인점에서 1일 2~3회 배송이라는 과감한 배송체계를 구축했다.최근에는 수도권 지역에 국한되어 있던 서비스를 광주 광역시로까지 확대했다.

채선당(대표 김익수)은 '야채가 신선한 집'이란 뜻으로 한국식 샤브샤브 등 우리 입맛에 맞는 메뉴를 개발, 중저가의 푸전 한국식 가족 식당을 지향하는 외식 전문 프랜차이즈 브랜드 이다. 이 회사가 프랜차이즈 사업을 본격적으로 개시한 것은 2003년 의정부 신곡동 본점을 열면서부터이다. 2007년 4월 현재 가맹점수 70여개를 운영하고 있으며 주요 상권은 대단위 아파트단지와 주택가 밀집 지역, 사무실이 많이 모여 있는 오피스가 등이다.

가맹점 개점시 경영자 입문 교육 3일간을 이수해야 하며 교육내용은 점주 경영 마인드 교육, 메뉴 교육, POS 교육, 고객응대 교육 등이며 현장 교육 5일이 추가된다. 현장 교육은 홀과 주방 직원을 위주로 이들을 직영점에 투입해 서비스 매뉴얼과 메뉴 교육, 고객응대 교육, 롤 플레잉 교육을 하고 있다. 개점 후에는 슈퍼바이저들이 가맹점을 방문해 서비스 재교육, 인력 유동시 파견교육, 원가관리 교육 등을 월 2회 이상 실시하고 있다.

물류시스템 운영에 있어서는 가맹점에서 영업 후 저녁 10시 이후에 재고 파악 후 수발주 프로그램 시스템을 통해 주문하는 방식을 채택하고 있다.

'본죽(대표 김철호)은 창업 4년만에 전국 730여개 가맹점을 거느리는 대표적인 죽 전문 브랜드로 성장했다. 이젠 전국 어느 동네에서도 '본죽'이란 간판을 볼 수 있을 정도가 됐다.

김철호 사장(43)은 환자식에 불과했던 죽을 다이어트와 건강까지 고려해 밥을 대신하는 대표적인 웰빙 건강음식으로 탈바꿈시켰다. 그가 이끌고 있는 본죽은 현재 전국 730여개 가맹점에서 하루 평균 120그릇씩을 파고 가맹점당 하루 평균매출이 80만원 선에 이른다. 한달로 따지면 전체 가맹점에서 180만 그릇이 팔려 한 달 매출액이 180억원대를 넘는 대형 프랜차이즈로 자리잡았다.

본죽의 성공에는 '죽의 명품화'라는, 기존과는 전혀 다른 새로운 컨셉과 시장 접근방식이 배경이 됐다. 기존의 죽을 건강죽과 영양맛죽으로 구분해 다양한 메뉴로 세분화하였고 전국 어느 매장에서나 똑같은 맛을 느낄 수 있도록 죽 메뉴의 레시피를 철저히 통일시켰다. 여기에 미루 쑤어놓은 죽이 아니라 개인별로 일일이 맞춰주는 '맞춤죽'으로 웰빙 트렌드를 선호하는 20~40대 소비자들의 눈높이와 입맛에 철저히 맞춘 것도 성공요인으로 꼽힌다.

4 ──────────────────── **도소매 / 목우촌**

(주)농협목우촌(대표 고윤홍)은 돈육 가공사업과 계육 가공사업을 기초로 한 프랜차이즈 사업으로 영역을 확장해 가고 있다. 농협목우촌은 돼지고기 업계 최초로 HACCP 인증을 획득했으며 목우촌 닭고기는 위생규격이 까다롭기로 소문난 주한미군에 국내산 닭고기를 최초로 납품하는 쾌거를 이뤄냈다.

가맹점에 대한 다양한 지원도 뛰어나다. 생산·유통 시스템의 특징은 첫째, 농협목우촌의 주원료가 되는 원부자재는 사육에서부터 소비자에게 전달되기까지 모든 유통단계를 농협목우촌이 선진화된 시스템으로 일관되게 관리하므로써 가장 안전하고 품질 좋은 원재료를 저렴하게 가맹점에 공급하고 있다.

둘째, 제품을 ISO 9001 인증, KS 품질인증, HACCP 인증 등을 받은 목우촌 가공공장에서 생산하고 있어 품질 경쟁력이 뛰어나다는 점이다. 셋째, 예측 생산에 의한 JIT(Just in time)시스템을 도입해 '당일발주-당일생산-당일배송'을 실시함으로써 물류비를 최소화하고 1차 소비자인 가맹점 및 2차

소비자인 일반 소비자에게 가장 신선한 원재료를 신속하게 공급한다는 것
이다.

▽ **5** **개인공로 / 박기영 짐월드 대표**

영유아 교육프로그램 '선두' 자리매김

박기영 짐월드 대표는 대구 계성고를 졸업한 뒤 미국으로 건너가 학부를
마치고 조지워싱턴대에 진학, 경영학석사(MBA) 학위를 취득했다. 미국 유
학 시절 일찌감치 유아산업 시장의 무한한 가능성을 발견, 많은 관심을 갖
던 중 당시 미국에서 인기있던 놀이 교육 프로그램 '짐보리'를 알게 됐다.
그 후 박 대표는 한국에 짐보리를 도입하기 위해 짐보리 본사를 상대로
국내 굴지 대기업들과 경쟁, 결국 한국 내 사업권을 따냈다.

미국 유학을 마치고 1992년 귀국 직후 당시 어린이 놀이교육의 불모지
였던 한국시장에서 짐보리 교육 사업을 시작, 그 해 10월 서울반포에 짐보
리 1호점을 열었다. 1996년 울산 짐보리 30호점, 2001년 부산남천 짐보리
50호점을 개설하는 등 놀라운 속도로 성장을 거듭해 2007년 현재 전국 62
개 지역에 짐보리 센터를 두고 있다. 처음에는 단순한 사업적 동기에서 시
작한 사업이지만 짐보리는 '어린이들의 전인적 발달을 도모함으로써 창의
적인 미래 학습의 기초를 형성할 수 있는 프로그램'으로 학계에서도 많은
관심을 가질 정도가 됐다. 국내 영유아 교육 프로그램의 리딩 브랜드로 자
리매김한 것이다.

박 대표는 2005년 12월 온 가족이 함께 참여 할 수 있는 어린이 과학
체험 공간인 씽크타운을 서울 강남 센트럴시티에 열어 또 하나의 새로운
가족 문화 공간을 만들었다. 이르 통해 많은 어린이들이 친근하게 과학의
원리를 체득할 수 있는 기회를 제공하고 있다.

제2절 중기특위 위원장 표창 업체

1
외식 / 빨간모자피자

피자 브랜드 빨간모자(대표 이주남)는 1992년 1월 31일 탄생돼 2006년 말 현재 24개 매장이 운영되고 있다. 규모는 크지 않지만 빨간 모자의 경쟁력은 상품개발력에 있다. 2000년 고구마피자를 개발한 일은 국내 피자업계의 벤치마킹 사례로 기록됐다. 웰빙 재료를 사용한 건강한 피자 개발도 업계를 이근 사례다. 단호박, 검은깨, 천연벌굴 등 피자와 전혀 어울릴 것 같지 않은 식재료들을 이용한 피자를 개발해 업계를 놀라게 했다.

2002년부터 도입된 ERP(전사적 자원관리)시스템은 생산성 향상과 원가절감에 큰 도움이 되고 있다. 이 시스템은 본사와 지점을 연결하는 네트워크로 정착, 체계적으로 지점을 관리하고 지원할 수 있는 인프라가 되고 있다. 2005년에는 친환경 100% 천연펄프로 만든 피자박스를 도입, 고객의 건강과 환경까지 생각하는 기업으로 브랜드 이미지를 구축하고 있다. 이 같은 경쟁력을 바탕으로 빨간모자는 15년간 폐점이 없다는 것을 자랑으로 여기고 있다고 회사 측은 밝혔다.

이 회사의 가맹점 확대 방식은 독특한 면이 있다. 창립 초기부터 장기 근속자를 대상으로 창업비용 등을 지원해 직원 출신이 가맹점 주가 되도록 회사 차원에서 지원하는 것. 2006년 말 현재 12개의 가맹점 대표가 본사 직원 출신이다. 가맹점과 본사의 의사소통이 잘되는 것은 물론이다.

2
도소매 / 베스트오피스

(주)베스트오피스(대표 선장덕)는 1998년 '사무실의 모든 것'이라는 캐치프레이즈를 내걸고 사무용품 프랜차이즈 사업을 시작했다.

베스트오피스는 표준화된 상품과 가격으로 구성된 사무용품 카탈로그를 전국적으로 배포, 소비자에게 구매 편의와 가격 만족을 제공하면서 주목을 받기 시작했다. 지금은 사무용품뿐만 아니라 커피류, 컴퓨터, 사무용 가구, 사무용 가전 등의 아이템을 추가해 높은 성장세를 이어가고 있다. 베스트 오피스의 매출 형태는 매장 판매와 배송 판매의 비율이 1대 3 정도로 배송 판매의 비중이 높다. 그 이유는 소비자의 구매 형태 변화에 있다. 매장을 방문해 상품을 보고 직접 구매하는 방식에서 벗어나 500여 페이지, 7000여 종류 상품이 수록되어 있는 상품카탈로그와 인터넷 쇼핑몰을 통해 주문하는 것이 보편화되어 있기 때문이다.

이러한 복잡 다양한 상품 구성에도 불구하고 원활하게 상품을 판매할 수 있는 것은 전 가맹점을 온라인으로 연결하고 있는 POS 시스템이 있기에 가능하다. POS시스템은 매장에서 판매와 동시에 입력된 상품, 가격, 수량 등의 정보를 분석하고 활용해 매출동향 파악, 적정재고 유지, 판매 편의성 증대, 신상품의 판매예측 등이 가능하도록 구성되어 있다.

3 정보화 및 물류개발 / 코리안 숯불 닭 바비큐

(주)TBBC(대표 이원성)는 Top Brand Best Corporation'의 약자로 정상의 브랜드를 만드는 최고의 기업이란 뜻을 가지고 있다. 치킨 바비큐 전문점인 '코리안 숯불 닭 바비큐'를 필두로 퓨전 일식주점 '탕(Tang)', 맥주전문점 'BMF'까지 총 3개의 브랜드를 운용 중인 프랜차이즈 전문기업이다.

1998년 수원 율전동에서 '코리안 숯불 닭 바비큐'를 창립했다. 1호점인 성대점을 바탕으로 2002년 수원 북문점을 100호점으로 개점한 이후 급성장을 거듭해 창립 9년차인 현재 430여개의 가맹점이 성황리에 영업 중이다. '코리안 숯불 닭 바비큐'는 황토와 대나무, 항아리를 이용한 한국 고유의 매장 컨셉을 기반으로 고객의 향토적인 정서를 발현시켜 도심속의 고향처럼 편안한 안식처를 제공하는 곳으로 각광받고 있다.

연구 및 개발 / 핫썬 베이크치킨

(주)하산푸드시스템(공동대표 김문수·김동진)의 모체는 1980년 압력식 프라이드 기계 수입을 주로하는 오퍼상(하산양행)이다. 1990년에는 염지제 및 파우더를 전문 생산하는 금양식품산업(대표 김문수)을 설립하게 됐다. 금양식품산업은 30여개 치킨 체인본부에 각종 소스류와 파우더류를 개발해 공급하고 있다. 금양식품산업은 체인 본부들이 급격히 성장, 자체 제조 레시피를 가지면서 2002년 하산푸드시스템을 별도로 설립, 가맹사업에 뛰어들었다. 기존의 프라이드 업체와 경쟁하기 위해 2003년 기름에 튀기지 않고 육계 자체의 기름으로 튀겨낸 듯한 바삭바삭한 맛을 내는 조리과정 특허를 획득, 차별화를 도모하고 있다.

서비스 / 미플

미플(대표 최창수)은 (주)아미아 인터내셔날이 운영하는 피부관리 전문 브랜드이다. 미플은 '도심속의 피부 휴양지, 스킨 리조트'를 캐치프레이즈로 내걸고 있다.

이 회사의 강점은 화장품에 관한 베테랑 연구진을 보유하고 있다는 것이다. 조향사 1명을 포함, 기초 화장품 연구원이 10명이나 된다. 대형 국색 사업 연구과제도 수행하고 있다는게 회사측 설명이다. 10여건의 특허 물질을 보유, 해외 테크노마트 박람회에도 기술 출품을 여러 번 했다고 한다. 보유기술 사례로는 다중 액정 유화기술, 나노 캡슐레이션, 항노화 물질, 미백 화장료, 아토피 치유 물질, 향 디자인 등을 들 수 있다.

제3절   중기청장 표창업체

에프알푸드시스템(대표 이호경)은 삼겹살 중심의 프랜차이즈 전문기업이
다. 이 회사는 1999년 9월 '꿈터'라는 브랜드로 출발해 '석기시대'를 거쳐 현
재 '떡쌈시대'로 거듭 태어났다.

떡쌈시대는 2005년 서울 종로에 100평의 본점을 개설, 현재 3년째 경영
하고 있다. 본사가 위탁 경영하는 화정점과 종로본점을 중심으로 매년 가
맹점 현지 적응력, 프로모션, 매장운영 노하우, 접객서비스 및 사례등 현장
리스크관리와 경쟁요소를 중점 발굴함으로써 본사의 경쟁력을 높이고 있
다.

이 회사도 다양한 가맹점 활성화 프로그램을 갖추고 있다. 지역밀착형
이벤트 행사도 그 중 하나다. 가맹점 개설시 소년소녀가장, 독거노인, 장애
우 등을 매장에 초대해 지역주민과 함께 어울리는 시간을 갖는다. 가맹점
들이 조기에 정착하게 해주는 프로그램을 운영 중이다. 초기 창업자인 가
맹점주의 두려움과 불안감을 해소하고 안정적인 매출 향상을 위해 전담
운영 요원을 재빙, 지역의 특성과 매출 추이를 기초로 3개월 조기정착 프
로그램을 가동하고 있다. 부진 점포 활성화 프로그램도 있다. 본사의 조기
정착 프로그램 시행 이후에도 가맹점별 매출 목표에 미달하는 업체를 대
상으로 본사와 가맹점이 '지역 1등 점포'를 목표로 내걸로 시행하는 프로
그램이다.

'존앤존 PC방'(대표 백호근)은 2006년 한해 동안 120여개의 신규 가맹점
을 개설, PC방업계가 포화상태에 이르렀다는 세간의 인식이 무색해질 정

도로 급성장세를 나타내고 있다. 현재 400여개의 가맹점을 운영하고 있는 존앤존 PC방은 매월평균 20개 이상의 가맹점이 새로 문을 열고 있다.

수십개의 브랜드가 경쟁하고 있는 PC방 시장에서 존앤존 PC방이 이 같은 성장세를 이어갈 수 있었던 데는 '고객과 가맹점 동시 만족'이라는 전략이 주효한 것으로 풀이된다. 노후되지 않는 깔끔한 인테리어, 철저한 가맹점 관리, 고객을 최우선으로 여기는 서비스 개발을 위한 HFUR을 게을리하지 않았다는 얘기다.

세월이 흘러도 노후되지 않는 '고품격 문화공간'을 표방하는 존앤존 PC방은 업계 최초로 자체 디자인연구소를 두고 갈끔한 사이버 공간을 연출하고 있다. 특히 특허받은 조명 사용, 음료와 스낵을 즐길 수 있는 '카페존' 구성 등 어둡고 침침한 PC방을 복합 디지털 문화 공간으로 글어올렸다는 평가를 받고 있다.

기업의 우수성 안정성 수익성을 인정받아 PC방 업계에서는 유일하게 국민은행으로부터 'KB 우수브랜드'로 선정되었으며 존앤존 PC방 가맹계액을 하는 고객에게 국민은행이 무보증, 무담보, 최저금리의 창업 자금을 지원하고 있다. 본사 1588-0672

---

3 가맹점 / 행복추풍령 감자탕&묵은지 천호점

'행복추풍령 감자탕&묵은지' 천호점(대표 안순식)은 2005년 6월 문을 열었다. 안 사장은 4년 전 치킨 가맹점 2개를 3년간 운영한 경험을 토대로 업종을 바꾼 케이스다. 이 점포의 하루 평균 매출은 260만원대로 조만간 300만원을 돌파할 것으로 예상된다는 게 본사의 설명이다.

천호점이 이처럼 뛰어난 매출을 올리게 된 배경은 첫 번째, 고객에 대한 철저한 분석이다. 안 사장은 매출의 70% 이상이 저녁에 일어나고 점심 때는 썰렁한 한계를 극복하려고 노력했다. 저녁 직장인 고객을 대상으로 다음날 점심 메뉴 주문시 30% 할인해주는 고객 재방문 포로모션을 과감하게 실했다. 재방문 직장인들로 하여금 점심메뉴에 대한 아이디어 및 메뉴 조사를 실시해 점포

인근 직장인의 취향에 맞는 메뉴를 본사와 함께 개발, 고객 만족도를 높였다.

가맹점 / 잉크가이 논현동 희망나라점

지난해 2월 서울 강남 논현동에서 잉크·토너 방문충전점 잉크가이 가맹점 사업을 시작한 김재근씨(45), 유아교육사업과 큼퓨터학원 사업으로 승승장구하던 김씨도 계속되는 경기침체와 불황은 피해갈 수 없었다. 마지막이라는 심경으로 시작한 사업이 바로 잉크가이다. 무엇보다 무점포로 1250만원만 투자하면 시작할 수 있다는 점에 일단 끌렸다.

김씨의 고객은 각종 오피스, 가정집, 길거리 점포들이다. 사무실은 낮 시간을 주로 활용해 업업하고 있다. 사용량이 많아 잉크, 토너 추언은 물론 전산용품과 사무문구용품까지 한거번에 납품이 가능하다. 가격 경쟁력은 물론 프린터 관리까지 서비스하기 때문에 고객들의 만족도가 높다. 다양한 수익 아이템으로 한 달 평균 순이익을 700만원 정도 올리고 있다.

가맹점 / 이보영의 토킹클럽 중계점

이보영의 토킹클럽 중계점(대표 임재윤)은 전체 가맹점 중 탁월한 실적으로 명성이 높다. 중계점은 현재 400명의 학생들을 가르치고 있다. 중계점은 토킹(Talking)이란 모국어인 한국어를 말하듯이 자연스럽고(Natural), 유창하고(Fluent), 정확한(Accurate)영어로 말하는 것을 목표로 학생들을 이끌어준다.

'이보영의 토킹클럽'은 교육전문기업(주)에듀박스가 운영하는 영어말하기 전문 학원이다.

최근 영어교육의 추세는 토익(TOEIC) 토플(TOEFL)등의 말하기 테스트 강화, 2008년 초등 영어교육 1학년까지 확대 시행, 중·고교 수행평가 중 구사능력 평가 반영 등 영어 말하기에 초점을 두고 있다. '이보영의 토킹클럽'은 130여종의 전문화된 자체 개발 교재 및 프로그램을 갖추고 있다.

부　록

상가건물 임대차 보호법

상가건물 임대차 보호법

[일부개정 2005.1.27 법률 7358호]

제1조 (목적)

이 법은 상가건물 임대차에 관하여 민법에 대한 특례를 규정함으로써 국민 경제 생활의 안정을 보장함을 목적으로 한다.

제2조 (적용범위)

①이 법은 상가건물(제3조제1항의 규정에 의한 사업자등록의 대상이 되는 건물을 말한다)의 임대차(임대차 목적물의 주된 부분을 영업용으로 사용하는 경우를 포함 한다)에 대하여 적용한다. 다만, 대통령령이 정하는 보증금액을 초과하는 임대차에 대하여는 그러하지 아니하다.

②제1항 단서의 규정에 의한 보증금액을 정함에 있어서는 당해 지역의 경제여건 및 임대차 목적물의 규모 등을 감안하여 지역별로 구분하여 규정하되, 보증금외에 차임이 있는 경우에는 그 차임액에 은행법에 의한 금융기관의 대출금리 등을 감 안하여 대통령령이 정하는 비율을 곱하여 환산한 금액을 포함하여야 한다.

제3조 (대항력 등)

①임대차는 그 등기가 없는 경우에도 임차인이 건물의 인도와 부가가치세법 제5 조, 소득세법 제168조 또는 법인세법 제111조의 규정에 의한 사업자등록을 신청한 때에는 그 다음 날부터 제3자에 대하여 효력이 생긴다.

②임차건물의 양수인(그 밖에 임대할 권리를 승계한 자를 포함한다)은 임대인의 지위를 승계한 것으로 본다.

③민법 제575조제1항·제3항 및 제578조의 규정은 이 법에 의하여 임대차의 목적 이 된 건물이 매매 또는 경매의 목적물이 된 경우에 이를 준용한다.

④민법 제536조의 규정은 제3항의 경우에 이를 준용한다.

제4조 (등록사항 등의 열람 · 제공)

①건물의 임대차에 이해관계가 있는 자는 건물의 소재지 관할 세무서장에게 다음 각호의 사항의 열람 또는 제공을 요청할 수 있다. 이때 관할 세무서장은 정당한 사유없이 이를 거부할 수 없다.

1. 임대인 · 임차인의 성명, 주소, 주민등록번호(임대인 · 임차인이 법인 또는 법인 아닌 단체인 경우에는 법인명 또는 단체명, 대표자, 법인등록번호, 본점 · 사업 장소재지)
2. 건물의 소재지, 임대차 목적물 및 면적
3. 사업자등록 신청일
4. 사업자등록 신청일 당시의 보증금 및 차임, 임대차기간
5. 임대차계약서상의 확정일자를 받은 날
6. 임대차계약이 변경 또는 갱신된 경우에는 변경된 일자, 보증금 및 차임, 임대차 기간, 새로운 확정일자를 받은 날
7. 그 밖에 대통령령이 정하는 사항

②제1항의 규정에 의한 자료의 열람 및 제공과 관련하여 필요한 사항에 대하여는 대통령령으로 정한다.

제5조 (보증금의 회수)

①임차인이 임차건물에 대하여 보증금반환청구소송의 확정판결 그 밖에 이에 준하는 집행권원에 기한 경매를 신청하는 경우에는 민사집행법 제41조의 규정에 불구하고 반대의무의 이행 또는 이행의 제공을 집행개시의 요건으로 하지 아니한다.

②제3조제1항의 대항요건을 갖추고 관할 세무서장으로부터 임대차계약서상의 확정일자를 받은 임차인은 민사집행법에 의한 경매 또는 국세징수법에 의한 공매시 임차건물(임대인 소유의 대지를 포함한다)의 환가대금에서 후순위권리자 그 밖의 채권자보다 우선하여 보증금을 변제받을 권리가 있다.

③임차인은 임차건물을 양수인에게 인도하지 아니하면 제2항의 규정에 의한 보증금을 수령할 수 없다.

④제2항의 규정에 의한 우선변제의 순위와 보증금에 대하여 이의가 있는 이해관

계인은 경매법원 또는 체납처분청에 이의를 신청할 수 있다.

⑤민사집행법 제152조 내지 제161조의 규정은 제4항의 규정에 의하여 경매법원에 이의를 신청하는 경우에 이를 준용한다.

⑥제4항의 규정에 의하여 이의신청을 받은 체납처분청은 이해관계인이 이의신청 일부터 7일 이내에 임차인을 상대로 소를 제기한 것을 증명한 때에는 당해 소송의 종결시까지 이의가 신청된 범위안에서 임차인에 대한 보증금의 변제를 유보하고 잔여금액을 배분하여야 한다. 이 경우 유보된 보증금은 소송의 결과에 따라 배분한다.

제6조 (임차권등기명령)

①임대차가 종료된 후 보증금을 반환받지 못한 임차인은 임차건물의 소재지를 관할하는 지방법원 · 지방법원지원 또는 시□군법원에 임차권등기명령을 신청할 수 있다.

②임차권등기명령의 신청에는 다음 각호의 사항을 기재하여야 하며, 신청의 이유 및 임차권등기의 원인이 된 사실은 이를 소명하여야 한다.

1. 신청의 취지 및 이유

2. 임대차의 목적인 건물(임대차의 목적이 건물의 일부분인 경우에는 그 도면을 첨부한다)

3. 임차권등기의 원인이 된 사실(임차인이 제3조제1항의 규정에 의한 대항력을 취득하였거나 제5조제2항의 규정에 의한 우선변제권을 취득한 경우에는 그 사실)

4. 그 밖에 대법원규칙이 정하는 사항

③민사집행법 제280조제1항, 제281조, 제283조, 제285조, 제286조, 제288조제1항 · 제2항 본문, 제289조, 제290조제2항중 제288조제1항에 대한 부분, 제291조, 제293조의 규정은 임차권등기명령의 신청에 대한 재판, 임차권등기명령의 결정에 대한 임대인의 이의신청 및 그에 대한 재판, 임차권등기명령의 취소신청 및 그에 대한 재판 또는 임차권등기명령의 집행 등에 관하여 이를 준용한다. 이 경우 "가압류"는 "임차권등기"로, "채권자"는 "임차인"으로, "채무자"는 "임대인"으로 본다. <개정 2005.1.27>

④임차권등기명령신청을 기각하는 결정에 대하여 임차인은 항고할 수 있다.

⑤임차권등기명령의 집행에 의한 임차권등기가 경료되면 임차인은 제3조제1항의 규정에 의한 대항력 및 제5조제2항의 규정에 의한 우선변제권을 취득한다. 다만, 임차인이 임차권등기 이전에 이미 대항력 또는 우선변제권을 취득한 경우에는 그 대항력 또는 우선변제권이 그대로 유지되며, 임차권등기 이후에는 제3조제1항의 대항요건을 상실하더라도 이미 취득한 대항력 또는 우선변제권을 상실하지 아니한다.

⑥임차권등기명령의 집행에 의한 임차권등기가 경료된 건물(임대차의 목적이 건물의 일부분인 경우에는 해당 부분에 한한다)을 그 이후에 임차한 임차인은 제14조의 규정에 의한 우선변제를 받을 권리가 없다.

⑦임차권등기의 촉탁, 등기관의 임차권등기 기입 등 임차권등기명령의 시행에 관하여 필요한 사항은 대법원규칙으로 정한다.

⑧임차인은 제1항의 규정에 의한 임차권등기명령의 신청 및 그에 따른 임차권등기와 관련하여 소요된 비용을 임대인에게 청구할 수 있다.

제7조 (민법의 규정에 의한 임대차등기의 효력 등)

①제6조제5항 및 제6항의 규정은 민법 제621조의 규정에 의한 건물임대차등기의 효력에 관하여 이를 준용한다.

②임차인이 대항력 또는 우선변제권을 갖추고 민법 제621조제1항의 규정에 의하여 임대인의 협력을 얻어 임대차등기를 신청하는 경우에는 신청서에 부동산등기법 제156조에 규정된 사항 외에 다음 각호의 사항을 기재하여야 하며, 이를 증명할 수 있는 서면(임대차의 목적이 건물의 일부분인 경우에는 해당부분의 도면을 포함한다)을 첨부하여야 한다.

1. 사업자등록을 신청한 날

2. 임차건물을 점유한 날

3. 임대차계약서상의 확정일자를 받은 날

제8조 (경매에 의한 임차권의 소멸)

임차권은 임차건물에 대하여 민사집행법에 의한 경매가 행하여진 경우에는 그 임차건물의 경락에 의하여 소멸한다. 다만, 보증금이 전액 변제되지 아니한 대항력이 있는 임차권은 그러하지 아니하다.

제9조 (임대차기간 등)

①기간의 정함이 없거나 기간을 1년 미만으로 정한 임대차는 그 기간을 1년으로 본다. 다만, 임차인은 1년 미만으로 정한 기간이 유효함을 주장할 수 있다.

②임대차가 종료한 경우에도 임차인이 보증금을 반환받을 때까지는 임대차 관계는 존속하는 것으로 본다.

제10조 (계약갱신 요구등)

①임대인은 임차인이 임대차기간 만료전 6월부터 1월까지 사이에 행하는 계약갱신 요구에 대하여 정당한 사유없이 이를 거절하지 못한다. 다만, 다음 각호의 1의 경우에는 그러하지 아니하다.

1. 임차인이 3기의 차임액에 달하도록 차임을 연체한 사실이 있는 경우

2. 임차인이 거짓 그 밖의 부정한 방법으로 임차한 경우

3. 쌍방 합의하에 임대인이 임차인에게 상당한 보상을 제공한 경우

4. 임차인이 임대인의 동의 없이 목적 건물의 전부 또는 일부를 전대한 경우

5. 임차인이 임차한 건물의 전부 또는 일부를 고의 또는 중대한 과실로 파손한 경우

6. 임차한 건물의 전부 또는 일부가 멸실되어 임대차의 목적을 달성하지 못할 경우

7. 임대인이 목적 건물의 전부 또는 대부분을 철거하거나 재건축하기 위해 목적 건물의 점유 회복이 필요한 경우

8. 그 밖에 임차인이 임차인으로서의 의무를 현저히 위반하거나 임대차를 존속하기 어려운 중대한 사유가 있는 경우

②임차인의 계약갱신요구권은 최초의 임대차 기간을 포함한 전체 임대차 기간이 5년을 초과하지 않는 범위 내에서만 행사할 수 있다.

③갱신되는 임대차는 전 임대차와 동일한 조건으로 다시 계약된 것으로 본다. 다만, 차임과 보증금은 제11조의 규정에 의한 범위안에서 증감할 수 있다.

④임대인이 제1항의 기간 이내에 임차인에 대하여 갱신거절의 통지 또는 조건의 변경에 대한 통지를 하지 아니한 경우에는 그 기간이 만료된 때에 전임대차와 동일한 조건으로 다시 임대차한 것으로 본다. 이 경우에 임대차의 존속기간은 정함

이 없는 것으로 본다.

⑤제4항의 경우 임차인은 언제든지 임대인에 대하여 계약해지의 통고를 할 수 있고, 임대인이 그 통고를 받은 날부터 3월이 경과하면 그 효력이 발생한다.

제11조 (차임 등의 증감청구권)

①차임 또는 보증금이 임차건물에 관한 조세, 공과금 그 밖의 부담의 증감이나 경제사정의 변동으로 인하여 상당하지 아니하게 된 때에는 당사자는 장래에 대하여 그 증감을 청구할 수 있다. 그러나 증액의 경우에는 대통령령이 정하는 기준에 따른 비율을 초과하지 못한다.

②제1항의 규정에 의한 증액청구는 임대차계약 또는 약정한 차임등의 증액이 있은 후 1년 이내에는 이를 하지 못한다.

제12조 (월차임 전환시 산정률의 제한)

보증금의 전부 또는 일부를 월 단위의 차임으로 전환하는 경우에는 그 전환되는 금액에 은행법에 의한 금융기관에서 적용하는 대출금리 및 당해 지역의 경제여건 등을 감안하여 대통령령이 정하는 비율을 곱한 월차임의 범위를 초과할 수 없다.

제13조 (전대차관계에 대한 적용 등)

①제10조 내지 제12조의 규정은 전대인과 전차인의 전대차관계에 적용한다.

②임대인의 동의를 받고 전대차계약을 체결한 전차인은 임차인의 계약갱신요구권 행사기간 범위내에서 임차인을 대위하여 임대인에게 계약갱신요구권을 행사할 수 있다.

제14조 (보증금중 일정액의 보호)

①임차인은 보증금중 일정액을 다른 담보물권자보다 우선하여 변제받을 권리가 있다. 이 경우 임차인은 건물에 대한 경매신청의 등기 전에 제3조제1항의 요건을 갖추어야 한다.

②제5조제4항 내지 제6항의 규정은 제1항의 경우에 이를 준용한다.

③제1항의 규정에 의하여 우선변제를 받을 임차인 및 보증금 중 일정액의 범위와 기준은 임대건물가액(임대인 소유의 대지 가액을 포함한다)의 3분의 1의 범위안에서 당해 지역의 경제여건, 보증금 및 차임 등을 고려하여 대통령령으로 정한다.

제15조 (강행규정)

이 법의 규정에 위반된 약정으로서 임차인에게 불리한 것은 그 효력이 없다.

제16조 (일시사용을 위한 임대차)

이 법은 일시사용을 위한 임대차임이 명백한 경우에는 이를 적용하지 아니한다.

제17조 (미등기전세에의 준용)

이 법은 목적건물의 등기하지 아니한 전세계약에 관하여 이를 준용한다. 이 경우 "전세금"은 "임대차의 보증금"으로 본다.

제18조 (소액사건심판법의 준용)

소액사건심판법 제6조·제7조·제10조 및 제11조의2의 규정은 임차인이 임대인에 대하여 제기하는 보증금반환청구소송에 관하여 이를 준용한다.

부칙 〈제6542호, 2001. 12. 29〉

①(시행일) 이 법은 2002년 11월 1일부터 시행한다. <개정 2002.8.26>

②(적용례) 이 법은 이 법 시행후 체결되거나 갱신된 임대차부터 적용한다. 다만, 제3조·제5조 및 제14조의 규정은 이 법 시행당시 존속중인 임대차에 대하여도 이를 적용하되, 이 법 시행 전에 물권을 취득한 제3자에 대하여는 그 효력이 없다.

③(기존 임차인의 확정일자 신청에 대한 경과조치) 이 법 시행당시의 임차인으로서 제5조의 규정에 의한 보증금 우선변제의 보호를 받고자 하는 자는 이 법 시행 전에 대통령령이 정하는 바에 따라 건물의 소재지 관할 세무서장에게 임대차계약서상의 확정일자를 신청할 수 있다.

부칙 〈제6718호, 2002. 8. 26〉

이 법은 공포한 날부터 시행한다.

부칙(민사집행법) 〈제7358호, 2005. 1. 27〉

제1조 (시행일)

이 법은 공포 후 6월이 경과한 날부터 시행한다.

제2조 생략

제3조 (다른 법률의 개정)

①상가건물임대차보호법중 다음과 같이 개정한다.

제6조제3항 전단중 "민사집행법 제280조제1항, 제281조, 제283조, 제285조, 제286조, 제288조제1항·제2항·제3항 본문, 제289조제1항 내지 제4항"을 "민사집행법 제280조제1항, 제281조, 제283조, 제285조, 제286조, 제288조제1항·제2항 본문, 제289조"로 한다.

②및 ③생략

제4조 생략

상가건물 임대차 보호법 시행령

[일부개정 2006.6.12 대통령령 제19507호]

제1조 (목적)

이 영은 상가건물임대차보호법에서 위임된 사항과 그 시행에 관하여 필요한 사항을 정하는 것을 목적으로 한다.

제2조 (적용범위)

①상가건물임대차보호법(이하 "법"이라 한다) 제2조제1항 단서에서 "대통령령이 정하는 보증금액"이라 함은 다음 각호의 구분에 의한 금액을 말한다.

1. 서울특별시 : 2억4천만원

2. 수도권정비계획법에 의한 수도권중 과밀억제권역(서울특별시를 제외한다) : 1억9천만원

3. 광역시(군지역과 인천광역시지역을 제외한다) : 1억5천만원

4. 그 밖의 지역 : 1억4천만원

②법 제2조제2항의 규정에 의하여 보증금외에 차임이 있는 경우의 차임액은 월단위의 차임액으로 한다.

③법 제2조제2항에서 "대통령령이 정하는 비율"이라 함은 1분의 100을 말한다.

제3조 (등록사항 등의 열람 · 제공)

①상가건물의 임대차에 이해관계가 있는 자는 법 제4조제1항의 규정에 의하여 등록사항 등의 열람 또는 제공을 요청하는 때에는 별지 제1호서식에 의한 요청서에 이해관계가 있는 자임을 입증할 수 있는 서류를 첨부하여 당해 건물의 소재지를 관할하는 세무서장에게 제출하여야 한다.

②법 제4조제1항의 규정에 의한 등록사항 등의 열람 또는 제공은 사업자등록신청서 · 사업자등록정정신고서 및 그 첨부서류와 확정일자를 기재한 장부중 열람을 요청한 사항을 열람하게 하거나, 별지 제2호서식에 의한 현황서나 건물도면의 등본을 교부하는 방법에 의한다.

③법 제4조제1항의 규정에 의한 등록사항 등의 열람 또는 제공은 전자적 방법에

의할 수 있다.

④법 제4조제1항제7호에서 "그 밖에 대통령령이 정하는 사항"이라 함은 임대차의
목적이 건물의 일부분인 경우 그 부분의 도면을 말한다.

제4조 (차임 등 증액청구의 기준)

법 제11조제1항의 규정에 의한 차임 또는 보증금의 증액청구는 청구당시의 차임
또는 보증금의 100분의 12의 금액을 초과하지 못한다.

제5조 (월차임 전환시 산정률)

법 제12조에서 "대통령령이 정하는 비율"이라 함은 연 1할5푼을 말한다.

제6조 (우선변제를 받을 임차인의 범위)

법 제14조의 규정에 의하여 우선변제를 받을 임차인은 보증금과 차임이 있는 경
우 법 제2조제2항의 규정에 의하여 환산한 금액의 합계가 다음 각호의 구분에 의
한 금액 이하인 임차인으로 한다.

1. 서울특별시 : 4천500만원

2. 수도권정비계획법에 의한 수도권중 과밀억제권역(서울특별시를 제외한다) : 3천
900만원

3. 광역시(군지역과 인천광역시지역을 제외한다) : 3천만원

4. 그 밖의 지역 : 2천500만원

제7조 (우선변제를 받을 보증금의 범위 등)

①법 제14조의 규정에 의하여 우선변제를 받을 보증금중 일정액의 범위는 다음
각호의 구분에 의한 금액 이하로 한다.

1. 서울특별시 : 1천350만원

2. 수도권정비계획법에 의한 수도권중 과밀억제권역(서울특별시를 제외한다) : 1천
170만원

3. 광역시(군지역과 인천광역시지역을 제외한다) : 900만원

4. 그 밖의 지역 : 750만원

②임차인의 보증금중 일정액이 상가건물의 가액의 3분의 1을 초과하는 경우에는
상가건물의 가액의 3분의 1에 해당하는 금액에 한하여 우선변제권이 있다.

③하나의 상가건물에 임차인이 2인 이상이고, 그 각 보증금중 일정액의 합산액이 상가건물의 가액의 3분의 1을 초과하는 경우에는 그 각 보증금중 일정액의 합산액에 대한 각 임차인의 보증금중 일정액의 비율로 그 상가건물의 가액의 3분의 1에 해당하는 금액을 분할한 금액을 각 임차인의 보증금중 일정액으로 본다.

부칙 〈제17757호, 2002.10.14〉

①(시행일) 이 영은 2002년 11월 1일부터 시행한다.
②(기존 임차인의 확정일자 신청에 대한 경과조치) 이 영 공포후 법 부칙 제3항의 규정에 의하여 임대차계약서상의 확정일자를 신청하고자 하는 자는 임대차계약서와 함께 사업자등록증을 제시하여야 한다.

부칙(행정정보의 공동이용 및 문서감축을 위한 국가채권관리법 시행령 등 일부개정령) 〈제19507호, 2006.6.12〉

이 영은 공포한 날부터 시행한다.

서식1 등록사항등의열람·제공요청서

서식2 등록사항 등의 현황서

가맹사업거래의 공정화에 관한 법률

[일부개정 2005.12.29 법률 제7796호]

제1장　총칙

제1조 (목적)

이 법은 가맹사업의 공정한 거래질서를 확립하고 가맹본부와 가맹점사업자가 대등한 지위에서 상호보완적으로 균형있게 발전하도록 함으로써 소비자 복지의 증진과 국민경제의 건전한 발전에 이바지함을 목적으로 한다.

제2조 (정의)

이 법에서 사용하는 용어의 정의는 다음과 같다.

1. "가맹사업"이라 함은 가맹본부가 가맹점사업자로 하여금 자기의 상표·서비스표·상호·간판 그 밖의 영업표지(이하 "영업표지"라 한다)를 사용하여 일정한 품질기준에 따라 상품(원재료 및 부재료를 포함한다. 이하 같다) 또는 용역을 판매하도록 함과 아울러 이에 따른 경영 및 영업활동 등에 대한 지원·교육과 통제를 하며, 가맹점사업자는 영업표지의 사용과 경영 및 영업활동 등에 대한 지원·교육의 대가로 가맹본부에 가맹금을 지급하는 계속적인 거래관계를 말한다.

2. "가맹본부"라 함은 가맹사업과 관련하여 가맹점사업자에게 가맹점운영권을 부여하는 사업자를 말한다.

3. "가맹점사업자"라 함은 가맹사업과 관련하여 가맹본부로부터 가맹점운영권을 부여받은 사업자를 말한다.

4. "가맹희망자"라 함은 장래 가맹점을 운영할 목적으로 특정 가맹본부로 하여금

가맹점사업자의 부담, 영업활동의 조건 등 제10호의 정보공개서의 내용을 제공하도록 서면으로 신청하는 자를 말한다.

5. "가맹점운영권"이라 함은 가맹본부가 가맹계약에 의하여 가맹점사업자에게 가맹사업을 영위하도록 부여하는 권리를 말한다.

6. "가맹금"이라 함은 명칭이나 지급형태 여하에 불구하고 다음 각목의 1에 해당하는 금전으로서 대통령령이 정하는 것을 말한다.

　가. 가맹점사업자가 가맹점운영권을 부여받을 당시에 영업표지의 사용허가와 영업활동에 관한 지원·교육 등의 대가로 가맹본부에게 지급하는 금전

　나. 가맹점사업자가 상품의 판매대금 등에 관한 채무액 또는 손해배상액의 지급을 담보하기 위하여 가맹본부에게 지급하는 금전

　다. 가맹점사업자가 가맹본부와의 계약에 의하여 승낙 받은 영업표지의 사용과 영업활동에 관한 지원·교육 등의 대가로 가맹본부에게 정기적으로 지급하는 금전

7. "가맹지역본부"라 함은 가맹본부와의 계약에 의하여 일정한 지역 안에서 가맹점사업자의 모집, 상품 또는 용역의 품질유지, 가맹점사업자에 대한 경영 및 영업활동의 지원·교육·통제 등 가맹본부의 업무의 전부 또는 일부를 대행하는 사업자를 말한다.

8. "가맹중개인"이라 함은 가맹본부 또는 가맹지역본부로부터 가맹점사업자를 모집하거나 가맹계약을 준비 또는 체결하는 업무를 위탁받은 자를 말한다.

9. "가맹계약서"라 함은 가맹사업의 구체적 내용과 조건 등에 있어 가맹본부 또는 가맹점사업자(이하 "가맹사업당사자"라 한다)의 권리와 의무에 관한 사항을 기재한 문서를 말한다.

10. "정보공개서"라 함은 가맹본부의 사업현황, 임원의 경력, 가맹점사업자의 부담, 영업활동의 조건, 가맹점사업자에 대한 지원·교육·훈련·지도·통제, 가맹계약의 해제·해지·갱신 그 밖에 해당 가맹사업에 관하여 대통령령이 정하는 사항을 수록하여 책자로 편철한 문서를 말한다.

제3조 (적용배제) 이 법은 다음 각호의 1에 해당하는 경우에는 적용하지 아니한다.

다만, 제9조 및 제10조의 규정의 경우에는 그러하지 아니하다.

1. 가맹점사업자가 가맹금의 최초 지급일부터 6월까지의 기간동안 가맹본부에게 지급한 가맹금의 총액이 대통령령이 정하는 금액을 초과하지 아니하는 경우

2. 가맹본부의 연간 매출액이 대통령령이 정하는 일정규모 미만인 경우

제2장 가맹사업거래의 기본원칙

제4조 (신의성실의 원칙)

가맹사업당사자는 가맹사업을 영위함에 있어서 각자의 업무를 신의에 따라 성실하게 수행하여야 한다.

제5조 (가맹본부의 준수사항)

가맹본부는 다음 각호의 사항을 준수한다.

1. 가맹사업의 성공을 위한 사업구상

2. 상품이나 용역의 품질관리와 판매기법의 개발을 위한 계속적인 노력

3. 가맹점사업자에 대하여 합리적 가격과 비용에 의한 점포설비의 설치, 상품 또는 용역 등의 공급

4. 가맹점사업자와 그 직원에 대한 교육·훈련

5. 가맹점사업자의 경영·영업활동에 대한 지속적인 조언과 지원

6. 가맹계약기간중 가맹점사업자의 영업지역안에서 자기의 직영점을 설치하거나 가맹점사업자와 유사한 업종의 가맹점을 설치하는 행위의 금지

7. 가맹점사업자와의 대화와 협상을 통한 분쟁해결 노력

제6조 (가맹점사업자의 준수사항)

가맹점사업자는 다음 각호의 사항을 준수한다.

1. 가맹사업의 통일성 및 가맹본부의 명성을 유지하기 위한 노력

2. 가맹본부의 공급계획과 소비자의 수요충족에 필요한 적정한 재고유지 및 상품진열

3. 가맹본부가 상품 또는 용역에 대하여 제시하는 적절한 품질기준의 준수

4. 제3호의 규정에 의한 품질기준의 상품 또는 용역을 구입하지 못하는 경우 가맹

본부가 제공하는 상품 또는 용역의 사용

5. 가맹본부가 사업장의 설비와 외관, 운송수단에 대하여 제시하는 적절한 기준의 준수

6. 취급하는 상품·용역이나 영업활동을 변경하는 경우 가맹본부와의 사전 협의

7. 상품 및 용역의 구입과 판매에 관한 회계장부 등 가맹본부의 통일적 사업경영 및 판매전략의 수립에 필요한 자료의 유지와 제공

8. 가맹점사업자의 업무현황 및 제7호의 규정에 의한 자료의 확인과 기록을 위한 가맹본부의 임직원 그 밖의 대리인의 사업장 출입허용

9. 가맹본부의 동의를 얻지 아니한 경우 사업장의 위치변경 또는 가맹점운영권의 양도 금지

10. 가맹계약기간중 가맹본부와 동일한 업종을 영위하는 행위의 금지

11. 가맹본부의 영업기술이나 영업비밀의 누설 금지

12. 영업표지에 대한 제3자의 침해사실을 인지하는 경우 가맹본부에 대한 영업표지침해사실의 통보와 금지조치에 필요한 적절한 협력

제3장 가맹사업거래의 공정화

제7조 (정보공개서의 제공의무)

①가맹본부(가맹지역본부 또는 가맹중개인이 가맹점사업자를 모집하는 경우에 이를 포함한다. 이하 같다)는 가맹희망자에게 다음 각호의 1에 해당하는 시점중 빠른 시점에 대통령령이 정하는 바에 따라 정보공개서를 제공하여야 한다.

1. 가맹희망자가 가맹금을 최초로 지급하는 날부터 5일전

2. 가맹희망자가 가맹계약을 체결하는 날부터 5일전

②공정거래위원회는 대통령령이 정하는 바에 따라 정보공개서의 표준양식을 정하여 가맹본부 또는 가맹본부로 구성된 사업자단체에게 그 사용을 권장할 수 있다.

제8조 (정보공개서의 갱신과 수정)

①가맹본부는 매 사업연도가 종료하는 날부터 90일 이내에 정보공개서를 갱신하

여야 한다.

②가맹본부는 정보공개서의 내용중 가맹점사업자의 부담, 영업활동의 조건 등 대통령령이 정하는 중요한 사항이 변경된 경우에는 변경되는 날부터 90일 이내에 정보공개서를 수정하여야 한다.

제9조 (허위·과장된 정보제공 등의 금지)

①가맹본부는 정보공개서를 작성·갱신□수정하거나 가맹희망자에게 정보의 내용을 표시□광고 또는 설명(영상자료를 제공하는 경우를 포함한다. 이하 같다)함에 있어서 허위 또는 과장된 정보를 제공하거나 제8조제2항에서 규정된 중요한 사항을 누락하여서는 아니된다.

②가맹본부는 자기와 거래하는 가맹점사업자의 매출액·수익·매출·총이익·순이익 등 과거의 수익상황이나 장래의 예상수익상황에 관한 정보를 제공하는 경우에 공인회계사가 감사한 감사보고서 등 대통령령이 정하는 자료를 가맹본부의 사무소에 비치하여야 한다.

③가맹본부는 가맹희망자 또는 가맹점사업자가 제2항의 규정에 의한 자료의 제시를 요구하는 경우에는 이에 응하여야 한다.

제10조 (가맹금의 반환)

①가맹본부는 다음 각호의 1에 해당하는 경우에는 가맹희망자 또는 가맹점사업자의 요구가 있는 날부터 1월 이내에 제2조제6호가목 및 나목의 가맹금을 반환하여야 한다.

1. 가맹본부가 제9조제1항의 규정에 의한 허위 또는 과장된 정보를 제공하거나 제8조제2항의 규정에 의한 중요한 사항을 누락한 것이 인정되어 가맹희망자가 가맹계약체결전에 가맹금의 반환을 요구하는 경우

2. 제9조제1항의 규정에 의한 허위 또는 과장된 정보나 제8조제2항의 규정에 의한 중요한 사항의 누락된 내용이 계약체결에 중대한 영향을 준 것으로 인정되어 해당 가맹점사업자가 가맹계약의 체결일부터 2월 이내에 가맹금의 반환을 요구하는 경우

3. 가맹본부가 정당한 사유없이 가맹사업을 일방적으로 중단하고 해당 가맹점사업자가 대통령령이 정하는 가맹사업의 중단일부터 2월 이내에 가맹금의 반환을 요

구하는 경우. 이 경우 반환되는 가맹금은 당해 계약기간내에 지급한 것에 한한다.

②제1항의 규정에 의하여 반환하는 가맹금의 금액을 정함에 있어서는 가맹계약의 체결경위, 지급된 금전의 성격, 가맹계약기간, 계약이행기간, 가맹사업당사자의 귀책정도 등을 고려하여야 한다.

제11조 (가맹계약서의 교부 등)

①가맹본부는 가맹계약서(유의사항, 특수거래조건 등 가맹본부와 가맹점사업자의 권리와 의무사항을 기재한 문서를 포함한다. 이하 같다)를 가맹금의 최초 수령일 전에 미리 가맹희망자에게 교부하여야 한다.

②가맹계약서는 다음 각호의 사항을 포함하여야 한다.

1. 영업표지의 사용권 부여에 관한 사항

2. 가맹점사업자의 영업활동 조건에 관한 사항

3. 가맹점사업자에 대한 교육□훈련, 경영지도에 관한 사항

4. 가맹금 등의 금전지급 내용에 관한 사항

5. 영업지역의 설정에 관한 사항

6. 계약기간에 관한 사항

7. 영업의 양도에 관한 사항

8. 계약해지의 사유에 관한 사항

9. 그 밖에 가맹사업당사자의 권리□의무에 관한 사항으로서 대통령령이 정하는 사항

③가맹본부는 가맹계약서를 가맹사업의 거래가 종료된 날부터 3년간 보관하여야 한다.

④공정거래위원회는 가맹본부에게 건전한 가맹사업거래질서를 확립하고 불공정한 내용의 가맹계약이 통용되는 것을 방지하기 위하여 일정한 가맹사업거래에서 표준이 되는 가맹계약서의 작성 및 사용을 권장할 수 있다.

제12조 (불공정거래행위의 금지)

①가맹본부는 다음 각호의 1에 해당하는 행위로서 가맹사업의 공정한 거래를 저해할 우려가 있는 행위를 하거나 다른 사업자로 하여금 이를 행하도록 하여서는 아니된다.

1. 가맹점사업자에 대하여 상품이나 용역의 공급 또는 영업의 지원 등을 부당하게 중단 또는 거절하거나 그 내용을 현저히 제한하는 행위
2. 가맹점사업자가 취급하는 상품 또는 용역의 가격, 거래상대방, 거래지역이나 가맹점사업자의 사업활동을 부당하게 구속하거나 제한하는 행위
3. 거래상의 지위를 이용하여 부당하게 가맹점사업자에게 불이익을 주는 행위
4. 제1호 내지 제3호외의 행위로서 부당하게 경쟁가맹본부의 가맹점사업자를 자기와 거래하도록 유인하는 행위 등 가맹사업의 공정한 거래를 저해할 우려가 있는 행위

②제1항 각호의 규정에 의한 행위의 유형 또는 기준은 대통령령으로 정한다.

제13조 (가맹계약 종료사실의 통지 등)

①가맹본부가 가맹계약을 갱신 또는 연장하지 아니하는 경우에는 계약이 만료되는 날부터 90일전에 가맹점사업자에게 그 사실을 서면으로 통지하여야 한다.

②가맹본부가 제1항의 규정에 의한 통지를 하지 아니하는 경우에는 계약만료전의 가맹계약과 동일한 조건으로 다시 가맹계약을 체결한 것으로 본다. 다만, 가맹점사업자가 계약이 만료되는 날부터 60일전에 이의를 제기하거나 가맹본부나 가맹점사업자에게 천재지변 등 대통령령이 정하는 부득이한 사유가 있는 경우에는 그러하지 아니하다.

제14조 (가맹계약해지의 제한)

①가맹본부는 가맹계약서에서 정한 가맹계약해지의 사유가 발생하여 가맹계약을 해지하고자 하는 경우에는 해당 가맹점사업자에게 계약을 해지하는 날부터 2월 이상의 유예기간을 두고 3회 이상 계약해지의 사유를 기재한 문서로서 그 시정을 요구하여야 한다. 다만, 가맹사업의 거래를 지속하기 어려운 경우로서 대통령령이 정하는 경우에는 그러하지 아니하다.

②제1항의 규정에 의한 절차를 거치지 아니한 가맹계약의 해지는 그 효력이 없다.

제15조 (자율규약)

①가맹본부 또는 가맹본부를 구성원으로 하는 사업자단체는 가맹사업의 공정한 거래질서를 유지하기 위하여 자율적으로 규약을 정할 수 있다.

②가맹본부 또는 가맹본부를 구성원으로 하는 사업자단체는 제1항의 규정에 의하

여 자율규약을 정하고자 하는 경우 그 규약이 제12조제1항의 규정에 위반하는 지에 대한 심사를 공정거래위원회에 요청할 수 있다.

③공정거래위원회는 제2항의 규정에 의하여 자율규약의 심사를 요청받은 때에는 그 요청을 받은 날부터 60일 이내에 심사결과를 신청인에게 통보하여야 한다.

제4장 분쟁의 조정 등

제16조 (가맹사업거래분쟁조정협의회의 설치)

①가맹사업당사자의 분쟁을 자율적으로 조정하기 위하여 대통령령이 정하는 사업자단체에 가맹사업거래분쟁조정협의회(이하 "협의회"라 한다)를 둔다.

②제1항의 사업자단체는 사단법인으로서 이 법의 규정에 관한 업무와의 관련성, 사업자단체의 활동에 직접 참여하는 사업자 수, 분쟁조정업무를 수행하는데 필요한 능력 등을 갖춘 자에 한한다.

제17조 (협의회의 구성)

①협의회는 위원장 1인을 포함한 9인의 위원으로 구성한다.

②위원은 공익을 대표하는 위원, 가맹본부의 이익을 대표하는 위원, 가맹점사업자의 이익을 대표하는 위원으로 구분하되 각각 동수로 한다.

③위원은 제16조제1항의 규정에 의한 사업자단체의 장이 추천한 자와 다음 각호의 1에 해당하는 자중 공정거래위원회가 임명 또는 위촉하는 자가 된다. <개정 2005.12.29>

1. 대학에서 법률학·경제학·경영학을 전공한 자로서 고등교육법에 의한 대학이나 공인된 연구기관에서 부교수 이상의 직에 있거나 있었던 자 또는 이에 상당하는 직에 10년 이상 있거나 있었던 자
2. 판사·검사 또는 변호사의 직에 10년 이상 있거나 있었던 자
3. 독점금지 및 공정거래업무에 관한 경험이 있는 3급 이상의 공무원 또는 고위공무원단에 속하는 일반직공무원의 직에 있거나 있었던 자

④위원장은 공익을 대표하는 위원중에서 공정거래위원회가 위촉한다.

⑤위원의 임기는 3년으로 하고 연임할 수 있다.

⑥위원중 결원이 생긴 때에는 제3항의 규정에 의하여 보궐위원을 위촉하여야 하
며, 그 보궐위원의 임기는 전임자의 잔임기간으로 한다.

제18조 (공익을 대표하는 위원의 위촉제한)

①공익을 대표하는 위원은 위촉일 현재 가맹본부 또는 가맹점사업자의 임원·직
원으로 있는 자중에서 위촉될 수 없다.

②공정거래위원회는 공익을 대표하는 위원으로 위촉받은 자가 가맹본부 또는 가
맹점사업자의 임원·직원으로 된 때에는 즉시 해촉하여야 한다.

제19조 (협의회의 회의)

①위원장은 협의회의 회의를 소집하고 그 의장이 된다.

②협의회는 재적의원의 과반수 출석으로 개의하고 출석의원의 과반수 찬성으로
의결한다.

③위원장이 사고로 직무를 수행할 수 없을 때에는 공익을 대표하는 위원중에서
공정거래위원회가 지명하는 위원이 그 직무를 대행한다.

④조정의 대상이 된 분쟁의 당사자인 가맹사업당사자(이하 "분쟁당사자"라 한다)
는 협의회의 회의에 출석하여 의견을 진술하거나 관계자료를 제출할 수 있다.

제20조 (위원의 제척·기피·회피)

①위원은 다음 각호의 1에 해당하는 경우에는 당해 조정사항의 조정에서 제척된
다.

1. 위원 또는 그 배우자나 배우자이었던 자가 당해 조정사항의 분쟁당사자가 되거
   나 공동권리자 또는 의무자의 관계에 있는 경우
2. 위원이 당해 조정사항의 분쟁당사자와 친족관계에 있거나 있었던 경우
3. 위원 또는 위원이 속한 법인이 분쟁당사자의 법률□경영 등에 대하여 자문이나
   고문의 역할을 하고 있는 경우
4. 위원 또는 위원이 속한 법인이 당해 조정사항에 대하여 분쟁당사자의 대리인으
   로 관여하거나 관여하였던 경우 및 증언 또는 감정을 한 경우

②분쟁당사자는 위원에게 협의회의 조정에 공정을 기하기 어려운 사정이 있는 때
에 협의회에 당해 위원에 대한 기피신청을 할 수 있다.

③위원이 제1항 또는 제2항의 사유에 해당하는 경우에는 스스로 당해 조정사항의

조정에서 회피할 수 있다.

제21조 (협의회의 조정사항)

협의회는 공정거래위원회 또는 분쟁당사자가 요청하는 가맹사업거래의 분쟁에 관한 사항을 조정한다.

제22조 (조정의 신청 등)

①분쟁당사자는 제21조의 규정에 의하여 협의회에 대통령령이 정하는 사항이 기재된 서면으로 그 조정을 신청할 수 있다.

②공정거래위원회는 가맹사업거래의 분쟁에 관한 사건에 대하여 협의회에 그 조정을 의뢰할 수 있다.

③협의회는 제1항의 규정에 의하여 조정을 신청받은 때에는 즉시 그 조정사항을 분쟁당사자에게 통지하고 공정거래위원회에 보고하여야 한다.

제23조 (조정 등)

①협의회는 분쟁당사자에게 조정사항에 대하여 스스로 조정하도록 권고하거나 조정안을 작성하여 이를 제시할 수 있다.

②협의회는 다음 각호의 1에 해당되는 경우에는 그 조정을 거부하거나 중지할 수 있다.

1. 분쟁당사자의 일방이 조정을 거부한 경우
2. 이미 법원에 소를 제기하였거나 조정의 신청이 있은 후 법원에 소를 제기한 경우
3. 신청의 내용이 관계법령 또는 객관적인 자료에 의하여 명백하게 인정되는 등 조정을 할 실익이 없는 것으로서 대통령령이 정하는 사항이 발생하는 경우

③협의회는 다음 각호의 1에 해당되는 경우에는 조정절차를 종료하여야 한다.

1. 분쟁당사자가 협의회의 권고 또는 조정안을 수락하거나 스스로 조정하는 등 조정이 성립된 경우
2. 조정을 신청 또는 의뢰 받은 날부터 60일이 경과하여도 조정이 성립하지 아니한 경우
3. 제2항의 규정에 의하여 조정이 중지된 경우로서 조정절차를 진행할 실익이 없는 경우

④협의회는 제2항의 규정에 의하여 조정을 거부 또는 중지하거나 제3항의 규정에 의하여 조정절차를 종료한 경우에는 대통령령이 정하는 바에 따라 공정거래위원회에 조정의 경위, 조정거부⬝중지 또는 종료의 사유 등과 관계서류를 서면으로 지체없이 보고하여야 하고 분쟁당사자에게 그 사실을 통보하여야 한다.

⑤협의회는 당해 조정사항에 관한 사실을 확인하기 위하여 필요한 경우 조사를 하거나 분쟁당사자에 대하여 관련자료의 제출이나 출석을 요구할 수 있다.

⑥공정거래위원회는 조정사항에 관하여 조정절차가 종료될 때까지 당해 분쟁당사자에게 시정조치를 권고하거나 명하여서는 아니된다. 다만, 공정거래위원회가 이미 제32조의 규정에 의하여 조사중인 사건에 대하여는 그러하지 아니하다.

제24조 (조정조서의 작성과 그 효력)

①협의회는 조정사항에 대하여 조정이 성립된 경우 조정에 참가한 위원과 분쟁당사자가 기명날인한 조정조서를 작성한다. 이 경우 분쟁당사자간에 조정조서와 동일한 내용의 합의가 성립된 것으로 본다.

②협의회는 분쟁당사자가 조정절차를 개시하기 전에 조정사항을 스스로 조정하고 조정조서의 작성을 요구하는 경우에는 그 조정조서를 작성할 수 있다.

제25조 (협의회의 조직 등에 관한 규정)

제16조 내지 제24조의 규정외에 협의회의 조직·운영·조정절차 등에 관하여 필요한 사항은 대통령령으로 정한다.

제26조 (경비보조)

공정거래위원회는 제16조의 규정에 의하여 협의회를 설치하는 사업자단체에 대하여 협의회의 운영에 필요한 경비의 전부 또는 일부를 보조할 수 있다.

제27조 (가맹사업거래상담사)

①공정거래위원회가 실시하는 가맹사업거래상담사(이하 "상담사"라 한다) 자격시험에 합격한 후 대통령령이 정하는 바에 따라 실무수습을 마친 자는 상담사의 자격을 가진다. <개정 2004.1.20>

②다음 각호의 1에 해당하는 자는 상담사가 될 수 없다.

1. 미성년자·금치산자 또는 한정치산자

2. 파산선고를 받고 복권되지 아니한 자

3. 금고 이상의 실형의 선고를 받고 그 집행이 종료(종료된 것으로 보는 경우를 포함한다)되거나 집행을 받지 아니하기로 확정된 후 2년이 경과되지 아니한 자

4. 금고 이상의 형의 집행유예를 받고 그 집행유예기간중에 있는 자

5. 제31조의 규정에 의하여 상담사의 등록이 취소된 날부터 2년이 경과되지 아니한 자

③상담사 자격시험의 시험과목·시험방법, 실무수습의 기간 등 자격시험 및 실무수습에 관하여 필요한 사항은 대통령령으로 정한다. <신설 2004.1.20>

제28조 (상담사의 업무)

상담사는 다음 각호의 사항에 관하여 상담한다.

1. 가맹사업의 사업성 검토에 관한 사항

2. 정보공개서와 가맹계약서의 작성 및 수정에 관한 사항

3. 가맹점사업자의 부담, 가맹사업 영업활동의 조건 등에 관한 사항

4. 가맹사업당사자에 대한 교육□지도에 관한 사항

제29조 (상담사의 등록)

①상담사의 자격이 있는 자가 제28조의 규정에 의한 상담사의 업무를 개시하고자 하는 경우에는 대통령령이 정하는 바에 따라 공정거래위원회에 등록하여야 한다. <개정 2004.1.20>

②제1항의 규정에 의하여 등록을 한 상담사는 공정거래위원회가 정하는 바에 따라 5년마다 등록을 갱신하여야 한다.

③제1항의 규정에 의하여 등록을 한 상담사가 아닌 자는 제27조의 규정에 의한 상담사임을 표시하거나 이와 유사한 용어를 사용하여서는 아니된다.

제30조 (상담사의 책임)

①상담사는 성실히 직무를 수행하며 품위를 유지하여야 한다.

②상담사는 직무를 수행함에 있어서 고의로 진실을 감추거나 허위의 보고를 하여서는 아니된다.

제31조 (등록취소 및 자격정지)

①공정거래위원회는 제29조의 규정에 의하여 등록을 한 상담사가 다음 각호의 1
에 해당하는 경우에는 그 등록을 취소할 수 있다. 다만, 제1호 및 제2호에 해당하
는 경우에는 그 등록을 취소하여야 한다.

1. 허위 그 밖의 부정한 방법으로 등록 또는 갱신등록을 한 경우

2. 제27조제2항의 규정에 의한 결격사유에 해당하게 된 경우

3. 상담과 관련하여 알게 된 비밀을 다른 사람에게 누설한 경우

4. 상담사 등록증을 다른 사람에게 대여한 경우

5. 상담과 관련하여 고의 또는 중대한 과실로 다른 사람에게 중대한 손해를 입힌
경우

②제29조제2항의 규정에 의한 갱신등록을 하지 아니한 상담사는 그 자격이 정지
된다. 이 경우 공정거래위원회가 고시로서 정하는 바에 따라 보수교육을 받고 갱
신등록을 한 때에는 그 때부터 자격이 회복된다.

제5장 공정거래위원회의 사건처리절차 등

제32조 (조사개시대상행위의 제한)

이 법의 규정에 의하여 공정거래위원회의 조사개시대상이 되는 가맹사업거래는
그 거래가 종료된 날부터 3년을 경과하지 아니한 것에 한한다. 다만, 그 거래가
종료된 날부터 3년 이내에 신고된 가맹사업거래의 경우에는 그러하지 아니하다.

제33조 (시정조치)

①공정거래위원회는 제7조제1항, 제8조, 제9조, 제10조제1항, 제11조제1항 내지 제3
항, 제12조제1항의 규정을 위반한 가맹본부에 대하여 정보공개서의 제공 또는 수
정, 가맹금 반환, 위반행위의 중지, 위반내용의 시정을 위한 필요한 계획 또는 행
위의 보고 그 밖에 당해 위반행위의 시정에 필요한 조치를 명할 수 있다.

②공정거래위원회는 제24조의 규정에 의하여 협의회의 조정이 이루어진 경우에는
특별한 사유가 없는 한 제1항의 규정에 의한 시정조치 및 제34조제1항의 규정에
의한 시정권고를 하지 아니한다.

③공정거래위원회는 제1항의 규정에 의하여 시정명령을 하는 경우에는 가맹본부에게 시정명령을 받았다는 사실을 공표하거나 거래상대방에 대하여 통지할 것을 명할 수 있다.

제34조 (시정권고)

①공정거래위원회는 이 법의 규정을 위반한 가맹본부에 대하여 제33조의 규정에 의한 시정조치를 명할 시간적 여유가 없는 경우에는 대통령령이 정하는 바에 따라 시정방안을 마련하여 이에 따를 것을 권고할 수 있다. 이 경우 당해 권고를 수락한 때에는 시정조치를 한 것으로 본다는 뜻을 함께 통지하여야 한다.

②제1항의 규정에 의한 권고를 받은 가맹본부는 당해 권고를 통지받은 날부터 10일 이내에 이를 수락하는 지의 여부에 관하여 공정거래위원회에 통지하여야 한다.

③제1항의 규정에 의한 권고를 받은 가맹본부가 당해 권고를 수락한 때에는 제33조의 규정에 의한 시정조치를 받은 것으로 본다.

제35조 (과징금)

공정거래위원회는 제7조제1항, 제8조, 제9조, 제10조제1항, 제11조제1항 내지 제3항, 제12조제1항의 규정을 위반한 가맹본부에 대하여 대통령령이 정하는 매출액에 100분의 2를 곱한 금액을 초과하지 아니하는 범위안에서 과징금을 부과할 수 있다.

제36조 (관계행정기관의 장의 협조)

공정거래위원회는 이 법의 시행을 위하여 필요하다고 인정하는 때에는 관계행정기관의 장의 의견을 듣거나 관계행정기관의 장에 대하여 조사를 위한 인원의 지원 그 밖의 필요한 협조를 요청할 수 있다.

제37조 (독점규제및공정거래에관한법률의 준용)

①이 법에 의한 공정거래위원회의 조사·심의·의결 및 시정권고에 관하여는 독점규제및공정거래에관한법률 제42조, 제43조, 제43조의2, 제44조, 제45조, 제49조제1항 내지 제3항, 제50조제1항 내지 제4항, 제52조, 제52조의2, 제53조, 제53조의2 및 제55조의2의 규정을 준용한다.

②이 법에 의한 과징금의 부과□징수에 관하여는 독점규제및공정거래에관한법률

제55조의3 내지 제55조의7의 규정을 준용한다. <개정 2004.12.31>

③이 법에 의한 이의신청, 소의 제기 및 불복의 소의 전속관할, 손해배상에 관하여는 독점규제및공정거래에관한법률 제53조, 제53조의2, 제54조, 제55조, 제56조, 제56조의2, 제57조의 규정을 준용한다. 다만, 독점규제및공정거래에관한법률 제56조, 제56조의2 및 제57조의 규정은 사업자 또는 사업자단체가 행한 법률위반의 정도가 경미하거나 이미 스스로 위반행위를 시정한 결과 시정조치의 실익이 없는 경우 등 대통령령이 정하는 경우에는 준용하지 아니한다.

④이 법에 의한 직무에 종사하거나 종사하였던 공정거래위원회의 위원, 공무원 또는 협의회에서 가맹사업거래에 관한 분쟁의 조정업무를 담당하거나 담당하였던 자에 대하여는 독점규제및공정거래에관한법률 제62조의 규정을 준용한다.

⑤이 법에 의한 과태료의 부과·징수 등의 절차에 관하여는 독점규제및공정거래에관한법률 제69조의2제3항 내지 제6항의 규정을 준용한다.

제38조 (독점규제및공정거래에관한법률과의 관계)

가맹사업거래에 관하여 이 법의 적용을 받는 사항에 대하여는 독점규제및공정거래에관한법률 제23조제1항제1호(부당하게 거래를 거절하는 행위에 한한다)·제3호(부당하게 경쟁자의 고객을 자기와 거래하도록 유인하는 행위에 한한다)·제4호·제5호(거래의 상대방의 사업활동을 부당하게 구속하는 조건으로 거래하는 행위에 한한다) 및 동법 제29조제1항의 규정을 적용하지 아니한다.

제39조 (권한의 위임과 위탁)

①이 법에 의한 공정거래위원회의 권한은 그 일부를 대통령령이 정하는 바에 따라 소속기관의 장이나 특별시장, 광역시장 또는 도지사에게 위임하거나 다른 행정기관의 장에게 위탁할 수 있다.

②공정거래위원회는 제27조제1항의 규정에 의한 상담사 자격시험 및 실무수습의 시행□관리 업무를 대통령령이 정하는 바에 따라 관련법인 또는 단체에 위탁할 수 있다. <신설 2004.1.20>

제40조 (보고)

공정거래위원회는 제39조의 규정에 의하여 위임 또는 위탁한 사무에 대하여 위임 또는 위탁받은 자에게 필요한 보고를 하게 할 수 있다.

제6장 벌 칙

제41조 (벌칙)

①제9조제1항의 규정에 위반하여 허위·과장된 정보를 제공하거나 중요한 사항을 누락한 자는 5년 이하의 징역 또는 1억5천만원 이하의 벌금에 처한다.

②다음 각호의 1에 해당하는 자는 3년 이하의 징역 또는 1억원 이하의 벌금에 처한다.

1. 제33조제1항의 규정에 의한 시정조치의 명령에 따르지 아니한 자
2. 제37조제4항의 규정에 의하여 준용되는 독점규제및공정거래에관한법률 제62조의 규정에 위반한 자

③다음 각호의 1에 해당하는 자는 2년 이하의 징역 또는 5천만원 이하의 벌금에 처한다.

1. 제7조제1항의 규정에 위반하여 정보공개서를 제공하지 아니한 자
2. 제8조의 규정에 위반하여 정보공개서의 갱신과 수정을 아니한 자

제42조 (양벌규정)

법인의 대표자나 법인 또는 개인의 대리인·사용인 그 밖의 종업원이 그 법인 또는 개인의 업무에 관하여 제41조의 규정에 해당하는 위반행위를 한 때에는 행위자를 벌하는 외에 그 법인 또는 개인에 대하여도 동조 각항의 벌금형을 과한다.

제43조 (과태료)

①가맹본부가 제2호 또는 제3호의 규정에 해당하는 경우에는 1억원이하, 제1호의 규정에 해당하는 경우에는 5천만원 이하의 과태료에 처한다.

1. 제37조제1항의 규정에 의하여 준용되는 독점규제및공정거래에관한법률 제50조제1항제1호의 규정에 위반하여 정당한 사유 없이 2회이상 출석하지 아니한 자
2. 제37조제1항의 규정에 의하여 준용되는 독점규제및공정거래에관한법률 제50조제1항제3호 또는 동조제3항의 규정에 의한 보고 또는 필요한 자료나 물건의 제출을 정당한 사유없이 하지 아니하거나, 허위의 보고 또는 자료나 물건을 제출한 자

3. 제37조제1항의 규정에 의하여 준용되는 독점규제및공정거래에관한법률 제50조
제2항의 규정에 의한 조사를 정당한 사유없이 거부·방해 또는 기피한 자

②가맹점사업자가 제1항제2호 또는 제3호의 규정에 해당하는 경우에는 1억원 이
하, 동항제1호의 규정에 해당하는 경우에는 1천만원 이하의 과태료에 처한다.

③가맹본부 또는 가맹점사업자의 임원이 각각 제1항제3호의 규정에 해당하는 경
우에는 5천만원 이하, 동항제1호 또는 제2호의 규정에 해당하는 경우에는 1천만원
이하의 과태료에 처한다.

④가맹본부 또는 가맹점사업자의 종업원 또는 이에 준하는 법률상 이해관계에 있
는 자가 각각 제1항제3호의 규정에 해당하는 경우에는 5천만원 이하, 동항제2호의
규정에 해당하는 경우에는 1천만원 이하, 동항제1호의 규정에 해당하는 경우에는
5백만원 이하의 과태료에 처한다.

⑤제37조제1항의 규정에 의하여 준용되는 독점규제및공정거래에관한법률 제43조
의2의 규정에 의한 질서유지명령에 응하지 아니한 자는 100만원 이하의 과태료에
처한다.

⑥제9조제2항 및 제3항의 규정에 위반하여 근거자료를 비치하지 않거나 자료요구
에 응하지 아니한 자는 1천만원 이하의 과태료에 처한다.

⑦제29조제3항의 규정에 위반하여 상담사임을 표시하거나 유사한 용어를 사용한
자는 300만원 이하의 과태료에 처한다.

제44조 (고발)

①제41조제1항·제2항제1호 및 제3항의 죄는 공정거래위원회의 고발이 있어야 공
소를 제기할 수 있다.

②공정거래위원회는 제41조제1항·제2항제1호 및 제3항의 죄중 그 위반의 정도가
객관적으로 명백하고 중대하다고 인정하는 경우에는 검찰총장에게 고발하여야 한
다.

③검찰총장은 제2항의 규정에 의한 고발요건에 해당하는 사실이 있음을 공정거래
위원회에 통보하여 고발을 요청할 수 있다. 공정거래위원회는 검찰총장의 고발요
청이 있을 경우 이에 응하여야 한다.

④공정거래위원회는 공소가 제기된 후에는 고발을 취소하지 못한다.

부칙 〈제6704호, 2002. 5. 13〉

①(시행일) 이 법은 2002년 11월 1일부터 시행한다.

②(시정조치·과징금 및 벌칙에 관한 경과조치) 이 법 시행전의 종전의 독점규제 및공정거래에관한법률 제23조제1항제1호(부당하게 거래를 거절하는 행위에 한한다)·제3호(부당하게 경쟁자의 고객을 자기와 거래하도록 유인하는 행위에 한한다)·제4호·제5호(거래의 상대방의 사업활동을 부당하게 구속하는 조건으로 거래하는 행위에 한한다) 및 동법 제29조제1항의 규정에 위반한 행위에 대한 시정조치·과징금 및 벌칙의 적용에 있어서는 동법의 규정에 의한다.

부칙 〈제7109호, 2004. 1. 20〉

이 법은 공포한 날부터 시행한다.

부칙(독점규제및공정거래에관한법률) 〈제7315호, 2004. 12. 31〉

제1조 (시행일)

이 법은 2005년 4월 1일부터 시행한다. <단서 생략>

제2조 내지 제9조 생략

제10조 (다른 법률의 개정)

①가맹사업거래의공정화에관한법률중 다음과 같이 개정한다.

제37조제2항중 "제55조의3 내지 제55조의6"을 "제55조의3 내지 제55조의7"로 한다.

②내지 ⑤생략

부칙(국가공무원법) 〈제7796호, 2005. 12. 29〉

제1조 (시행일)

이 법은 2006년 7월 1일부터 시행한다.

제2조 내지 제5조 생략

제6조 (다른 법률의 개정)

①가맹사업거래의공정화에관한법률 일부를 다음과 같이 개정한다.
제17조제3항제3호중 "3급 이상의 공무원"을 "3급 이상의 공무원 또는 고위공무원단에 속하는 일반직공무원"으로 한다.
②내지 <68> 생략

가맹사업거래의 공정화에 관한 법률시행령

[일부개정 2004.3.22 대통령령 제18331호]

제1조 (목적)

이 영은 가맹사업거래의 공정화에 관한 법률에서 위임한 사항과 그 시행에 관하여 필요한 사항을 규정함을 목적으로 한다.

제2조 (가맹희망자의 정보제공신청)

가맹사업거래의공정화에관한법률(이하 "법"이라 한다) 제2조제4호의 규정에 의하여 정보공개서의 제공을 신청하고자 하는 자는 다음 각호의 사항이 포함된 서면으로 신청하여야 한다.

1. 신청인의 성명·연령·성별·주소 및 전화번호
2. 신청인의 직업·경력 및 투자가능금액
3. 피신청 가맹본부의 영업비밀 또는 사업에 대한 중요사항을 유출하지 아니하겠다는 약속
4. 신청인의 서명 또는 기명날인

제3조 (가맹금의 정의)

①법 제2조제6호 각목외의 부분에서 "대통령령이 정하는 것"이라 함은 다음 각호의 1에 해당하는 금전을 말한다.

1. 가맹점사업자가 가맹점운영권을 부여받을 당시에 영업표지의 사용허가와 영업활동에 관한 지원·교육 등의 대가로 가맹본부에 지급하는 다음 각목의 1에 해당하는 금전

　가. 개시지급금 : 가입비·입회비·가맹비 또는 계약금 등 그 명칭여하에 불구하고 가맹희망자 또는 가맹점사업자가 가맹점운영권을 부여받기 위하여 가맹본부에 지급하는 금전

　나. 가맹점사업자가 사업을 착수하기 위하여 가맹본부로부터 공급받는 정착물·설비·원자재 또는 가맹사업을 운영하기 위하여 최초로 가맹점사업자에게 인도되는 물품의 가격 또는 부동산의 임차료 명목으로 가맹본부에 지급하는 금전중 적정한 도매가격(도매가격이 형성되지 아니하는 경우에는 가

맹점사업자가 정상적인 거래관계를 통하여 해당 물품 또는 용역을 구입·임차·교환할 수 있는 가격을 포함한다. 이하 같다)을 초과하는 금전

2. 계약이행보증금 : 가맹보증금·보증금 등 명칭여하에 불구하고 가맹점사업자가 상품의 판매대금이나 자재대금 등에 관한 채무액 또는 손해배상액의 지급을 담보하기 위하여 가맹본부에 지급하는 금전

3. 가맹점사업자가 가맹본부와의 계약에 의하여 승낙받은 영업표지의 사용과 영업활동에 관한 지원·교육 등의 대가로 가맹본부에 정기적으로 지급하는 다음 각목의 1에 해당하는 금전

   가. 정기지급금 : 가맹점사업자가 상표사용료·리스료·광고분담금·지도훈련비·간판류임차료 등의 명목으로 가맹본부에 정기적으로 지급하는 금전

   나. 가맹점사업자가 사업을 영위하기 위하여 가맹본부로부터 공급받는 상품·원재료·부재료·정착물·설비·자재의 가격 또는 부동산의 임차료에 대하여 가맹본부에 정기적으로 지급하는 금전 중 적정한 도매가격을 초과하는 금전

②공정거래위원회는 제1항제1호 나목 및 제3호 나목의 규정에 의한 적정한 도매가격을 정하여 고시할 수 있다.

제4조 (정보공개서의 기재사항)

①법 제2조제10호에서 "대통령령이 정하는 사항"이라 함은 별표 1의 기재사항(이하 "정보공개사항"이라 한다)을 말한다.

②정보공개서는 표지·목차 및 정보공개사항으로 구성하되 명확하고 구체적으로 작성되어야 한다.

③공정거래위원회는 필요하다고 인정하는 경우 정보공개사항에 대하여 업종별□업태별 또는 용도별로 세부적인 사항을 정하여 고시할 수 있다.

제5조 (적용배제)

①법 제3조제1호에서 "대통령령이 정하는 금액"이라 함은 100만원을 말한다.

②법 제3조제2호에서 "대통령령이 정하는 일정규모"라 함은 5천만원을 말한다.

제6조 (정보공개서의 제공 등)

①가맹본부는 법 제7조제1항의 규정에 의하여 정보공개사항을 하나의 정보공개서

에 수록하여 다음 각호의 1에 해당하는 방법으로 가맹희망자에게 제공하여야 한다.

1. 정보공개서를 가맹본부의 사무소에 비치한 후 가맹희망자에게 이를 열람하게 하는 방법
2. 가맹희망자에게 정보공개서를 직접 전달하는 방법
3. 정보통신망이용촉진및정보보호등에관한법률 제2조제1호의 규정에 의한 정보통신망을 이용하여 정보공개서의 내용을 게재한 후 게재사실을 가맹희망자에게 통보하는 방법

②가맹본부는 제1항의 규정에 불구하고 가맹희망자의 편의를 위하여 필요하다고 인정하는 때에는 정보공개사항의 일부에 관하여 별도의 문서(이하 "설명서"라 한다)를 작성하여 이를 제공할 수 있다. 이 경우 설명서에 수록되는 정보공개사항의 목차는 정보공개서에 수록하여야 한다.

③가맹본부는 정보공개사항의 변경이 있는 때에는 가맹계약서를 교부하는 날까지 가맹희망자에게 변경된 내용을 문서로 제공하여야 한다.

④가맹본부는 법 제8조제1항의 규정에 의하여 정보공개서를 갱신한 이후에 변경된 정보공개사항은 설명서를 통하여 제공할 수 있다.

제7조 (정보공개서의 표준양식)

공정거래위원회는 법 제7조제2항의 규정에 의하여 각 업종별·업태별 또는 용도별로 정보공개서의 표준양식을 정하여 고시할 수 있다.

제8조 (정보공개서의 중요사항)

법 제8조제2항에서 "대통령령이 정하는 중요한 사항"이라 함은 다음 각호의 사항을 말한다.

1. 가맹본부의 상호·명칭, 사무소의 소재지 및 당해 가맹사업의 영업표지에 관한 사항
2. 가맹본부 임원의 법위반사실에 관한 사항
3. 가맹점사업자의 부담에 관한 사항
4. 영업활동에 대한 조건 및 제한에 관한 사항
5. 교육□훈련프로그램에 관한 사항

제9조 (수익률의 표시·광고 또는 설명에 대한 자료)

①법 제9조제2항에서 "대통령령이 정하는 자료"라 함은 다음 각호의 자료를 말한다.

1. 현재수익 또는 예상수익의 산출에 사용된 사실적인 근거와 예측에 관한 자료
2. 현재수익 또는 예상수익의 산출근거가 되는 지역시장내에 위치한 가맹사업의 점포(직영점과 가맹점을 포함한다. 이하 같다)의 수와 그 비율
3. 최근의 일정기간 동안에 가맹본부나 가맹중개인이 표시 또는 설명하는 현재수익 또는 예상수익과 같은 수준의 수익을 올리는 가맹점사업자의 수와 그 비율 (이 경우 최근의 일정기간에 대하여 시작하는 날짜와 끝나는 날짜를 표시하여야 한다)

②공정거래위원회는 제1항의 규정에 의한 자료에 대하여 업종별□업태별 또는 용도별로 세부적인 사항을 정하여 고시할 수 있다.

제10조 (가맹금 반환의 요구)

법 제10조제1항의 규정에 의하여 가맹금의 반환을 요구하고자 하는 가맹점사업자 또는 가맹희망자는 다음 각호의 사항이 기재된 서면으로 요구하여야 한다.

1. 가맹금의 반환을 요구하는 가맹점사업자 또는 가맹희망자의 주소□성명
2. 가맹본부가 허위 또는 과장된 정보를 제공하거나 제8조의 규정에 의한 중요한 사항을 누락한 사실
3. 가맹본부가 허위 또는 과장된 정보를 제공하거나 제8조의 규정에 의한 중요한 사항을 누락하여 계약체결에 중대한 영향을 준 것으로 인정되는 사실
4. 가맹본부가 정당한 이유 없이 가맹사업을 일방적으로 중단한 사실과 그 일자
5. 반환대상이 되는 가맹금의 금액

제11조 (가맹사업의 중단일)

법 제10조제1항제3호 전단에서 "대통령령이 정하는 가맹사업의 중단일"이라 함은 다음 각호의 1에 해당하는 날을 말한다.

1. 가맹본부가 가맹점사업자에게 가맹사업의 중단일을 통지하는 경우에는 그 통지가 가맹점사업자에게 도달된 날
2. 가맹본부가 가맹점사업자에게 미리 통지함이 없이 가맹사업을 영위하는데 중대

한 영향을 미치는 부동산·용역·설비·상품 등의 거래를 20일 이상 중단하고 가맹점사업자가 서면으로 거래재개일을 정하여 거래재개를 요청하였음에도 불구하고 가맹본부가 이에 응하지 아니한 경우에는 위 서면으로 정한 거래재개일

제12조 (가맹사업당사자의 권리·의무에 관한 사항 〈개정 2003.6.13〉)

법 제11조제2항제9호에서 "대통령령이 정하는 사항"이라 함은 다음 각호의 1에 해당하는 사항을 말한다.

1. 가맹금 등 금전의 반환조건에 관한 사항
2. 가맹점사업자의 영업설비□집기 등의 설치와 유지·보수 및 그 비용의 부담에 관한 사항
3. 가맹계약의 종료에 따른 조치 사항

제13조 (불공정거래행위의 유형 또는 기준)

①법 제12조제2항의 규정에 의한 불공정거래행위의 유형 또는 기준은 별표 2와 같다.

②공정거래위원회는 필요하다고 인정하는 경우에 별표 2의 유형 또는 기준의 범위내에서 특정업종 또는 특정행위에 적용되는 세부적인 불공정거래행위의 유형 또는 기준을 정하여 고시할 수 있다.

제14조 (가맹계약의 종료사유)

법 제13조제2항 단서에서 "대통령령이 정하는 부득이한 사유"라 함은 다음 각호의 1에 해당하는 경우를 말한다.

1. 가맹본부나 가맹점사업자에게 파산□화의 등의 신청이 있거나 회사정리절차 및 강제집행절차가 개시된 경우
2. 가맹본부나 가맹점사업자가 발행한 어음·수표가 부도 등으로 지불정지된 경우

제15조 (가맹계약의 해지사유)

법 제14조제1항 단서에서 "대통령령이 정하는 경우"라 함은 다음 각호의 1에 해당하는 경우를 말한다.

1. 가맹점사업자에게 파산·화의 등의 신청이 있거나 회사정리절차 및 강제집행절

차가 개시된 경우

2. 가맹점사업자가 발행한 어음□ 수표가 부도 등으로 지불정지된 경우

3. 천재지변 등으로 가맹점사업자가 더 이상 가맹사업을 영위할 수 없게 된 경우

4. 가맹점사업자가 공연히 허위사실을 유포함으로써 가맹본부의 명성이나 신용을 현저히 훼손하여 가맹사업에 중대한 장애를 초래한 경우

5. 가맹점사업자가 가맹계약당시부터 가맹본부의 영업비밀이나 중요정보를 유출하는 등 가맹본부의 가맹사업을 훼손할 목적으로 가맹계약을 체결하여 운영하는 경우

제16조 (자율규약의 심사요청)

가맹본부 또는 가맹본부를 구성원으로 하는 사업자단체는 법 제15조제2항의 규정에 의하여 자율규약의 심사를 요청하고자 하는 때에는 공정거래위원회에 다음 각 호의 사항을 기재한 서면과 심사요청의 대상이 되는 자율규약의 사본을 제출하여야 한다.

1. 심사요청인의 주소와 성명

2. 자율규약의 제정배경

3. 자율규약의 주요골자와 그 취지

제17조 (가맹사업거래분쟁조정협의회의 설치 단체)

법 제16조제1항에서 "대통령령이 정하는 사업자단체"라 함은 사단법인 한국프랜차이즈협회를 말한다.

제18조 (협의회의 회의)

①법 제16조제1항의 규정에 의한 가맹사업거래분쟁조정협의회(이하 "협의회"라 한다)의 위원장이 법 제19조제1항의 규정에 의하여 협의회의 회의를 소집하고자 하는 때에는 위원들에게 회의개최 7일전까지 회의의 일시·장소 및 안건을 서면으로 통지하여야 한다. 다만, 긴급을 요하는 경우에는 그러하지 아니하다.

②협의회의 회의는 공개하지 아니한다. 다만, 위원장이 필요하다고 인정하는 때에는 분쟁당사자 그 밖의 이해관계인에게 방청하게 할 수 있다.

제19조 (분쟁조정의 신청)

①법 제22조제1항의 규정에 의하여 분쟁의 조정을 신청하고자 하는 자는 다음 각
호의 사항이 기재된 서면을 협의회에 제출하여야 한다.

1. 신청인과 피신청인의 성명 및 주소(분쟁당사자가 법인인 경우에는 법인의 명칭,
주된 사무소의 소재지, 그 대표자의 성명 및 주소를 말한다)

2. 대리인이 있는 경우에는 그 성명 및 주소

3. 신청의 이유

②제1항의 규정에 의한 서면에는 다음 각호의 서류를 첨부하여야 한다.

1. 분쟁조정신청의 원인 및 사실을 증명하는 서류

2. 대리인이 신청하는 경우 그 위임장

3. 그 밖에 분쟁조정에 필요한 증거서류 또는 자료

제20조 (대표자의 선정)

①다수인이 공동으로 분쟁의 조정을 신청하는 때에는 신청인중 3인 이내의 대표
자를 선정할 수 있다.

②제1항의 규정에 의하여 신청인이 대표자를 선정하지 아니한 경우 위원장은 신
청인에게 대표자를 선정할 것을 권고할 수 있다.

③신청인은 대표자를 변경하는 때에는 그 사실을 지체없이 위원장에게 통지하여
야 한다.

제21조 (분쟁조정신청의 보완 등)

①위원장은 제19조의 규정에 의한 분쟁조정의 신청에 대하여 보완이 필요하다고
인정될 때에는 상당한 기간을 정하여 그 보완을 요구하여야 한다.

②제1항의 규정에 의한 보완에 소요된 기간은 법 제23조제3항제2호의 규정에 의
한 기간에 이를 산입하지 아니한다.

제22조 (분쟁조정의 거부 및 중지하는 내용 등)

법 제23조제2항제3호에서 "대통령령이 정하는 사항이 발생하는 경우"라 함은 다음
각호의 1에 해당하는 경우를 말한다.

1. 신청인이 정당한 사유없이 기한내에 분쟁조정신청을 보완하지 아니한 경우

2. 신청의 내용과 직접적인 이해관계가 없는 자가 조정신청을 한 경우

3. 신청인이 부당한 이익을 얻을 목적으로 조정신청을 한 것으로 인정되는 경우

　4. 분쟁의 성격상 조정을 하는 것이 적당하지 아니하다고 인정되는 경우

제23조 (분쟁조정의 종료 등)

　협의회는 법 제23조제4항의 규정에 의하여 조정을 거부 또는 중지하거나 조정절차를 종료한 경우에는 다음 각호의 사항이 기재된 분쟁조정종료서를 작성한 후 그 사본을 첨부하여 공정거래위원회에 보고하여야 한다.

　1. 조정신청인의 주소□성명

　2. 조정대상 분쟁의 개요

　　가. 가맹사업거래 당사자의 일반현황

　　나. 가맹사업거래의 개요

　　다. 분쟁의 경위

　　라. 조정의 쟁점(가맹사업거래 당사자의 의견을 기술한다)

　3. 조정의 거부□중지 또는 종료사유(법 제23조제2항 및 제3항 각호에 규정된 사유별로 상세하게 기술한다)

제24조 (분쟁당사자의 사실확인 등)

　①협의회는 법 제23조제5항의 규정에 의하여 분쟁당사자에 대하여 출석을 요구하고자 하는 때에는 시기 및 장소를 정하여 출석요구일 7일전까지 분쟁당사자에게 통지하여야 한다. 다만, 긴급을 요하거나 출석의 통지를 받은 자가 동의하는 경우에는 그러하지 아니하다.

　②제1항의 통지를 받은 분쟁당사자는 협의회에 출석할 수 없는 부득이한 사유가 있는 경우에는 미리 서면으로 의견을 제출할 수 있다.

제25조 (분쟁의 조정 등)

　협의회는 법 제24조제1항의 규정에 의한 분쟁의 조정이 성립된 경우에는 다음 각호의 사항이 기재된 조정조서를 작성한 후 그 사본을 첨부하여 조정결과를 공정거래위원회에 보고하여야 한다.

　1. 조정신청인의 주소□성명

　2. 조정대상 분쟁의 개요

　　가. 가맹사업거래 당사자의 일반현황

　　나. 가맹사업거래의 개요

　다. 분쟁의 경위

　라. 조정의 쟁점(가맹사업거래 당사자의 의견을 기술한다)

3. 조정의 결과(조정의 쟁점별로 기술한다)

제26조 (분쟁당사자의 지위승계)

①협의회는 조정절차가 종료되기 전에 분쟁당사자가 사망하거나 능력의 상실 그 밖의 사유로 절차를 계속할 수 없는 경우에는 법령에 의하여 그 지위를 승계한 자가 분쟁당사자의 지위를 승계하게 할 수 있다.

②제1항의 규정에 의하여 분쟁당사자의 지위를 승계하고자 하는 자는 서면으로 협의회에 신청하여야 한다.

③협의회가 제2항의 규정에 의한 신청을 받은 때에는 지체없이 이를 심사하여 승계여부를 결정하고, 그 내용을 신청인에게 서면으로 통지하여야 한다.

제27조 (소제기의 통지)

분쟁당사자는 분쟁조정신청후 당해 사건에 대하여 소를 제기한 때에는 지체없이 이를 협의회에 통지하여야 한다.

제28조 (가맹사업거래상담사 자격시험)

①공정거래위원회는 법 제27조의 규정에 의한 가맹사업거래상담사(이하 "상담사"라 한다) 자격시험(이하 "시험"이라 한다)을 제1차시험과 제2차시험으로 구분하여 매년 1회 이상 실시한다.

②공정거래위원회는 시험을 시행하고자 할 때에 시험의 일시□장소□방법□과목□응시자격 및 응시절차 등 필요한 사항을 시험시행일 30일 전에 정기간행물의등록등에 관한법률 제7조제1항제8호의 규정에 따라 전국을 보급지역으로 등록한 일간신문 등에 공고하여야 한다.

③제2차시험은 제1차시험에 합격한 자 또는 제1차시험을 면제받은 자에 한하여 응시할 수 있다.

④시험방법은 다음 각호에 의한다.

1. 제1차시험은 선택형으로 하되, 기입형을 가미할 수 있다.

2. 제2차시험은 논문형으로 하되, 기입형을 가미할 수 있다.

⑤제1차시험 및 제2차시험의 과목은 별표 3과 같다.

⑥제1차시험에 합격한 자에 대하여는 다음 회의 시험에 한하여 제1차시험을 면제한다.

⑦시험의 합격자는 매과목 100점을 만점으로 하여 매과목 40점 이상, 전과목 평균 60점 이상을 득점한 자로 한다.

⑧공정거래위원회는 시험의 합격자가 결정된 때에는 이를 관보에 게재하고, 합격자에 대하여는 합격증서를 교부하여야 한다.

⑨시험에서 부정행위를 한 자에 대하여는 그 시험을 정지하거나 무효로 하고, 그 시험시행일부터 3년간 응시자격을 정지한다.

⑩시험의 응시자격, 시험방법, 시험문제의 출제, 시험합격자의 결정 등 시험의 시행에 관하여 필요한 사항을 심의하기 위하여 공정거래위원회에 가맹사업거래상담사시험위원회를 둘 수 있다.

⑪그 밖에 시험관리에 관하여 필요한 사항은 공정거래위원회가 정하여 고시한다.

[전문개정 2004.3.22]

제29조 (응시수수료)

①시험에 응시하고자 하는 자는 공정거래위원회가 정하는 금액의 응시수수료를 납부하여야 한다.

②제1항의 규정에 따라 납부한 응시수수료는 시험에 응시하지 아니한 경우에도 이를 반환하지 아니한다.

[전문개정 2004.3.22]

제29조의2 삭제 〈2004.3.22〉

제30조 (상담사의 실무수습)

①상담사의 실무수습 기간은 60시간 이상으로 한다.

②실무수습의 구체적인 내용, 기간 및 방법 등은 공정거래위원회가 정하여 고시한다.

[전문개정 2004.3.22]

제31조 (자격증의 교부)

①공정거래위원회는 상담사의 자격을 갖춘 자에게 자격증을 교부한다.

②상담사 자격증의 교부에 관하여 필요한 사항은 공정거래위원회 고시로 정한다.

[전문개정 2004.3.22]

제32조 (상담사의 등록 등)

①법 제29조제1항의 규정에 의하여 상담사등록을 하고자 하는 자는 공정거래위원회가 정하는 바에 의하여 등록신청서를 공정거래위원회에 제출하여야 한다.

②공정거래위원회는 제1항의 규정에 의한 등록신청이 있는 때에는 상담사등록부에 다음 각호의 사항을 기재하고 신청인에게 등록증을 교부하여야 한다.

1. 상담사의 주소□성명 및 주민등록번호

2. 사무소의 명칭 및 소재지

3. 등록번호

4. 그 밖에 공정거래위원회가 정하는 사항

③상담사등록을 한 자가 제2항의 규정에 의하여 교부받은 등록증을 잃어버리거나 그 등록증이 못쓰게 된 때에는 재교부신청서를 공정거래위원회에 제출하여야 한다.

④제3항의 규정에 의하여 등록증의 재교부를 받은 후 잃어버렸던 등록증을 발견한 때에는 지체없이 이를 반환하여야 한다.

제33조 (시정권고절차)

법 제34조제1항의 규정에 의한 시정권고는 다음 각호의 사항을 명시한 서면으로 하여야 한다.

1. 법위반내용

2. 권고사항

3. 시정기한

4. 수락여부통지기한

5. 수락거부시의 조치

제34조 (과징금의 산정방법)

법 제35조에서 "대통령령이 정하는 매출액"이라 함은 당해 가맹본부의 위반행위 직전 3개 사업연도의 평균매출액을 말한다. 다만, 당해 사업연도 초일 현재 사업을 개시한지 3년이 되지 아니하는 경우에는 사업개시일부터 위반행위 직전 사업연도 말일까지의 매출액을, 당해 사업연도에 사업을 개시한 경우에는 사업개시일부터 위반행위일까지의 매출액을 연 매출액으로 환산한 금액으로 한다.

제35조 (손해배상청구의 준용제한)

법 제37조제3항 단서에서 "대통령령이 정하는 경우"라 함은 다음 각호의 경우를 말한다.

1. 법률을 위반한 사업자의 연간매출액이 30억원 미만인 경우

2. 법률을 위반한 사업자의 관련 상품·용역의 시장점유율이 10퍼센트 미만인 경우(다만, 10퍼센트 미만이더라도 상위 3위 이내의 사업자를 제외한다)

3. 위반행위의 파급효과가 1개의 시나, 군 또는 구 지역에 한정되거나, 2개 이상의 시나, 군 또는 구 지역에 걸치더라도 그 파급효과가 1개의 시나, 군 또는 구 지역에 한정된다고 인정되는 경우

제36조 (시험 및 실무수습의 시행·관리 업무의 위탁)

①공정거래위원회는 법 제39조제2항의 규정에 따라 시험의 시행 및 관리 업무를 가맹사업거래의 합리화를 목적으로 민법 제32조의 규정에 따라 설립된 법인 또는 한국산업인력공단법에 의한 한국산업인력공단에 위탁할 수 있다.

②공정거래위원회는 법 제39조제2항의 규정에 따라 제30조의 규정에 의한 실무수습의 시행 및 관리 업무를 가맹사업거래의 합리화를 목적으로 민법 제32조의 규정에 따라 설립된 법인 또는 가맹사업관련 교육업무에 관하여 전문성과 경험을 갖춘 법인이나 단체에 위탁할 수 있다.

[본조신설 2004.3.22]

부칙 〈제17773호, 2002. 11. 6〉

이 영은 공포한 날부터 시행한다.

부칙 〈제18000호, 2003. 6. 13〉

이 영은 공포한 날부터 시행한다.

부칙 〈제18331호, 2004. 3. 22〉

이 영은 공포한 날부터 시행한다.

별표1 정보공개서의기재사항[제4조제1항관련]
별표2 불공정거래행위의유형또는기준[제13조제1항관련]
별표3 가맹사업거래상담사시험과목[제28조제5항관련]

프랜차이즈(외식업) 표준약관

제1조 (목적)

이 표준약관은 가맹사업자와 가맹계약자 간의 공정한 가맹사업(프랜차이즈) 계약 체결을 위해 그 계약조건을 제시함을 목적으로 한다.

※ 중간가맹사업자(sub franchisor)가 가맹사업자로부터 대리권을 얻어 가맹계약자를 모집할 경우 이는 별도의 가맹사업계약으로 이 약관이 표준이 될 수 있음.

제2조(용어의 정의)

① 가맹사업자(franchisor)라 함은 가맹계약자에게 자기의 상호, 상표, 서비스표, 휘장 등을 사용하여 자기와 동일한 이미지로 상품판매의 영업활동을 하도록 허용하고 그 영업을 위하여 교육·지원·통제를 하며, 이에 대한 대가로 가입비(franchise fee), 정기납입경비(royalty) 등을 수령하는 자를 말한다.

② 가맹계약자(franchisee)라 함은 가맹사업자로부터 그의 상호, 상표, 서비스표, 휘장 등을 사용하여 그와 동일한 이미지로 상품판매의 영업활동을 하도록 허용받고 그 영업을 위하여 교육·지원·통제를 받으며, 이에 대한 대가로 가입비, 정기납입경비 등을 지급하는 자를 말한다.

제3조(권리의 부여)

가맹사업자는 그가 개발한 가맹사업을 영위하기 위하여 다음의 권리를 별표에 명시한 가맹계약자에게 부여한다.

1. 상호, 상표, 서비스표, 휘장 등의 사용권
2. 가맹사업과 관련하여 등기·등록된 권리
3. 각종 기기를 대여 받을 권리
4. 상품 또는 원·부자재(이하 '상품·자재'라 함)의 공급을 받을 권리

5. 기술(know-how)의 이전 등 경영지원을 받을 권리

6. 기타 가맹사업자가 정당하게 보유하는 권리로서 당사자가 협의하여 정한 사항

※ 가맹계약자의 표시

    ⑴ 점포 명 :

    ⑵ 상호 및 대표자 :

    ⑶ 점포 소재지 :

    ⑷ 점포 규모 : m^2(평)

    ⑸ 영업지역 : 첨부에 표시된 지역

제4조(영업지역)

① 가맹사업자는 영업지역을 구분하고 이를 가맹계약자가 선택한다.

② 가맹사업자는 가맹계약자의 동의를 얻어 영업지역을 변경할 수 있으며, 가맹계약자의 동의를 얻지 않고 한 영업지역의 변경은 효력이 없다.

③ 가맹사업자가 가맹계약자의 점포가 설치되어 있는 영업지역 내에 직영매장을 설치하거나 다른 가맹계약자의 점포의 설치를 허용하고자 하는 때에는 기존 가맹계약자의 동의를 얻어야 한다. 이 경우 가맹사업자는 기존 가맹계약자의 매출감소가 초래되지 않는다는 객관적 자료를 제시하여야 하며, 가맹계약자도 합리적인 사유없이 그 동의를 거부하여서는 아니된다.

제5조(계약기간)

① 계약기간은 특약이 없는 한 3년 이상으로 한다.

② 가맹사업자 또는 가맹계약자가 계약을 종료하고자 하는 때에는 기간 만료 2개월 전에 상대방에 대하여 계약의 종료를 통지하여야 한다.

③ 제2항의 계약종료의 통지없이 계약기간을 경과한 때에는 계약이 전과 같은 조건으로 갱신된 것으로 본다.

제6조(계약의 해지)

① 가맹사업자 또는 가맹계약자는 다음의 경우에는 2주일 이상의 기간을 정하여 서면으로 이행 또는 시정을 최고하고 그 이행 또는 시정이 이루어지지 아니하면 계약을 해지할 수 있다.

1. 가맹계약자에게 제25조 제1항 각호의 사유가 있는 경우

2. 가맹사업자가 약정한 상품·자재의 공급, 경영지원 등을 정당한 이유없이 하지
   않거나 지체하는 경우

② 가맹사업자 또는 가맹계약자는 다음의 경우에는 최고없이 즉시 계약을 해지할
수 있다.

1. 가맹계약자에게 제25조 제2항 제1호 내지 제3호의 사유가 있는 경우

2. 가맹계약자가 영업을 계속할 수 없는 객관적인 불가피한 사유가 있는 경우

3. 가맹사업자가 파산하는 경우

4. 가맹사업자가 발행한 어음·수표가 부도처리되는 경우

5. 가맹사업자가 강제집행을 당하는 경우

6. 천재지변이 있는 경우

제7조(계약의 종료와 조치)

① 계약이 기간만료 또는 해지로 종료된 때에는, 가맹계약자는 계약이행보증금을
지급한 경우에는 가맹사업자로부터 제10조 제2항의 정산잔액과 정산서를 받은 때
로부터(정산잔액이 없는 경우에는 정산서를 받은 때로부터), 계약이행보증보험증
권이나 물적담보를 제공한 경우에는 잔존 채무·손해배상액의 통지서를 받은 때
로부터, 즉시 상호·상표·서비스표·휘장·간판 등의 사용을 중단하고 이를 철거
하여 원상으로 복구한다.

② 가맹사업자가 제8조 제3항에 의하여 가입비의 일부를 반환해야 하는 경우에는,
가맹계약자가 제1항의 상호 등의 사용중단·원상복구를 하기 위해서는 그 반환도
있어야 한다.

③ 제1항의 철거·원상복구의 비용은 계약이 가맹계약자의 귀책사유로 인해 종료
되는 경우에는 가맹계약자가, 가맹사업자의 귀책 사유로 인해 종료되는경우에는
가맹사업자가 부담한다.

제8조(가입비)

① 가맹계약자는 계약체결시에 가입비를 일시급으로 지급한다. 다만, 가맹사업자
의 동의를 얻어 분할지급할 수 있으며, 이 경우에는 (   )%의 이자를 가산한다.

② 가입비에는 점포개설에 따른 최초 훈련비·장소선정 지원비·가맹사업 운영매
뉴얼 제공비·부가가치세 등을 포함하며, 가입비에 포함되는 사항은 가맹사업자와

가맹계약자가 협의하여 정한다.

③ 가맹계약자가 그의 책임없는 사유로 최초 계약기간 내에 영업을 중단하는 경우에는, 가맹사업자는 가입비를 최초 계약기간 중의 미경과일수에 따라 일할계산하여 반환한다.

④ 가맹사업자가 제3항에 의해 가입비의 일부를 반환해야 하는 경우에는 가맹계약자의 청구가 있는 날로부터 10일 이내에 반환해야 한다.

제9조(정기납입경비[로얄티])

① 가맹계약자는 가맹사업자의 상호·상표·서비스표·휘장 등의 사용 및 경영지원에 대한 대가로 정기납입경비를 每 分期마다 가맹사업자에게 지급하며, 그 금액은 당해 분기 동안의 총매출액의 ( )%로 한다.

② 제1항의 분기는 ( )개월로 한다.

※ ( )개월은 3개월 이상이어야 함.

③ 가맹계약자는 다음 분기의 첫달의 말일까지 직전 분기의 총매출액을 가맹사업자에게 서면으로 통지하고 정기납입경비를 지급한다.

제10조(계약이행보증금)

① 가맹계약자는 상품·자재의 대금, 정기납입경비, 광고·판촉비(가맹계약자가 책임지기로 약정한 금액에 한함) 등의 채무액 또는 손해배상액의 지급을 담보하기 위하여 계약체결시에 계약이행보증금으로 ( )원을 가맹사업자에게 지급하거나 이에 상당하는 계약이행보증보험증권 또는 물적담보를 제공한다.

② 계약이 기간만료 또는 해지로 종료된 때에는 가맹사업자는 기간만료일 또는 해지일로부터 10일 이내에 계약이행보증금으로 잔존 채무·손해배상액을 정산하여 잔액을 상환하고 정산서를 교부한다.

③ 물적담보가 제공된 경우에는 가맹사업자는 가맹계약자가 잔존 채무·손해배상액을 지급하는 즉시 물적담보의 말소에 필요한 서류를 교부하여야 한다.

제11조(교육 및 훈련)

① 가맹사업자가 정한 교육 및 훈련과정을 이수하지 아니하는 자는 가맹계약자의 점포 관리자로 근무할 수 없다.

② 교육은 개업시 교육, 정기교육, 특별교육으로 구분한다.

③ 정기교육은 이를 실시하기 1개월 전에 그 교육계획을 수립하여 가맹계약자에게 서면으로 통지한다.

④ 비정기교육은 이를 실시하기 1주일 전에 장소와 시간을 정하여 서면으로 통지한다.

⑤ 교육비용은 가맹사업자가 책정하고 가맹계약자에게 그 산출근거를 서면으로 통지한다.

⑥ 가맹계약자는 필요시 자신의 비용부담으로 가맹사업자에게 교육 및 훈련요원의 파견을 요청할 수 있다.

제12조(경영지도)

① 가맹사업자는 가맹계약자의 경영활성화를 위하여 경영지도를 할 수 있다.

② 가맹계약자는 자신의 비용부담으로 가맹사업자에게 경영지도를 요청할 수 있다.

③ 제2항의 요청을 받은 가맹사업자는 경영지도계획서를 가맹계약자에 제시하여야 한다.

④ 경영지도계획서에는 지도할 내용, 기간, 경영진단 및 지도할 자의 성명, 소요비용 등을 기재하여야 한다.

⑤ 가맹사업자는 경영지도결과 및 개선방안을 가맹계약자에게 서면으로 제시하여야 한다.

제13조(감독·시정권)

① 가맹사업자는 가맹계약자의 점포 경영상태를 파악하기 위하여 월(주)( )회 점포를 점검하고 기준에 위반하는 결과에 대해 시정을 요구할 수 있다.

② 점포의 점검은 위생, 회계처리, 각종설비관리, 원·부자재관리 등의 상태를 점검한다.

③ 가맹사업자는 점포의 노후시설의 교체·보수를 명할 수 있다. 이 경우 가맹사업자는 가맹계약자와 협의하여 직접 교체·보수하거나 제3자에게 의뢰할 수 있다.

④ 가맹사업자는 첨부한 것과 같은 관리기준을 서면으로 가맹계약자에 제시해야 하고, 제시후 ( )일 후부터 이 기준에 의거하여 점검한다. 기준을 변경하는 경우에도 같다.

제14조(점포의 설치장소의 선정)

① 가맹사업자는 가맹계약자와 협의하여 점포를 설치할 장소를 선정한다.

② 장소의 선정은 통행인의 수·교통량 및 질·시장특성·통행인의 구매습성·주요한 근린시설·업종별 특성에 따른 매출성향 등을 항목별로 구분하여 종합적으로 판단한다.

③ 가맹사업자는 제2항의 분석결과에 대한 의견과 예상오차를 서면으로 가맹계약자에게 제시하여야 한다.

제15조(점포의 설비)

① 가맹계약자의 점포설비(인테리어)는 가맹사업 전체의 통일성과 독창성을 유지할 수 있도록 가맹사업자가 정한 사양에 따라 설계·시공한다.

② 가맹사업자는 가맹계약자의 의뢰가 있는 경우에 직접 시공할 수 있다.

③ 가맹계약자는 가맹사업자가 정한 사양에 따라 직접 시공하거나 가맹사업자가 지정한 업체를 선정하여 시공할 수 있다. 이 경우 가맹사업자는 공사의 원활한 진행을 위하여 직원을 파견할 수 있다.

④ 점포설비에 따른 제반 인·허가는 이 계약체결일로부터 (   )일 이내에 가맹계약자가 자신의 책임과 비용으로 취득하는 것으로 한다.

⑤ 가맹계약자는 청결한 점포환경을 유지하기 위하여 노후된 시설을 교체·보수한다.

⑥ 가맹사업자는 가맹사업의 개선을 위하여 필요한 때에는 점포의 실내장식, 시설, 각종의 기기를 교체·보수할 것을 요구할 수 있다. 이 경우 가맹사업자는 비용분담에 관해 가맹계약자와 협의하여야 한다.

제16조(주방기기의 설치 및 유지)

① 가맹계약자는 가맹사업자가 제시한 모델과 동일한 주방기기를 사용하여야 한다.

② 가맹사업자는 직접 주방기기를 공급할 수 있다.

③ 가맹계약자가 주방기기를 설치하는 경우에 공사의 원활한 진행을 위하여 가맹사업자는 직원을 파견할 수 있다.

④ 가맹계약자는 가맹사업자가 공급한 주방기기의 수리를 가맹사업자에 의뢰할

수 있다.

⑤ 제4항의 경우 가맹사업자는 수리비의 견적 및 수리에 소요되는 기간을 즉시 통지하여야 하고, 수리가 불가능한 때에는 이유를 명시하여 소정기일 내에 회수하여야 하며 이유없이 신품의 교체를 강요할 수 없다.

제17조(설비 및 기기의 대여)

① 가맹사업자는 가맹계약자의 요청이 있는 경우 설비·기기의 전부 또는 일부를 대여할 수 있다.

② 가맹사업자로부터 대여 받은 설비·기기의 소유권은 그에게 있다.

③ 가맹계약자는 대여 받은 각종의 설비·기기를 매매, 담보제공 또는 질권설정의 목적으로 할 수 없다.

④ 가맹계약자는 대여 받은 설비·기기를 자신의 비용으로 보존·관리한다.

⑤ 가맹계약자는 대여받은 설비·기기에 대하여 가맹사업자의 반환요구가 있으면 현물로 반환할 수 있다.

⑥ 가맹계약자가 대여받은 설비·기기를 분실·훼손한 경우에는 구입가격에서 감가상각한 잔액으로 배상한다.

⑦ 가맹계약자는 월 ( )원의 사용료를 지급한다. 단 면제의 합의가 있으면 그에 따른다.

제18조(광 고)

① 가맹사업자는 가맹사업의 활성화를 위하여 전국규모 및 지역단위의 광고를 할 수 있다.

② 광고의 횟수·시기·매체 등에 관한 세부적 사항은 가맹사업 운영매뉴얼에서 정하는 바에 의한다. 단, 가맹사업자는 가맹사업의 원활한 운영과 필요에 따라 이를 조정할 수 있다.

③ 광고에 소요되는 비용은 가맹사업자가 ( )%, 가맹계약자측(전국규모의 광고의 경우에는 전국의 가맹계약자들, 지역단위의 광고의 경우에는 해당 지역의 가맹계약자들이 ( )%씩 분담한다. 각 가맹계약자 간의 비용부담의 배분은 각각의 총매출액에 따른 비율에 의한다.

④ 가맹사업자는 매 분기 지출한 광고비 중에서 각 가맹계약자가 부담해야 할 광

고비를 다음 분기 첫달의 말일까지 그 명세서를 첨부하여 통지하고, 가맹계약자는 그 통지를 받은 날로부터 2주일 이내에 지급한다.

제19조(판　촉)

① 가맹사업자는 가맹사업의 활성화를 위하여 전국규모 및 지역단위의 할인판매, 경품제공, 시식회, 이벤트 등과 같은 판촉활동을 할 수 있다.

② 판촉활동의 횟수·시기·방법·내용 등에 관한 세부적 사항은 가맹사업 운영 매뉴얼에서 정하는 바에 의한다. 단, 가맹사업자는 가맹사업의 원활한 운영과 필요에 따라 이를 조정할 수 있다.

③ 가맹계약자가 직접 판매하는 상품의 할인비용이나 직접 제공하는 경품·기념품 등의 비용은 당해 가맹계약자가 부담하며, 판촉활동을 위한 통일적 팜플렛·전단·리플렛·카달로그의 제작비용 등은 가맹사업자가 부담한다.

④ 제3항에서 규정하지 아니하는 그 밖의 판촉행위에 소요되는 비용은 가맹사업자와 가맹계약자가 분담한다. 이 경우 가맹사업자는 산출근거를 서면으로 제시하여 가맹계약자의 동의를 얻어야 한다.

⑤ 가맹계약자는 자기의 비용으로 자기 지역 내에서 판촉활동을 할 수 있다. 이 경우 가맹계약자는 가맹사업자와 협의하여야 한다.

제20조(영업양도 및 담보제공)

① 가맹계약자는 가맹사업자의 승인을 얻어 점포의 영업을 양도, 轉貸하거나 영업재산을 담보로 제공할 수 있다.

② 제1항의 승인은 2개월 전에 가맹사업자에 대하여 서면으로 청구하여야 한다.

③ 가맹사업자는 승인청구를 받은 날로부터 1개월 이내에 서면으로 승인 또는 거절을 하여야 한다.　단, 거절을 하는 경우에는 그 사유를 구체적으로 명시하여야 한다.

④ 양수인, 轉借人은 가맹계약자의 가맹사업자에 대한 권리와 의무를 승계한다.

⑤ 양수인, 轉借人에 대하여는 가입비가 면제된다. 단, 소정의 교육비는 부담한다.

⑥ 양수인이 요청하는 경우에는 가맹계약자의 잔여 계약기간 대신에 완전한 계약기간을 부여할 수 있다. 이 경우에는 신규계약으로 한다.

제21조(영업의 상속)

① 가맹계약자의 상속인은 가맹계약자의 영업을 상속할 수 있다.

② 상속인이 영업을 상속할 경우에는 가맹사업자에게 상속개시일로부터 3개월 이내에 상속사실을 통지하여야 한다.

③ 상속인에 대해서는 가입비를 면제한다. 단, 소정의 교육비는 부담한다.

제22조(지적소유권의 확보)

① 가맹사업자는 상호·상표·휘장 등에 대한 배타적 독점권을 확보하는데 필요한 절차를 갖춘다.

② 가맹사업자는 가맹계약자에게 상호·상표·휘장 등을 사용할 정당한 권한을 부여하였음을 증명하는 증서를 교부한다.

③ 가맹사업자는 가맹계약자에게 사용을 허가한 각종의 권리에 대하여 책임을 진다.

제23조(상품의 조달과 관리)

① 가맹사업자는 브랜드의 동일성을 유지하는데 필요한 상품·자재를 가맹계약자에게 공급한다. 단, 상품·자재 범위에 이견이 있는 경우에는 가맹사업자와 가맹계약자가 협의하여 결정한다.

② 가맹사업자가 정당한 사유없이 공급을 중단하거나 공급하지 않는 상품·자재는 이를 가맹계약자가 직접 조달하고 판매할 수 있다. 이 경우 가맹계약자는 브랜드의 동일성을 해치지 않도록 하여야 한다.

③ 가맹계약자가 제2항에 의해 직접 조달하는 상품·자재에 대해서는 가맹사업자는 품질관리기준을 제시하고 그 품질을 검사할 수 있다. 이 경우 가맹계약자는 가맹사업자의 품질검사에 협조하여야 한다.

④ 가맹사업자와 가맹계약자는 식품위생법과 기타 관련법률의 규정에서 정한 설비와 장비를 갖추어 상품·자재의 성질에 적합한 방법으로 상품·자재를 운반·보관하여야 한다.

⑤ 가맹사업자는 가맹사업의 목적달성을 위한 필요한 범위를 벗어나서 가맹계약자에게 상품·자재를 자기 또는 자기가 지정한 자로부터만 구입하게 할 수 없다.

⑥ 가맹계약자는 가맹사업자의 허락없이는 공급받은 상품·자재를 타인에게 제공하거나 대여할 수 없다.

제24조(상품의 하자와 검사)

① 가맹계약자는 상품·자재를 공급받는 즉시 수량 및 품질을 검사한 후 그 하자유무를 서면으로 가맹사업자에 통지하여야 한다.

② 상품·자재의 성질상 수령 즉시 하자를 발견할 수 없는 경우에는 6개월 이내에 이를 발견하여 통지하고 완전물로 교환을 청구할 수 있다.

③ 가맹계약자가 검사를 태만히 하여 손해가 발생한 경우에는 반품·수량보충·손해배상을 청구할 수 없다. 단, 가맹사업자가 하자 있음을 알면서 공급한 경우에는 가맹계약자는 제2항의 기간과 상관없이 가맹사업자에게 손해배상 등을 청구할 수 있다.

④ 가맹사업자는 그의 상표를 사용하여 공급한 상품·자재의 하자로 인하여 소비자나 제3자가 입은 손해에 대하여 책임을 진다. 그러나 가맹사업자는 그가 공급하지 않은 상품·자재를 가맹계약자가 판매하여 제3자에게 손해를 가한 경우에는 책임을 지지 않는다.

⑤ 계약이 기간만료, 해지로 인해 종료한 때에는 가맹계약자는 공급된 상품·자재 중에서 완전물을 가맹사업자에 반환하여야 하며, 이 경우 가맹사업자는 출고가격으로 상환한다. 그러나 하자물에 대해서는 그 상태를 감안하여 가맹사업자와 가맹계약자의 협의로 상환가격을 정한다.

제25조(상품공급의 중단)

① 가맹사업자는 다음의 경우에 1주일 전에 서면으로 예고한 후 가맹계약자에 대한 상품·자재의 공급을 중단할 수 있다. 이 경우 재공급조건을 지체없이 가맹계약자에게 통지하여야 한다.

1. 가맹계약자가 ( )개월에 걸쳐 3회 이상 상품·자재의 대금지급을 연체하는 경우

2. 가맹계약자가 2회 이상 정기납입경비의 지급을 연체하는 경우

3. 가맹계약자가 정기납입경비의 산정을 위한 총매출액 또는 매출액 증가비율을 3회 이상 허위로 통지하는 경우

4. 가맹사업자의 품질관리기준을 3개월에 3회 이상 위반하는 경우

5. 가맹계약자의 채무액이 계약에서 정한 한도액을 초과하는 경우

6. 가맹계약자가 가맹사업자와의 협의없이 점포 운영을 5일 이상 방치하는 경우

7. 가맹계약자가 가맹사업자와 약정한 판매촉진활동을 이행하지 않는 경우

8. 가맹계약자가 노후된 점포설비의 교체·보수의 요청에 따르지 않는 경우

9. 가맹계약자의 종업원이 규정된 복장을 착용하지 않는 경우

② 가맹사업자는 다음의 경우에는 즉시 상품의 공급을 중단할 수 있다.

1. 가맹계약자가 파산하는 경우

2. 가맹계약자가 발행한 어음·수표가 부도처리되는 경우

3. 가맹계약자가 강제집행을 당하는 경우

4. 천재지변이 있는 경우

제26조(영 업)

① 가맹계약자는 주 ( )일 이상 월 ( )일 이상 개장하여야 하고 연속하여 ( )일 이상 휴업할 수 없다.

② 가맹계약자가 휴업할 경우에는 사전에 가맹사업자에 사유를 기재한 서면으로 통지하여야 한다.

제27조(복 장)

① 가맹계약자 및 종업원은 가맹사업자가 지정한 복장을 착용한다.

② 가맹사업자는 종업원의 복장을 지정한 경우에는 복장의 색깔, 규격을 서면으로 통지한다.

③ 가맹사업자는 가맹계약자의 청구에 따라 종업원의 복장을 공급할 수 있다.

제28조(보고의무)

① 가맹계약자는 년 ( )회 매출상황과 회계원장 등을 가맹사업자에 서면으로 보고하여야 한다.

② 가맹계약자는 가맹사업자가 파견한 경영지도위원의 서면에 의한 요구가 있을 때에는 장부 등 서류를 제시하여야 한다.

③ 가맹계약자는 가맹사업자로부터 사용허가를 받은 상호, 상표, 서비스표, 특허권 등에 대한 침해를 이유로 제3자가 소를 제기한 경우에는 이를 가맹사업자에 보고하여야 한다.

제29조(보 험)

① 가맹사업자는 가맹계약자에게 그의 영업상의 과실, 상품의 하자, 점포의 화재로 인하여 소비자나 제3자가 입은 손해를 배상하기 위하여 보험가입을 권유할 수 있다.

② 가맹계약자는 자신의 책임으로 보험업자, 보험의 종류, 피보험자를 정한다.

제30조(가맹계약자의 의무)

① 가맹계약자는 계약 및 경영상 알게 된 가맹사업자의 영업상의 비밀을 계약기간은 물론이고 계약종료후에도 제3자에게 누설해서는 안된다.

② 가맹계약자는 가맹사업자의 허락없이 교육과 세미나자료, 편람의 내용 등을 인쇄 또는 복사할 수 없다.

③ 가맹계약자는 계약의 존속 중에 가맹사업자의 허락없이 자기 또는 제3자의 명의로 가맹사업자의 영업과 동종의 영업을 하지 않는다.

제31조(가맹사업자의 의무)

① 가맹사업자는 가맹사업계약을 체결하는 과정에서 가맹희망자들이 가맹 여부를 적정하게 판단할 수 있도록 필요한 자료 및 정보를 충분히 공개하여야 한다.

② 가맹사업자는 가맹희망자들의 요구가 있을 때에는 다음의 자료 및 정보를 서면으로 제공하여야 한다.

1. 가맹사업자의 재무상황, 등기부등본, 최근 5년간의 사업경력, 가맹사업과 관련하여 진행중인 소송
2. 계약체결시 또는 계약체결후 부담해야 할 가입비, 정기납입경비(로얄티) 계약이행보증금, 기타 공과금 등의 금전에 관한 내용
3. 상품·자재의 공급조건, 경영지원과 이에 대한 대가지급방법, 영업의 통제사항, 계약의 해제·해지
4. 가맹희망자가 운영할 점포 인근지역의 가맹계약자현황, 가맹사업자가 제시한 예상 매출액 산정내역

제32조(지연이자)

제8조 제4항, 제10조 제2항 등에 의해 가맹사업자가 가맹계약자에게 금전을 지급

해야 하는 경우나 제9조 제3항, 제18조 제4항 등에 의해 가맹계약자가 가맹사업자
에게 금전을 지급해야 하는 경우에, 그 지급기간을 경과하면 미지급액에 대하여
지급기간 경과일의 다음날로부터 지급하는 날까지 연 이율 (　)%의 지연이자를
가산한다.

제33조(재판의 관할)

이 계약에 관한 소송은 가맹계약자의 주소지나 점포소재지를 관할하는 법원으로
한다. 다만, 가맹사업자와 가맹계약자가 합의하여 관할법원을 달리 정할 수 있다.

참 고 문 헌

김성준 외 5인, 창업경영관리, 문영사, 2007. 2.

김영문, 창업학, 법문사, 2006. 12.

고지석, 경영인의 세무상식 : 창업과 세금, 한국세정신문사, 2000. 3.

구본철, 전자상거래, 박영사, 2001. 3.

권순우 외 13인, 긴급해부 98IMF시대 한국경제, 서해문집, 1998. 1.

김광희, 돈이 쏙쏙벌리는 장사목을 찾는 121가지 입지여행, 미래와 경영, 2000. 6.

김광희, 돈이 솔솔 굴러들어오는 창업마케팅, 미래와 경영, 2000. 1.

김광희, 성공하는 실패하는 장사목, 미래와 경영, 2001. 5.

김규태 외 1인, 점포, 이 업종 선택하면 확실하게 성공한다. 청림출판, 2000. 2.

김남근 외 3인, 창업과 경영, 세학사, 2001. 3.

김동언, 중소기업 만들기 벤처기업 만들기, 리치북스, 2000. 3.

김배한, 알기 쉬운 백화점식 내점포경영, 미래문화사, 2000. 5.

김상규, 뉴비즈니스 창업전략, 연학사, 1999. 1.

김승용, 장사는 서비스가 좋은 곳에 고객이 몰린다. 누림, 2001. 3.

김영수, 2001 세법원리, 세학사, 2001. 9.

김용만 외 2인, 유통업 창업과 경영, 형설출판사, 2001. 1.

김찬경, 프로장사꾼 김찬경의 1년에 1억벌기, 웅진닷컴, 2001. 12.

김찬경, 창업 성공할 수 있다, 미래로, 1998. 11.

노재건 외 4인, 창업경영론, 무역경영사, 2006. 8.

노정용, 창업시대 노정용의 성공하는 IP, 리더 1998. 7.

다나카 신스케, 20대에 사장이 되자, 한국세정신문사, 1997. 10.

류광선, 성공적인 점포경영, 한국경제신문사, 1999. 2.

매일경제 유통경제부, 자영업으로 돈 버는 이야기, 매일경제신문사, 1998. 8.

미래와 경영연구소, 내게 어울리는 경리지식쌓기, 미래와 경영, 2001. 3.

박경록, 창업/재취업 성공전략 100퍼센트 해법, 리더, 1998. 8.

박경환, 장사는 목이고 목은 돈이다. 상상예찬, 2006.

박경환, 실전 상권분석과 점포개발, 상상예찬, 2006. 6.

박상범, 중소기업론, 삼영사, 1996. 3.

박원휴, 잘되는 체인점, 현대미디어, 1999. 11.

박인상, 요즘 이런 장사가 뜬다. 매일경제신문사, 2000. 3.

박주관, 실전 상권분석, 21세기북스, 2000. 2.

박건실, 경영의 이해와 창업, 한올출판사, 2004. 3.

박주관, 유망사업 부업아이템, 21세기북스, 1994. 5.

박주관, 창업소프트 성공경영학, 21세기 북스, 1996. 6.

박주관, 체인사업 당신도 성공할 수 있다. 더난출판사, 1999. 10.

박주관, 창업컨설팅 사업타당성분석 사업계획서 작성, 21세기북스, 1997. 7.

박준병, 중소·벤처기업의 성공사업계획서, 경영베스트, 2001. 11.

방기환, 중소기업 오너가 알아야 할 경영지식 100가지, 청림출판, 1999. 1.

방종태, 초 창업법, 한림미디어, 1999. 1.

백종옥, 창업, 당신도 할 수 있다. 박영사, 1997. 6.

서석범 외 1인, 벤처·중소기업 창업실무, 세학사, 1996. 6.

서정민, 2000 창업과 경영을 위한 사업계획서, 한국세정신문사, 2000. 3.

서정헌 외 2인, 돈없이 할 수 없는 일 뭐 없나요, 길벗, 1999. 1.

서종상, 소자본창업실무, 세학사, 2000. 8.

서희열, 소비세제법, 세학사, 2006. 2.

소영일 외 1인, 벤처창업 & 경영론, 정일, 2000. 10.

손기원 외 1인, 경영자의 세금상식과 절세전략 경영베슬, 2000. 11.

손기원, 세금상식과 절세전략, 경영베스트, 2000. 11.

손영일, 손영일의 창업스쿨, 고려문화사, 1997. 11.

스타트 비즈니스, 유망점포 200, 길벗, 1999. 9.

신용하 외 2인, 창업·벤처 입문, 남양문화, 2000. 7.

신찬수 외 2인, 최신 세법개론, 세학사, 2001. 2.

심석무 외 1인, 조세법과 세무회계, 세학사, 2001. 2.

월간 창업과 프랜차이즈, VOL14. 2007. 03/04.

월간 창업과 프랜차이즈, 2006. 06.

안광호 외 1인, 유통관리원론, 학현사, 2000.

안광호 외 1인, 유통경로관리, 문음사, 1998. 8.

안광호 외 2인, 마케팅원론, 학현사, 1999. 7.

안세원, 현대마케팅, 한올, 2000. 12.

양지청 외 7인, IMF시대 탈출경영, 청양, 1998. 3.

양혜숙, 창업소자본 100% 성공법, 한국세정신문사, 1999. 2.

양혜숙, 맨손창업·맞춤창업 BEST 74, 가람출판사, 1998. 7.

오종근 외 2인, 창업실물, 대경, 2000. 12.

유재은, 한국시장의 프랜차이즈 전략, 한국세정신문사, 2000. 6.

윤금상, 일러슽로 보는 원가계산 파괴, 두남 1997. 1.

이형석 외 2인, 창업 이렇게 하면 무조건 성공한다, 머니플러스, 2003. 3.

이경태, 걸꾸로 보는 프랜차이즈, 새로운 제안 2000. 6.

이대봉, 먹는 장사로 80억을 번 이대봉교수의 경영전략, 자료원, 2001. 1.

이병철 외 1인, 부산의 상권, 부산일보사·부산상공회의소, 1999. 12.

임재섭 외 1인, 창업보감, 형설출판사, 2004. 2.

이석규, 창업 및 사업성 검토, 다산출판사, 1997. 1.

이강원, 실전창업, 더난출판사, 2002. 4.

이정완, 소호 창업과 경영 이렇게 하라, 새로운 제안, 2000. 3.

이병권, 요점세무회계원리, 세학사, 2007. 2.

이신모, 골드칼라 창업학, 다성출판사, 2002. 3.

이종민, 어떤 계정과목일까? 일빛, 2001. 2.

이강원 외 1인, 45일만에 김과장 사장 만들기, 청림출판, 2004. 5.

이치구, 창업시대, 한국세정신문사, 1997. 11.

장우상, 한권으로 끝내는 창업, 진문사, 1999. 6.

전준우, 꼼꼼하게 창업하고 확실하게 돈벌기, 박문각, 2000. 4.

전태유, 작은 가게로 성공하기, 동인, 2000. 4.

전학봉 외 1인, 중기기업 창업과 세무·회계, 삼우사, 2001. 5.

정대용, 창업스쿨, 21세기북스, 1998. 4.

정대용 외 2인, 창업론, 형설출판사, 2006. 3.

정명환, 회계를 알아야 성공이 보인과, 새로운 제안, 2000. 11.

정수원, 소자본 창업과 경영, 문영사, 2001. 2.

정승원, 혼자서 작성하는 사업계획서, 한림미디어, 2001. 4.

정승화, 벤처창업론, 박영사, 2000. 6.

전정봉, 창업닥터 · 114, 홍문관, 2002. 8.

정윤아, 창업사전, 중명, 1998. 2.

조동훈, 창업을 위한 기업경영의 이해, 학문사, 2000. 3.

진대현, 초보자와 함께하는 경리노트, 더난출판사, 1995. 12.

차대운 외 5인, 창업경영의 길라잡이, 삼보, 2000. 1.

채서일, 마케팅, 학현사, 1997. 2.

최상덕 외 1인, 창업과 경영, 두남, 2000. 8.

최세규, 이렇게 창업하면 반드시 성공한다. 새로운 사람들, 2000.7.

최장섭 외 3인, IMFGUD 창업 10가지 실무전략, 미래와 경영, 1998. 9.

편집부, 세경멀티뱅크, 2000. 8.

한경BP기획출판팀, 2001 프랜차이즈 총람, 한국아이비넷홀딩스, 2001. 3.

한국경영컨설팅아카데미, 창업세금 지식쌓기, 미래와 경영, 1999. 8.

홍서도, 벤처기업 창업경영론, 학문사, 1998. 7.

홍서도, 벤처기업론, 학문사, 2000. 4.

하문식, 중소기업론, 진영사, 1998. 8.

Dan Steinhoff and John F. Burgess, Small Business Management Fundamentals, 6th de.(McGraw-Hill, 1993).

Kevin Keasey and Robert Watson, Small Firm Management : Ownership, Finance and Performance(Blackwell, 1993).

Robert Mazm Todd Jick, and Peter Frost, Management Live : The Video Book(Englewood Cliffs, H. J. : Prentice-Hall, 1991).

저자약력

○ 박 영 수

- 동아대학교 경제학과 졸업(경제학사)
- 부산대학교 대학원 졸업(경영학 석사)
- 동아대학교 대학원 졸업(경영학 박사)
- 한국쉘정유(주) (구, 극동쉘 정유) 경리과 근무
- LG전자(주) (구, 금성사)경리과 근무'
- 부산경상대학 경영과 학과장
- (現)부산경상대학 경영과 교수
- (現)한국회계학회, 한국경영학회, 한국국제
  경영학회, 회원,
  한국세무회계학회상임이사, 한국회계정보
  학회상임이사

〈주요 저서〉

- 최신회계원리(세학사)
- 재무회계원리(세학사)
- 회계원리와 실무(세학사)
- 회계원리와 기장실무(세학사)
- 전산회계실무(도스용)(세학사)
- 최신전산회계실무(윈도우용)(세학사)
- 최신전산회계연습(탑지북스)
- 전산회계(1급) 실무(탑21북스)
- 전산회계(2급) 실기(탑21북스)
- 전산회계의 정석(세학사)

〈논문〉

- 자산재평가제도와 조세효과에 관한 연구
- 회계정보의 제공과 노사관계의 효율성
- 인플레이션회계의 제도화에 관한 연구
- 토지초과이득세의 유용성평가와 개선방안
  외 다수

소자본·소상공업을 중심으로 한

창업실무와 경영

2007년 8월 16일 초판 인쇄
2007년 8월 20일 초판 발행

저 자 / 박 영 수
발행인 / 김 귀 환
발행처 / 학 문 사 HMP

인 지

서울특별시 종로구 행촌동 37-18

Tel./ 본사 (02) 738-5118 (대표)   Fax./ 733-8998
대구지사 (053) 422-5000   Fax./ 424-7111
부산지사 (051) 502-8104   Fax./ 503-8121

신고번호 제 300-2003-149호

가격 25,000원

ⓒ HAKMUN PUBLISHING CO. 2007

ISBN 978-89-467-2255-2

E-mail : hakmun@hakmun.co.kr
http://www.hakmun.co.kr